刑法基礎理論の可能性

髙橋 直哉 ［著］
Naoya Takahashi

成 文 堂

はしがき

　本書は，私がこれまで執筆した刑法基礎理論に関する論文をまとめたものである。若干の加筆修正を施しているが，基本的な内容は初出時と大きくは変わらない。本来ならば情報を全面的にアップデートすべきところであるが，今のところ私にそのような時間的余裕はない。基本的に引用文献は初出時のままであり，その後のものについては文脈を阻害しない限りで若干の補充を行った。また，本文に組み込むのは不適当だと考えた内容については，各章の末尾に「追記」の形で付記している。繁簡よろしきを得ないが，ご海容を乞いたい。

　全体は3部構成になっている。「第1部　刑法の基礎」では，刑法規範の性格や刑法と倫理の関係といった古典的な問題と犯罪化論という現代的な問題を取り扱っている。いずれも刑法の基本的理解に関わるものであるが，特殊刑法学的な問題設定とはやや異なる角度からアプローチすることを意識している。例えば，刑事立法学ではなく犯罪化論という名称を用いるのは，そのような意識の表れでもある。「第2部　刑罰の諸問題」では，刑罰に関するどちらかといえばメタレベルの問題を中心に考察を加えている。刑罰について論ずべきことはあまりに多く，体系的な刑罰論を展開することは困難を極めるが，本書に収めた論稿はそのための準備作業に悪戦苦闘した記録でもある。「第3部　犯罪予防へのまなざし」では，近時強まっている犯罪予防の要求と刑事法の関係について考察を加えた論稿を収めた。犯罪予防が刑法の目的であることは，これまで半ば自明視されてきたが，犯罪予防に向けた様々な施策が自覚的に展開されるようになった現代においては，刑事法の存在意義が改めて問い直されている。その問いを自分なりに考え，社会の変化に伴い刑事法も変容を余儀なくされる現実を直視しつつ，それでも変わるべきではない刑事法の中核部分を照らし出すことを試みた。刑事法における流行と不易をつかみ取ろうとしたといえばいささか脚色が過ぎるであろうか。

　一見すると各部は相互に独立したもののように見えるかもしれないが，私の関心は自由社会における刑法のあり方を考えるということで終始一貫して

いる。すなわち，各人がそれぞれに自由な人生を謳歌し，それをお互いに尊重し合うような社会における刑法のあり方とはどのようなものであろうか，ということを考えてきたのである。そこで，私なりに分析の起点としたのは，自由に共通の価値を認める自律した理性的主体たる人格としての諸個人によって構成されている共同体において刑法はいかなる役割を果たすであろうか，という思考実験である。いわば，自由，人格，共同体のトリアーデによる刑法の規範的正当化とでもいうべきものを構想（夢想？）してきたといえるであろう。

　もっとも，思考を重ねるにつれ，このようなアプローチに対する距離感のようなものが微妙に変化してきたことも事実である。当初は，このようなアプローチにかなり傾倒していた。自由，人格，共同体のトリアーデによる壮麗な体系化の試みに，魅了されていたといってもよい。しかし，徐々にこのようなアプローチに何か引っかかるものを感じるようになってきた。このようなアプローチは，確かに筋書きとしては非常に奇麗である。しかし，これは，どこかできすぎたストーリーであるようにも思われる。最も気になるのは「自律した理性的主体としての人格」という概念がもつフィクショナルな性格である。「自律した理性的主体としての人格」なるものは現実には存在しないのではないだろうか？もしそうだとすれば，そのような現実に存在しない理想状態を前提として，そこから現実を評価する視点を導出するというのは一種のプラトニズムであり，そこには欺瞞的な雰囲気が漂う。理想と現実のはざまで規範的な社会理論はいかにして成立可能なものとなるのか，という本来出発点となるべき問いに，遅まきながらようやく気づき始めたというところである。そのようなわけで，この間，私自身の思考はいろいろと揺れ動いてきた。読者は，本書所収の諸論稿間に不整合を見出すかもしれないが，その不整合はそのような私自身の思考の揺らぎを反映したものである。この点に関しては，大方のご批判・ご叱正を仰ぎつつ，今後の研究においてその方向性を示していきたいと考えている。

　本書では専門外の事柄にもいろいろと触れている。そのような事柄に関する私の理解に稚拙・浅薄なところがあることは，十分に自覚している。それでも恥を承知で本書を公刊するのは，もっと多くの人にここで取り上げたよ

うな問題に関心をもってもらいたいからである。本書の内容は杜撰かもしれないが，本書で取り上げた諸問題が論ずる価値のあるものであることは間違いない。本書の構成に即して言えば，犯罪化論，刑罰論，犯罪予防の法理学は，いずれも，刑法学が今後対応を迫られる重要な問題領域である。このような問題に関する議論が活発になることは，学問としての刑法学の土壌をより豊かなものにするであろう。

　刑法学がそのような方向に向けて発展していくためには，隣接する他の学問分野とのかかわりを現状よりも密にしていく必要があるように思われる。標語的に言えば，ありきたりの表現であるが，刑法学の学際化とでもいうことができよう。しかし，これはおよそ一個人で実現できるようなことではない。関連する他の学問分野の専門的知見に精通していながら，それと刑法学の知見とを橋渡しする役割を担う研究者が，個別のトピック毎に十分なだけ存在しつつ，他方では，いわば刑法学のゼネラリストのような立ち位置の研究者が，全体を俯瞰し，必要に応じて共同研究をコーディネートするといった役割を担うというような環境が一つの理想であるといえようか。無論，伝統的な刑法学のいわばコアの部分を引き続き充実させていかなければならないことも言を俟たない。そのような目で見ると，わが国の刑法学は，新たな知的営みの分業と組織化に向けて学知全体の再編を迫られているように思われる。

　浅学菲才の私が曲がりなりにも一書をものすことができたのは，多くの人のご指導・ご厚情に負うところが大きい。全ての方のお名前を挙げることは不可能であるが，とりわけ多くの恩恵を被っている方々に，この場を借りて謝意を表したい。恩師である故八木國之先生には，学部生時代からご指導いただき，私を学問の世界に誘ってくださった。弟子に自由な研究を許してくださる八木先生の包容力がなければ，私は学問の面白さに気づくことはなかったであろう。八木先生がご退職された後は，斎藤信治先生にご指導いただいた。斎藤先生は，奔放に研究を進める私を論し，刑法解釈学の重要性を説いてくださった。斎藤先生の薫陶を受けなければ，私は刑法学という足場を失い，糸の切れた風船のようにどこかに飛んでいってしまったであろう。故渥美東洋先生から受けた知的刺激は大きい。本書をお読みいただくことが叶

iv　　はしがき

わないのは，残念でならない。椎橋隆幸先生には公私に渡ってご指導いただいた。現在も折に触れ，大学人としてのあり方を教えていただいている。只木誠先生と小木曽陵先生から賜った御恩は言葉では言い表せない。両先生との出会いがなければ，私は研究者の道に進んではいなかったであろう。

　更に，出版事情厳しき折，本書の出版を快くお引き受けいただいた成文堂の阿部成一社長，並びに，懇切丁寧なアドバイスをしていただいた編集部の飯村晃弘氏に心より御礼申し上げる。

　最後に，家族への感謝を少し。妻理恵と娘彩には，人生の喜びと生きる活力をもらっている。ありがとう。両親にはただただ苦労をかけ続けてきた。それにもかかわらず放蕩息子を温かく見守り続けてくれた亡父正文と母ミエに，万感の思いを込めて本書を捧げたい。

　2018年3月

曙橋にて春の息吹を感じつつ

　　　　　　　　　　　　　　　　　　　　　　　　　　　　　髙橋直哉

目　次

はしがき　i

初出一覧　xii

第1部　刑法の基礎

第1章　刑法のコンセプトに関する一試論 3

1　序 3

2　命令モデル 4

3　(刑) 法的責務の本質 7

4　(刑) 法が体現すべき価値 13

5　若干の関連問題 18

第2章　刑法理論と政治哲学
　　　　──自由主義刑法理論の再検討── 26

1　はじめに…刑法理論と政治哲学の関わり 26

2　前提的考察──自由主義の編み直し── 28

3　自由主義的共同体における刑法の意義 31

4　終わりに 39

第3章　刑法の倫理性 41

1　はじめに 41

2　危害原理の本質 44

3　価値観の相対性 48

4　個人の尊厳 53

vi　目　次

　5　結語 ··· 56

第4章　犯罪化論の試み ································· 58

　1　はじめに ··· 58

　2　方法論 ·· 59

　3　国家の介入の正当性 ··· 62

　4　犯罪化の必要性 ·· 67

　5　全体的な利益衡量 ·· 70

　　⑴　利益衡量の必要性　70　　⑵　種々の考慮要因　71

　　⑶　利益衡量の意味　73

　6　刑罰法規施行後の検証 ··· 74

　7　各段階の体系的意味 ··· 76

　8　結語 ·· 77

第5章　犯罪化と法的モラリズム ···················· 79

　1　はじめに ·· 79

　2　道徳的不正さは犯罪化を正当化するための十分条件か？ ······· 81

　3　道徳的不正さは犯罪化を正当化するための必要条件か？ ········ 82

　　⑴　分析の視点　82　　⑵　「危害」対「道徳的不正さ」？　83

　　⑶　「禁じられた悪 mala prohibita」について　85

　　⑷　非難との関係　89

　4　道徳的不正さは犯罪化の積極的な理由となり得るか？ ········· 90

　　⑴　「積極的モラリズム」と「消極的モラリズム」　90

　　⑵　「控えめな積極的モラリズム」？　93

　5　結語 ·· 98

目　次　vii

第2部　刑罰の諸問題

第1章　刑罰の定義 ……………………………………………………… 103

1　はじめに ……………………………………………………………… 103

2　定義に関する留意点 ………………………………………………… 106

⑴　認識と正当化の区別　106　　⑵　問題点の明確化への奉仕　110

3　刑罰の構成要素 ……………………………………………………… 111

⑴　有害性　112　　⑵　法違反対応性　114　　⑶　応報性　115

⑷　意図性　117　　⑸　有権性　118　　⑹　手続性　119

⑺　非難性　119　　⑻　小括　121

4　定義が示唆するもの ………………………………………………… 121

⑴　道徳的正当化　122　　⑵　政治哲学的正当化　123

⑶　（刑事）法学的正当化　126

5　結語 …………………………………………………………………… 129

第2章　目的刑論の批判的検討 ………………………………………… 130

1　序 ……………………………………………………………………… 130

2　目的刑論の論理構造 ………………………………………………… 131

3　刑罰効果の極大化という視点 ……………………………………… 135

4　ルール功利主義的な基礎づけ ……………………………………… 139

5　応報的要素によって犯罪予防目的の追求を限定する試み ……… 143

6　結語 …………………………………………………………………… 148

第3章　応報概念の多様性 ……………………………………………… 150

1　はじめに ……………………………………………………………… 150

2　考察の前提 …………………………………………………………… 152

viii　　目　　次

　　3　様々なる応報概念 ………………………………………………………………… 153
　　　⑴　タリオの法則 lex talionis　153　　⑵　消極的応報　154
　　　⑶　応報感情　157　　⑷　当然の報い desert　158
　　　⑸　フェアプレイ理論　161　　⑹　非難　164
　　4　結語 ……………………………………………………………………………………… 166

第4章　刑罰と非難 ……………………………………………………………………… 168

　　1　はじめに ………………………………………………………………………………… 168
　　2　非難の意義 ……………………………………………………………………………… 170
　　3　刑事法とコミュニケーション ………………………………………………… 176
　　4　抑止という観点 ……………………………………………………………………… 178
　　5　打算的な補充 ………………………………………………………………………… 181
　　6　目的論的コミュニケーション ………………………………………………… 184
　　7　結語 ……………………………………………………………………………………… 188

第5章　刑罰論と人格の尊重 ……………………………………………………… 190

　　1　序 ………………………………………………………………………………………… 190
　　2　「人格の尊重」の要求は無意味か？ ………………………………………… 192
　　3　無実の者の処罰 ……………………………………………………………………… 196
　　4　罪を犯した者の処罰 ……………………………………………………………… 198
　　5　刑罰と非難 ……………………………………………………………………………… 202
　　6　害の賦課 ………………………………………………………………………………… 205
　　7　結語 ……………………………………………………………………………………… 212

第6章　刑罰論と公判の構造 ……………………………………………………… 214

　　1　はじめに ………………………………………………………………………………… 214
　　2　問題点のスケッチ ………………………………………………………………… 215
　　　⑴　公判の構造的特徴　215　　⑵　刑罰論との関係　215

目　次　ix

3　公判における手続的正義の要請 ……………………………… 218

(1) 実質的正義と手続的正義　218　　(2) 自然的正義の要求　220

4　コミュニケーションの場としての公判 ……………………… 223

(1) 刑罰における非難の意義　223

(2) 非難をめぐるコミュニケーション　225　　(3) 被害者の地位　227

5　自己負罪拒否特権 ……………………………………………… 229

(1) コミュニケーションの障害？　229

(2) 道徳的義務と法的義務　231

6　結語 …………………………………………………………… 232

第7章　共同体主義と刑罰論 …………………………………… 235

1　はじめに ……………………………………………………… 235

2　共同体主義について ………………………………………… 236

3　人間観の問題 ………………………………………………… 238

4　共通善の強調 ………………………………………………… 242

5　共同体の重視 ………………………………………………… 244

6　終わりに ……………………………………………………… 247

第3部　犯罪予防へのまなざし

第1章　防犯カメラに関する一考察 …………………………… 251

1　はじめに ……………………………………………………… 251

2　ビデオカメラとプライバシー ……………………………… 252

3　防犯カメラの正当化 ………………………………………… 256

4　状況の変化 …………………………………………………… 262

5　防犯カメラの社会的意味 …………………………………… 267

6　結語 …………………………………………………………… 272

x　目　次

第2章　自由と安全は両立するか
——リベラルなコミュニティの可能性を考える—— ……………275

1　はじめに ……………………………………………………275
⑴　コミュニティ志向型の治安対策　275　　⑵　二つの問題　276
2　「自由」と「安全」の概念規定 ………………………………277
⑴　「自由」の意義　277　　⑵　「安全」の意義　278
3　リベラルなコミュニティの概念 ……………………………279
⑴　コミュニティ概念と排除の論理　279
⑵　リベラルなコミュニティの構想　280
4　リベラルなコミュニティの存立条件 ………………………282
⑴　ルールの実効性　282
⑵　ルールは守られるという構成員の信頼　283
5　social capital（社会関係資本）としての信頼 ……………284
⑴　social capital（社会関係資本）の基礎概念　284
⑵　信頼構築の手法　286
6　「信頼」の構築と治安対策 …………………………………287
⑴　防犯環境設計　287　　⑵　地域住民主体の防犯活動　288
⑶　「割れ窓理論」　289
7　おわりに ……………………………………………………291

第3章　安全の論理と刑事法の論理 ……………………………294

1　はじめに ……………………………………………………294
2　安全の意味論 ………………………………………………295
⑴　安全の意義　295　　⑵　客観的な安全と主観的な安全　297
⑶　実践としての安全　299
3　安全の論理と伝統的な刑事法の間のズレ …………………301
⑴　犯罪の捉え方——「通常性」と「逸脱性」——　301
⑵　介入の時期——「犯罪以前」と「犯罪以後」——　303

(3) 介入の対象──「不特定の将来の脅威」と「具体的に特定された法的な犯罪」── 303

(4) 手段──「多様な予防手段」と「刑罰」── 306

(5) 犯罪予防の担い手──「多様な主体」と「国家」── 308

(6) 評価の視点──「効率性」と「適正性」── 309

4 若干の検討 …………………………………………………………………… 310

(1) 伝統的な刑事法（学）が直面している課題 311

(2) 安全の論理の危うさ 313

5 結語 …………………………………………………………………………… 317

初出一覧

第 1 部　刑法の基礎

第 1 章　「刑法のコンセプトに関する一試論」東海大学文明研究所紀要第21号（2001年）

第 2 章　「刑法理論と政治哲学」刑法雑誌第44巻第 2 号（2005年）

第 3 章　「刑法の倫理性」森下忠・香川達夫・斉藤誠二編集代表『日本刑事法の理論と展望　佐藤司先生古稀祝賀上巻』（2002年）

第 4 章　「犯罪化論の試み」法学新報第121巻第11・12号（2015年）

第 5 章　「犯罪化と法的モラリズム」中央ロージャーナル第11巻第 4 号（2015年）

第 2 部　刑罰の諸問題

第 1 章　「刑罰の定義」駿河台法学第24巻第 1 ・ 2 号（2010年）

第 2 章　「目的刑論の哲学的検討」東海大学文明研究所紀要第20号（2000年）

第 3 章　「応報概念の多様性」川端博・椎橋隆幸・甲斐克則編『立石二六先生古稀祝賀論文集』（2010年）

第 4 章　「刑罰と非難」東海大学総合教育センター紀要第23号（2003年）

第 5 章　「刑罰論と人格の尊重」駿河台法学第25巻第 2 号（2012年）

第 6 章　「刑罰論と公判の構造」駿河台法学第22巻第 1 号（2008年）

第 7 章　「共同体主義と刑罰論」法律時報2006年 3 月号（2006年）

第 3 部　犯罪予防へのまなざし

第 1 章　「防犯カメラに関する一考察」法学新報第112巻第 1 ・ 2 号（2005年）

第 2 章　「自由と安全は両立するか」警察学論集第61巻第 8 号（2008年）

第 3 章　「安全の論理と刑事法の論理」法学新報第117巻第 7 ・ 8 号（2011年）

第 1 部　刑法の基礎

第1章　刑法のコンセプトに関する一試論

1　序

　刑法は社会統制（social control）の一手段である，と言われる。刑法は，一定の禁止・命令を通じ，また，それに対する違反があった場合には刑罰を科すことによって，人々の行為を規律し，人々を一定の方向に向けてまとめあげている。その点で，刑法が社会統制の手段であるということは，まず間違いがない。しかし，単に刑法は社会統制の手段であると言うだけでは，いまだ刑法の本質は明らかとならない。なぜならば，社会統制の手段は，何も刑法に限定されているわけではなく，他にも様々なものがあるのであって，それらとの区別がなされなければ，刑法の独自性を示すことはできないからである。刑法は他の社会統制の手段と何がどのように異なるのかということがはっきりとしなければ，換言すれば，刑法というものの基本的な概念が定まっていなければ，刑法の目的や機能如何といったより実践的な問いに有意義な解答を与えることもできないであろう。

　さてそれでは，刑法の概念は，どのようにして定められるのであろうか？この問いに答えるためには，「そもそも法とは何か」という問いを常に念頭に置いておく必要があるであろう。ともすると刑法学における議論は，刑法の特殊性を強調しがちであるように思われる。確かに，刑法は，とりわけ刑罰という峻厳な制裁を内に含んでいる点で他の法律とは際立った違いを見せる。従って，その点に十分な配慮をすべきは当然であろう。しかし，他方で，刑法も法である以上は，刑法の特殊性に目を向ける以前に，そもそも刑法を法たらしめているものは何か，という点を明らかにしておく必要があるであろう。刑法を法として認識し，分析する視点を欠いては，刑法が備えている特殊性の意義を真に明らかにすることもできないように思われる。

4　第1部　刑法の基礎

　そこで，本稿では，「法とは何か」という問題意識を基本に据えつつ，刑
法を理解する際の一つのモデルを提供してみたいと思う。もとより，ここで
示されるのは多分に理念的なモデルであり，現実の刑法のあり方とはかなり
ギャップがある部分もあろう。しかし，それは単なる理念ではなく，現実を
理解し，批判し，そして改善する視点を提供するものでもある。

2　命令モデル

　(1)　私たちは，通常，刑法としていかなるものを思い浮かべるであろう
か？一般的な刑法のイメージを記述するならば，それは，一定の行為を禁
止・命令し，その違反が証明された場合には刑罰を科すことを予定すること
によって，人々の行為を規律するものである，といった形で表現することが
できるであろう。ここには，刑法は一定の行為（作為・不作為）を命ずるもの
である，ということが含意されている。この「命令」という要素を欠いた刑
法をイメージすることは困難であろう。

　ところで，法を国家権力を背景とした命令として理解する見方は，一見し
たところもっともらしく，また，現にかつては有力に主張されてもいた[1]。
しかし，H. L. A. Hart らの指摘を待つまでもなく，法を国家による強制的
な命令であるとする理解は，あまりに単純にすぎる。命令モデルの問題性と
しては，例えば，権能付与規範や組織規範の法的性格を適切に表現できな
い，という周知の批判が想起されるであろう[2]。ここには，命令モデルは法
全体を通俗的な刑法のイメージで捉えることにより法の概念を歪めてしまっ
ている，という（それ自体としては妥当だと思われる）見方が反映している[3]。し
かし，もしそうだとしても，それでは，仮に，問題を刑法に限定して考えた
場合，命令モデルは説得力をもつということになるのであろうか？おそら

---

1)　Bentham や Austin の「主権者命令説」がその典型例である。また，いわゆる社会学的法学を
　　主張する者の中には，社会工学的な見地から法は実力による社会統制の手段であるという点を強
　　調する者もいる（R. Pound）が，こういったものも命令モデルの一つと言えるかもしれない。
2)　命令モデルに対する批判に関しては，田中成明『法理学講義』（1994年）122頁以下参照。
3)　H. L. A. ハート（矢崎光圀監訳）『法の概念』（1976年）第3章参照。

く，そうではなかろう。確かに，命令モデルは刑法が有する強制的な側面と合致する部分があるが，その点のみを強調することはあまりに狭隘にすぎると思われるのである。

(2) この点を考えるに当たっては，「命令」という言葉が，どのような文脈で語られるものかを分析してみることが有益であろう。通常，「命令」という言葉は，軍隊での将官と兵士との関係や職場の上司と部下との関係のように，上位の者が下位の者に何かを指図する場面で用いられる。ここで，下位の者がその指図に従うとき，その理由には様々なものが考えられるであろう。両者の事実上の力関係（特に上位者が下位者に対して有している威嚇力），既存の秩序に対する服従の慣習，下位者の側の打算的な態度，上位者に対する尊敬，指図内容の正当性に対する承認，等々。しかし，その指図に従っている理由がいかなるものであれ，外見上，ある者が他の者に対して一定の指図をし，相手方がそれに従った行動をとっているという状況があれば，そこに「命令」が存在すると語ることはできる。

しかし，もし法が，かような意味での「命令」であるとすると，力のある者が発する指図は，全て法だということにもなりかねない。だが，例えば，銀行強盗が行員に対して発する「金を出せ」との「命令」を法だと考えるわけにはいかないであろう[4]。ここには，法と単なる実力による強制的命令との間に存するある重要な違いが暗示されている。それは，法は単なる実力による強制的命令とは異なり，責務 (obligation) の要求を含んでいる，という点である。この責務の要求は，実力の如き事実的な概念で説明できるものではない。銀行強盗は，行員に対し「私の要求に従う『べき』である」と語ることはできるかもしれないが，その内実は「私は，自分の欲求を貫徹したいと思っており，また，私には，それを貫徹する力がある」ということの表明にすぎない。これを行員の側から見れば，「要求に従わざるを得ない」とは思うかもしれないが，「要求に従う『責務』がある」とは考えないであろう。要するに，責務という概念は，一定の指図内容を実力によって強行できるかどうかにかかわらず，指図内容それ自体に従うべき理由が含まれている

---

4) ハート・前掲注 3) 第 2 章参照。

6　第1部　刑法の基礎

場合にのみ観念できるものなのである。その点で，責務という概念は，規範的なものである。刑法もまた法である限りは，その指図内容（例えば，「他人の財物を窃取してはならない」など）について，それが刑罰による威嚇によって強行されるものであるということ以前に，そもそもその指図に従うべき理由がある（つまり，人々にはそれに従う「責務」がある）ということを正当化できなければならない。かような規範的内容を含む点で，刑法は，単なる実力による強制的命令とは異なるものといわなければならない。

　(3)　このように，刑法は責務の要求というものを必須の要件としている，との見方は，個人の自律性・主体性という観点からも支持されるべきである。個人が，それぞれ自律した主体として存在し得るためには，自分がいかに行動するかを自らの判断で決定することができるということが前提とならなければならないであろう。法を実力による強制的命令と見る見方は，これとはおよそかけ離れている。そこでは，個人の自律性・主体性が無視されており，個人は命令通りに行動することが求められる単なる客体にすぎない。これに対して，法は責務の要求というものを内に含んでおり，指図内容が実力によって強行可能かどうかとは別に，それとは独立して，指図内容自体に照らしてそれに従うべき理由があるということを示さなければならないとの見方は，その理由によって支えられる責務を名宛人たる個人が自らの判断で受容し，自らそれに従った行動をとるようになることを求める点で，個人の自律性・主体性というものに基礎を置いている。刑法は単なる社会統制の手段なのではなく，自律した個人の主体的判断を経由して人々がまとまることを狙っているのである。私の見るところ，まさに，この点に「力の支配」ではなく「法の支配」が強調される理由がある[5]。

　もっとも，このような見方にも，全く疑問が生じないわけではない。なぜならば，個人の自律性・主体性を尊重するというのであれば，法が向ける責務の要求に理由がないと判断する者はそれに従う必要はなく，それぞれが自己の判断するところに従って行動すべきである，という帰結に至らないか，という点が問題となるからである。特に，刑法の場合には，法の要求を自ら

――――――――――

5)　R. A. Duff, Trials and Punishments, 1986, pp. 74-98参照。

第1章　刑法のコンセプトに関する一試論　　7

受容しない者に対して，刑罰という峻厳な制裁が予定されており，この極めて強制的な性格がいかにして個人の自律性・主体性の尊重と結びつくかという問題が残されている。この問題は，刑罰の正当化という問題との関連で，綿密な検討を要する問題である[6]。しかし，たとえそのような強制的性格が刑法にはあるとしても，それが正当化されるためには，刑法が向ける要求を自ら進んで受容する者に対してもその受容を拒否する者に対しても同じように拘束力のある責務を課することに関して，その違反に結びつけられたいかなる制裁にも先立ち，また，それとは独立に，その責務を支える十分な理由があるということを示さなければならないであろう[7]。ここでは，何よりもまず，刑法は責務の要求を含むものであり，その責務は，違反行為に対する刑罰の存在とは別個の独立した理由によって支えられていなければならず，刑罰という強制力の正当化も（少なくとも部分的には）その理由の説得力の有無に依存しているという点を確認するに止めておく。

3　（刑）法的責務の本質

　(1)　かように，刑法は責務の要求を含んでいなければならないという理解を前提とした場合には，その責務を支える理由はいかなるものか（あるいは，いかなるものであるべきか）ということが，直ちに問題となる。これは名宛人の側から見れば，いかなる理由からその責務に従うのか（あるいは，従うべきなのか）という問題となるであろう。

　ところで，法を執行する側が，名宛人を法の要求に従わせるために提示できる理由には，様々なものが考えられる。制裁による威嚇，何らかの利益の増進（この中には，法を執行する側の自己利益も含まれ得る），名宛人の利害関心に対する訴えかけ，慣習や伝統の引用，要求内容の道徳的正当性，等々。他方，名宛人の側が法の要求に従う理由にも多様なものがあり得る。制裁への恐怖，権威への盲従，慣習や伝統を無批判に受け入れる態度，周囲の者に同

---

6)　この点については本書第2部第5章参照。

7)　R. A. Duff, supra note 5, p. 97参照。

8　第1部　刑法の基礎

調したいと思う態度，自己の利害関心，要求内容の道徳的正当性の受容，
等々。既に述べたことから明らかなように，要求に従わせるために提示でき
る理由が制裁による威嚇だけであり，名宛人がそれに従う理由が制裁に対す
る恐怖のみである場合には，そこに責務が存在するということはできない。
そのような場合は，名宛人の自律性・主体性を無視した単なる強制であり，
責務という観念と不調和である。責務について語るためには，最低限，名宛
人の主体的な判断が介在し得るようなものでなければならないであろう。責
務の要求は，行為を一定の方向に向けるための単なる刺激ではなく，行為を
選択し，また，違反行為を批判する際の指針として機能するものでなければ
ならない[8]。従って，法の要求もまた，名宛人の自発的な受容を可能にする
ような理由を伴っていなければならないはずである。

　(2)　さてそれでは，どのような場合に，名宛人は法の要求に自発的に従っ
ているといえるのであろうか？これを事実の問題として考えた場合，例え
ば，法の要求に従った場合に得られる利益とそれに違反した場合に被る可能
性のある不利益を比較して前者の方が大であるという理由で，あるいは，伝
統や慣習を無批判的に受け入れるという態度で，更には，他人と同じように
行動したいという大衆迎合的な態度で，法に従っていたとしても，その選択
が名宛人自身の判断によるものである限り，名宛人は法の要求に自発的に従
っているということは可能である。要求されている事柄の道徳的正当性は受
け入れなくとも，様々な事情を考慮して名宛人が自らの判断でその要求に従
う場合は，当然ある。そのような名宛人の判断は主体的な判断ではない，と
は必ずしもいえない[9]。打算的な理由によってであれ，名宛人は自らの判断
で法の要求を自らの行動の指針として受け入れているのである。もし，名宛
人による受容はこのようなもので十分であるとすると，法を執行する側から
すれば，名宛人がその要求の道徳的正当性まで受け入れることを求める必要

---

8)　この部分は，Hart の「刺激の体系」と「選択の体系」という区別に示唆を得た（H. L. A.
　　Hart, Punishment and Responsibility, 1968, p. 44参照）。
9)　平野龍一『刑法の基礎』（1966年）20頁は，「倫理的にいえば，処罰をおそれて犯罪を行なわな
　　かったことは，『自由な行為』とはいえないかもしれない。しかし刑法では，自由な行為といえ
　　るのである」とする。

はなく，動機はどうであれ，とにかく法の要求に合致する行為を名宛人が自ら選択することを可能にするような理由を提示すれば十分である，ということになるであろう。

(3) 仮に，かような意味での名宛人の受容とそれを可能にする理由の提示という条件が具備していれば，そこに法的責務は有効に機能している，つまりは，法が存在していると考えることができるとしたならば，その場合，刑法はいかなるイメージで捉えられることになるであろうか？

まず，名宛人は，刑法が要求する禁止・命令の道徳的正当性を承認した上でこれに従うことまでは必要でなく，打算的な理由でこれに従っているものであってもよいということになる[10]。ただ，その場合，名宛人の主体的な判断が排除されるようなものであってはならないということから，刑法のあり方は一定の制約を受けることになるであろう。例えば，刑法が規定している禁止・命令の内容が不明確で，何が禁止・命令されているのか名宛人に判然としないような場合には，名宛人の意思決定の自由が大幅に害されることになるであろうから，刑法の規定は名宛人が行動の指針とし得るような明確なものでなければならないということになると思われる。また，犯罪成立阻却事由，特に，責任阻却事由を全く認めない刑法は，自らの自発的行為とはいえないような行為についてまで刑罰を科すことを可能にするため，刑罰が科される状態に身を置くかどうかに関する選択の余地を名宛人から奪ってしまうことになる。従って，少なくとも，一定の責任阻却事由は備えていなければならないということになるであろう。これらから窺われる要点をまとめるならば，刑法は，名宛人に十分な予測可能性を与えるものでなければならず，かつ，名宛人がそのような予測可能性に基づいて自ら違反行為を選択したといえる場合でなければ刑罰は科されないということを保障するものでなければならない，という結論が導かれるであろう[11]。

---

10) 例えば，内藤謙『刑法総論講義（上）』（1983年）47頁は，「刑罰に対する恐怖心だけから人を殺そうとしない場合は，たとえ社会倫理からみれば正しくないとしても，刑法では問題とされない」として，この結論を直截に認めている。

11) このような見方を単純に推し進めると，何が犯罪となるかを刑法ではっきり理解できるように示し，それ以外の領域は自由に行動することが許されるという保障を与えていさえすればよい，という極端な見解に至る可能性がある。しかし，このように自由を刑法によって犯罪行為が

10   第1部　刑法の基礎

　次に，刑法上の禁止・命令の正当性は，必ずしも道徳的理由に基づくものである必要はないということになるであろう。なるほど，刑法上の禁止・命令の道徳的正当性が広く承認されていれば，それだけ，その刑法はより安定した効率のよいものにはなるであろうが，名宛人が法の要求を受容する理由は必ずしも道徳的なものである必要はなく（名宛人の意思決定の自由，選択の自由を害さない限度で）打算的な類のものであってもよいのだとすれば，そのような理由を提示できている限り法といえるだけの最低限度の要求は満たしているといわなければならないはずである。

　前述したような法的責務に関する見方を前提にした場合に浮かび上がってくる刑法のイメージは，おそらくこのようなものであると思われる。さて，このような刑法の捉え方は妥当なものであろうか？

　(4)　私の見る限り，おそらく，このような刑法の捉え方には，ある重要な点が欠落している。その点を検討するためには，法は責務の要求を内に含んでいなければならない，ということの意味を今一度考えてみなければならない。

　先に，私は，責務という概念は，一定の指図内容を実力によって強行できるかどうかにかかわらず，指図内容それ自体に従うべき理由が含まれている場合にのみ観念できるものであると述べた。ここで重要なのは「指図内容それ自体」にその指図に従うべき理由が含まれていなければならない，という点である。例えば，「他人の財物を窃取してはならない」という要求に対し，Aという人は，それが他人の財産権を侵害し社会の経済的秩序を乱す行為であるから許されないという理由でそれに従い，他方，Bという人は，

明定されることの謂わば反射的利益のように捉えるならば，明確でありさえすればいかなる行為を犯罪としてもよいということにもなりかねない。そこで，このような結論を回避するために，自由に優先的な価値を認めるという立場から自由の制限は最小限度のものに止めなければならないという要請を導出して，刑罰法規のあり方を規律するという関心が生まれてくる。この場合，自由を結果的な価値として理解し，刑法が全体としてもたらす効用を計算する一要素とするという考え方に立てば（功利主義者はこのように考えるものと思われる），結果的に人々の自由の総量を最大化させるという観点から刑法のあり方が規制されることとなろう。しかし，このような理解によると，自由に対する尊重は刑法がその目的を追求するに当たってそれを外在的に制約する役割を演ずるにすぎず，刑法の内在的要求ではないということになると思われる（なお，この点に関しては，渥美東洋『罪と罰を考える』［1993年］355頁以下参照）。

窃盗行為を行った場合に被る可能性のある不利益（特に，刑罰の重さ）を計算して割に合わないという理由でそれに従っているとする。この場合，外見上は，どちらも同じルールに従っているように見える。両者とも，この要求によって課される負担を履行し，その要求によって自己の行動を自らコントロールしており，そしておそらくは，その要求に従わない者は批判されるべきであると考えるであろう。しかし，実のところ，両者は，同じルールを受容しているのではない。Aは，窃盗行為をしてはならないという要求それ自体を正当なものとして受容しているのに対し，Bが受容しているのはそれが自分にとって損か得かという打算の準則であって，それぞれの結果が，この場面では偶然一致しているにすぎない。これを責務という観点から見た場合，「他人の財物を窃取してはならない」という要求が責務となり得るのは，Aがこの要求に従っている際にその根拠としているような理由を示すことができるからに他ならない。

これに対して，例えば，閣僚全員が株主となっているチャイルドシートメーカーの利益増進を狙って，自動車を運転する際には子供を同乗させているか否かにかかわらず常にチャイルドシートを装着することを義務づけ，その違反に対しては制裁を科するという規定が設けられたとする。このような規定が，運転者や同乗者の安全性確保といったこととは何ら関係がなく，ただそのメーカーの，ひいては閣僚自身の利益増進を狙って設けられたとしよう。このような規定は，仮に，多くの者が打算的な理由でこれに従うことがあったとしても，名宛人に対して責務を課すものだとはいえない。なぜならば，この場合に「チャイルドシートを装着すべきである」という要求を支える理由として名宛人に提示できるものは，特定の者の利益に資するということだけであって，それ以外に，その指図内容自体に関連する理由を示すことはできないからである。

ここから明らかとなるのは，法は，その名宛人に対し，ただ，名宛人自身が自己の行為を自らの判断で一定の方向に向ける誘引となるような打算的な理由を提示できれば十分だというわけではなく，その要求自体が正当なものであるということを名宛人自らが理解でき，また，その理解に従って名宛人が自己の行為を自らコントロールするようになることを求めるに足る理由も

12　第1部　刑法の基礎

提示できなければならない，ということである。後者のような理由を欠いている場合，それは，名宛人の自律性・主体性を真に尊重するものとはいえないであろう。なぜならば，そのような場合は，結局，一定の目的を達成するために名宛人を操作あるいは操縦の対象と見ることになり，個人を他の目的のための手段として取り扱うことになるからである[12]。

　先に，法と実力による強制とを区別するに当たって，個人の自律性・主体性に対する尊重という点に言及したが，ここでは更に，法は，他の社会統制の手段とは異なりその尊重が外在的なものではなく内在的なものであるということが示唆されているように思われる。法は，何らかの目的を達成するための単なる手段なのではなく，個人の自律性・主体性に対する尊重を含んでいなければならない。しかもその尊重は，単に目的追求に当たっては個人の意思決定の自由，選択の自由を害さないような手段をとるべきであるといった外在的な制約を課するに止まるものではない。むしろそれは，法が達成しようとする目的それ自体が，そもそも個人の自律性・主体性を尊重する手段によってしか達成できないという形で内在化されているのである。

---

12)　ここでは，当然，「人格は，常にそれ自体目的として取り扱われなければならず，決して他の目的のための単なる手段として取り扱われてはならない」というカントに由来する原理が念頭に置かれているが，この原理が何を意味するのかは必ずしも明らかではない部分もある。実力による強制が，この原理に反することは疑いがない。また，指図内容それ自体に適切な正当化理由がなく，ただ単に打算的な理由だけを示して相手方の行動を一定の方向に仕向けようとする操作的なやり方も，おそらくは，この原理に反するであろう。問題は，指図内容それ自体に適切な正当化理由があると考えられるが，名宛人がそれを受容しない場合に，それとは別個の追加的な打算的インセンティブを付加して，一定の行動をとらせることが，果たして，この原理に反するかどうかである。この場合も，名宛人を指図内容の実現という目的のための手段として取り扱っていることは否定できない。しかし，その目的自体が正当なものである（つまり，名宛人は，本来，それに従うべき理由がある）から，「単なる手段」として取り扱っていることにはならないのではないか，という疑問が出てくるであろう（類似の問題は，刑罰を正当化する主たる目的は犯罪予防に求めつつ，責任の観念によって刑罰を制約するというタイプの刑罰論に関しても出てくる。この点に関しては，本書第2部第2章参照）。本稿の立場としては，指図内容それ自体が正当でありさえすれば，それを実現する手段に制約はないとすると，名宛人に対して指図内容の正当性を伝える必要もないということになるのではないかと思われるところ，そのような理解は共通善をめぐる名宛人との理性的なコミュニケーションの必要性ということと結びつかないと思われるので，否定的に解しておきたい。

4 （刑）法が体現すべき価値

(1)　かような見方で刑法を捉えた場合，刑法が向ける要求をそれ自体正当なものとして名宛人に対する関係で正当化できるような理由とは，一体どのようなものなのか，ということが問題となる。換言すれば，刑法はいかなる価値を体現するべきか，という問題である。

しかし，この点に関しては，そもそもこのような問題設定自体に対して批判的な立場もあり得る。例えば，「法とは何か」という問題と「いかなる法が正当か」という問題は別個のものであり，学問としての法律学に固有の問いは前者であって，後者は倫理・道徳の次元に属する問いであるから，両者は切り離して考えるべきである，といった類の主張がそれである。そこでまず，このような主張の妥当性から検討することとする。

(2)　「在る法」と「在るべき法」を区別し，法律学の任務は前者を解明することであって，その際に，道徳的価値判断を混入させるべきではない，という典型的な法実証主義の立場によれば，「法はいかなる価値を体現すべきか」という問いは無意味あるいは法律学上の問題ではない，ということになるであろう。法実証主義の主張の根幹は，まさに，法を考察するに当たって価値判断を混入させるべきではない，というところにある。周知の如く，このような主張に対しては，「それでは明らかに道徳的に不正だと思われる法も法であり，従って，それに従わなければならないのか」という批判が提起されている。殊に，ナチスの惨劇を経験して以後は，この種の批判が強まり，その結果，今日では，基本的に法実証主義の立場に立つ者も，「法はどのような内容でももち得る」といった極端な主張を展開することは少なくなってきた。そのような状況の中で，法実証主義の立場を基本としながら，この問題に鋭い分析を加え，相当に説得力のある見解を提示していると思われる論者に H. L. A. Hart がいる。そこでまず，彼の見解を見てみることにしたい[13]。

Hart は，いわゆる悪法論の問題に関して，概ね，次の三つの理由から，

---

13)　ハート・前掲注3）第9章参照。

「道徳的に不正な法も法である」とする法実証主義のテーゼを支持している。第一に，「道徳的に不正な法は法ではない」という狭い法概念を採用しても，法を社会現象として理論的・科学的に研究する際に得られるところはないが，そのような法も法であるとする広い法概念を採用すれば，道徳的に邪悪な法の特徴やそれに対する社会の反応を研究分野に取り込むことができる。第二に，「邪悪な法は法ではない」という狭い法概念を採用するよりも「これは法ではあるが，あまりにも邪悪なので従ったり適用したりすることはできない」という広い法概念を前提とした論法の方が，公権力の濫用や悪法論がもつ道徳的問題点をはっきりと認識させることに役立つ。第三に，狭い法概念は，アナーキーの論法を許容する危険があるばかりでなく，ソクラテスの服従の問題，戦後西ドイツが直面した遡及処罰の問題など，道徳や正義に関する非常に多様な問題点を過度に単純化する危険がある。こういった理由から，彼は，法実証主義のテーゼを支持している。

　しかし，他方で，彼は，人間の傷つきやすさ，おおよその平等，限られた利他主義，限られた資源，限られた理解力と意思の強さ，といった自明の真理である事実から，いかなる法も当然の要求として人々に最低限度の保護を提供するものでなければならず（「自然法の最小限の内容」），この点で法と道徳が部分的に一致することを認めている。

　かような Hart の議論は，非常に周到であり，法実証主義的立場からこの問題にアプローチしたものの中では，最も説得力のあるものの一つであるといってよいであろう。しかし，それにもかかわらず，このような見解には看過し難い問題点があるといわなければならない。例えば，立法権を有する専制君主が，もっぱら自己の利益だけを図るために人々に一定の行動をとるべきことを要求し，人々は打算的な考慮からそれに従っているとしよう。そしてそれが，何らかの形で，人々に最低限度の保護を提供するものではあったとする。おそらく，Hart の見解を前提とすれば，「このような法も法である」とした上で，「しかし，それは道徳的に不相当な法である」として批判されることになるであろう。しかし，その場合，なぜ，「不相当な『法』である」と批判することができるのであろうか？それは，本来，法ならば備えているべきものが，この場合には欠けていると考えるからではないのだろう

第1章　刑法のコンセプトに関する一試論　　15

か？つまり，それは，一定の価値的視点から見てこの法は欠陥のある法だと言っているのだと思われる。そうでなければ，「不相当」「不正」「邪悪」といった修飾語句を「法」という言葉に結びつけることには意味がなくなってしまうであろう。法の当否を語るためには，それに相応しい語句を用いる必要がある。「退屈な」「気持ちよい」「不気味な」と言った言葉は，それが比喩として用いられるものでもない限り，法の当否を語る語句として相応しくない。要するに，法の問題について語るためには，価値的に見て一定の制約があるのである。もしそれがないとしたならば，私たちは，そもそも法について批判的な議論を展開したり，また，見解の不一致が生じたりすることもないであろう。それがあり得るのは，「法はいかなる価値を体現すべきか」という問いに意味があるということについて，私たちが同意している場合だけである。法は没価値的なものではあり得ず，また，法を全く価値自由的に理解することもできない，ということを私たちは認識すべきであろう[14]。

　(3)　さて，それでは，法はいかなる価値を体現すべきなのであろうか？刑法学の領域において，この問いは，従来，刑法は社会倫理を維持するためにあるのか，それとも，法益を保護するためにあるのか，という点を中心に論じられてきたように思われる。そして近時では，刑法と倫理・道徳を峻別する傾向が顕著であり，刑法は法益を保護するためにある，という見解が極めて有力である。しかし，刑法上の禁止・命令の正当性が，法益保護に資するという形で説明されたとしても，それは解答ではなく，むしろ問題の出発点にすぎない。なぜならば，名宛人が，「なぜ，それが，『保護すべき』利益なのか」と尋ねた場合，その理由を提示しなければならないからである。

　この問題を考えてみた場合，ある利益を「保護すべきである」という要求を，名宛人に対する関係で正当化しようと試みる際に提示する理由としては，おそらく，裸の道徳的理由だけでは不十分あるいは不適切であろう。例えば，所有権あるいは占有が窃盗罪の規定によって保護されるべき利益であるという主張を，単に「汝，盗るなかれ」といった道徳的理由だけで基礎づけることは不適切である。しかし，その一方で，ただ個人の権利・利益であ

---

14)　R. A. Duff, supra note 5, p. 96参照。

16 第1部 刑法の基礎

るといった点を強調するだけでも十分ではない。自分の財物については盗られたくないが，他人の財物は盗みたいと考えている者に対して，「それは他人の所有権や占有を害するものである」と言っても，「なぜ，他人の所有権や占有を尊重しなければならないのか」と反論される可能性がある。それに対しては，更に，「自分たちが属している社会における財物の所有や移転のシステムに照らして考えた場合，各人の所有権や占有の利益を守ることは，構成員皆にとって利益となるものである」というような回答を与える必要があるであろう。他の刑法上の禁止・命令についても，その名宛人に対する関係での正当化は，最終的にはこのような形で行われなければならないと思われる。

　ここには，少なくとも，二つのことが含意されている。一つは，ある利益が法によって保護するに値する利益かどうかを決定する際には，まず，その利益が自分たちの属する共同体の中でどのような価値を有しているのか，という点について判断する必要があるということである。法の次元に移行する以前に，それは自分たちの属する共同体の中で重要な価値を有しているものであるから尊重すべきである，という判断がなされなければならない。つまり，その利益を保護すべきであるということが，法的責務となる以前に道徳的責務として正当なものであるということが主張できなければならない。無論，道徳的責務が全て法的責務になるというわけではない。また，法的責務と道徳的責務は同一のものであるともいえない[15]。しかし，刑法によって一定の行為を禁止・命令することが正当化されるためには，それが道徳的にも正当化できるものであるということを必要条件とするのである[16]。

---

15) 道徳的責務と法的責務にズレが生ずる例としては，次のようなものが考えられる。まず，マナーやエチケットの類のように，より一層の「礼儀正しさ」が問題となる場合には，道徳的責務はあるが法的責務はないとされることがほとんどである。この場合には，その責務に反する行為が行なわれても，それほど大きな害悪は生じないため事実上行為の選択の幅が広く，また，インフォーマルな統制（例えば，白眼視など）である程度その遵守が期待できるという考慮が働いている（従って，このような前提が崩れると法的責務に移行する傾向が生まれてくる。路上喫煙禁止条例などは，その例だと言えよう）。また，道徳的責務の次元で複数の責務が矛盾・対立するため，双方を同時に履行することが困難な場合も，法的責務が否定されることがあり得る。倫理学において「二重の結果論（principle of double effect）」が問題となる場合（刑法学では，正当防衛・緊急避難や安楽死などがこれに関係するであろう）や「市民的不服従（civil disobedience）」の場合などがこの関連では問題となるであろう。

第1章 刑法のコンセプトに関する一試論　17

　他の一つは，特定の者の利益になることを示すだけでは，法的責務を名宛人に対する関係で正当化することはできない，ということである。法的責務は，名宛人全てに対して等しく一定の要求を向けるものであるから，その全ての者に共通する正当化理由を必要とする。よく用いられる言葉で表現すれば，法的責務は共同体の共通善（common good）に奉仕するものである，という理由で正当化されなければならないのである[17]。共通善という言葉は，全体の利益の如きものを想起させる嫌いがあるが，ここでは，そのように全体の優位性を意味するものとして用いているのではなく，共同体の構成員全てにとって価値あるものといった意味合いで用いている[18]。もっとも，このような意味で共通善という言葉を用いたとしても，その内容は区々であり得る。異なる社会では，具体的に何を共通善と見るかの考え方も異なるであろう。時代によって，共通善の内容が変化していくことも考えられる。更にそもそも，「善」という概念それ自体に関する考え方が違えば，何を共通善と見るかも当然変わってくるであろう。従って，共通善という概念を引き合いに出しても，それによって法が具体的にどのような価値を体現すべきかという点について答えられる部分は，それほど多くはない。しかし，それでも，刑法上の禁止・命令を名宛人に対する関係で正当化するためには，それが個人的な性格のものではなく，名宛人全てに共通する価値に奉仕するものである，ということを引き合いに出さなければならないであろう。この点

16)　刑法と道徳・倫理を峻別する見方が，今日では極めて有力であるが，刑法が道徳的判断・倫理的判断を含まないということがあり得るのであろうか？刑法と道徳・倫理の峻別を説く見解は，多くが法益保護ないしは犯罪予防の観点から刑法の正当化を図っているが，その理論的基盤は功利主義，あるいは，より広義では結果主義（consequentialsm）であり，これも一つの倫理的判断であることは明らかであると思われる。

17)　なお，St Thomas Aquinas, Summa Theologiae Ia2ae90. 4参照。

18)　この関連では，価値観の多様性・相対性ということが問題となるであろう。人々の価値観は多様であり，そのいずれが正しいかは相対的であるということから，法の役割は異なる価値観をもつ人々の共存を保障することである，という主張がよくなされる。しかし，人々の共存を可能にする条件は無限であるとでも考えない限り，その条件はそこで生活する人々にとって保護すべき価値あるものとなるのではなかろうか？自由社会が，各人の放縦，勝手気侭を認める社会ではないとすれば，自由社会の存立・維持を可能にする条件には限定があるはずであり，そういった条件は，そこで生活する人々にとって単なる価値観の問題としてではなく，現に価値あるものとして現れてくるように思われる。本文で用いた共通善という観念は，このようなものを意味している。

は，共通善という言葉によって最もうまく表現されるように思われる。

かくして，法的責務は，我々の属する共同体の共通善に配慮すべきであるという道徳的責務によって支えられたものである。法は，それが共同体の共通善に奉仕するものであるという理由によって名宛人に対してその道徳的な拘束力を主張するのであり，他方で，名宛人が法を受容するということは，その法の要求をかような道徳的拘束力のあるものとして受容するということである。

刑法の本質もこのような観点から理解されるべきである。刑法は，名宛人に対して共同体の共通善に奉仕するという理由により正当化される責務を課し，その正当性を名宛人自らが理解し受容することを通じて，各人が自らその責務の要求に合致する行動をとるようになることを求めるものである。このように名宛人を自律した理性的主体として尊重するものである点で，刑法は，単なる強制的な命令とも，そしてまた何らかの操作的・操縦的手法とも異なるのである。

無論，現実の法は，このような理想的なものではない。共通善に奉仕しているのかどうか疑わしい法もあれば，名宛人の側でも，打算的な理由で法に従っているにすぎない場合が少なくないであろう。そのようなものを単純に法ではないと断言してしまうことはできない。しかし，それと同時に，そのような法は，本来の法のあり方から見て不完全なものである，ということも認識しなければならないように思われる。

5　若干の関連問題

⑴　このような刑法の理解は，刑事法における様々な問題領域に影響を及ぼすように思われる。なぜならば，前述の如く，刑法が個人の自律性・主体性に対する尊重を内在的な価値としているとすれば，刑法の実現過程もまたその価値に適合するように形作られるはずだからである。もっとも，このような問題関心から検討すべき対象はきわめて広く，その全ての取り上げて詳細に論ずることは，筆者のなし得るところではない。そこで，本稿では，かような刑法の理解と比較的関連が大きいと思われる問題点に限って，若干論

第1章　刑法のコンセプトに関する一試論　19

及しておくことにする。

(2)　まず，刑事手続のあり方をどのように理解すべきか，という問題との関連について考えてみたい。もとより，実体法と手続法の関心の違いに応じて，刑法と刑事手続に関する法とは相対的に自律性を保持するものであることは当然であるが，刑法が一定の定められた手続を経て実現されるものである限り，その根底において両者には何らかの連続性があるはずである。では，それは，いかなるものであろうか？

　一般に，刑事手続の理念としては，真実の発見と手続的正義とが挙げられる。両者は，時に矛盾・対立する場合が生じ得るが，そのような場合には手続的正義が優位すると主張する論者が多い。そこには，国家権力が濫用される危険から個人の人権を守るという見方があり，手続遵守の要求は国家刑罰権の行使を制約するという消極的な機能をもつものであるという点が強調される。このような見方は，刑法は犯罪予防を目的とするが，それは個人の人権を侵害しない範囲でなされなければならないという見方と共通するものがあるといえよう[19]。

　確かに，このような点は重要であろう。しかし，例えば，被告人に関して，裁判を受ける権利，告発事実や提出が予定される証拠に関して告知を受ける権利，弁護人の助力を受ける権利，証人を喚問・審問する権利，等々が保障されなければならない，といういわゆる当事者主義の要請は，このような消極的な意味しかもっていないのであろうか？これらの権利を保障することは，国家刑罰権の行使を制約するということ以外に，まさに裁判を裁判たらしめる積極的な意味をもってはいないのであろうか？

　このような問いに対する回答としては，①それは被告人の人権を保障するという積極的な意味をもっている，②このような権利を保障することによって公判における議論が充実しより真実の発見に近づく，③これらの権利が被告人に保障されないような裁判は国民の信頼を失うことになる，といったものが考えられるであろう。しかし，①は，これらの権利が保障されない場合，一体何が害されるのか，という点を明らかにしなければ，ただ単に国家

───────────────

19)　田宮裕『刑事訴訟法（新版）』(1996年)　3頁以下参照。

20　第1部　刑法の基礎

刑罰権の行使を制約するという関心を裏側から言い表したものにすぎないことになろう。また，②は，確かにそのような側面もあり得るが，当事者主義の要請が真実発見の妨げとなる場合があることは否定できない。これに対して，③はある程度説得力がありそうである。刑事裁判に対する国民の信頼が損なわれれば，結局，刑法の実現効率は低下し，社会統制の手段として機能しなくなる可能性があろう。従って，犯罪が行われたのかどうかという実体的正義とは別に，適正な手続に従っているかどうかという手続的正義を問題とする必要性は高い。しかし，このような見方によると，これら被告人の権利は効率性という観点から基礎づけられることになる。だが，被告人にこれらの権利が保証されない場合，そこで害されるのは法の効率性だけで，被告人自身は害されていないのであろうか？仮に，その被告人が無実の者である場合ならば，あるいは刑罰権が濫用される危険に晒されたとはいえるかもしれない。しかし，その被告人が，実際に犯罪を行っている者であって，たとえ，これらの権利を保障したとしても結果は同じ判決であったと考えられる場合はどうであろうか？この場合，被告人は，誤って有罪判決を受ける危険に晒されたともいえなければ，受けるに値しない判決を下されたともいえないであろう[20]。しかし，このような場合であっても，被告人は，その人自身害されていると考えるべきであるように思われる。では，一体，何が害されているのであろうか？

---

20)　刑事裁判では，犯罪を行った者だけに有罪判決が下されなければならないが，私たちは，誤判の可能性をゼロにするような手続をもつことはできない。つまり，刑事裁判は，Rawls が言う「不完全な手続的正義」に当たる場合である（ジョン・ロールズ［矢島鈞次監訳］『正義論』［1979年］66頁以下）。ここから，無実の者が誤って有罪判決を下される危険を回避するために，合理的だと信頼できるような手続に従って裁判が行なわれた場合にしか有罪判決を下されないという権利を導き出すことができるかもしれない。そして，合理的だと信頼できるような手続だといえるためには，「相手方の意見をよく聴け」という自然的正義（natural justice）の要請を満たしていなければならないと考えれば，全ての被告人に当事者主義が求める諸権利を付与すべきだと考えられることになろう。しかし，この考え方は，当事者主義の要請を，不合理な手続によって有罪判決が下される危険，つまり，恣意的な裁判が行なわれる危険を回避しようとする関心から導出するものであって，結局，国家権力の行使を制約しようとする消極的な機能を中心に置くことになろう。また，これによると，実際に犯罪を行っている被告人に与えられる諸権利は，無実の者が誤って有罪判決を下されることがないようにするという本来的には無実の者が有すべき権利によりかかって構成されていることになり，実際に犯罪を行った者も含めて全ての被告人に主体的な地位を保障するという関心が乏しくなるように思われる。

第1章 刑法のコンセプトに関する一試論　21

　この点を，本稿が前提とする刑法の理解に関連づけて考えてみたい。本稿では，刑法は，名宛人に対して共同体の共通善に奉仕するという理由で正当化される責務を課し，その正当性を名宛人自身が理解し受容することを通じて，各人が自らその責務の要求に合致する行動をとるようになることを求めるものとして理解された。このような理解によれば，刑法に違反した者に対して非難が向けられることは当然である。その非難が公的になされるプロセスが，まさに，刑事手続であり，とりわけ，公判がその中核をなす。ところで，前述のような刑法の理解が，名宛人を自律した理性的主体として尊重するという考え方に基づくものであるとすれば，その違反者を非難するにおいてもまた同様の尊重を向けなければならないであろう。従って，非難は，単なる怒り，義憤，憤りの一方的な吐露ではなく，また，非難されることによって生ずる苦痛を利用して相手方に今後の行動を改めさせようとする打算的インセンティブの創出を目指すものでもない。犯罪を行った者であっても，その主体性・自律性を尊重しなければならないとすれば，非難は，相手方が過去に行った行為が共同体の共通善を害する行為であるということを伝え，その理由を相手方が理解し受容することを通じて，相手方が自ら将来の行動を改めるという判断をするように求める理性的な企てでなければならないであろう。非難がこのようなものだとすれば，非難する者と非難される者との間には，対等な関係が存在しなければならない。非難される者に自己の主張を十分に展開する場が与えられず一方的に咎められるだけでは，非難されている理由を真に受容することはできないであろう。他方，非難する側から見ても，その主張は不適切な場合もあり得るのであって，それは相手方からの十分な批判に晒されなければならない。かように，非難は，非難する者と非難される者とが共に主体的な役割を演じてそれに参加する一種のコミュニケーションだと解される[21]。刑事公判は，共通善をめぐって交わされる相互

---

21)　このような観点からすると，被害者を刑事手続から疎外することには，根本的な問題があると思われる（渥美・前掲注10）354頁は，公判は，国家，共同体と被告人，被害者といった者の間のダイアローグ・意思疎通ができるものでなければならないとする）。
　　なお，裁判の場では，手続上の制限があるために非難を正当化するための前提となる自由なコミュニケーションの過程が欠けているので，裁判官は被告人に対して非難を表明することはできないという見方がある（Ellscheid/Hassemer, Strafe ohne Vorwurf, in: Lüderssen/Sack (Hrsg.),

22　第1部　刑法の基礎

コミュニケーションの場なのであり，そこで，被告人に主体的な地位が与え
られなければならないことは当然である。被告人に諸権利を与えない公判
は，まさに，この被告人の主体的地位を害することになるのである[22]。公
判を規律する原理として当事者主義が要請される理由は，このような理解に
立った場合に初めてよりよく理解できるものとなるように思われる[23]。

Seminar: Abweichendes Verhalten, Bd. II., 1975, S.270f.; Hassemer, Alternativen zum Schuldprinzip? in: Baumgartner/Eser (Hrsg.), Schuld und Verantowortung, 1983, S.102f. 参照）。しかし，日常生活において非難が向けられる場合でも，相手方の事情を全て知っているわけではないし，永遠に議論が続けられるわけでもないから，刑事裁判における非難との間には程度の差があるにすぎないと思われる。

22)　本稿の立場から，自己負罪拒否特権をどのようにして基礎づけるかは，一つの問題である。なぜならば，刑事裁判は，被告人の有罪・無罪をめぐって交わされる理性的なコミュニケーションの過程であるとすれば，被告人もそれに積極的に参加することが求められ，被告人は自分に向けられている非難に対して真剣に答えるべき義務があるという結論に至りそうであるが，現実の法制度では自己負罪拒否特権が（実際にそれが全うされているかどうかは別として制度上は）しっかりと定着しており，これは，刑事裁判の目的が本稿の説くようなものではないことを示すものではないか，という疑念を生じさせるからである。
　この点に関して，私は，次のように理解することができるのではないかと思う。まず，私たちのもつ法が完全に正当なものであるとすれば，その違反を理由にして被告人に対して向けられる非難に対し，被告人は応える義務があると思われる。しかし，現実の法は，そのように完全なものではないし，また，何が共通善かという点についての解消し難い意見の対立も存し得る。無論，私たちは，現実の法が不完全なものである可能性があることは認めながらも，依然としてそれは正当だとして他者にその遵守を求めることはできるであろう。ただ，現実の法は不完全なものかもしれない（つまり，自分たちの主張が間違っている可能性もある）という認識があれば，あたかもそれが完全なものであるかのように，唯々一方的に被告人にその受容を求めることまではできないとも考えるであろう（そのような妄信的受容を被告人に求めることは圧政，弾圧につながるであろう）。このような関心は，法の要求を最終的には受容しないという選択（法が体現しているとされる価値に対してあくまで外在的な立場を維持するという選択）をする可能性が被告人に留保されるべきであるという配慮となって現れるであろう。それが，自己負罪拒否特権という形をとるのではないであろうか？このように解することは，刑事裁判の本質を被告人との間で交わされる理性的なコミュニケーションと見ることと矛盾するものではない。それは，現実の法は不完全なものである可能性があるということから刑事裁判に課される横からの制約だと見るのである。
　これに対し，例えば，刑事裁判を純粋なゲーム，競争のようなものとして見るならば，自分が不利になるようなことをする必要は全くないとされるであろうから，自己を有罪に追い込むような行為は一切する必要がないと考えられることになろうが，その場合には，自分に対して向けられている非難に対して応答する必要は本来的にないとされることになるであろう。私見は，これとは異なり，被告人には自分に対して向けられている非難に対して応ずるべき道徳的な義務はあるが，それを法的な義務にまで高めてその拘束力を強めることは種々の弊害をもたらす可能性があるので許されないとするものである。

23)　この点については，本書第2部第6章も参照。もっとも，現実の刑事手続には，他者の自律性・主体性の尊重と両立し難いと思われるものが少なからずある。例えば，被疑者・被告人の勾

第1章　刑法のコンセプトに関する一試論　　23

⑶　次に，刑罰の正当化について，簡単に言及しておきたい。

　本稿における刑法の理解を前提とすれば，刑罰を単なる犯罪予防の手段として理解することはできない。それは，犯罪予防という目的のために個人を手段として取り扱うことになり，個人の自律性・主体性の尊重と調和しない。また，刑罰の主たる正当化理由は犯罪予防に求めながら，個人の尊重という観点から一定の制約を設ける立場とも相容れないであろう。なるほど，このような見解は，個人の主体性という点に一定の配慮をしているが，それは刑罰を外在的に制約する要素として考慮されているにすぎない。このような見解によれば，非難は刑罰を構成する本質的要素ではないと解される可能性が高く，その点でも本稿の立場からは支持し難い[24]。

　他方で，純粋な応報刑論の立場も，本稿の立場とは異なる。純粋な応報刑論は，刑罰はそれを科すこと自体に意味があり，刑罰の正当化根拠は犯罪と刑罰との間に存する必然的な関係を示すことによってのみ明らかとされなければならないという考え方に立脚しているが，そこには非難を媒介とした相互コミュニケーションという実践的活動が介在する余地は全く存在しないように思われる。

　本稿の理解を前提とすれば，刑罰は，犯罪者に対して，その者の行った犯罪が被害者を傷つけ共同体の共通善を害するものであったということ，そしてなぜそうなのかという理由を伝達し，それによってその者が，その理由を理解・受容することを通じて悔悛し，将来の行為を自ら改善していくようになることを求めるコミュニケーションの一環として科されるものである，と一応は定義されることになるであろう。無論，そのような悔悛，自己改善という結果は，現実には生じない場合も多いであろう。しかし，だからと言って，そうなることを求め，説得することに意味がないとはいえない。むしろ，犯罪者であっても自律した理性的主体として尊重し，同じ共同体の中で生活する仲間として対応すべきであるとするならば，何が共同体の共通善であるのかについての価値的なメッセージが伝わることを期待して接するべき

　留などがその例である。このような理想と現実のギャップに関しては，Duff が興味深い議論を展開している（R. A. Duff, supra note 5, pp. 139-143参照）。

24)　この点に関しては，本書第2部第2章参照。

24　第1部　刑法の基礎

であろう。かような説得は，犯罪者であっても自律した理性的主体として尊重しなければならないという前提から必然的に導かれる要請なのであり，結果の有無によって左右されるような仮言的な要求なのではない。

　もっとも，このような刑罰の見方については，まだ解決を要する問題点が少なからず残されている。例えば，非難を伝達することが重要なのだとすれば，それは何も刑罰という「厳しい取り扱い（hard treatment）」を必要としないのではないか，という疑問が提示されるであろう。有罪判決を言い渡すだけでは，なぜ，十分ではないのか，といったことが問題となる[25]。また，既に十分に悔悛している者は，処罰されなくともよいのか，ということも問題であろう。そして何よりも，このように個人の内心に深く踏み込むような刑罰の見方が，自由主義の観点から果たして正当化できるのか，という問いに答えなければならない[26]。これらの問題点に，どのように答えてい

---

[25]　この問いに対して容易に思い浮かぶ回答は，ただ判決を言渡すだけでは非難されている理由に全く耳を貸さない者もいるので，そのような者に対しては，法に従うべきことを要求するより強固な誘因が必要である，というものであろう。しかし，この主張は，そのままだと，打算的なインセンティブを与えることによって相手方の行動を変えようとする操作・操縦的な手法であるとの批判に再び晒されることになる。その点で，von Hirsch の見解は興味深い（A. von Hirsch, Censure and Sanction, 1993, chap. 2, 5. なお，U. Narayan, "Appropriate Responses and Preventive Benefits: Justifying Censure and Hard Treatment in Legal Punishment", Oxford Journal of Legal Studies 13 [1993], pp. 166-182 も，ほぼ同様の主張を展開している）。彼は，刑罰を，第一次的にはコミュニケーション的なもの，すなわち，非難による道徳的訴えかけとして理解しつつも，人間は道徳的に不完全な存在であるという理由から，道徳的理由の受容を打算的に補充するものが必要となるとする。ここでは，人間はある程度は道徳的であるが，誤りを犯しがちな存在でもある，という人間観が前提となっており，そのような道徳的弱さを補うものとして打算的な理由を付加することは許されると考えている。しかし，刑罰の第一次的な役割は非難を通じたコミュニケーション的なものであるから，打算的な理由は，それに取って代わるようなものであってはならない（刑罰は，非難が示す道徳的訴えかけを掻き消してしまう程，過酷なものであってはならない）とし，その結果，極めて謙抑的な結論を導いている（彼は，一般の犯罪に関しては3年，殺人に関しては5年の自由刑を上限とすべきであるといった主張をしている）。この見解は，個人の自律性・主体性の尊重と犯罪予防との間にある緊張関係を解消しようとする試みとして注目に値するが，打算的な理由に真に補充的な役割しか認めないとすると刑罰は彼が主張するよりももっと控えめなものでなければならないのではないか，また，その反面，このような控え目な刑罰では犯罪予防の点であまりに無力ではないか，といった疑問が提起されよう。なお，von Hirsch の見解に関しては，拙稿「英米におけるハイブリッドな刑罰論の諸相」高橋則夫＝只木誠＝田中利幸＝寺崎嘉博編『刑事法学の未来：長井圓先生古稀記念』（2017年）220頁以下も参照。

[26]　なお，この関連では，英米における議論動向に興味深いものがあるように思われる。周知の如く，英米では，1970年代に，それまでの結果主義（consequentialism）に対する反動として応

第1章　刑法のコンセプトに関する一試論　　25

くかが，今後の課題となるであろう。

報主義（retributivism）の再生という現象が生じたが，そこで中心となったのは「正当な応報（just deserts）」という概念であった（A. von Hirsch, Doing Justice, 1976参照。なお，刑罰を，利益と責務の公正なバランスの回復，犯罪者からの不公正な利益（unfair advantage）の除去，といった観点から論ずるものとして，H. Morris, "Persons and Punishment," Monist 52 [1968], pp. 475-501; J. G. Murphy, "Marxism and Retribution", Philosophy and Pubilic Affairs 2 [1973], pp. 217-243; W. Sadruski, "Distributive Justice and Theory of Punishment", Oxford Journal of Legal Studies 5 [1985], pp. 47-59.）。これに対して，結果主義の側からは，かような応報主義からの批判に応えるべく結果主義をより洗練させようとする見解も提示されている（社会的な自己防衛という観点から抑止刑を正当化する見解として，L. Alexander, "The Doomsday Machine: Proportionality, Punishment and Prevention", Monist 63 [1980] pp. 199-227; D. M. Farrel, "The Justification of General Deterrence", Philosophical Review 94 [1985] pp. 367-394; W. Quinn, "The Right to Threaten and The right to Punish", Philosophy and Public Affairs 14 [1985] pp. 327-373. 権利の信託という考え方から犯罪者の社会復帰を刑罰の目的とする見解として，A. H. Goldman, "Toward a New Theory of Punishment "Law and Philosophy 1 [1982] pp. 57-76. 共同体主義（communitarianism）を支持する立場から自律（autonomy）と福祉（Welfare）という価値の保護を刑罰の目的に加える見解として，N. Lacey, State Punishment, 1988. 共和主義（republicanism）を支持する立場から個々人の支配（dominion）の最大化を刑事司法の目的に据える見解として，J. Braithwaite and P. Pettite, Not Just Deserts, 1990.）。そして，近時では，結果主義にも応報主義にも分類されない立場も有力に主張されている。それは，犯罪者を理性的な道徳的主体と見て，刑罰は犯罪者に自分自身を改善させることに努めるコミュニケーションの一環であると捉える見解である（刑罰を道徳的教育という観点から理解するものとして，H. Morris, "A Peternalistic Theory of Punishment", American, Philosohical Quarterly 18 [1981] pp. 263-271. 悔悛（penance）という点を強調するものとして，R. A. Duff, supra note 5）。この見解は，犯罪によってほつれた社会関係の修復（restoration）という観点も視野に入れ，被害者との和解，犯罪者の共同体への復帰の方法として，各種の非拘禁的処遇にも理論的基礎を与えようとするなど（R. A. Duff, "Alternative to Punishment-or Alternative Punishments?" in W. Cragg (ed.), Retributivism and its Critics, 1992. pp. 43-68参照），非常に興味深い展開をみせている。本稿の立場は，基本的にこのような見解に近いものであるが，英米における議論の中でも，このような見解が果たして自由主義の考え方と両立し得るものなのかという点が問題となっており（例えば，刑罰を基本的にはコミュニケーション的なものと理解しながらも，道徳的観点を強調することに対しては抑制的な態度をとるものとして，A. von Hirsch, supra note 25），また，このような見解を正当としつつも，そのあまりの理想主義的な性格の故に実現可能性について悲観的な見方を示す論者もいる（R. A. Duff, supra note 5, pp. 298-299.）。いずれにせよ，共同体主義との関連なども含め，このような見解には論ずべき問題点が少なからず残されていることは確かであるが，他方でまた，その射程の広さや思考の深さから見て，十分検討に値する見解でもあると思われる。

第2章　刑法理論と政治哲学
──自由主義刑法理論の再検討──

1　はじめに…刑法理論と政治哲学の関わり

　政治哲学は，一般に，政治において実現されるべき価値の内実を探る規範的な理論であるとされる。このような意味での政治哲学は，伝統的に，国家の役割はどのようなものであるべきかとか，社会の秩序はどのようにして実現されるべきかといったいわば「あるべき政治」の姿を示すということを中心的な課題としてきたということができる。

　ひとまず政治哲学の意義をこのように理解した場合，これと刑法理論が密接な関わりを有するということについてはほとんど異論がないであろう。いかなる国家像，いかなる社会像が前提とされるかによって提示される刑法のあり方も変わってくるのは当然である。「あるべき政治」の姿に関心を寄せる政治哲学は，「あるべき法」の姿，就中，「あるべき刑法」の姿を示すにあたっても重要な役割を演ずることになるはずである。

　このような観点から我が国の刑法学の状況を眺めてみると，大方の論者の間にほぼ共通の認識が存するように思われる。すなわち，それは，刑法理論を展開する政治哲学的前提を自由主義に置いているという点である。無論，近時の盛んな刑事立法や危険社会論への反応において，従来の自由主義的立場からの主張に比べるとより刑法の投入に積極的な口吻を示したり，更には将来的な方向性としては自由主義とは異なる方向に進むのではないかということが示唆されたりすることもあるが[1]，それでは自由主義に代わるオルタ

---

1)　例えば，川端博＝前田雅英＝伊東研祐＝山口厚『徹底討論刑法理論の展望』（2000年）156頁など参照。

第 2 章　刑法理論と政治哲学——自由主義刑法理論の再検討——　　27

ナティブが示されているのかといえば必ずしもそうではない。今日，自らを
積極的に非自由主義者であると自己規定している論者はほとんどいないよう
に思われる。

　このように自由主義の考え方と刑法理論との間に強い親和性が見られるこ
とは，近代刑法学の成り立ちから考えてみれば，当然のことかもしれない。
しかし，あまりにも当然視されているためか，逆に，この結びつきがどのよ
うな意味をもつのかは，あまり真剣に問われてこなかったように思われる。
よりポレーミッシュな言い方をすれば，自由主義という言葉は謂わば「殺し
文句」として用いられているに過ぎず，自由主義がもつ政治哲学的含意との
連動性，整合性を意識して刑法理論を展開していることは実はそれほど多く
ないのではないか，という印象を受けるのである。

　そのことは，政治哲学の動向と照らし合わせてみるといっそう明瞭になっ
てくる。政治哲学では，20世紀後半に，J. Rawls の『正義論』を機に，政治
哲学の復権とも称される大きな動きがあった[2]。そこでは，現代社会におけ
る自由主義の可能性と限界が重要な検討課題になっていることは間違いな
い。しかし，私の見るところ，刑法学は，このような自由主義の内実規定に
関わる重要な動きにほとんど反応を示さなかったように思われる。ここに，
私は，刑法理論と政治哲学が断絶している一面を見ることができるように思
う。

　近時，政治哲学が復権してきた背景には，価値観の多様化が進んだことに
よって，その間の政治的秩序をいかにして正当化するかという問いを真剣に
考えざるを得なくなったという事情がある。価値観が多様化すればするほ
ど，その間の調整を図る権力行使をいかにして正当化するのかという問いは
困難さを増す。政治哲学としての自由主義は，その問いに答えなければなら
ない。ところが刑法学においては，とりわけ1960年代のモラリズム批判以
降，自由主義を価値相対主義と結びつけて理解する見解が強まったこともあ
り，自由主義への言及はむしろ刑法の正当化に潜む価値対立の深刻さを隠蔽

---

2)　Rawls の『正義論』以降の動向については，有賀誠＝伊藤恭彦＝松井暁編『ポストリベラリズ
　ム―社会的規範理論への招待―』（2000年）が詳しい。

28　第1部　刑法の基礎

する作用を営んできたように思われる。そのことは，処罰権力を制約するという方向では熱く自由主義が語られるけれども，異なる価値観をもつ人々のいずれにも共通に妥当することを求める刑法の正当性を積極的に基礎づける方向では自由主義は沈黙するというアンバランスな状況をもたらしたのではなかろうか。加えて，そのように処罰権力の制約に重きを置いた刑法理論では現実に生起している問題を解決することはできないと見れば，社会構造の変化や価値観の変容といったことを引き合いに出して，自由主義を時代遅れの遺物として葬り去り，あるいは，政治哲学一般の不毛性を喧伝するかのような言説も見受けられる[3]。しかし，これまで政治哲学としての自由主義と刑法理論との関係がどれほど真剣に検討されてきたのか，という点には大いに疑問が残る。

　そこで，本稿では，自由主義を基礎にした刑法の理解可能性について今一度検討し直す必要があるのではないかとの問題意識の下に，若干の試論を展開してみたい。

2　前提的考察──自由主義の編み直し──

　まず出発点として，自由主義の意義を明らかにしなければならない。もっとも，自由主義とは何かという問いに一義的な解答を与えることは困難であり，また，そのようなことがここで目指されているわけでもない。当面の目的にとっては，従来，自由主義がどのようにとらえられてきたのかということを大まかに掴み，そのどこに問題点があるかを確認しつつ，新たな編み直しの方向性を提示できれば十分であろう。

　さて，それでは，これまで自由主義は，どのようなものとして理解されてきたのであろうか？とりあえず教科書的な説明をするならば，方法論としては個人主義を採用し，経済的には資本主義を，政治的には議会制民主主義をそれぞれ支持するものであって，「国家からの自由」を強調し国家権力を制約する原理として考えられてきたといえるように思われる。無論，現在で

---

3)　例えば，前田雅英『刑法総論講義〔第3版〕』（1998年）28頁参照。

は，国家による一定の市場介入や所得再配分を是認する自由主義，いわゆる現代自由主義も存在し，むしろ，そちらの方が一般的かとも思われるが，こと刑法学においては，刑罰が最後の手段であることを理由とする謙抑主義が強調されるために，今述べたようないわゆる近代自由主義の立場が一般的に自由主義として受け容れられてきたとみることができるであろう。

このような自由主義が，国家権力から個人の自由を保護することに役立つのは確かかもしれない。しかし，その一方で，これがアナーキズムとは一線を画し，限定的にせよ国家権力の存在を肯定するのであれば，その正当性をいかにして基礎づけるかという問いに答える必要がある。社会契約論が典型的であるように，この問いに対して自由主義は，あくまで個人から出発しながらも，個人の生存をよりよく保障するために必要なものとして，また，その必要性の範囲でのみ国家権力の正当性を基礎づけようとしてきた。「アトム化された個人」がなぜ共同生活の秩序を形成していくようになるのか，という筋立てで考えてきたのである。

しかし，このような筋立てには，一つの疑問がつきまとう。それは，「アトム化された個人」から出発して形成された社会秩序が必然的に個人の自由保障に手厚いものになるとは限らないのではないか，という疑問である。例えば，社会契約論の枠組みで考えてみた場合，その結論がどうなるかは，実は私たちが想像上の契約者にどのような価値を帰属させるかに依存しているのではないであろうか？つまり，自由主義が真に個人の自由を保障する社会秩序に至るためには，立論の前提の中に自由主義社会で実現されるべき価値が予め読み込まれていなければならないと思われるのである。

ここで，自由主義が直面する問いは，次のように表現することができるであろう。すなわち，いかなる価値観をもつ人に対しても等しく権力的に強行され，いかなる対象者もそれを不公平だとして拒絶することができないような理由によって正当化される価値や規範の枠組みは存在するか，換言すれば，ある価値や規範の妥当性が公共性[4]を標榜しうるとすれば，それはい

---

4) ここで用いている「公共性」という言葉の意味については，井上達夫『他者への自由―公共性の哲学としてのリベラリズム―』（1999年）注13頁（第3章注1））参照。

30   第1部　刑法の基礎

かなる理由によってか，という問いがそれである。自由主義国家の価値的中立性という観点から，この問い自体を否定しようとする試みは成功しない。なぜならば，全ての価値観に対して中立性を維持するということは不可能だからである[5]。刑法学における従来の自由主義理解では，この点があまり意識されてこなかったように思われる。

　この点について，私は，共同体という概念に着目することが有益ではないかと考える。これまで，自由主義は，共同体という概念に対しては強い警戒感を示してきた。確かに，共同体を過度に強調することは，個人を共同体に従属させ，共同体の利益のために個人を犠牲にする危険性があるとの指摘は重要である。しかし，自由主義的価値によって構造化されている共同体というものを考えることも十分可能である。個人の自由，自律，プライバシーといった自由主義にとって中心的な価値を共通に支持している人々によって構成されている共同体，いわば，自由主義的共同体というものを想定することは決して困難ではない[6]。

　そのような共同体では，個人は自らの自由，自律，プライバシーを大切にするであろうが，同時に，他者もそれらに価値を認めている存在として相互に尊重することが求められる。従って，行為の当否は，そういった価値に照らして判断されることになるであろう。当然，他者の自由を侵害する行為は不正であるという評価を受けることになる。しかし，それは被害者の個人的な価値を侵害したという理由でのみ不正になるわけではない。むしろ，それは，その共同体を構成している人々が共通に支持している価値を侵害する行為であるからこそ不正という評価を受けることになるのである。ここでは，このような自由主義的共同体においては，自由などの諸価値は，単に「私の」個人的な価値であるに止まらず，共有された「私たち」の価値という意味をもつことになるということが重要である。換言するならば，自由などの諸価値は，もはや私的な価値としてだけではなく，公的な価値としても把握されることになるのである。

---

5)　本書第1部第3章（特に51頁以下）参照。
6)　このような発想については，R. A. Duff, Punishment, Communication, and Community, 2001, ch. 2 が示唆に富む。

第2章 刑法理論と政治哲学——自由主義刑法理論の再検討—— 31

　無論，これは現実の共同体を意味しているわけではなく，現実を理解し，批判し，問題があれば改善の方向を指し示す規範的な理念として想定されるものである。このような共同体という概念を用いることによって，自由主義は，様々な価値観の対立を一定の公的な価値の観点から権力的に調整することを正当化する公共性の哲学として編み直されることになるのである。

3　自由主義的共同体における刑法の意義

　これまでスケッチされた自由主義的共同体において刑法はどのような役割を担うことになるのであろうか？もとより網羅的な検討は筆者の手に余るものなので，以下では，一般的な理解とは異なる結論に至ると思われる重要な点についてのみ検討する。

　(1)　第一点は，刑法規範の性格である。一般的に，刑法規範は，名宛人に対して一定の行為を「禁止」あるいは「命令」する規範であると理解されているといえるであろう。例えば，殺人罪の規定は，私たちに「人を殺すな」という禁止を差し向けているというのである。ところで，私たちは，刑法が「人を殺すな」と命じているから殺人行為を行わないのであろうか？中にはそのような人もいるかもしれないが，大半の人は刑法が禁止しているからという理由ではなく，刑法の問題以前に殺人が不正な行為であるという理由でそれを控えているものと考えられる。仮にそうだとすれば，殺人罪の規定は，大半の善良な市民に対して直接は何も語りかけていないということになる。せいぜい，「刑法で禁止しなければ殺人を犯す可能性のある者を服従させることによって間接的に保護を保障する」という程度のことを伝えているに過ぎないということになると思われる。

　しかし，このような理解の仕方には問題があるといわなければならないであろう。

　まず，このような理解によると，刑法規範の名宛人は，そのような禁止がないと犯罪を行う危険性がある者として理解され，そのような者に対して「かくかくに行為せよ，さもなくば，刑罰が科されることになるであろう」と告げていることになる。この場合，刑法が，名宛人に対して一定の行為を

32　第1部　刑法の基礎

とるよう求めるために提示している理由は，法の内容を正当化する理由ではなく，法に従わなかった場合には刑罰が科されるという威嚇である。しかし，法が威嚇を背景とした禁止・命令であるならば，銀行強盗による「手を上げろ。さもないと撃つぞ」という命令とどこが違うのかという周知の問題が提示されざるを得ない。この区別ができなければ，刑法は国家という「最大最強の暴力団」の脅迫に過ぎないということになってしまうであろう[7]。それでは，この区別はどのようにしてなされるのであろうか？私は，法は名宛人に対してその内容が正当なものであるという理由でそれに従うことを要求するものであるという点で強盗の命令とは異なるものと理解されるべきだと考える。実際に，法の内容が全て正当なものであるとは限らない。しかし，内容を正当化する理由を示そうともしない法は，そもそも法としての資格を欠いているとみるべきである。そして，その法の内容を正当化する理由というものは，特定の個人ないしは集団の利益に偏ったものであってはならないとすれば，その法が適用される共同体の仲間において相互に承認可能な価値の観点から説明されなければならないであろう。自由主義的共同体における法は，その内容が自由主義的共同体において共有される価値の観点から正当化され得るものであるという理由を示さなければならないのである。刑法を禁止・命令という観点から見る考え方では，この点を上手くとらえることができないように思われる。

　また，この問題は別の角度からみると，共同体において共有される価値の観点からその内容を正当化する理由を提示しようとしない法は，名宛人をその共同体の仲間として取り扱っていないと表現することもできる。よく「刑罰に対する恐怖心だけから犯罪を行わない場合であっても刑法では問題とされない」とされ，それが個人の内心に介入することを避ける自由主義の要請であるかのように語られるが[8]，これがもし，刑法は名宛人が刑法の要求に従う動機を問題にする必要はないという意味ならば妥当ではないであろう。人々が刑法の要求内容それ自体の正当性を理解し「内容的に正当な要求であ

---

7)　井上達夫『法という企て』（2003年）3頁以下参照。
8)　例えば，内藤謙『刑法講義総論（上）』（1983年）47頁など。

るから従わなければならない」と自ら受容するに足るだけの理由を示そうと
せず，刑罰による威嚇のように単に人々を法の要求に従わせようとする打算
的な理由しか与えないような刑法は，名宛人を自由主義的共同体の仲間とし
て尊重せず，ただ操作の対象としてしか取り扱っていない点で根本的な問題
を含んでいる。法が銀行強盗の命令と異なるのは，その内容を正当化する理
由を提示することが可能であり，また，その理由を提示することに意味をも
たせているからである。その理由が受容される見込みが端からないのであれ
ば，それを提示しようとすることは無意味であろう。名宛人をその共同体の
仲間として尊重するからこそ，そのような理由を示して法の要求を受け容れ
るよう求めるのである。逆に言えば，そのような理由を示すことに努めよう
としないということは，名宛人をその共同体の仲間として尊重していないと
いうことを意味する。だからこそ，制裁による威嚇という法の内容を正当化
する理由とは別個の理由を提示することによって，法に従わせようとするの
である。ここでは，刑法の名宛人が暗黙のうちに共同体から排除されている
といわなければならない。すなわち，法の内容を正当化する理由が通じない
者，そのような理由に訴えかけても意味のない者，いわば，アウトローとし
てみているのである。ここには，「遵法者＝私たち」と「犯罪者＝彼・彼女
ら」という敵対関係を増幅させ，「犯罪者であっても自由主義的共同体の仲
間として，すなわち，自律した理性的主体として尊重すべきである」という
要求を切り詰める圧力が生まれる危険性がある。近時，いわゆる敵味方刑法
が批判されているが，刑法規範の本来的な性格を禁止・命令という点に見出
す見方には，そもそも敵味方刑法化する要素が内在しているのである。ま
た，敵味方刑法化を批判するに当たって，立場の対等性，互換性といったこ
とを強調する見解も見られるが[9]，刑法規範の本来的な性格を禁止・命令に
見出しながら立場の互換性のみを唱えると，全ての人が対等に潜在的犯罪者
とみなされむしろ永遠のパルチザン戦という泥沼にはまり込んでしまうであ
ろう[10]。

　それでは，刑法規範の性格はどのように把握されるべきなのであろうか？

---

9)　高山佳奈子「実体法の見地から」刑法雑誌43巻 1 号（2003年）20頁。
10)　この点に関しては，松宮孝明「刑事立法の新動向とその検討」刑法雑誌43巻 2 号（2004年）

34   第1部　刑法の基礎

先に，私は，自由主義的共同体における法は，その内容が自由主義的共同体において共有される価値の観点から正当化され得るものであるという理由を示さなければならないと述べた。従って，刑法は，ある行為を犯罪として規定することにより，その行為が犯罪となる理由を，すなわち，自由主義的共同体における価値の観点から見てその行為が不正なものであるということを示すものでなければならない。私の見るところ，この点にこそ，刑法規範の最も重要な役割が認められる。すなわち，刑法は，ある行為を犯罪だと定義することによって，その行為が共同体の価値の観点から見て不正なものであるということ，つまり，公的な不正行為であるということ，従って，また，そのような行為が行われたならば公的に非難されるべき行為であるということを宣言しているのだと考えるべきなのである。刑法は，その行為が不正なものであるということを宣言することによって人々の理性に訴えかける。また，人間は道徳的に不完全な存在であるという前提に立てば，時としてよこしまな考えが頭に浮かぶことがあるかもしれないが，そのようなときに，この刑法の宣言は「やはり，その行為は不正である」ということを改めて想い起こさせる意味ももつであろう。かようにして，刑法は，犯罪とされる行為が共同体の価値の観点から見て不正な行為であるということを宣言し，そして，必要があればその不正さを改めて想起させることを通じて，人々が共同体の価値を内面化することにより自生的な秩序が形成されることを期する規範として理解されることになるのである。

　このとき，先に想定されたように自由主義的共同体の価値はその構成員によって共有される価値，すなわち「私たちの価値」であるとすれば，法はそのような「私たちの価値」を体現すべきものとなるであろう。従って，自由主義的共同体における法は，私たちが自分自身に向けて自分たちが属してい

　292頁が，刑事法と戦争法との接近を指摘していることが興味深い。また，このことは，リスク社会論との関わりにおいても検討を要する。犯罪を「リスク」の問題として捉え，それが日常生活の中に偏在しているということになれば，誰もが潜在的犯罪者とみなされるということになろう。しかし，これは，相互の信頼に基づく市民社会の姿とはおよそかけ離れている（R. A. Duff and S. E. Marshall, "Benefits, Burden and Responsibility," in A. von Hirsch, D. Gerland and A. Wakefield (eds.), Ethical and Social Perspectives on Situational Crime Prevention, 2001, pp. 21-22参照。また，守山正「環境犯罪学の倫理」西村古稀記念論文集（所一彦編集代表）『犯罪の被害とその修復』[2002年] 209頁以下参照）。

る共同体の規範的な了解を宣言している規範だということになる。これは，一定の行為を「禁止」あるいは「命令」するという，統治する者と統治される者の分離を連想させる刑法観とは相当に異なるものであるように思われる。

(2) 次に，第二点として，犯罪の本質について考えてみたい。ここでは特に，一定の行為が犯罪として公的な非難の対象となる理由はどこにあるのか，という問題に目を向けてみる。

例えば，AがBの身体を傷害したとする。当然，Aの行為は傷害罪となる。このとき，仮にBが十分な損害賠償を受けたとしても，Aの行為の犯罪性は失われないであろう。いかに謙抑主義を強調する立場であっても，訴追裁量に影響を及ぼす可能性は別として，事後的に十分な損害賠償がなされた場合には傷害行為は犯罪とはならない，とは主張しないと思われる。しかし，どうしてABという私人間の出来事であるのに，全てを当事者間の解決に委ねず，わざわざ犯罪として取り上げる必要があるのであろうか？

予想される一つの回答としては，社会秩序をより安定的なものにするため，というものが考えられる。例えば，事後的な損害賠償は，加害者側の資力の有無などいろいろな事情によって影響を受けやすいということ，あるいは，事後的に損害を賠償する意思と資力があれば相手方を傷害してもよいということになると安心して相手方を信頼することができなくなってしまうことなどの理由から，当事者間の解決とは別個により安定した社会秩序を形成するために一定の行為を犯罪として規制するのである，といった考え方がそれである。端的に言えば，これは，社会的に不都合な行為の効率的な予防という観点からの回答だといえるであろう。しかし，先のAの傷害行為が犯罪となるのは，それを犯罪として公的に規制しないと社会生活が不安定になるからであるという回答は，私には奇妙なものに聞こえる。というのも，Aの行為が犯罪となる中心的な理由は，どう考えても，Bが害悪を被ったという点，Bに傷害を負わせたというAの行為に対する価値的な評価の点に存すると思われるからである。Aの行為が犯罪となる理由は，それが不正な行為だと評価されるところにあるはずである。しかし，直接の被害者はBという個人である。一個人に対してなされた，その点では「私的な侵害行

為」であるものが，どうして「公的な不正行為」と評価されることになるのか，その理由を説明しなければならない。

　この点について，先に想定した自由主義的共同体という観点からすれば，次のように考えられることになろう。自由主義的共同体に属する人々は，自由，自律，プライバシーといった価値を大切にし，また，他者もそれらの価値を大切にしている存在だとしてお互いに尊重し合う関係にある。そこでは，そういった価値に対する共通の支持がお互いの交流を基礎づける接着剤のような役割を果たしているとみることができる。だからこそ，そのような共通の支持によって支えられている価値は，単に私的な価値に止まるのではなく，公的な価値として把握されるということになるのであった。このような文脈から見れば，個人の身体が公的な価値を有するものとして理解されるのは明らかであろう。先の例で言えば，Bの身体が傷つけられたということは，B個人の価値が侵害されたというだけではなく，個人の身体というものに対して私たちが共通に認めている価値もまた侵害されることになるのである。だからこそ，Aの行為に対しては，Bだけがそれを非難できるのではなく，共同体が全体として非難することができるのである。

　但し，このような考え方は，犯罪を全て共同体に対する不正行為という文脈でのみ理解すべきだとする主張だと誤解されてはならない。そうではなく，犯罪は，共同体に対する不正であると同時に，当然，直接の被害者に対する不正でもあるのである。むしろ，直接の被害者が被った不正を真剣に考えるからこそ，共同体はそれを座視すべきではないのである。例えば，先の例で，被害者であるBに対して，共同体がAの行為が正しいか正しくないかに対する判断を示さないとすれば，それはBが被った害悪に更に侮辱を上塗りすることになるであろう。むしろ，根本的な問題は，被害者が被った不正に対してそのように共同体が示すべき関心を適切に具体化する手段として，どのようなものが考えられるか，という点にあると思われる。そのような観点から見たとき，現行の法制度が果たして十分なものかどうかは，大いに議論の余地があろう。被害者の手続参加，損害回復や被害者・加害者和解なども，そのような文脈の中で議論する意義が十分あるように思われる。

　(3)　最後に，刑事法全体の性格づけに関連する問題を取り上げてみたい。

第2章　刑法理論と政治哲学——自由主義刑法理論の再検討——　37

　ここで特に焦点をあわせてみたいのは，実際に犯罪を行った者をどのように取り扱うべきか，という問題である。

　現在，多くの見解は，刑事法を実体的利益の追求と人権保障との対抗関係の中でとらえているといえる。すなわち，実体法においては，法益保護機能と人権保障機能との関係，手続法においては，実体的真実の発見と適正手続の保障との関係という枠組みで論じられるのが一般的なのである。そして，自由主義者であれば，まず，実体法では罪刑法定主義を，手続法では手続的保障の優位を説くのが当たり前になっている。ここには，刑法の基本的な目的は犯罪予防にあるとしながら，その目的の追求には個人の人権を侵害しない範囲でという限界を付するという思考が見てとれるであろう。これが近代自由主義に忠実な思考モデルであるということはおそらく確かであり[11]，国家権力の行使を制約しようとする意図もよく分かる。

　しかし，このような見方には，何とも腑に落ちない点がある。それは，このようなモデルによった場合，実際に犯罪を行った者は一体どのように遇されることになるのかという点である。私には，このようなモデルによると，実際に犯罪を行った者の取り扱い方は，実体法上，及び，手続法上の様々な制限に服しつつも，最終的には犯罪予防目的に資するかどうかという観点からその内容が決定されることになるように思われる。しかし，もし，そうであるとすれば，それは，個人を犯罪予防目的のための単なる手段として取り扱うことにならないのであろうか？

　私は，この点について，もし実際に犯罪を行った者の取り扱いが効率的な犯罪予防ということだけによって構成されるのであれば，たとえ，そこに人権保障という枠がはめられたとしても，相手方を十分に尊重しているとはいえないと考える。そこには，犯罪を行った者であっても，同じ自由主義的共同体の仲間として，自律した理性的判断をなし得る主体として尊重すべきである，という要請に対する配慮が欠けていると思われるのである。相手方を，同じ共同体の中で生活し，そこで共有されているはずの価値を自分と同

11）　von Hirsch は，このような思考モデルを「制限モデル Beschränkungsmodell」と呼び，多くの自由主義者が支持しているものだと指摘している（A. von Hirsch, Vorwort, in W. Hassemer, Strafen im Rechtsstaat, 2000, S.8.）。

じように支持しており，その価値に従って自らの行動を規律することができる自律した主体であると考えるならば，その価値を侵害する行為を行った場合には，相手方を非難するのは当然であろう。その非難は，相手方にその行為の不正さを伝え，自分の非を悟り，行動を改めることを期待するからこそなされる一種のコミュニケーションであると解される。これは，効率的な犯罪予防といった結果の観点から求められるものではなく，むしろ，相手方を真に自律した理性的主体として尊重することから要請されるものだといえよう。私は，このようなコミュニケーション的要素が刑事法の中核にあるものだと考えるのである。

　まず，刑法は，市民に対して，一定の行為が不正であるということを宣言している。しかしこれは，前述のように，単に法の威嚇や権威に服従させようとするためのものではない。刑法は，一定の行為を不正であると宣言するに当たって，それが不正となる理由を共同体の価値に照らして説得力のある形で市民に対して示さなければならず，そのような理由を市民自らが受容することを通じて，各人が不正行為を慎むようになることが求められているのである。刑法は，共同体の価値によって基礎づけられた規範的な言語を通じて市民に不正行為を自制するよう語りかける一種のコミュニケーション的な要素を内在していると考えられる。

　また，刑事裁判は，不正を告発する側と告発される側との間で，その不正行為の存否とそれに対する価値判断をめぐってなされるコミュニケーション的な企てであると解される。公判において，被告人の主体的な地位を保つために種々の権利が保障されるのは，そのようなコミュニケーションを成立させるというところに最も大きな狙いがあるとみるべきであろう[12]。

　更に，不正行為の存在が確認され，有罪判決が下されたならば，それもまた，被告人に対して，彼が行った不正行為を理由とする非難を伝える意味をもつであろう。有罪判決には，被告人がその非難を正当なものとして受容することへの期待が内在していると考えられる。

　加えて，刑罰も，相手方に対して非難を伝達する意味をもっているであろ

---

12) 渥美東洋『罪と罰を考える』（1993年）第13章参照。

う。刑罰が科されれば，受刑者の側では，なぜ自分がこのように辛く苦しい思いをしなければならないのかを考えざるを得ない。その理由が，自分の行った犯罪行為にあるということに思い至れば，自分の行ったことの重大性に気づき，今後の自らの行動を改める必要があるという意識が生まれてくることもあり得るであろう。刑罰は，犯罪者に非難を伝達することによって，彼が今後の自らの行為を変えていくようになることを期待するというコミュニケーション的なメッセージを内在しているように思われる。

　また，刑罰が伝達する非難は共同体の価値に照らした評価を示しているものであるとすれば，受刑者によってその非難が受容されるプロセスは，犯罪によってほつれた共同体との関係を修復する過程だとも理解できる。更に，共同体の非難が，被害者の被った不正を真剣に考えていることの現れでもあるとすれば，それは，同時に，被害者との関係を修復するための一歩であると見ることもできるであろう。ここには，純然たる応報にも，単純な犯罪予防にも還元することのできない人間関係の回復・維持に向けた営みを見出すことができるように思われる。

4　終わりに

　以上，共同体という概念を鍵にして公共性の哲学として編み直した自由主義の考え方から，刑法をどのように理解すべきかということに関する若干の試論を述べた。問題の広がりからして，とても詳細を論じ尽くすことはできないし，また，いくつかの重要な問題を敢えて回避した部分もある。その点で，本稿は，自由主義社会においてあるべき刑法の具体的な内容を十分に提示したものとはいえない。

　しかし，少なくとも，自由主義の理念と整合性のとれた刑法のあり方を哲学的に納得の行く形で示すということが，どのような知的営みであるのかということの一端は示すことができたのではないかと思う。近時，自由主義の限界を指摘する声は益々強まっており，その流れは刑法学の領域にも及んでいる。例えば，「危険社会論」では自由主義の限界を哲学の限界とみなし社会学の知見を広く取り入れた機能主義の考え方が力を得つつある[13]。ま

た，自由主義的価値観の変容を指摘して「ポストモダン」の刑法理論が説かれたりもする[14]。しかし，冒頭でも述べたように，これまで政治哲学としての自由主義と刑法理論との関係がどれほど真剣に検討されてきたのか，という点には大いに疑問が残るといわなければならない。まだ十分に検討されていないのに，問題そのものを放逐してしまうとすれば，それは早すぎるというべきである。そのことに少しでも関心を喚起することができたとすれば，本稿の未熟な試論にもそれなりの意義はあるということになろう。

---

13) 小田直樹「危険社会論」法学教室264号（2002年）65頁参照。
14) 前田雅英『刑法入門講義—新しい刑法の世界—』（2000年）31頁以下，93頁以下など参照。

第3章　刑法の倫理性

1　はじめに

　昭和40年代から50年代にかけ刑法改正問題を契機として強調された「刑法の没倫理化」の流れは，その後，その主張を基盤とした刑法理論（刑法の機能論における法益保護主義，犯罪論における結果無価値論）が多くの支持者を得るに至ったことにより，現在では，ほぼ学界に定着した感がある。もっとも，犯罪論に関しては今なお行為無価値論も有力であるが，行為無価値論者の多くは，「行為無価値論＝刑法の倫理化」という結果無価値論の主張はミスリーディングであるとして，行為無価値論も刑法の倫理化を支持するものではない，と主張している[1]。従って，今日では，結果無価値論・行為無価値論のいずれを問わず，刑法の倫理化を拒絶する点では，ほぼ見解の一致が見られると言ってよい。

　このような状況の中で，「刑法の倫理性」について語ることには，大きな困難が伴う。そもそも，多くの論者が刑法の倫理性を否定する議論空間では，「刑法の倫理性」という問題を主題化する共通の基盤が形成され難い。そのため，倫理的な観点からの考察は刑法学の射程から外されていくことに

---

1)　例えば，大塚仁『刑法概説（総論）第三版』（1997年）350頁，福田平『全訂刑法総論第三版』（1996年）142頁，川端博『刑法総論講義』（1995年）279頁，井田良＝園田寿『ケーススタディ刑法』（1997年）1頁以下（井田良），等。
　　なお，大谷教授は，他の論者に比べて刑法と社会倫理の関係をより強調しているが，それは主として，法益保護及び社会秩序の維持という刑法の目的を効果的に達成するための機能的観点から主張されているものであり，刑法による倫理の強制を積極的に肯定する趣旨のものではない（大谷実『新版刑法講義総論』［2000年］8頁以下，同「刑法と社会倫理」法学教室120号［1990年］47頁以下）。また，伊東教授は，法益保護に解消されない刑法の形成的機能に言及されるが（伊東研介「『環境の保護』の手段としての刑法の機能」『団藤重光博士古希祝賀論文集第3巻』［1984年］266頁以下），それはいまだ，問題提起に止まっている。

42　第1部　刑法の基礎

なる（「それは刑法上の議論ではない」という門前払い）。更に，刑法の倫理性を
云々する言説は，「刑法の倫理化＝法的モラリズムの肯定」という文脈の中
で理解されるため，反個人主義者・反自由主義者のレッテルを貼られる危険
性がある[2]。それによってもたらされたものが，自己の見解が特定の倫理的
立場を表明するものだとみなされることを頑なに拒否しようとする態度（倫
理的議論恐怖症候群！）であったとしても別段不思議ではないであろう[3]。

　しかし，このような状況は決して健全なものではないように思われる。確
かに，倫理という言葉には，動機の純粋さ，自己犠牲の精神，禁欲主義的態
度といった「高尚な理念」の実現を求める規範を連想させるところがあり，
それが故に，刑法の倫理性を強調することは過剰な行為の規制をもたらすこ
とになるのではないかという危惧感を生じさせる。だが，それは，倫理の理
解としては偏狭に過ぎるであろう。例えば，刑法は社会倫理を維持するため
にあるのではなく法益を保護するためにあるとする立場の根拠を功利主義に
求める場合があるが[4]，功利主義が一つの倫理学説であるということは，ほ

---

2)　大谷・前掲注1）「刑法と社会倫理」47頁参照。

3)　例えば，井田教授は，「刑法的判断は，法がその行為を放任した場合にどのようなプラス効
　果・マイナス効果が社会に生ずるか，マイナス効果を防ぐために刑罰という手段を用いることが
　どうしても必要か，また適切かという判断なのである。このような判断と道徳的・倫理的判断と
　は合理的な関連性がなく，道徳的・倫理的判断は，処罰範囲を拡張する方向でも，縮小する方向
　でも意味をもたないと考えるべきである」とされる（前掲注1）『ケーススタディ刑法』5頁）。
　しかし，「プラス効果，マイナス効果は何を基準として判断するのか？」「マイナス効果を防ぐた
　めに刑罰という手段を用いることが必要，かつ，適切なものか，ということを判断する基準は何
　か？」との問いに対して全く倫理的判断を交えることなく答えることがいかにして可能となるの
　かは定かではない。また，教授は，被害者の同意に関しても，「自己決定権を行う主体そのもの
　を破壊するような結果になる場合にも自己決定権の行使を認めることは，自己決定権の思想と矛
　盾するからこそ，そのような場合には，刑法による干渉も許され」，それは反道徳性・反倫理性
　という外部的な制約ではなく「自己決定権に内在する制約」であるとされる（9頁。なお，同
　「被害者の同意」現代刑事法第2巻第6号［2000年］89頁）。しかし，自己を破壊するような決定
　を自ら下すことは物理的には可能である。物理的に可能であるにもかかわらず，それを権利とし
　て認めないのは，「そのような行為は好ましくない，不都合だ」という価値判断（それが倫理的
　な判断であることは否定できないであろう）が先行しているからに他ならない。そしてその価値
　判断の正当性がアプリオリに措定されるものではない以上（自己喪失をもたらすような自己決定
　も尊重すべきであるという価値判断も依然として主張され得る。なお，林幹人『刑法総論』
　［2000年］166頁），「内在的な制約」という表現はその背後にある論者の価値判断を隠蔽するもの
　に過ぎない。

4)　例えば，曽根威彦『刑法学の基礎』（2001年）24頁。なお，同箇所の筆致からは，功利主義，
　自由主義，危害原理の間に必然的な結びつきがあると理解されているようにも思われるが，もし

とんど疑いの余地がないように思われる[5]。詰まるところ，倫理の役割は，行為を評価する基準（「してもよいこと」と「してはいけないこと」を区別する基準）を示して人々の行動を規律するところにあるのであって，その基準の高低には様々なヴァリエーションがあり得るのである。従って，いかなる刑法であれ，それが，一定の行為を犯罪とすることによって「その行為はしてはいけない行為である」という判断を示すものである限りは，一つの倫理的判断として把握されなければならない。その意味で，刑法は，その本質上，没倫理的ではありえないということを確認しておかなければならない。

　従って，刑法が倫理性をもつものである以上は，その正当性を倫理的な観点から検討することは可能であり，かつ，必要なことでもある。しかしながら，刑法の没倫理化を強調する傾向は，そのような議論の進展を妨げる大きな障害となっている。そのことは，例えば，J. ロールズの『正義論』を一つのきっかけとして生じた規範倫理学復興の動き（それは決して些細な出来事ではない！）に，我が国の刑法学がほとんど反応を示さなかったという一事をとってみても明らかであろう[6]。そもそも，我が国の刑法学には，メタレベルにおいても規範的なレベルにおいても，倫理的な議論を展開する共通の基盤が形成されていない。その結果，刑法理論は，そこにどんな内容でも盛り込むことができる器であるかのような様相を呈しているのである[7]。

　このような状況は克服されるべきである。しかしそのためには，刑法の没倫理化の主張を支えている論拠が何であるのかを分析し，それが理由のある

そうだとすれば疑問である。確かに，J. S. ミルは，これらを結びつけて主張したが，そこに論理必然的な結びつきがあるのかということについてはかなりの争いがあることにも注意すべきであろう。

5)　哲学者の加藤尚武氏が，我が国において倫理学が誤解されている理由の一つとして，「功利主義が倫理の一つとして承認されていないで，カントのような崇高な義務論が倫理学だと思う人が多い」という点を指摘しているのは興味深い（加藤尚武『価値観と科学／技術』[2001年] 4頁）。

6)　このような動きは，犯罪や刑罰の問題と決して無関係ではない。例えば，アメリカにおける「医療モデルから公正モデルへ」という現象は，実践哲学全般における功利主義（あるいは，結果主義）批判の思潮と連動しているのである（もっともそこには，現実の要請が先行し，理論は後付の気味も多分にあるが）。

7)　宗岡教授は，我が国におけるモラリズム批判の文脈で展開された刑法理論を「実証主義刑法学」と呼び，とりわけ，そこでの価値論の不在ないしは情緒主義的価値論を強く批判している（宗岡嗣朗『法と実存―〈反死刑〉―の論理』[1996年] 第1章及び第2章）。そこには，結局，論者の価値観次第で如何様にでもなり得る刑法理論の姿が浮かび上がってくる。

44　第1部　刑法の基礎

ものかどうかを検討してみなければならない。そこで，本稿では，刑法の没倫理化を支えている論拠として，①危害原理，②価値観の相対性，③個人の尊厳，という点を取り上げ，簡単に検討を加えてみることとする。

2　危害原理の本質

(1)　刑法と倫理の峻別を説く見解のほとんどが，(それをどの程度前面に押し出すかの違いはあるものの) J. S. Mill の「危害原理」を基盤ないしは出発点としている，ということはほぼ明らかであろう[8]。「文明社会の成員に対し，彼の意志に反して，正当に権力を行使しうる唯一の目的は，他人に対する危害の防止である」[9] という Mill の言説は，刑法の倫理化を批判する際に好んで引用されるものである[10]。

ところで，「刑法による道徳の強制」の問題に関する議論の中で「法的モラリズム対リベラルな危害原理」という対立図式が鮮明に打ち出されたのは周知のことである。その図式から，「法的モラリズム＝刑法による道徳の強制の肯定＝刑法の倫理化」「危害原理＝刑法による道徳の強制の否定＝刑法の没倫理化」という帰結が導きだされることはある意味自然なことかもしれない。しかし，本当に，危害原理は没倫理的なものなのであろうか？

この問いに対する回答は，おそらく否定的なものにならざるを得ない。なぜならば，一定の倫理的判断を前提としなければ，危害原理の具体的な意味

---

8)　この点に関しては，曽根・前掲注4) 24頁参照。

9)　J. S. ミル（早坂忠訳）「自由論」関嘉彦責任編集『世界の名著49ベンサム／J. S. ミル』(1979年) 224頁。

10)　ところで，Mill の『自由論』では「危害 harm」の語が用いられているが，「迷惑」という言葉をこれとほぼ同じ意味で用いていると思われる場合が見受けられる（例えば，山口厚『刑法総論』[2001年] 4頁，井田・前掲注1)『ケーススタディ』2頁以下など）。しかし，危害と迷惑とでは日本語としてのニュアンスに多少の違いがあり（特に，主観的な部分に関しては，危害よりも迷惑の方がその包摂範囲は一般に広いように思われる），また，危害原理との関係で harm とは区別された offense という言葉に迷惑という訳語を当てる場合（例えば，ジョセフ・ラズ［森際康友訳］『自由と権利』[1996年] 269頁など）などもある（なお，offense には「不快」という訳語が当てられる場合もある）。概括的な用例としては，危害と迷惑とを同義に用いてもさほど問題はないであろうが，双方を区別して用いた方が良い場合もあることには注意が必要であろう。

第3章 刑法の倫理性 45

内容も明らかとならないし，また，この原理の正当性も説得力をもたないからである。

(2) まず，危害原理が実践的に有意味なものとなるためには，「他人に対する危害」とは何かを明らかにしなければならないが，これが何らの倫理的判断も経由することなく解明されるというようなことはありそうもない[11]。「他人」の範囲は，決して記述的にのみ定まるものではない。例えば，胎児は人か，脳死者は生者か死者か，といった問題に答えるためには，人格とは何かというような（とてつもなく厄介な！）倫理的問題に踏み込まなければならない。「危害」という概念もまた，倫理的に中立なものだとは思われない。「有害な行為」だから刑法上「犯罪」とされるのであって，刑法上「犯罪」とされているから「有害な行為」になるわけではない，とすれば，有害性の判断基準は実定法以前の領域に求めざるを得ないであろう[12]。それは，倫理的判断を措いて他にないように思われる。例えば，被害者の同意を刑法上どのように取り扱うかは，個人の自律というものをどのように評価するかといった（これまた極めて厄介な！）倫理的問題に対する態度決定に依存している。

もっとも，「他人に対する危害」の全てが犯罪となるわけではなく，更に，刑罰という峻厳な制裁をもって臨むことが必要か，適切か，といった刑法に固有の問題はまた別にある。しかし，危害原理に立脚する論者にとって，「他人に対する危害」の存在は，ある行為を犯罪とするための（十分条件ではないが）必要条件のはずである。その必要条件が，倫理的な判断であるとするならば，刑法上の判断もそれと無縁であるというわけにはいかないであろう[13]。

---

11) Neil MacCormic, Legal Rights and Social Democracy, 1982, pp. 18, 29; John Hodson, The Ethics of Legal Coercion, 1983, p. 26 など参照。

12) もし，このように解さなければ，危害原理に実定刑法を批判する力を求めることはできないであろう。

13) 更に，何らかの危害を防止するために刑法的介入が必要か，また，適切か，といった問題自体，それに答えるためには一定の倫理的判断を要請される。例えば，刑罰もまた一つの害悪であるとの前提に立ち，かつ，過度の刑法的介入がもたらす自由への萎縮効果などもマイナス要素として計上しつつ，刑法的介入によって得られる犯罪予防効果とプラス・マイナスの差引勘定をして，その残高の如何により刑法的介入の正当性を決するのであれば，それは，目的論及び結果主

46 第1部 刑法の基礎

(3) 次に，危害原理の正当化根拠を考えてみる必要がある。一般に，危害原理は，刑法による道徳の強制を否定し，また，パターナリズムを禁ずるものとして理解されている。確かに，他者への権力的介入を正当化する根拠が「他人に対する危害の防止」にあるとすれば，何ら危害をもたらさない単なる道徳違反を犯罪とすることによって特定の道徳を強制したり，自己危害を防止するためにパターナリスティックな介入をしたりすることは否定されるであろう。しかし，そのような主張が説得力をもつためには，そもそも，なぜ「他人に対する危害の防止」が権力的介入を正当化する唯一の根拠となるべきなのか，その理由を明らかにしなければならないはずである。

その理由としては，例えば，個人主義を基調とした多元的価値観の尊重という点や，自分自身のことに関しては自分が一番良く理解しているという点が挙げられている[14]。こういった論拠には，いずれも更なる検討を要する問題点が含まれている。価値観の多元性の承認は異なる価値観相互の比較不可能性をも含意するのか，「個人の尊厳」を否定する価値観に対しても寛容であるべきか，対象を最もよく理解する者が最良の判断者であるという主知主義的態度は常に適切であると言えるのか，等々。ここでは，これら個別の論点に関して詳論することはしない。いずれにせよ，ここでは，危害原理の正当化根拠を追求していくならば，それは（個人主義を是とする，価値観の多元性を是とする，等々の）倫理的判断に行き着くということを確認しておけば十分である。危害原理が説得力をもつとすれば，それは，この原理が没倫理的なものだからではなく，倫理的に妥当なものとして受容されるからである。

(4) 要するに，危害原理も一つの道徳理論ないしは倫理学説なのである[15]。従って，危害原理を引き合いに出せば，倫理や道徳の問題から解放

義の倫理的判断枠組みに立つものである（功利主義者による刑法の正当化は，基本的にこのようなものであるが，これが，倫理的判断であることは疑問の余地がない）。

14) 例えば，曽根・前掲注4）25頁以下。

15) ちなみに，危害原理の創唱者であるとされる J. S. Mill は，この原理を内容において倫理的なものだと考えていたように思われる。というのも，Mill は，「功利とは無関係なものとしての抽象的な正義の観念から，私の議論のために引き出しうる利点を私は利用しない，とここで断っておくのが適当である。私は，功利はすべての倫理的問題の究極的な判定基準であると考える」（「自由論」前掲注9）『世界の名著』[1979年] 226頁）とし，また，「『功利』または『最大幸福の原理』を道徳的行為の基礎として受け入れる信条にしたがえば，行為は，幸福を増す程度に比

第3章 刑法の倫理性 47

されると考えるならば，それは全くの思い違いであると言わなければならない。その倫理的・道徳的内容にまで踏み込んだ考察を欠いたまま，危害原理の公式をただ呪文のように唱えることは，「最悪の場合には，それはすべての重要な問いを回避してしまうのである」[16]。

　このような至極当然のことと思われる事理が，「刑法による道徳の強制」を巡る「法的モラリズム対危害原理」という形式的な対立図式が強調されることによってなかなか認識できなくなってしまった。危害原理は，刑法による道徳の強制を否定する立場である，という見方が一人歩きすることによって，危害原理自体の倫理性・道徳性を吟味するという問題意識が宙に浮いてしまっている。危害原理は，「無害な不道徳」の犯罪化を否定する論拠とはなり得るが，「刑法による道徳の強制」それ自体を否定する論拠とはなりえない。なぜならば，危害原理自体が「他者に危害を加えてはならない」という道徳的主張である以上，この原理を正当化根拠とする刑法は，そのような道徳を強制するものに他ならないからである。

　更にまた，「単なる不道徳を犯罪としてはならない」という批判が明らかに倫理的・道徳的なものであるということに思いを致せば，このような批判が有効であるためには，「刑法は倫理的なものでなければならない」という前提に立つ必要があることもまた容易に理解されるであろう。なぜならば，そもそも刑法が倫理的である必要はないとすれば，刑法はいかなる倫理的な批判をも免れるということになってしまうはずだからである[17]。だが，「刑

　　例して正しく，幸福の逆を生む程度に比例して誤っている」（「功利主義論」（伊原吉之助訳）前掲注9）『世界の名著』467頁）としているからである。また，Mill 自身が述懐するところによれば，彼は，法律の解釈にはほとんど関心がなく，「人間の思想や制度はどうあるべきか，どうすればそれらをあるべき姿にただすことができるか」（『ミル自伝』（朱牟田夏雄訳）［1960年］65頁）を究明しようとしたのであり，ここには明らかに倫理的な問題意識が窺われるといえよう。

　　　もっとも，Mill が危害原理の正当化に成功したと言えるかどうかは別問題である。Mill は危害原理を純粋に功利主義の観点からのみ基礎づけているのかどうか，また，危害原理は一般に受け取られるほど自由主義的なものかどうか，といった点には，多くの問題点がある。ここでは，これらの問題について詳論はしない。Mill が，危害原理を倫理的な原理であると考えていたことを確認できれば十分であろう。

16）　サイモン・リー（加茂直樹訳）『法と道徳』（1993年）66頁。
17）　金沢文雄『刑法とモラル』（1984年）23頁以下，曽根・前掲注4）50頁。もっとも，曽根教授は，刑法の倫理性を，国家刑罰権の行使は「個人の尊厳」に反しない限度で許されるという形で，専らその消極面に求められる。その結果，「刑罰権行使の倫理性」は刑罰権行使の「外在的

48 第1部 刑法の基礎

法はいかなる倫理的な批判をも免れる」ということは，結局，「刑法はいかなる内容でももち得る」ということに等しいであろう。この結論を受け入れることはできないと思われる。

3 価値観の相対性

(1) 刑法の倫理化を拒否する見解が，その論拠としてよく挙げるものの一つに「価値観の相対性・多元性」という点がある。例えば，かつて，平野博士は，「現在の社会では，何が倫理的に正しいかは，しばしば相対的である。違った価値観自体に対しては，社会は寛容でなければならない。法はただ，違った価値観を持つ人の共存を保障すればいいのである。国家的道義や社会倫理の維持を刑法の任務とすることは，刑法に対する過大の要求であるだけでなく，自己の価値観ないし自己の好む『人間像』を，法の名の下に他人に強制することにもなりかねない。」[18] と述べられたが，ここにはそのような見解の骨子が端的に表現されていると言えよう。更に，このような見方は，自由主義国家は特定の倫理・道徳を偏愛してはならず，倫理的に中立でなければならない，という形でパラフレーズされる場合もある[19]。ここでは，一般に言う価値相対主義[20]と（おそらくは，価値相対主義を基盤としている

制約」として理解されることになる（その具体的な表れの一つが，いわゆる消極的責任主義である）。しかし，ある原理が，専ら制約原理としてのみ機能し，正当化のための積極的な機能を全く営まないということがあり得るのか疑問なしとしない（教授自身も，刑罰を限定する原理は，同時に刑罰を基礎づける原理としても機能しなければならないとされている［同「刑法における責任と予防」奥島孝康・田中成明編『法学の根底にあるもの』[1997年] 379頁]）。やはり，刑法の倫理性は，その積極面も問題とされなければならないと思われる。

18) 平野龍一『刑法総論 I』(1972年) 44頁。なお，同『刑法の基礎』(1966年) 109頁も参照。

19) 例えば，町野朔『刑法総論［講義案］I〔第2版〕』(1995年) 18頁。ところで，町野教授は，刑法による倫理の強制を厳しく批判されるが，その一方で，「価値はやはり，押しつけるものだと私は思います。」「いいものはいい，悪いものは悪い，そしてそれを拒絶する人にも，ある場合には受け入れてもらうために，実際に規範をつくることをする必要があります。『ぼくは殺しが好きでたまらない』という人が現実にいることは確かかもしれませんが，やはり『そうではない』という人間観をわれわれは押しつけるべきだということですよね。」とも述べられている（「臓器移植法改正，イエスかノーか」論座2000年8月号191頁）。その言説のトーンの違いには，戸惑いを覚える。

20) 価値相対主義全般に関しては，加藤新平『法哲学概論』(1976年) 474頁以下，田中成明『法理学講義』(1994年) 196頁以下など参照。

と思われる）自由主義国家の倫理的中立性ということが，刑法の倫理化を否定する論拠として挙げられているのである。このような主張は説得力のあるものであろうか？

（2）　価値相対主義と一口に言っても，その主張内容は様々であるが，大別すれば，人々の価値判断は現実に相対的であるという事実に関わる主張（記述的相対主義），倫理的判断の正当性はその判断枠組みに対して相対的であるからその判断の妥当性を客観的・普遍的に論ずることはできないという価値判断の妥当性に関わる主張（メタ倫理学的相対主義），価値判断は相対的であるべきだという評価に関わる主張（規範的相対主義）に，分類することができよう。このうち，記述的相対主義は，その事実認識がメタ倫理学的相対主義及び規範的相対主義を支える心理的基盤になるという点で議論の対象とはなりうるが，それが観察に基づいた経験的事実を問題にする限りは，理論的問題の対象とはならないと思われる[21]。理論的に問題となるのは，仮に，事実として人々の価値判断が相対的であるということが確認された場合，それにもかかわらず価値判断の客観性・絶対性を主張することは可能かというメタ倫理学的相対主義に関する問題，及び，価値判断は相対的であるということから「寛容の原理」だとか「民主制」だとかといった規範的主張を論理的に導出することができるのかという規範的相対主義に関する問題である[22]。倫理学的により根本的な問題はメタ倫理学的相対主義の当否にあると言えようが，ここでの主たる関心は，むしろ規範的相対主義の妥当性にある。なぜならば，価値観の相対性を理由に刑法の倫理化を否定する見解の力点は，（無論，メタ倫理学的相対主義の問題が無関係であるわけではないが[23]）「価値観は相対的であるから，刑法は特定の価値観を強制するようなものであってはならない」という規範的主張にあり，多くの論者がこのような見方を好意的に受け止めている理由もまた，この規範的主張がもつ魅力によるものだと考えら

21）　平尾透『倫理学の統一理論』（2000年）216頁参照。

22）　価値相対主義が「寛容の原理」や「民主制」と結びつくことを主張したものとして，H. ケルゼン（宮崎繁樹訳）『正義とは何か』（1975年）46頁，G. ラートブルフ（田中耕太郎訳）『法哲学』（1961年）100頁など。

23）　この点に関しては，宗岡・前掲注7）27頁以下参照（「実証主義刑法学」のメタ倫理学的基盤が情緒主義［emotivism］にあることを指摘し，それを批判している）。

50　第1部　刑法の基礎

れるからである。

　(3)　さて，「人々の価値観は多様であり，そのいずれが正しいのかを判断
する絶対的な基準は存在しないのだから，異なる価値観に対してはお互いに
寛容でなければならない（自己の価値観を他人に強制してはならない）」といった
類の主張は，一見すると非常にもっともらしい。しかし，これに対しては，
即座に次のような疑問が浮かんでくる。すなわち，この考え方も一つの価値
観であるとすれば，その正当性もまた相対化されるのだろうか，という疑問
である[24]。

　相対主義者は，自己の主張が規範的な意味をもつという前提に立つ限り
は，この疑問に対してイエスと答えるわけにはいかないであろう。なぜなら
ば，もし自己の主張の正当性自体が相対化されてしまったら，他者がその主
張を受け入れるべき理由はなくなってしまうからである。相対主義の正当性
自体も相対化されるとしたならば，それがもたらす帰結は，「自分が正しい
と思うことは何事でもなしうる」というアナーキーの是認か，あるいは，そ
れを回避するために何らかのルールを力ずくで押し付けるかの，いずれかし
かないであろう[25]。

　従って，相対主義者は，自己の主張の正当性自体は相対化されない，とい
う立場に立たざるを得ないのであるが，ここに，価値相対主義の根本的な問
題性が露呈する。「人々の価値観は多様であり，そのいずれが正しいかを判
断する絶対的な基準は存在しない。従って，他人に特定の価値観を強制する
ことは許されない」という主張は，「人々の価値観は多様であり，そのいず
れが正しいかを判断する絶対的な基準は存在しない。従って，他人に特定の
価値観を強制することは正しくない」とパラフレーズすることができるであ

---

24)　次のような場面を想定して頂きたい。Ａが，「人々の価値観は多様であり，そのいずれが正し
　　いのかを判別する絶対的な基準は存在しないのだから，自己の価値観を正当なものとして他人に
　　強制してはならない」と説いたのに対し，Ｂが，「あなたのそのような考え方も一つの『価値観』
　　に過ぎません。従って，それが正しいかどうかは誰にも分からないのですから，それを私に強制
　　するのは止めてください」と返答した。Ａは，どのように答えたらよいのであろうか？
25)　Galston は，「善に関する完全な懐疑主義は，寛容や自由主義的な中立性につながるのではな
　　い。それは異なった生き方の間の無制限の闘争や，理性ではなく暴力が最終的な審判者となる闘
　　争につながってしまうのである」と述べている（Galston, W. "Defending Liberalism", American
　　Political Science Review 76 [1982], p. 625.）。

ろう。しかし，この主張は明らかに一貫性を欠いている。なぜならば，前半部分で否定されているはずの「正しい」という言葉の非相対的用法を，後半部分では自ら用いているからである[26]。このような主張は，何が正しいかはわからないといいながら，実は密かに自分の価値判断だけは正しいとする欺瞞的な価値意識を，相対主義的な不可知論の衣で覆い隠して相手方に押し付けるものである[27]。

(4) 規範的価値相対主義の実像がこのようなものだとすれば，それはとても説得力があるものとは言い難い。そして同じ理は，かような価値相対主義を前提とする限り，自由主義国家の倫理的中立性を説く見解にも当てはまる。国家は特定の倫理を人々に押し付けてはならない，との主張は，聞こえはよいが，もし，国家が真に倫理的に中立でなければならないとしたら，そもそも犯罪を規制することすら困難となろう。自由主義国家は，殺人，強盗などの行為に関して決して倫理的に中立ではなく，それらは不正な行為であるということを表明している。そもそも，自由主義が，「自由」に根源的な価値を認める見解であるとすれば[28]，自由の価値を相対化するということは自由主義にとって背理のはずである。

(5) もっとも，そうは言っても，国家が特定の価値観に肩入れすることになれば，それはやはり個人の自由な生き方にとって脅威となる，という主張には，簡単に排除することのできない訴求力がある。そこで，安直な相対主義の思考を回避しつつ，このような主張に理論的説得力を与える方法が模索されることになるのであるが，その最もポピュラーなものは，「国家の役割は，人々の多様な生き方のうちどれが善い生き方なのかを決定することでは

---

26) バーナード・ウィリアムズ「一貫性を欠く形の相対主義」J. W. メイランド・M. クラウス編（常俊宗三郎・戸田省二郎・加茂直樹訳）『相対主義の可能性』(1985年) 322頁参照。

27) 実は，このことは，相対主義は，そもそも，それ自体が，何らかの確定した積極的主張を含むものではなく（そのような主張をした瞬間に，相対主義ではなくなる），反相対主義的主張の有効性をどこまでも相対化するという消極的な意味しかもたない（もち得ない）ことの裏返しであるようにも思われる。

28) もっとも，これは極めて粗雑な言い方であり，現実には，自由以外のもの（例えば，「正義」「平等」など）に自由よりも基底的な価値を認める自由主義も存在する（井上達夫『他者への自由』[1999年] 198頁参照）。しかし，そうだとしても，いずれにせよ，そのような基底的な価値の存在を認める限り，安直な価値相対主義の思考とは相容れないものと言わなければならない。

52　第1部　刑法の基礎

なく，人々がそのような多様な生き方を追求できるような枠組みを保障することだけである」というタイプの主張であろう。価値観や「善き生き方」の選択はあくまで個人の選択に委ね，国家は異なる価値観をもつ人間どうしの共存を可能にする条件を保障するという役割を担うべきだとするのである。国家の中立性とは，様々な「善」の諸構想に対して中立である，ということであって，各人がそれぞれの多様な「善」を選択する枠組みあるいは限界に関わる問題（「正」の問題）に関してまで中立であることを求めるものではない，と解釈されることになる[29]。

　(6)　このような考え方が説得力をもつためには，いくつかの点が明らかにされなければならない。例えば，何に対して中立であるべきなのか（行為の理由・動機に対する中立性か，それとも，行為の結果に対する中立性か），どうであれば中立であるといえるのか（不介入・不干渉で足りるのかそれとも積極的な是正策まで必要なのか），といった基本的な問いに答える必要があろう。しかし，刑法と倫理の関係という観点から最も関心がもたれる論点は，正を善とは独立に定義することができるのか，という問題であろう。なぜならば，刑法の役割を「違った価値観をもつ人の共存を保障する」という正の問題に限定しても，その正が善とは独立に定義できないのであれば，結局，正は特定の善を前提とせざるを得ず，従って，刑法もまた特定の善を守るという倫理性を帯びざるをえなくなるであろうからである。

　(7)　それでは，その答えはどうであろうか？残念ながら，それは否定的なものにならざるを得ないと思われる。いかなる善の観念をも前提とすることなく，正を定義するということはおよそ不可能であろう。国家の中立性を強

---

29)　周知の如く，このような「善と正の分離」は，現代リベラリズムの主流をなす考え方である（J. Rawls, B. Ackerman, R. Dworkin など）。更に言えば，「善に対する正の優位」ということも現代リベラリズムの特徴である（ジョン・ロールズ［矢島鈞次監訳］『正義論』［1979年］22頁以下，井上達夫『共生の作法』［1986年］216頁以下など参照）。ところで，このような考え方が有力化した背景には，功利主義に対する批判がある。すなわち，功利主義は，「最大多数の最大幸福」という善の最大化をもって正を定式化するため，少数者切捨て，配分原理の不在，といった問題が生ずるという批判である（「目的論 teleology」と「義務論 deontology」の対立）。刑法の倫理化を否定する論者の多くは，刑法の正当化原理を功利主義に求めている場合が多いと推察されるが，そういった論者は，このような問題提起に対してどのように答えるのであろうか？なお，本書第2部第2章参照。

調する自由主義者の立場で言えば，国家が各人の価値観に口出しすべきでないとされる理由は，人は皆，自分自身の人生を自分で展開していくのが望ましいというところに求められるが，それはすなわち，「自律」という個人主義的な一つの善が前提となっていると解されるのである。自由主義国家が，個人の価値観・人生観の選択に干渉すべきでない理由は，国家が倫理的に中立であるべきだからではなく，個人の自律に根源的な価値を認めるという倫理的な立場に立つべきだからなのである。それが故に，個人の自律的な生を脅かす行為は不正であると判断され，そこに法的介入が正当化される（十分条件ではないが，必要条件としての）根拠がある。刑法もまた然りである[30]。

4　個人の尊厳

⑴　刑法の倫理性に関して，倫理を強制する目的で行われる国家的介入を正当視するモラリズム（積極的モラリズム）は否定されるが，国家の介入は「個人の尊厳」（個人の尊重）の理念に反しない限度で許されるというモラリズム（消極的モラリズム）は，刑法的介入の正当性を担保するための制約原理として重要な意味をもっている，と主張する見解がある[31]。

---

30)　このように，自由主義が，自律した人間の自由に高い価値を認める理論であるという前提に立った場合（なお，拙稿「自由の条件」加藤泰ほか編著『知の近代を読み解く』[2001年] 163頁以下参照），「自律」という観念にまつわる周知の厄介な問題が出てくる。すなわち，自律を理性的自己支配という形で理解することにより，理性的に行動できない者を支配あるいは排除してしまう，という問題である。Berlin の「積極的自由」と「消極的自由」の区別は，このような問題に関わっている（アイザイア・バーリン「二つの自由概念」（生松敬三訳）『自由論』（小川＝小池＝福田＝生松共訳）[1971年] 295頁以下）。このような批判は，Kant のような理性主義を前面に出した見解に対して向けられることが多いが，一見したところ，それほど理性主義的ではないように思われる J. S. Mill の見解もこれと無縁ではない。Mill の場合には，彼が前提とする人間像の中に，理性への楽観的な期待が埋め込まれている可能性があり，それが彼をして植民地支配を正当化する「文化帝国主義者」に至らせたとの見方もありうる。同様の問題は，例えば，Mill の見解を下敷きにしながらパターナリズムについて論ずる昨今の議論にも当てはまるであろう。「判断能力ある人物は，自分の利益を最もよく知っており，合理的な行動をするであろう」という主知主義的な仮説がパターナリズムを禁ずる根拠であるとすれば，かような主知主義的な前提が成り立たない場合には，容易に国家的介入が許容されることになりかねない。しかし，Mill がもし「愚行権」（加藤尚武『現代倫理学入門』[1997年] 177頁以下参照）を認めていたのだとすると，不合理だから規制するというのは，そもそも前提に反するのではないか，といった疑問などが当然出てくるであろう。

54　第1部　刑法の基礎

　(2)　この見解の狙いを端的に示すならば，それは，刑法が個人の内心に深く介入してくることを回避しつつ，同時に，刑法による個人の手段化を阻止する，ということであろう。すなわち，一方では，功利主義的自由主義を基盤とすることによって刑法による倫理の強制に結びつく要素を慎重に排除しつつ，他方では，同時に，功利主義にまつわる個人の手段化という難点を功利主義とは別個の観点を持ち出すことによって除去しようとするのである。この二つの要請を同時に満たすものとして，「個人の尊厳」という観念が引き合いに出されることになる。

　この見解は，基本的に，刑法の正当化根拠を，犯罪予防を通じての法益保護という点に求めながらも，その目的を追求する手段には，「個人の尊厳」を害さないという制限が付される，という考え方をしている。これは，法益保護を「善」とし，それを促進するものを「正」とする目的論の枠組みを基調とし，ただそれが，個人の自律性を損なってしまう場合には，「個人の尊厳」によって「正」を外側から限界づけるという思考だと見ることができよう[32]。

　(3)　しかし，このような考え方で刑法を適切に基礎づけることができるとは思われない。その主たる問題点は，「個人の尊厳」が刑法を「外在的」に制約する原理としてのみ理解され，刑法に必須の「内在的」要素とは考えられていないところにある。

　(4)　この見解では，刑法が個人の価値判断に介入することは極力避けるべきであり，それが「個人の尊厳」に適うことである，との見方がなされている。従って，人々が刑法を遵守する動機の如何は問題とされない[33]。確かに，いかなる動機によるのであれ，外面的に刑法の要求に合致する行為がとられているのであれば，そこに刑法が実際に介入していくことは好ましくないであろう。しかし，それは，刑法上の行為の評価基準が行為の動機に置か

---

31)　曽根・前掲注4）25頁以下。なお，内容的には，内藤謙『刑法総論講義（上）』（1983年）47頁以下，同『刑法総論講義（下）Ⅰ』（1991年）744頁もほぼ同旨である。
32)　なお，渥美東洋『罪と罰を考える』（1993年）344頁以下。
33)　内藤・前掲注31）（上）47頁は，「刑罰に対する恐怖心だけから人を殺そうとしない場合は，たとえ社会倫理からみれば正しくないとしても，刑法では問題とされない」とする。

れてしまうと，個人に対してあまりにも高い倫理的自発性を求めてしまうことになり，その結果，個人の自由な領域が著しく狭められてしまう危険性があるからであって，刑法が人々の価値判断に関心をもつことそれ自体が不正だからではないと思われる。

むしろ，個人の自律性・主体性を尊重しようとするのであれば，刑法は，人々が自らの判断でそれを遵守すべきことを正当化する理由を提示できなければならないはずである[34]。そしてそれは，単に人々が自己の判断で法の要求に従う誘引となるような打算的な理由では不十分であり，法の要求それ自体の正当性を人々が理解し「内容的に正当な要求であるから従わなければならない」として自ら受容するに足るだけの理由でなければならない。個人を尊重するからこそ，このような理由を提示してその道徳的理性に訴えかけ，法遵守義務の自覚を求めるのである。従って，刑法は，個人に対して道徳的・倫理的な要求を向けるものだと理解されなければならない。これは，個人の尊重ということから刑法に求められる内在的な正義の要請である。これに対し，人々が刑法に従う動機が事実上問題とされないのは，自由主義的な観点から刑法のあり方が外在的に制約されるためである。両者を混同してはならない。

(5)　このことはまた，刑法に違反した者をどのように取り扱うべきなのか，という問題にも関係している。先に述べたような意味で，刑法が個人に対し道徳的・倫理的要求を向けているのだとすれば，その要求に従わなかった場合，これを非難するのは当然である。そしてまた，その非難は，怒り，憤慨，嫌悪などといった単なる感情の吐露ではなく，また，嫌悪療法における条件づけの如き効果を期待してなされるのでもない。犯罪を行った者を非難するのは，その行為の不正さを自覚させ，今後はそのような行為をしてはならないという判断を自ら下すようになることを求めるからである。まさに，犯罪者も個人として尊重するからこそ，その自律的・主体的な判断に期待して，犯罪行為の意味を巡る道徳的・倫理的な問いかけをするのである。従って，刑罰は，非難をその本質的な要素としなければならない。

---

34)　この点に関しては，本書第1部第1章参照。

56   第1部　刑法の基礎

これに対し，非難可能性という観念を，ただ刑罰を外在的に制約する方向でだけ用いようとする考え方は[35]，刑罰を科される立場に身を置くかどうかの選択を個人に委ねるという点で自由主義的であると共に，刑罰の配分原理にも相応の注意を払っているが，しかしそれは，基本的に，刑罰の限界に関わるものであり，刑罰の内容を規定するものではない。非難可能な場合にしか刑罰を科してはならず，非難可能性の量の枠内でしか刑罰を科してはならないが，その範囲内では，主として犯罪予防目的のために刑罰は科されるのであり，非難が刑罰の本質的要素だとは考えられていないのである。このような考え方は，依然として，他者を将来の犯罪予防目的のために操作するものである，との批判を免れないであろう[36]。

　(6)　以上のように，「個人の尊厳」という点を引き合いに出しても，刑法の倫理性がその消極面に限定されたりするようなことはない。否，むしろ，「個人の尊厳」を強調すればするほど，刑法の倫理性は際立ってくるのである。

5　結語

　刑法と倫理の峻別は，近代刑法の一つのドグマである。確かに，それは，近代以降の権力の世俗化と市場の拡大という現象の中で，個人の自由を確保しつつ合理的な秩序を形成するために一定の役割を果たしてきた。しかし，そのあまりの誇張は，刑法学の土壌を豊にしたとはいえないように思われる。刑法の倫理化に対する意識過剰は，刑法学の領域から価値判断を伴う原理的な問題を放逐してしまったかのようである。

　今日，我が国の刑法学は，緻密な論理と荘厳な体系を誇っているが，その反面，おそらく人々が漠然と刑法学に寄せているであろう期待にはあまり応えていないように思われる。現実の犯罪と刑罰の問題は私たちに極めて重大かつ困難な価値判断を迫るものであるのに，その判断の助けを刑法学に求め

---

35)　曽根・前掲注4）43頁，50頁，内藤・前掲注31）（上）127頁，同・前掲注31）（下）Ⅰ738頁，743頁以下。
36)　本書第2部第2章（特に143頁以下）参照。

ても，実質的な価値判断を極力回避したところで成り立っている刑法学の中にそれを見つけることは難しい。近時の盛んな刑事立法の動きの中で刑法学の言葉は相対的に説得力を失ってきているように見受けられるが，それは，刑法学がこれまで価値判断を伴う面倒な問題を回避し，あるいは，先送りしてきたことのつけであるとは言えないであろうか？形式論理学的整合性や実証主義的科学性では汲み尽すことのできない実践的学問としての刑法学のあり方を改めて考え直してみるべき時期に来ているように思われる。

第4章　犯罪化論の試み

1　はじめに

　これまで処罰の対象とされていなかった行為を新たに刑罰法規を設けて処罰の対象にすることを「犯罪化」と呼ぶことにする。この「犯罪化」が正当化されるためには，どのような条件が充足されなければならないだろうか？

　伝統的な刑法学の知見を前提とした場合，この問いに対する回答として予想されるものがいくつかある。まず，法益を保護するものではない刑罰法規は正当化されない，という法益保護の観点からの回答があるだろう。また，刑罰法規以外の社会統制手段では目的が達成できない場合でなければならない，という謙抑主義の観点からの回答もあるだろう。更に，刑罰法規を設けることによって生ずるメリットがそれによって生ずるデメリットを上回るものでなければならない，という利益衡量の観点からの回答も考えられる。

　これらの回答が，「犯罪化」にとって重要な意味をもつことは確かである。しかし，これらの回答をただ列挙するだけでは，冒頭の問いに十分に答えることはできないように思われる。まず，これらの問題関心は，それ自体としては，「犯罪化」にまつわる問題の一側面を照らし出すものに止まる。例えば，法益保護に資するからといって全ての犯罪化が許容されるわけではない。謙抑主義や利益衡量の要求も充たさなければならないと通常は考えられているであろう。その場合，これらの問題関心が相互にどのような関係に立つのかということが明らかにされなければならないと思われる。また，それぞれの問題関心の内実をより明確化することも必要であろう。例えば，利益衡量を行う場合，そこで考慮されるべき要因にはどのようなものがあるのかを具体的に示す必要があるであろう。更に，これら以外に，「犯罪化」の正当性について検討する際に考慮すべき要因はないのか，ということも解明

を要する事柄である。

　既存の刑罰法規を前提にして，ある行為が犯罪に当たるかどうかを検討する理論的枠組みである「犯罪論」においては，犯罪の成立要件を構成要件該当性，違法性，責任に分解し，その内実を明らかにすると共に，それらの相互関係と判断の順序を整序した精緻な体系化が図られている。このような「犯罪論」を構築する目的のひとつは，判断の合理性を担保し，刑罰法規の不合理な解釈適用を回避することにある。そうであるとすれば，同様の関心は，不合理な刑罰法規が設けられるのを回避することにも向けられるべきであろう。とりわけ，立法に対して刑法学がもつ批判能力の乏しさを指摘する声が少なくない昨今の議論状況に鑑みるならば[1]，犯罪の成立要件の総体を体系的に示している「犯罪論」に相当するような，犯罪化の正当化条件の総体を体系的に示す「犯罪化論」を構築することには，少なからぬ意義があるように思われる。本稿は，その方向に向けてささやかな一歩を踏み出そうとするものである。

2　方法論

　(1)　本稿は，体系的な「犯罪化論」を模索するものである。「体系的」というからには，犯罪化の正当化条件を，その性格・特質に応じて諸要素に分類し，それらの内実を明らかにすると共に，それら諸要素間に一定の論理的な関係を与えるものであることが望まれるであろう[2]。もとより，いかなる

---

1)　例えば，井田教授は，「少なくとも，これまでの刑法学が，立法のあり方を検討するための理論的枠組みを十全な形で発展させてこなかったこと自体は疑うことのできない事実である」とする（井田良「近年における刑事立法の活性化とその評価」井田良＝松原芳博編『立法実践の変革　立法学のフロンティア3』[2014年] 99頁）。

2)　体系的な犯罪化論という点では，Schonsheck の「フィルタリング Filtering」という考え方が興味深い。彼は，犯罪化が正当とされるためには，「原理のフィルター」「推定のフィルター」「実用性のフィルター」の三つのフィルターを順次パスしなければならないとする。「原理のフィルター」では禁止の対象となる行為が社会の管轄内にあるかどうか，「推定のフィルター」ではその行為の発生率，あるいは，その行為の有害な結果を，強制や侵襲の度合いのより小さい手段で減少させることはできないのか，「実用性のフィルター」では刑罰法規を制定し強行する結果が社会の全体的な効用を生み出すのか，がそれぞれ検討されている（J. Schonsheck, On Criminalization, 1994, pp. 63-99.）。

60   第1部　刑法の基礎

体系化が図られるかは，その前提となる価値判断によって様々であり得る
が，本稿では，次のような考え方を出発点としたい。すなわち，それは，犯
罪化は，国家が刑罰という峻厳な制裁を用いてある行為を規制するものであ
るから，それが正当化されるためには，そのような行為を規制することが国
家の果たすべき役割に含まれるといえ，かつ，そのように強制的に規制する
だけの特別な理由がなければならない，ということである[3]。

　このような認識を出発点とすることから，犯罪化論の第1段階では，その
ような行為を規制する権利が国家にあるのかを判断すべきことになる。従っ
て，この段階での判断は，国家はいかなる役割を果たすべきかということに
関する政治哲学的な価値判断と密接な関係を有することになる。この段階で
は，主として「国家の介入の正当性」が審査されることになろう。

　この第1段階を通過した場合，国家がその行為を規制すること自体は国家
の果たすべき役割に含まれ得るという判断がなされることになるが，それだ
けではまだ「犯罪化」という方法で規制することが正当化されるとはいえな
い。刑罰という強制力の強い手段を用いて規制することが必要であることも
示されなければならない。そこで，第2段階では，犯罪化以外の方法で規制
目的を十分に達成することはできないのかが問われる。この段階では，規制
手段としての「犯罪化の必要性」が審査されることになる。

　第2段階を通過した場合には，国家がその行為を規制することは国家の果
たすべき役割の範囲内にあり，その規制目的を十分に達成し得る手段は犯罪
化しかないということが示されることになる。しかし，これだけではまだ十
分とはいえない。現代の世俗国家においては，国家の活動は市民の利益にな
るものでなければならない。そのような観点からすれば，ある行為を規制す
るための効果的な手段が，その行為を犯罪として刑罰の対象とすることしか
当面思いつかないとしても，その行為を犯罪とすることによってデメリット

---

[3]　筆者は，次の点で，Simester and Sullivan に同意する。「国家を含めて，十分な理由がなけれ
　ば，誰も他者を強制すべきではない。人々の行動を操作することは，正当化を必要とする。その
　操作が，従わない者を非難し懲罰を加える取り扱いを伴っている場合には，特に正当化が必要で
　ある。やむにやまれぬ理由がなければ，議会は刑法を制定すべきではない。」A. P. Simester and
　G. R. Sullivan, Criminal Law Theory and Doctrine (2nd edition), 2003, p. 5.

第4章　犯罪化論の試み　　61

も生じ，全体として見れば犯罪化した方が犯罪化しなかった場合よりもマイナスが大きいという場合には，結局犯罪化は控えられるべきであろう。そこで第3段階では，犯罪化に伴う「全体的な利益衡量」が行われる。

　以上は立法化の際に検討されるべき事柄であるが，そこには多分に予測的要素が含まれている。利益衡量の結果が予測と現実とで異なることは十分あり得ることであるし，規制手段についてもその後の状況変化によっては判断が変わる可能性があろう。規制目的の点に関しても，立法当初想定していたのとは異なる場面で刑罰法規が適用される事態が生ずることも考えられる。そのような点に留意し，立法段階で正当性を基礎づけていた事情に変化がないかを刑罰法規施行後に検証する過程が第4段階に位置づけられるべきであろう。

　(2)　以下では，この「国家の介入の正当性」→「犯罪化の必要性」→「全体的な利益衡量」→「刑罰法規施行後の検証」という順番で考察を加えていくが，全体に関係する問題として犯罪化の正当化責任とでも言うべきものについて一言しておく。

　ある行為を犯罪とするためには特別な理由が必要であり，そのような理由がなければ犯罪とされないのが原則であるという認識から出発するならば，そのような理由は，ある行為を犯罪とすべきことを主張する側が説得力のある形で示さなければならない。従って，前述した各段階での判断においては，基本的に犯罪化を主張する側に説明および説得の責任があると考えるべきである[4]。もっとも，ここに言う説明および説得の責任は，科学的な証明責任とは異なる[5]。無論，経験的・実証的根拠がほとんど提示されないような場合は説明・説得責任を果たしたとはいえないであろうが，全ての考慮要因について厳密な意味での科学的な因果関係の立証を求めるようなことはナンセンスである。重要なことは，相手方に十分説明し，納得が得られるだけ

---

[4]　もっとも，「刑罰法規施行後の検証」に関しては，立法化された段階で一応の正当化がなされていると考え得るとすれば，犯罪化の正当性を疑問視する側に疑問をさしはさむに足りる程度の事情があることを示す責任があるという考え方もあるかもしれない。但し，本文で後述するように，一旦施行された刑罰法規の正当性を覆すことは容易ではないことには注意を要する。

[5]　井田・前掲注1）107頁以下参照。

の論拠を提示して説得することであり，そのための前提として経験的・実証的なデータが開示され，様々な意見に触れることができる環境が整っていなければならないであろう[6]。

3　国家の介入の正当性

(1)　犯罪化は，国家が一定の行為を禁止・命令することによって個人の自律性に干渉する行為である[7]。一般に，他者に一定の作為・不作為を強制するには理由が要る。それが強大な権力をもつ国家によるものである場合はなおさらである。

　この理由を示すためには，少なくとも二つの点を明らかにしなければならない。すなわち，ひとつはその行為をすべきではない（あるいは，すべきである）理由を明らかにすることであり，もうひとつはその行為を規制することが国家の果たすべき役割に含まれるということを明らかにすることである。前者は道徳哲学的な問いであり，後者は政治哲学的な問いである。

　ところで，わが国の伝統的な刑法学は，このような問いに積極的にコミットしてはこなかった。筆者の見るところ，わが国の刑法学は，これまで，実定法を所与の前提として議論を展開し，そこに道徳的・政治的な価値判断が混入してくることを慎重に回避する傾向が強かったように思われる。その結果，実定法に基づいて犯罪を分析するツールは非常に精緻なものが出来上がったが，実定法の正当性それ自体を検討する分野はあまり発達してこなかった。犯罪化が基本的に実定法以前の問題であることに鑑みるならば，このような傾向が，これまで「犯罪化論」が十分に展開されてこなかったことの一因であるように思われる。

---

6)　この点で，専門家の意見が軽視される傾向があることを指摘する意見は重要である（松原芳博「立法化の時代における刑法学」井田良＝松原芳博編『立法実践の変革　立法学のフロンティア3』［2014年］136頁以下など）。ただ，専門家の側でも，自分たちの声が一般の人々にうまく伝わらない理由を，メディアによる情報の偏りといったところにだけ求めるのではなく，自らの主張の中に一般の人々に受け入れられない問題が含まれていないか常に省察する姿勢が求められるであろう。

7)　これは犯罪化の現象面に着目したものであり，刑法の本質について述べたものではない。刑法の本質を禁止・命令に求めることについて，筆者は批判的である（本書第1部第1章参照）。

第4章　犯罪化論の試み　　63

　それに対し，英米では，この点が刑法哲学の主要課題のひとつとなっており，相当な議論の蓄積がある[8]。そこで取り上げられているいわば犯罪化の基底的原理とでも呼ぶべきものには，大別して4つのものがある。

　第1は，危害原理（harm principle）である。これによれば，もし，ある行為が，行為者以外の人に対する危害を惹起する場合には，その行為を規制することは国家の適切な関心事とされることになる。周知の如く，このような考え方の淵源はJ. S. Millに求めることができる[9]。

　危害原理を犯罪化の唯一の根拠とするかどうかは措くとして，これが犯罪化の正当化根拠となり得ると考える点については，ほとんど異論がないといってよいだろう。問題は，むしろ，その内容をどのように規定するかという点にある。「自分だけに関係する領域」と「他者が関係する領域」をどのようにして線引きするか，「他者」の範囲をどのように定めるか，何をもって「危害」とするか，危害と行為の道徳的不正さとの関係をどのように解するかなど，解明を要する点がなお残されている[10]。

　第2は，不快原理（offence principle）である。これによれば，もし，ある行為が，行為者以外の人を不快にするものである場合には，その行為を規制することは国家の適切な関心事とされることになる。「不快」は「危害」とは異なり，個人の主観的な心理状態に左右されるところが大きいため，概念的にやや不明確であると共にその認定にも困難を伴うところがある。それ故，これを犯罪化の根拠とすることには自由主義の見地から少なからぬ懸念が示されるところであるが，他方で，近時はこの考え方をより洗練された形で展

---

8)　現代におけるこのような議論の礎石を築いたのは，「刑法の道徳的限界」に関するFeinbergの一連の著作である。以下に紹介する4つの原理も，Harm to Others (1984), Offense to Others (1985), Harm to Self (1986), Harmless Wrongdoing (1988) にそれぞれ対応するものである。その他，犯罪化に関する近時の文献としては，D. Husak, Overcriminalization: The Limits of Criminal Law (2008), A. P. Simester and A. von Hirsch, Crimes, Harms, and Wrongs: On the Principles of Criminalisation (2011), R. A. Duff, et al (eds.), Criminalization: The Political Morality of the Criminal Law (2014) など参照。

9)　J. S. ミル（早坂忠訳）「自由論」関嘉彦責任編集『世界の名著49 ベンサム／J. S. ミル』（1979年）224頁。

10)　例えば，N. Peršak, Criminalising Harmful Conduct: The Harm Principle, its Limits and Continental Counterparts, 2007, pp. 77-89参照。なお，加藤尚武『現代倫理学入門』（1997年）167頁以下。

64　第 1 部　刑法の基礎

開する議論も有力になされている[11]。

　第 3 は，法的パターナリズムである。これによれば，もし，ある行為が行為者自身に対する危害を惹起する場合には，その行為を規制することは国家の適切な関心事とされることになる。Mill がパターナリズムに強く反対したところにも現れているように，自由主義的な観点を強調する立場は，これを国家の介入を許容する根拠と見ることには否定的である。法的パターナリズムに反対する論拠としては，a) ある者にとって善いことは，必ずしも他の人にとっても善いことであるとは限らない，b) 個性の抑圧につながる，c) 人格を目的のための手段として用いることになる，などが挙げられるが，いずれも決定的といえるかは議論のあるところであろう。

　また，パターナリズムにも種々のものがあり，例えば，ハード・パターナリズムとソフト・パターナリズムの区別，直接的パターナリズムと間接的パターナリズムの区別などに留意した分析が必要である[12]。

---

11)　von Hirsch and Simester は，危害の観念が広がることを通じて危害原理が不当に拡大することを防止するために不快原理が必要である，と主張している（A. von Hirsch and A. P. Simester, "Penalising Offensive Behaviour: Constitutive and Mediating Principles," in A. von Hirsch and A. P. Simester (eds.), Incivilities: Regulating Offensive Behaviour, 2006, pp. 2-14.)。彼らは，まず，「感情を害されること being offended」と「迷惑であること offensive」とを区別する。精神状態を害されることの全てが刑法による保護に値するものではない。なぜならば，人の感情を害することの全てが迷惑なものとは限らないからである。「感情を害されること being offended」あるいは「不快にさせられること offended」は他者の感受性を傷つけることを意味するのに対し，「迷惑であること offensive」あるいは「迷惑 offence」は，その中に「不正行為 wrongdoing の要素」も含んでおり，後者は，彼らの見方によれば，「尊重と配慮を著しく欠いた他者の取り扱い」から成る。不正行為の要素は，そのような行為を刑法上禁止することを正当化するために必要である。次いで，彼らは，「十分な理由 good reasons」という要件を導入することによって，Feinberg の「不快」観念を限定している。その要件は，その行為が「迷惑なもの」だということを正当化するために不快にさせられた側から提示されなければならない。彼らは，試案として，この要件を充足するであろう四つの例を挙げている。すなわち，無礼な行為 insulting conduct，公的領域での匿名性の侵害 infringements of anonymity on public space，公的領域を私物化する行為 pre-emptive public behaviour，露出行為 exhibitionistic behaviour がそれである。更に，もし，ある行為が迷惑なものであっても，それが，自動的にその行為は犯罪化に値するということを意味するわけではない。彼らは，犯罪化に対する更なる制約として，社会的受忍限度 social tolerance のような「調整原理 mediating principles」，回避可能性原理 avoidability principle，直接性 immediacy の要件といったものを提示している。

12)　ハード・パターナリズムは，被介入者の行為が完全に任意的であっても干渉するものであるのに対し，ソフト・パターナリズムは，被介入者が適切な判断能力を欠いており実質的に任意ではない場合に干渉するものである。直接的パターナリズムは，被介入者と保護される者が同一である場合（例えば，オートバイの運転者へのヘルメットの着用の義務付け）であるのに対し，間

第4章　犯罪化論の試み　　65

　第4は，法的モラリズムである。これによれば，もし，ある行為が，たと
え，行為者自身にも他者にも，危害も不快も惹起しないとしても，本質的に
不道徳であるならば，その行為を規制することは国家の適切な関心事とされ
ることになる。自由主義者は，一般的に法的モラリズムには批判的であり，
わが国の刑法学においても，今日では，法的モラリズムは一般に否定されて
いる[13]。もっとも，そこで否定されているのは，公的な道徳（だとされるも
の）それ自体を法的に強制することであり，法的強制は道徳的正当化を必要
とするという考え方が否定されているわけではない。また，いわゆる「禁じ
られた悪 mala prohibita」との関係で，道徳的に不正だとはいえない行為を
犯罪とすることは許されないという形での法的モラリズムが主張される余地
はあると思われる[14]。

　(2)　これらのうちのどれが犯罪化の第1段階で採用されるべき原理かにつ
いて決定することは，本稿の企図するところではない[15]。そうではなく，
本稿の目的は，規制の対象となる行為が，このような国家的介入の正当化根
拠に関する基本原理の範囲内に含まれることを示さなければならない，とい
う要求を犯罪化の第1段階に位置づけ，その妥当性を確認することである。

　この点で検討を要するのが，このような犯罪化の限定原理と法益概念によ
る限定の異同である。この点，両者には共通する面もあるものの，基本的に
は異なるものと考えるべきだと思われる。特に重要な点は，法益という概念

　接的パターナリズムは，被介入者と保護を受ける者とが別人である場合（例えば，喫煙をさせな
　いために，煙草の製造や販売を規制するような場合）である。パターナリズムの諸類型について
　は，J. Kleinig, Paternalism, 1983, pp. 11-14, 中村直美『パターナリズムの研究』（2007年）
　30-33頁など参照。
13)　井田良＝丸山雅夫『ケーススタディ刑法〔第2版〕』（2004年）1頁以下（井田良），佐伯仁志
　『刑法総論の考え方・楽しみ方』（2013年）7頁以下など。
14)　例えば，R. A. Duff, Answering for Crime: Responsibility and Liability in The Criminal Law,
　2007, pp. 89-93 などは，そのような方向性を志向するものと見ることができるだろう。なお，
　Simester and von Hirsch, supra note 7, pp. 19-32 も参照。
15)　国家的介入の正当化原理の候補は，本文に挙げた以外にも考えられるであろう。例えば，「あ
　る行為を規制することが社会全体の利益を増大するのならば，その行為を規制することは国家の
　適切な関心事である」（功利主義的アプローチ）とか「ある行為が他者あるいは行為者自身の徳
　を損なうものであるならば，その行為を規制することは国家の適切な関心事である」（徳倫理学
　的アプローチ）というような考え方もあり得る。また，この段階では1個の原理しか選択される
　べきでないのか，複数の原理が選択されてもよいのか，ということも検討を要しよう。

はどうしても実定法上の概念として捉えられやすいという点である[16]。そのため，実定法化される以前の段階で法益の内実を具体化することには困難が伴い，畢竟，その立法規制機能は乏しいものとならざるを得ない[17]。

　もっとも，これは単に法益概念の不明確さを問題にしているのではない。概念の明確さだけが問題なのであれば，例えば，危害原理に言う「危害」概念にも同様の不明確さはつきまとう。そうではなく，ここで問題としているのは，その概念を具体化する際の価値判断の基準をどこに求めるかという点である。その価値判断の基準を実定法内に求めるのであれば，そのような法益概念に立法規制機能が乏しいことは当然である。そのような価値判断の基準を憲法秩序に求める見解も有力であるが[18]，そのように考えた場合，当該憲法秩序自体の適切さは等閑視されるおそれがあると共に，保護に値すると考えられる利益が全て現行憲法秩序の中に組み込まれている保障もない。やはり，ここは，ある事柄に利益性を付与する価値判断の基準は法の外にあるということを率直に認めるべきであるように思われる[19]。そのような視

---

16)　伊東研祐「刑法における法益概念」阿部純二＝板倉宏＝内田文昭＝香川達夫＝川端博＝曽根威彦編『刑法基本講座第1巻基礎理論／刑罰論』（1992年）40頁以下など。

17)　井田良『講義刑法学・総論』（2008年）20頁以下など参照。

18)　例えば，Roxin は，法益の批判的な次元（立法を制約する機能）を憲法上の原理を通じて確保しようとしている（C. Roxin, Strafrecht Allgemeiner Teil, Band Ⅰ, 3. Aufl., 1997, S.15. もっとも，このように憲法上の原理に直接訴えかける姿勢は，その後はやや後退したようにも思われる。Vgl. C. Roxin, Strafrecht Allgemeiner Teil, Band Ⅰ, 4. Aufl., 2006, S.13ff.）。憲法と犯罪化論との関係については，T. Hörnle, "Theories of Criminalization," in M. D. Dubber and T. Hörnle (eds.),The oxford Handbook of Criminal Law, 2014, pp. 679-701参照。なお，憲法（学）から刑事立法を分析する枠組みを提示しようとする意欲作として，上田正基『その行為，本当に処罰しますか―憲法的刑事立法論序説』（2016年）。

19)　高橋則夫教授は，利益を法益に昇華させる原理の必要性を説いている（高橋則夫『刑法各論〔第2版〕』[2014年] 2頁）。重要な指摘であるが，その前段階として，そもそも利益をどのように把握するかということも問題となろう。この点については，von Hirsch が，「他者が自らの資源 Ressourcen の完全性について規範的に根拠のある請求権 Anspruch を有している場合に，初めてその資源は『利益』となる」との見解を主張している（A. von Hirsch, "Das Rechtsguts Begriff und das 'Harm Principle'," in R. Hefendehl, A. von Hirsch, und W.Wohlers (hrsg.), Die Rechtsgutstheorie-Legitimationsbasis des Strafrechts oder dogmatisches Glasperlenspile?, 2003, S.18.）。「資源」という概念に曖昧さは残るが，ここに言う「請求権」を，公正な立法者に法を通じてそれを保護する道徳的な義務を負わせる権利（法的権利以前のいわば一種のメタ権利）といった形で捉えるならば，利益性を付与する価値判断の基準を法の外に求める考え方のひとつと見ることもできよう。

点で見ると，前述した諸原理は，この局面での主たる問題が倫理的・道徳的な性質のものであることを直截に認める点で法益概念による限定よりも方法論的に優れていると思われる。

(3) 以上のように，国家的介入の正当化根拠に関する基本原理による審査をパスすることが犯罪化の第1段階に位置づけられるべきである[20]。従って，この段階では，①国家的介入の正当化根拠としていかなる原理を採用すべきかを明らかにすること，②その採用した原理の範囲内に当該行為の規制が含まれること，の二点を示さなければならない。

なお，この二点を示す際には，採用された原理に照らして等閑視することができない問題が現実に発生しており，その問題を解決するために当該行為を規制するということが当然内容として含まれていなければならない。従って，犯罪化を主張する側は，その行為の規制を必要とする問題が現実に発生しているということと，その行為を規制する目的が何であるかということを明確にする必要がある。

4　犯罪化の必要性

(1)　第1段階をパスすることによって，その行為を規制することは国家の関心事となり得ることが示されたことになる。しかし，その規制手段には，通常，複数のものが考えられるであろうから，その中でも「犯罪化」が優先されるべき理由を示す必要がある。特に，「犯罪化」は刑罰という峻厳な制裁を用いて人々の行為を規制する侵襲度の高い手段であるから，より侵襲度の低い手段で規制目的を同等以上に達成できる場合には，そちらの方を優先すべきである。そこで，第2段階では「犯罪化の必要性」が審査されることになる。

(2)　ここで「必要性」という場合，そこには性質を異にするいくつかの問

---

20)　もっとも，この第1段階をパスしたということは，国家の介入を正当化し得るということを意味するだけであり，国家が介入しなければならないという評価まで含むものではない。従って，この後の条件を充足しないために犯罪化が否定された場合でも，それ以外の法的規制が直ちに許容されることにはならない。

68 第1部 刑法の基礎

題が含まれている。まず，犯罪化が必要だと主張する前提として，犯罪化が規制目的を達成する手段として有効であることが示されなければならないであろう。ここで主として関心がもたれるのは，対象行為を効果的に防止することができるかということである。刑法には一般予防効果があるという主張が，真に科学的な検証に耐え得るものかどうかは，一個の問題である。また，その効果を他の手段とどのようにして比較するか，ということも難しい問題である。しかし，この点に関しては，厳密な意味で科学的な証明はできなくとも，刑罰による威嚇を伴う法規範によって行為を統制することは可能であるということ，また，刑罰という峻厳な制裁が控えていることによりその統制力は他の方策よりも一般に強いことは，これまでの人間の歴史・経験に照らして，それを否定すべき特段の事情がなければ，合理的な仮説として前提とすることが許されるであろう。

　ただ，犯罪化という手段には，明確性の見地から規制対象となる行為をかなり具体化しなければならないということ，罪刑均衡の要請から行為の重大性に見合った刑罰しか定められないこと，実際に違反行為を処罰するためには刑事手続の高いハードルを越えねばならないことなどの点で，予防効果という観点からすると，むしろマイナスに作用する側面もあることには注意が必要である。犯罪化の規制手段としての有効性を判断する際には，刑法という規制手段のこのような限定性を考慮しなければならない[21]。

　（3）　次に，規制手段としての有効性とは別に，犯罪化が規制手段として相応しいものであるかどうか，いわば規制手段としての適格性も吟味されなければならないであろう。この点は，犯罪化が単なる予防手段に尽きるものではないということを認識する上で重要な意味をもつ。現在の通説的な理解に拠れば，刑罰は非難の意味をもつとされる。従って，犯罪は非難されるべき行為でなければならない。だとすれば，犯罪化される行為もまた非難に値する行為でなければならないであろう。非難するには理由が必要であるが，その理由が「その行為は不正な行為である」という点に求められるとすれば，

---

[21]　刑罰法規不遡及の原則や類推解釈の禁止といった罪刑法定主義の派生原則も，この関連で考慮に入れられなければならない。

犯罪化される行為は不正な行為だと評価されるものでなければならない。そして，この評価は実定法化される以前の評価であるから，倫理的あるいは道徳的な評価だといわざるを得ないであろう。それ故，犯罪化の対象とされる行為は，道徳的に不正だと評価され，それを行った場合には非難の対象となる行為でなければならない。そのため，不正とはいえない場合や非難できない場合は犯罪としてはならないことになるから，刑法には違法性阻却事由と責任阻却事由が規定されなければならない。翻って，このことは，「犯罪化」がもつ規制手段としての有効性にも影響を及ぼすことになるであろう。

　(4)　以上を踏まえた上で，規制手段としての有効性を他の方策と比較し，同等以上の効果をもつと考えられるより侵襲度の低い方策がない場合に，犯罪化が選択されることになる。これは，規制手段としての相当性，あるいは（狭義の）必要性とでも呼ぶことができよう。

　以上より，この犯罪化の第2段階では，①犯罪化が規制手段として有効であること，②犯罪化が規制手段として相応しいものであること，③望まれる効果の実現が犯罪化以外の手段では期待できないこと，が示されなければならない。

　(5)　ところで，刑法以外の手段で望まれる効果を実現できるのであれば，その手段を優先すべきである，と結論づけることは，一般論としては正しいであろう。しかし，前述のように規制手段としての刑法には様々な制約が伴うため，いわばその使い勝手の悪さを嫌って，意識的に犯罪化を回避するということが行われる可能性があることには注意を要する。特に，行政命令や民事命令を先行させ，その違反を刑罰の対象にするという民刑のハイブリッドな規制については，十分慎重な態度で臨む必要がある[22]。

---

22)　このような規制方法については，①命令の内容が過度な自由の制約になっていないか，②命令を課す際の手続的保障は十分か，③命令違反に対する刑罰が不相応に重くないか，④実質的に包括的な委任を認めることにならないか，などについて熟慮する必要がある。この点に関しては，イギリスの反社会的行動禁止命令（ASBO）をめぐる議論が参考になろう（例えば，Simester and von Hirsch, supra note 7, pp. 212-232., A. Ashworth and L. Zedner, Preventive Justice, 2014, pp. 74-94 など参照）。なお，本書第3部第3章「追記2」参照。

70 第1部 刑法の基礎

5 全体的な利益衡量

(1) 利益衡量の必要性

　ある行為を規制するために国家が介入することに正当化根拠があり，その規制手段として犯罪化すること以外に有効な手段はないという場合であっても，犯罪化することによって生ずる不利益の方が大きい場合には，犯罪化は正当化されない。なぜならば，ある行為を犯罪化することによって，犯罪化する以前よりも，社会の状態が全体として悪化するのであれば，その犯罪化は認められるべきではないからである。ある行為が好ましくない行為だとされ，その行為を行う権利は誰にもないと判断されても，他方で，国家がその行為を犯罪とすることは正当化できないという場合があることを，私たちは率直に認めるべきである[23]。

　新たな刑罰法規を制定することは，直接的あるいは間接的に様々な因果的影響を及ぼす。理想的な立法者ならば，そのような予想される影響を網羅的に考慮し，新たに刑罰法規を制定することによってもたらされる社会的なプラスとマイナスを見積もり，他方で，その刑罰法規を制定しない場合の社会的なプラスとマイナスも評価した上で，前者の方がより大なるプラスをもたらす（少なくとも，マイナスはより小さい）ということを示すべきであろう。もっとも，新たに刑罰法規を制定することによってもたらされる因果的影響を全て列挙することは現実には不可能である。実際にできることは，この段階で考慮されるべき（特にマイナスの）要因を例示することに止まるであろう。以下で取り上げる点も，そのような例示に止まるものである。

---

[23]　私たちは，Packer の次の言葉を想起すべきであろう。「何もしないという選択肢は常に存在する。費用と効用を注意深く査定した後で，利用できる何らかの制裁手段に頼るよりも，何らの制裁も課さない方がよい，という結論に至る可能性はある。その可能性を検討しなければ，いかなる立法案者も，問題を徹底的に考えつくしたと言うことはできない。ある一定の形式の行為を止めさせることが，諸価値に関する私たちの尺度からすると，どの程度高いところにランク付けされるか，という中心的な論点に私たちが真正面から取り組むことができるのは，このような『何もしないという仮定』に向き合う場合だけである」（H. L. Packer, The Limits of the Criminal Sanction, 1968, p. 258.）。

⑵ 種々の考慮要因

① 資源の有限性

　当然のことであるが，刑事司法システムの資源は有限である。新たに刑罰法規を制定することによって，警察官，検察官，裁判官，弁護人などの人的資源に著しい負担がかかり，重大犯罪への対応に十分なエネルギーを投入できなくなるというような事態が生じ得るとすれば，これは犯罪化にとってマイナスに作用する要因となろう。

　また，人的資源の増員や刑務所運営コストの増大といった問題が生ずる場合には，国の財政全体の中で刑事司法システムに割り当てられるべき資源はどのくらいであるべきか，ということを考えざるを得ない。例えば，教育，医療，各種インフラ整備等々にかかる費用を削ったり，あるいは，増税したりしてまで刑事司法システムに資源を投入すべきかと問われれば，相当に躊躇せざるを得ないであろう。

　このような資源の有限性は，刑事司法システムは真に重大な犯罪に対して効果的に投入することが可能である状態を保持すべきである，ということを求めることになるであろう。

② 社会的コスト

　ある行為を犯罪とし，実際にこれを処罰することは，様々な負の効果を生じさせる可能性がある。例えば，犯罪者というレッテルを貼ることが負の効果を生み出す可能性があることは，ラベリング理論が教えるところである。また，処罰の影響は犯罪者の家族にも及ぶであろう。更に，刑法による規制が，有用な行為を萎縮させたり，将来の技術革新を妨げたり，長い目で見ると同種行為の防止にとって逆効果となる可能性があったりする場合も考えられる。その他にも，刑罰法規の適用が特定の社会層に集中する傾向が顕著であれば，不平等の拡大，社会的絆の消失，排除意識の高揚といった状況をもたらすかもしれない。

　これらは，いわば，刑法による規制がもたらす社会的コストとでもいうべきものであり，新たに刑罰法規を設ける際には，このような要因も十分考慮に入れる必要がある。

72　第1部　刑法の基礎

③　道徳的コスト

　行為の規制をめぐって，複数の価値が対立する場合がある。例えば，名誉
毀損行為の処罰をめぐっては，名誉の保護と表現の自由の保障とが緊張関係
に立つ。複数の価値の間に，ある価値の保護を図ることが，他の価値の保護
を縮減することになるというトレードオフの関係がある場合，前者の保護を
優先するという判断は，後者の保護を縮減するという道徳的コストを伴うこ
とになる。この場合の道徳的コストには，犯罪摘発のためにプライバシーを
制約するような捜査手法が必要となるというような手続法的な関心も含まれ
る。

　このような道徳的コストが生ずる場合には，保護が縮減されることになる
価値の重要度が高ければ高いほど，そのようなコストを伴う規制は認められ
にくくなるであろう。

④　既存法規との矛盾

　新たに設けられる刑罰法規が，既存法規と矛盾するものであってはならな
いのは当然であろう。その矛盾を放置したままでは法的安定性を害すること
になる。他方で，その矛盾を解消しようとすると，従前の取り扱いとの間で
不平等を生じたり，処罰範囲の変更を伴ったりすることも生じ得る。新たに
刑罰法規を設ける際には，このような既存法規との矛盾によって生ずるコス
トにも留意する必要がある[24]。

⑤　犯罪化による特別な利権の創出

　犯罪化による規制がある程度は有効であるものの，その効果は限定的であ
る一方で，犯罪化によって特別な利権が生まれ，それが様々な負の副産物を
もたらす場合がある[25]。例えば，かつて，アメリカ合衆国で適用された禁
酒法は，闇市場の形成を助長し，組織的犯罪集団が巨額の利益を獲得し，強
力化する事態を招いた。一般に，いくら規制しても一定程度の需要が残る

---

24)　例えば，自動車運転死傷行為等処罰法第4条はいわゆる「発覚免脱罪」を規定しているが，
　　これと証拠隠滅罪（刑法104条）との間に矛盾はないのか，他の犯罪の発覚を免れる行為の取り
　　扱いと比べて著しく不均衡を生じないかといった点については，疑問をもつ者もいるであろう
　　（松宮孝明「自動車事故をめぐる法改正の動き」犯罪と刑罰第23号［2014年］14頁以下参照）。
25)　H. L. Packer, supra note 22, pp. 277-282参照。

財・サービスへのアクセスを犯罪化すると，その財・サービスの「価格」は高騰することになる。そこから，購入者には，その財源を得るために，窃盗などの犯罪を行う誘引が生ずる。また，価格が高騰することによって売る側の利益は大きくなるため，それを狙ってアングラ組織が形成され，それら組織間では利権をめぐる争いが起こり，時にそれは銃撃戦になったりもする。更には，犯罪組織と刑事司法機関との間の癒着といった問題も生じ得る。

このようなことが犯罪化を否定する直接的な論拠となり得るかどうかはとりあえず措くとして，財・サービスへのアクセスを犯罪化する場合には，特別な利権が創出される可能性を考慮に入れる必要がある。

(3) 利益衡量の意味

犯罪化の第3段階では，ここに例示したような諸要因を考慮しつつ，犯罪化によって生ずるプラスとマイナスを衡量し，その結果が，犯罪化しない場合と比べてより大なるプラスをもたらす（少なくとも，マイナスはより小さい）ということを示すことになるが，その判断の仕方については以下の点に留意すべきである。

まず，プラス要因とマイナス要因を利益衡量するといっても，全ての要因に共通する価値尺度を設定することは困難であるということを認識しなければならない。いわゆる比較不可能性の問題である。ある行為を犯罪とすることにプラスに作用する要因とマイナスに作用する要因とをそれぞれ列挙し，秤の一方の皿に前者を，もう一方の皿に後者をのせて，より重い方を優先するという通俗的なイメージの利益衡量は，実際にはなし得ないであろう。むしろ，ここでの「衡量」は，プラス要因とマイナス要因をできるだけ顕在化させ，それらの相互関係を可能な限り明らかにした上で，両者を比較してプラス要因の方が大きいと考えるべき論拠を提示するプロセスとして捉えるべきである。

次に，犯罪化が正当と認められるには，プラス要因の明らかな優越が求められるように思われる。前述のように，ここでの利益衡量が，算術的計算のように白黒がはっきりするようなものではないということに鑑みれば，刑罰という峻厳な制裁を用いることを正当化するには，犯罪化した方がプラスであるということを明確に示すことが必要だと考えるべきであろう。

74　第1部　刑法の基礎

　もっとも，この第3段階の審査は，犯罪化の可否という二者択一の判断というよりは，正当化され得る犯罪化のあり方を模索する調整のプロセスとして捉える方が妥当であると思われる。第3段階で考慮されるマイナス要因について，それを除去する方策があるならば，犯罪化を主張する側が，それを併せて指摘することにより，最終的にプラス要因の方が明らかに優越するということを説明・説得できれば，犯罪化は認められ得るであろう。例えば，ある行為を規制することが表現の自由に由々しき萎縮効果を及ぼすというマイナス要因がある場合，そのような萎縮効果が生じないようにするために適当な犯罪成立阻却事由を設けることができるということを示せば，そのような条件付での犯罪化はなお許容される可能性があるだろう。要するに，この段階での利益衡量は，犯罪化を主張する側に課される説明・説得責任に影響を及ぼすということである。

6　刑罰法規施行後の検証

　⑴　これまで述べてきた3つのハードルをクリアすれば，刑罰法規を制定することは許される。しかし，立法段階での評価は予測の要素を多分に含むため，その判断の正当性は，刑罰法規制定後の状況に照らして検証される必要があると思われる。

　⑵　ところで，立法段階での評価・判断と，施行後の実態との間に離齬が生ずるケースには，いろいろな場合があり得る。

　まず，立法段階での規制目的と制定された刑罰法規の解釈・適用との間に離齬が生ずる場合があり得る。前述した犯罪化のプロセスに即して言えば，第1段階および第2段階の判断との関係がここでは問題となろう。

　例えば，立法段階では規制対象として意図されていなかった行為についても刑罰法規が適用されるというケースが考えられる。実定法の解釈については，必ずしも立法者の意思に拘束されるわけではなく，客観的な法の意味を探るといういわゆる客観的解釈説が通説であり[26]，それによれば，このよ

---

26)　伊東研祐「刑法の解釈」阿部純二＝板倉宏＝内田文昭＝香川達夫＝川端博＝曽根威彦編『刑法基本講座第1巻基礎理論／刑罰論』（1992年）48頁以下。

うなケースであっても，直ちに実定法の正当性が否定されるわけではない。ただ，その時点での実定法の客観的な解釈により実定法の正当性は維持され得るとしても，犯罪化のプロセスには何らかの欠陥があったことになろうから，その原因がどこにあるのかは検証されるべきであろう。

　また，立法段階において立案者が適用を明確に否定していた行為について刑罰法規が適用されるケースもあり得る。このとき，そのような刑罰法規の適用が法の客観的な解釈として正当化できない場合であれば，そのような適用を否定することになるが，その場合，そのような正当化できない解釈をもたらす余地を生じさせたという点で犯罪化のプロセスには問題があったことになろう。その点は，条文の文言を修正するなど法改正をすることによって補正することが必要な場合もあり得よう。

　これに対して，そのような刑罰法規の適用が法の客観的な解釈として正当化できる場合は，やや判断に迷うところである。法の客観的な解釈としては正当化できるのであれば，新たな立法を求めたとしても結局は同じ結論になるであろうからそのまま適用を認めてよいとする考え方もあり得るが，他方で，立法段階での議論，立法府による授権が欠けているという点を重視すれば新たな立法が必要であると考えることもできよう。

　(3)　次に，立法段階での規制目的と制定された刑罰法規の解釈・適用との間に離齬はないが，その効果の面で立法段階の予測と施行後の実態にズレが生ずる場合があり得る。前述した犯罪化のプロセスに即して言えば，第3段階の判断に誤りがあり，実際にはプラスよりもマイナスの方が大きかったという場合がここでは問題となる。

　この場合，実際にマイナスの方が大きく，刑罰法規を設けたことによって社会の状態がより悪化したということがはっきりしているのであれば，そのような刑罰法規が廃止されるべきことは当然である。しかし，前述した3段階のプロセスを経て刑罰法規が制定された場合，そのような事態が生ずることはそう多くはないであろう。

　その理由としては，まず，前述した3段階のプロセスを経て刑罰法規が制定された場合には，その犯罪化は正当だという一種の推定が働くため，それを覆すには実際上相当の根拠が必要になること，刑罰法規の効果・影響を正

76　第1部　刑法の基礎

確に測定することは困難であるため新たな刑罰法規を設けたことによって社会の状態がより悪化したということをはっきり示すのは難しいことを指摘できよう。

　また，人間は，外部の環境に順応する高い能力を有しているため，新たに作られたルールに善かれ悪しかれ比較的すんなりと従ってしまう可能性がある。一旦そのような環境に順応してしまうと，前述した社会的コストや道徳的コストは知覚され難くなってくる可能性もあろう[27]。

　更には，新たに刑罰法規を設ける際の判断と既存の刑罰法規を廃止する際の判断とは，必ずしもシンメトリーな関係にはならないことにも注意が必要である。それまで犯罪とされていた行為を犯罪のカタログから外すということは，仮にそれが刑罰法規によって規制することは効果的ではないという判断によるものであり，その行為は許される行為だという判断によるものではないとしても，「その行為は許される行為になった。」という誤ったメッセージを伝えるおそれがある。また，一般国民の目線で見れば，「そのような行為を犯罪から外して大丈夫なのか。」という不安感を醸成する可能性も軽視できないであろう。

　以上のような点に鑑みると，犯罪化のプロセスは逆行性が低く，一旦犯罪化されると非犯罪化することは実際上なかなか難しいことが多くなるのではないかと思われる[28]。立法段階では，そのようなことにも留意して，十分な議論が尽くされる必要があろう。

7　各段階の体系的意味

　これまで犯罪化のプロセスを4段階に分けて考察してきたが，ここで，それぞれの段階がもつ体系的意味を確認しておきたい。

　第1段階では，「国家の介入の正当性」が審査される。ある行為の規制がこの段階をパスしない場合には，国家は犯罪化はもとより他の権力的な介入

---

27)　このいわば順応コストのようなものも，立法段階では考慮されるべきであろう。
28)　同様のことは，厳罰化についてもあてはまるように思われる。

をすることも許されない。

第2段階では，「犯罪化の必要性」が審査される。この段階では，刑法以外のより侵襲度の低い手段でその行為を効果的に規制することができないかが問われる。その際には，刑罰という峻厳な制裁を手段とすること，明確性や罪刑の均衡が求められること，規制対象となる行為は非難可能なものでなければならないこと，といった事情から生ずる刑法に固有の限定性を踏まえた上で，刑法という手段を用いる必要性を判断しなければならない。この段階をパスしない場合には，犯罪化は許されないが，他の公的な規制手段を講ずることは可能である。

第3段階では，「全体的な利益衡量」が行われる。この段階では，犯罪化した方が犯罪化しない場合と比べて明らかにプラス要因が多いということが示されなければならない。もっとも，この段階では，一旦はマイナス要因が大きいという判断がなされても，それを除去することができる方策があるのであれば，それを併せて示すことにより最終的に犯罪化を正当化することは可能である。それができない場合には，第3段階をパスしないことになる。この場合，犯罪化は許されないが，他の公的な規制手段を講じることは否定されない。

第4段階では，「刑罰法規施行後の検証」が行われる。この段階では，立法段階での評価・判断の当否と，制定された刑罰法規それ自体の客観的な正当性が問題とされる。立法段階の評価・判断の正当性が現実に確証されず，かつ，制定された刑罰法規の客観的な意味を解釈することによってもその正当性を示すことができない場合には，その刑罰法規は改正あるいは廃止されるべきであり，その際には，前述した第1〜第3段階で考慮される事柄を改めて検討しなければならない。

8　結語

犯罪化に関する体系論としての「犯罪化論」を模索するという壮大な目標を掲げて始めた思索であったが，終わってみれば穴だらけでまとまりのない未熟なノートを綴ったにすぎないようである。自身の非力には忸怩たる思い

78 第1部 刑法の基礎

であるが，このような拙いものでも，この問題の重要性に関心をもってもらう何がしかのきっかけにでもなれば望外の喜びである。刑事立法を規制する理論的枠組みの構築は，現代の刑法学に課せられた喫緊の課題といえよう[29]。状況は待ったなしである[30]。

---

29) 井田教授は，この点について，比例原則の有用性を主張される。比例原則とは，刑事立法を行う際に，①刑罰法規を設けてその行為を処罰することが，規制目的達成のための有効な手段であるかどうかの検討を内容とする「手段の適正」，②規制目的の実現のために，刑罰という（法益侵害を内容とする）厳しい制裁が本当に必要であるのか，それは当該行為への過剰な対応ということにならないかの検討を内容とする「侵害の必要性」，③刑罰法規を設けることにより失われる利益と，それにより得られる利益とを包括的に衡量したとき，プラスの方がより大きいといいうるかの検討を内容とする「利益衡量ないしは狭義の比例性」という3つのテストにパスすることを要求するものである（井田・前掲注16）24頁以下）。この考え方は私見と共通する部分も多く，特にこれに反対するわけではないが，当面，次の3点に疑問を感じている。第一に，比例原則は憲法上の原則として発展してきたものであり，あくまで法システム内で問題解決を図る点で，法益概念について本文で前述したのと同様の問題点があるのではないかと思う。第二に，比例原則は，元々，行政法，とりわけ，警察法の領域における国家活動の規律に由来するものであり，刑法による規律に焦点を合わせたものではない。基本権を制限する国家の活動を規律するという関心は刑法の分野に限られるわけではなく，その意味で，比例性の原則を充たしていることは，基本権制限の必要条件であって十分条件ではない（小山剛『「憲法上の権利」の作法』[2009年] 67頁以下）。第三に，それにもかかわらず，刑事立法の規制原理を比例原則にのみ求めるとすれば，刑法に固有の問題（例えば，刑罰には非難の意味がこめられているというような点）が見失われるおそれがあるのではないかと思う。比例原則の強調は，刑法を犯罪予防のための技術と見る理解を強めることにつながるのではなかろうか（なお，予防刑法における比例原則の意義を検討した浩瀚なモノグラフィーとして，J. Kasper, Verhältnismäßigkeit und Grundrechtsschutz im Präventionsstrafrecht, 2014.）。

30) 体系的な犯罪化論は，刑事立法の司法審査をより精緻なものにすることや，立法段階において過剰な立法を抑制・チェックするメカニズムを構築することに役立つほか，一般市民が刑事立法の妥当性について論ずる手がかりともなり得よう。

第5章 犯罪化と法的モラリズム

1 はじめに

　不道徳な行為を，ただ不道徳であるという理由だけで犯罪として法的な処罰の対象にすることは正当化されるであろうか？今日，この問いに対して「イエス」と答える刑法学者は，ほとんどいないであろう。このような処罰を認める立場は，法的モラリズム（legal moralism）[1]であるとして，総じて拒絶されている。

　しかし，この法的モラリズムの拒絶が何を意味するのかは，必ずしも明らかであるわけではない。法的モラリズムが批判される文脈においては，道徳的不正さ（その行為が道徳的に正しくないこと）と犯罪化（その行為を犯罪として法的な処罰の対象にすること）との間の何らかの結びつきが否定されているが，それがどのような結びつきなのかは，注意深く検討してみる必要がある。差し当たり，ここでは，次の三つの問題を分けて考えるのが有益であるように思われる[2]。

　第1は，ある行為が道徳的に不正であるということは，その行為の犯罪化を正当化するのに十分な理由であるか，という問題である。ここでは，道徳的不正さは犯罪化を正当化するための十分条件であるか否かが問われること

---

1)　法と道徳の区別・関係という問題は，古くから議論のある法哲学上の論点であるが，法的モラリズムという言葉が最初に用いられたのは，H. L. A. Hart, Law, Liberty and Morality（1963）においてである。周知の如く，同書は，1957年にイギリスで公表された同性愛と売春に関する部門委員会の報告（ウォルフェンデン・レポート）を契機として展開された Hart と Devlin の間の論争を経て出版されたものである。Hart は，その報告に対する Devlin の反対論に対して否定的な立場から反論するために法的モラリズムという言葉を用いている（なお，金沢文雄『刑法とモラル』[1984年] 3頁以下参照）。

2)　なお，A. P. Simester and A. von Hirsch, Crimes, Harms, and Wrongs: On the Principles of Criminalisation, 2011, p. 22参照。

80　第1部　刑法の基礎

になる。

　第2は，ある行為が道徳的に不正であるということは，その行為の犯罪化を正当化するために必要か，という問題である。ここでは，道徳的不正さは犯罪化を正当化するための必要条件であるか否かが問われることになる。

　第3は，ある行為が道徳的に不正であるということは，その行為を犯罪化する積極的な理由となり得るか，という問題である。ここでは，道徳的不正さは犯罪化の理由として適格か否かが問われることになる。

　これらの問題は相互に関連する部分もある。例えば，第一の問題について，道徳的不正さは犯罪化を正当化するための十分条件であると主張するためには，第三の問題については，道徳的不正さは犯罪化の理由として適格であると主張しなければならないであろう。しかし，基本的に，これらの問題はそれぞれ独立しており，個別に検討されるべきものだと思われる。なぜならば，それぞれの問題に対してどのような立場に立つかによって，必然的に他の問題においてとるべき立場が全て論理的に決まるわけではないからである。例えば，第一の問題に対する態度決定は，必然的に第二の問題に対してとり得る立場を制約するわけではない。「道徳的不正さは犯罪化を正当化するための必要条件であり，かつ，十分条件である」「道徳的不正さは犯罪化を正当化するための必要条件ではあるが，十分条件ではない」「道徳的不正さは犯罪化を正当化するための十分条件ではあるが，必要条件ではない」[3]「道徳的不正さは犯罪化を正当化するための必要条件でも十分条件でもない」といういずれの立場も主張可能である。また，第二の問題に対していかなる立場をとるかが，第三の問題に対する態度決定を制約するわけでもない。「道徳的不正さは犯罪化を正当化するための必要条件ではないが，犯罪化の理由にはなり得る」との主張が可能であるのは勿論のこと，「道徳的不正さは犯罪化を正当化するための必要条件ではあるが，犯罪化の積極的な理由にはなり得ない」と主張することも可能である。

---

3)　AはXの十分条件であるが，BもXの十分条件であり，AとBは相互に独立である，という可能性はある。例えば，道徳的不正さは犯罪化を正当化するための十分条件であるが，他者に対する危害も犯罪化を正当化するための十分条件であり，道徳的不正さと他者に対する危害は相互に独立している，と主張することに（説得力があるかはともかく）論理的な誤りはない。

法的モラリズムをめぐる従来の議論では，これらの問題を区別した分析が必ずしも十分になされてはいなかった。そのため，法的モラリズム批判の一面的な強調が，犯罪化にまつわる種々の論点の顕在化を妨げてきたように思われる。そのことは，犯罪化に関する理論構築の遅れにもつながっているのではなかろうか。近時における刑事立法の活性化という現象に直面し，いかなる行為を犯罪化すべきか，という問いが改めて私たちに突きつけられているが，この時期に，今一度法的モラリズムをめぐる問題について整理しておくことは無駄ではなかろう。そこで，本稿では，犯罪化に関する理論構築に向けて何がしかの示唆が得られることを期待しつつ，上述した三つの問題について，それぞれ若干の検討を加えてみたいと思う。

2　道徳的不正さは犯罪化を正当化するための十分条件か？

まず最初に，道徳的不正さは犯罪化を正当化するための十分条件か否かについて検討してみる。この問題に対する態度決定としては，差し当たり，次の二つが考えられよう。

「道徳的不正さは犯罪化を正当化するための十分条件である」（十分テーゼ）
「道徳的不正さは犯罪化を正当化するための十分条件ではない」（不十分テーゼ）

この対比を前提とした場合，法的モラリズムを拒絶する論者が「不十分テーゼ」を支持していることは明らかである。しかし，他方で，法的モラリズムを標榜する論者は「十分テーゼ」を主張しているのかと言えば，そうではない。例えば，Moore は，「応報的正義に奉仕するために，刑法は，道徳的に不正な行為を行ったことについて道徳的に責任のある全ての者を，かつ，そのような者だけを処罰しなければならない」と主張し，今日では最も法的モラリズムに対して肯定的な態度を示している論者の一人であるが，その Moore でさえ，不道徳な行為の犯罪化を妨げる様々な考慮要因があることを認めている[4]。そもそも，不道徳な行為を，ただ不道徳であるという理由

だけで犯罪とすることが常に正当化されるというのであれば，それが度外れた主張であることは誰しもが認めることであろう。例えば，嘘をつくことは一般に不道徳であるとされようが，嘘をつくことの全てを犯罪とすることが不合理であることは明らかである。

ある行為の犯罪化が正当化されるためには，その行為を規制すべきもっともな理由があるというだけでは十分ではなく，その規制手段として刑法を用いるのが適切かつ有効であること，更には，全ての事情を考慮した場合，その行為を犯罪化することがマイナスよりもプラスをもたらすことも示されなければならない[5]。従って，ある行為の道徳的不正さがその行為を規制すべきもっともな理由になる（更に進んで，その規制を支持する積極的な理由は，その行為の道徳的不正さだけである）と考えたとしても，それ以外の犯罪化を妨げる要因を無視するわけにはいかない以上，「不十分テーゼ」は実際上全ての者が容認しているといってよいであろう。そのように考えたとしても，犯罪は道徳的に不正な行為である，と主張することが不可能になるわけではない。従って，「不十分テーゼ」を容認することは法的モラリズムにとって致命的なものではない。無論，道徳的に不正な行為であっても犯罪になる行為とならない行為があるのだとすれば，その区別をどのようにして行なうのか，という問題は残ることになるが，同種の問題は，他の立場に立っても不可避的に生ずるものである[6]。

3 道徳的不正さは犯罪化を正当化するための必要条件か？

(1) 分析の視点

次に，道徳的不正さは犯罪化を正当化するための必要条件か否かの検討に

---

4) M. S. Moore, Placing Blame, 1997, chs. 16, 18; do., A tale of two theories, Criminal Justice Ethics 28 (2009), pp. 27-48.
5) 本書第1部第4章参照。
6) 例えば，危害原理を前提としても，「他者危害は犯罪化を正当化するための十分条件である」と考えない限り（おそらく，その主張は維持できないであろう），他者に危害を加える行為でも犯罪となる行為と犯罪とならない行為があることになる。

第5章　犯罪化と法的モラリズム　　83

移ろう。この問題に対する態度決定としても，差し当たり，次の二つが考えられる。

「道徳的不正さは犯罪化を正当化するための必要条件である」（必要テーゼ）
「道徳的不正さは犯罪化を正当化するための必要条件ではない」（不必要テーゼ）

　この問題に対する対応は，2で検討した問題よりも微妙である。分析の視点としては，「犯罪化を正当化するための必要条件として道徳的不正さ以外のものを提示できるか？」，「道徳的に不正とはいえない行為の犯罪化が正当化される場合はあるか？」という点が重要であろう。以下，順次，検討してみよう。

(2)　「危害」対「道徳的不正さ」？

　犯罪化を正当化するための必要条件として，道徳的不正さ以外のものを提示できるであろうか？ここで関心がもたれるのが，危害原理（harm principle）である。周知の如く，この原理の淵源は J. S. Mill の次のような主張に遡ることができる。「人類が，個人的にまたは集団的に，だれかの行動の自由に正当に干渉しうる唯一の目的は，自己防衛だということである。すなわち，文明社会の成員に対し，彼の意志に反して，正当に権力を行使しうる唯一の目的は，他人にたいする危害の防止である。」[7] この Mill の主張が，行為がもたらす他者への危害を犯罪化の必要条件としていることは明らかである。他方，Mill は，それが道徳的に好ましいという理由で特定の行為を強制することは拒絶している[8]。道徳的に好ましいという理由による行為の強制を否定することが，直ちに「不必要テーゼ」に至るわけではないが，Mill の危害原理はそのような結びつきを認めていると解釈する余地はあると思われる[9]。そこで，仮に Mill の危害原理をそのように解釈したとして，それによ

---

7)　J. S. ミル（早坂忠訳）「自由論」関嘉彦責任編集『世界の名著49ベンサム／J. S. ミル』（1979年）224頁。
8)　もっとも，Mill がこの点を強調しているのは，パターナリズムを否定する文脈においてである（J. S. ミル・前掲注7）224頁以下）。
9)　Feinberg の危害原理（後掲注11）参照）とは異なり，Mill の危害原理では「不正さ」は（少なくとも明示的には）要求されていない。

84　第1部　刑法の基礎

って「不必要テーゼ」を説得力のある形で維持することが可能かどうかを考えてみることにしたい。

　結論から言えば，そのような論を説得力ある形で展開するのは困難であると思われる。それは，主として次の二つの理由による。

　ひとつは，他者への危害が認められる場合にしか犯罪化を正当化することはできない，という結論を維持することは，実際上かなり難しいということである。とりわけ現代社会においては，一方では，自己危害を理由とするパターナリィスティックな観点からの法的規制の必要性を，他方では，危害にまで至らない不快を理由とする法的規制の必要性を必ずしも全面的には否定し得ない状況があると思われる。ここで，自己危害や危害にまでは至らない不快を理由とした犯罪化が許容されるとすれば，他者危害を犯罪化の必要条件とすることはできないことになろう[10]。

　もっとも，この点は，犯罪化の必要条件を他者危害のみに求めることはできないということを示すに止まり，そこから必然的に行為の道徳的不正さが犯罪化の必要条件となるという「必要テーゼ」が導き出されるわけではない。例えば，犯罪化の必要条件を単一のものに収斂させるのではなく，他者危害，自己危害，不快といった形で多元的に捉えながら，行為の道徳的不正さは必要条件ではない，と主張することは論理的には可能である。しかし，その点に関してどのような考え方をするにせよ，「不必要テーゼ」を説得力のある形で維持することを困難にするもうひとつの理由がある。それは，犯罪化の出発点を，他者危害に限定するのであれ，自己危害や不快も加えるのであれ，それによって，犯罪が道徳的に不正な行為である必要性が排除されるわけではないだろうということである。

　例えば，正当防衛の場合を考えてみよう。仮に，犯罪化の必要条件を他者危害のみに限定したとして，正当防衛として他者を害する行為について考えた場合，その行為は犯罪とはならない。なぜ，この行為が犯罪とならないかといえば，それは，（他者に危害を加えてはいるが）不正な行為ではないからで

---

10)　例えば，Feinberg は，他者危害の他にも犯罪化の理由となり得るものがあるとする（J. Feinberg, Harm to Others [1984], Offense to Others [1985], Harm to Self [1986], Harmless Wrongdoing [1988] 参照）。

第5章　犯罪化と法的モラリズム　　85

ある。もっとも，この場合，正当防衛に当たる行為が不正ではない理由を，刑法が正当防衛に関する規定を設けている点に求める見方もあるかもしれない。そのような見方は，刑法で正当防衛に関する規定が設けられることによって初めてその行為は不正でなくなるのであり，それ以前は不正な行為と評価されるという含みをもち得るが，それは妥当ではないだろう。なぜならば，そのように考えると，刑法で正当防衛に関する規定を設けるか否かは国家の裁量によるということにもなりかねないが，それが支持されるとは思われないからである。国家は，正当防衛の場合には犯罪の成立を否定すべきなのであり，それは，正当防衛は法以前に既に道徳的に不正だとはいえないことから国家に要請される道徳的義務であると解される。他者危害を犯罪化の必要条件にしたとしても，犯罪化を正当化するためには更にその行為が道徳的に不正であることが必要になる。

　このことは，結局，犯罪化の事実的な条件をどこに求めようとも，犯罪化の規範的な条件として，その行為が道徳的に不正であることが要求されざるを得ないということを意味するといえよう[11]。従って，犯罪化を正当化するための必要条件として道徳的不正さ以外のものを提示するという方向で「不必要テーゼ」を維持しようとする試みが成功する見込みは乏しいといわざるを得ないであろう。

(3) 「禁じられた悪 mala prohibita」について

　次いで，道徳的に不正とはいえない行為の犯罪化が正当化される場合があるかについて検討してみよう。

　犯罪の中には，殺人，窃盗，強姦などのように法以前の領域で既に道徳的にも不正であることが明らかであるものがある一方で，例えば，各種道路交

---

11)　この点では，Feinberg による危害原理の理解に興味深いものがある。Feinberg は，「利益に対する妨害 setbacks to interest」（害される側の「状態を悪化させる」行為）としての非規範的な意味での「危害」と，「不正」としての規範的な意味での「危害」，すなわち，人の権利の侵害とを区別している。そして，危害原理において用いられる危害という言葉は，この二つの意味が重なり合ったものを示していなければならない，とする。すなわち，「不正である利益に対する妨害であり，かつ，利益に対する妨害である不正のみが，適切な意味における危害だとみなされるべきである」とするのである（Feinberg [1984], supra note 10, pp. 31-36.)。また，「不快原理（Offence Principle)」における「不正」の要件については，Simester and von Hirsch, supra note 2, pp. 91-107参照。

86   第1部　刑法の基礎

通法規違反の罪のように，法以前の領域では何ら不正ではなく，法によって禁止の対象となることによって初めてその違反が不正な行為になるものもある[12]。我が国では，前者を自然犯，後者を法定犯と呼ぶことが多いが，英米では，一般に，前者を「それ自体の悪 mala in se」，後者を「禁じられた悪 mala prohibita」と呼ぶ。両者は，その名称や由来を異にするが[13]，その区別の元にある思想は共通しているといえるであろう。すなわち，当の行為が法以前に道徳・倫理に反するか否かによって区別するというのがそれである。

　この区別は必ずしも明確ではなく，また，時代や社会状況によって相対的・流動的でもある。「法定犯の自然犯化」や「自然犯の法定犯化」といった現象は，この区別が不変的・固定的なものではないことを物語る。更には，この区別に特段の意義を認めない見解も存する[14]。従って，この区別の妥当性自体も問題となり得るところであるが，ここではその点はひとまず措き，「不必要テーゼ」との関係に絞って問題点を抽出してみたい。すなわち，法定犯あるいは「禁じられた悪」の存在を認める限り，道徳的に不正であるとはいえない犯罪の存在を認めることになり，それは私たちをして「必要テーゼ」を支持することを不可能にし，「不必要テーゼ」を受け入れざるを得ないものにするのではないか，というのがそれである[15]。

　「必要テーゼ」を支持する者は，この問題に説得力のある解答を与えることができるであろうか？この問題を考えるに当たっては，「必要テーゼ」の

---

12)　更には，脱税事犯のように，納税に関する法的なルールが存在しなければ，そもそも行為として観念し得ない犯罪もある。

13)　自然犯・法定犯の区別は，ガロファロが，誠実・憐憫の本来的感情に反する犯罪を自然犯とし，立法に基づく犯罪を法定犯としたのに由来し，英米法における「それ自体の悪」と「禁じられた悪」の区別はローマ法に由来するものである（大塚仁『刑法概説（総論）〔第4版〕』〔2008年〕95頁参照）。

14)　例えば，Bentham は，次のように述べている。「それ自体の悪と禁じられた悪の間の先鋭な区別，それは，とても鋭く，非常に綺麗な響きをもつラテン語であるが，それに意味を見出すべき何らの根拠もない。従って，その区別には，何の意味もない」(J. Bentham, A comment on the commentaries, in H. H. Burns & H. L. A. Hart (eds.), Collected works of Jeremy Bentham, iii [1976/1977], p. 63.)。

15)　例えば，Husak は，「私は，人々の行為が禁じられた悪であり，それ自体の悪ではない場合に，どうして，人々が不正に行為していることになるのか，理解することができない」としている (D. Husak, Overcriminalization: The Limits of Criminal Law, 2008, p. 112.)。

第5章　犯罪化と法的モラリズム　　87

内容をいま少し分析してみる必要があろう。前述したところによれば，「必要テーゼ」は，「道徳的不正さは犯罪化を正当化するための必要条件である」という主張として定義された。ここで注意を要するのは，道徳的不正さは「犯罪化」を正当化するための必要条件とされているのであり，「法的規制」を正当化するための必要条件とされているのではない，ということである[16]。ここで，「犯罪化」に至る過程においては，いくつかの性質を異にする問いに段階的に直面するという点に注意しなければならない。まず，最初に，ある一定の行為を法的な規制の対象とするか否かが問題となる。ここで，法的な規制の対象とするという判断がなされた場合には，次なる問いとして，その規制を強制すべきかどうかが問題となり，仮に強制すべきだと考えられた場合，最後の問いとして，いかにして強制されるべきか，ということが問題となるであろう。最終的な「犯罪化」はこの全てのプロセスを経て実現するものであることに鑑みるならば，「法的規制」の対象となる前は不正ではなかった行為が，「法的規制」の対象となることによって不正なものとなり，従って，「犯罪化」に先立ってその行為は不正なものとなっていると考えることができる。

　ポイントは，法的に規制される前は不正ではなかった行為が，法的規制の対象となった後は不正なものとなる，という場合の，「不正」の意味をどのように理解するかにある。この点を，車両の通行区分に関する法的規制を例にとって考えてみよう。道路交通法は，車両は道路の左側部分を通行しなければならない，と規定している（17条4項。罰則については，同法119条1項2号の2）。この規定が設けられる前ならば，車両が道路の右側を通行することは何ら不正ではないが，この規定が制定された後は，それは不正なものとなる。それはなぜであろうか？ひとつの答えは，「法によって車両の通行区分が規制され，右側通行はそれに違反しているからである」というものであろう。確かに，車両の右側通行が不正なものとなったのは法がそれを禁ずる規定を定めたからである。しかし，法がそう定めたという事実だけが重要なの

---

16)　R. A. Duff, "Towards a Modest Legal Moralism", Criminal Law and Philosophy 8 (2014), p. 219参照。

88   第1部　刑法の基礎

ではあるまい。なぜならば，法がそのような規定を設けたことには目的があ
るはずであるが，その目的が合理的なものでなければ，その規定を遵守すべ
き理由はほとんどなくなってしまうはずだからである。そこで，法が車両の
通行区分を規制する目的を考えてみると，それは道路利用者の安全や便宜を
図るところにあるのは明らかである。車両を利用することは（少なくとも全面
的には）禁止されないという前提に立つならば，その利用がより安全に効率
よく行われるために一定のルールが必要になることは当然である。そして，
この問題が市民全般にかかわる公的な性質の問題であるということに鑑みれ
ば，そのルールを制定する権限は基本的に国家にあると考えるべきであろ
う。そして，この権限に基づいて，国家が車両の通行区分を法によって規制
したとき，このような規制がある場合とない場合を比べ，規制の仕方が道路
利用者の安全や便宜を図ることに資すると合理的に考えることができるなら
ば，そのルールは私たちにとって価値のあるものとなる。この段階に至れ
ば，今や，車両を利用する者は左側を通行すべき（単に法がそう定めたという形
式的な理由に止まらない，より実質的な）理由をもつことになり，それに反する
行為は道徳的に不正な行為であるということが可能となる。従って，この違
反行為を犯罪にしても，道徳的に不正ではない行為を犯罪化することにはな
らない。

　ここでは，国家が，法を制定する以前は不正ではなかった行為を，法を制
定することによって不正なものとする道徳的な理由を作り出していることに
なる[17]。これは無条件に認められるものではない。国家によるこのような
道徳的な理由の創出が許されるのは，一定のルールを制定する必要性を支え
る抽象的な理由（例えば，道路利用者の安全と便宜が図られるべきである）が法を制
定する以前に存在しており，その抽象的な理由を具体的なルール（例えば，
車両は左側部分を通行すべきである）の形にして社会に導入する権威が国家に認
められる場合に限られるというべきであろう[18]。

---

17)　Simester and von Hirsch, supra note 2, p. 25参照。
18)　ルールの具体化には限界があり，実際に禁止の対象となる行為には，そのルールの必要性を
　支えている抽象的な理由との関係で見るとほとんど危険性がない行為も含まれる可能性がある。
　例えば，見通しのよい直線道路で他に車両も歩行者もいない状況で，車両により右側を通行した
　場合や，同様のシチュエーションで制限速度を超えて走行したというような場合，当の具体的な

このような考え方によれば，「禁じられた悪」の存在は「必要テーゼ」を支持することの障害となるものではないであろう。しかし，問題は，「禁じられた悪」の全てをこのような形で説明できるかというところにある。とりわけ，数多ある行政刑法の全てを道徳的不正行為として説明することに説得力があるかは問題であり，全てを道徳的不正行為に収斂させることは，そこにいう「道徳的」の意味を希薄化させ，ほとんど無内容なものにしてしまうかもしれない。

(4)　非難との関係

　もっとも，法的モラリズムの支持者は，そのような問題はむしろ行政刑法の抑制という観点から解決されるべきものだと主張するかもしれない。その場合には，刑法が有する特徴的な性格との関係が強調されることになるであろう。すなわち，刑法は一定の行為を犯罪として規定することによって，その行為が非難されるべきものであることを宣言している，という点である。今日，多くの見解は，刑罰には非難の意味がこめられており，その点が刑罰と他の処分とを分かつ重要な特徴である，という考え方をしている。刑罰が非難を本質的な特徴としているのであれば，刑罰が科される対象としての犯罪は，そのような非難が向けられるに相応しいものでなければならないのは当然であろう。何も道徳的に不正な行為を行っていなければ，すなわち，すべきでないことを何ら行っていなければ，誰もその行為を行っている人を非難することはできない[19]。従って，そのような非難に値しない行為は犯罪

　行為としては安全であるとしてもそれだけで犯罪化の対象から外すわけにはいかないであろう。このような行為は，ルールの必要性を支えている抽象的な理由（道路利用者の安全や便宜）との関係で直接的に不正であるとはいえないかもしれない。しかし，他方で，この種の規制を具体的な状況に過度に依存させてしまうことは，規制の実効性を失わせ，ひいては，ルールの必要性を支えている理由に十分に応えることを困難なものにしてしまう可能性がある。このような場合には，本来の目的からみれば過剰な行為にまで規制対象が及ぶとしても，規制の有用性を凌駕するようなデメリット（例えば，過度の自由の制限など）がなければ，その犯罪化は許容され得ると解するべきであろう。

19)　Simester and von Hirsch, supra note 2, p. 23参照。もっとも，この点に関しては，非難の対象は法的な違法行為であり道徳的な不正行為ではなく，道徳的には非難できても法的には非難できない場合があるといった理由で，道徳的な不正さが犯罪化の必要条件であることを否定する論が展開されるかもしれない。確かに，道徳的な不正行為と法的な違法行為は異なるし，道徳的非難と法的非難も同じものではない。しかし，ここで問題となっているのは，道徳的には不正でないが法的には違法であるという理由で，道徳的には非難できないが法的には非難できる行為とい

90　第1部　刑法の基礎

化すべきではなく[20]，そのような観点から刑法を制定する範囲は限定されるべきである。

　法的モラリズムの立場からのこのような主張には，一貫性がある。しかし，それが説得力をもつかどうかは，非難に値する「道徳的不正行為」の内容をどのように規定するかにかかっているであろう。結局，「必要テーゼ」を維持できるかは，前提とする道徳性の判断基準として説得力のあるものを提示できるかに依存することになる。

4　道徳的不正さは犯罪化の積極的な理由となり得るか？

⑴　「積極的モラリズム」と「消極的モラリズム」

　最後に，道徳的不正さは犯罪化の積極的な理由となり得るかについて検討する。ここでも，基本的な考え方は次の二つである。

「道徳的不正さは犯罪化の積極的な理由となり得る」（適格テーゼ）
「道徳的不正さは犯罪化の積極的な理由とはなり得ない」（不適格テーゼ）

　ここでは，まず，この問題は，先に検討した二つの問題とは，やや性格が異なっていることに注意しなければならない。先に検討した二つの問題では，犯罪化の正当化条件が問われていた。犯罪化が正当化されるためには，いくつかのハードルを越える必要があり，そこでは，犯罪化を積極的に支持する理由が必要なのは当然のこと，それ以外に，犯罪化を限定する要因も考慮しなければならない。従って，道徳的不正さを犯罪化の正当化条件とする

　うものを認めるか否かである。筆者はそのようなものを認めないし，認めるべきでもないと考える。
20)　この点に関しては，非難できるかどうかは責任の問題であり，行為の不正さの問題とは区別されるべきである，との反論がなされるかもしれない。確かに不正ではあるが非難されない行為は存在する。その点で，非難可能性と行為の不正さとは区別されなければならない。しかし，ここで問題としているのは，不正ではない行為を非難することができるかという点であり，一般にこれは否定されるであろう（「責任なき違法」は肯定するが，「違法なき責任」は否定するのが通説である）。要するに，非難可能性が欠如する場合には，責任が欠ける場合の他に，そもそもその行為が不正なものではない場合も含まれるということである。従って，非難可能性と行為の不正さとを区別したとしても，行為の不正さが非難可能性の必要条件であることが否定されるわけではない。

第5章　犯罪化と法的モラリズム　　91

場合，それを犯罪化を推進する積極的な理由と見ることも，犯罪化を限定する消極的な理由と見ることも，いずれも可能である。それに対し，ここでは，犯罪化の積極的な理由となり得るかだけが問題とされている。ある行為が道徳的に不正だということが，その行為を犯罪化するもっともな理由，相応しい理由になるのかが，問われているのである。

　ここから，3で検討したこととの関連で重要な考え方の相違が生まれる。3では，「道徳的不正さは犯罪化を正当化するための必要条件である」とする「必要テーゼ」の採否が問われた。ここで，仮に，「必要テーゼ」を受け入れたとしよう。この「必要テーゼ」が「適格テーゼ」と結びつき得ることは容易に理解されるであろう。すなわち，「道徳的不正さは犯罪化を正当化するための必要条件であり，かつ，犯罪化の積極的な理由となり得る」とする考え方がそれである。しかし，他方で，「必要テーゼ」は「不適格テーゼ」とも結びつき得る。すなわち，「道徳的不正さは犯罪化を正当化するための必要条件であるが，それは犯罪化を限定する理由であり，犯罪化の積極的な理由にはなり得ない」とする考え方も依然として主張可能なのである。本稿では，前者のように行為の道徳的不正さを犯罪化を正当化する積極的な理由として理解する立場を「積極的モラリズム」と呼び，後者のように行為の道徳的不正さを犯罪化を限定する要因としてのみ考慮する立場を「消極的モラリズム」と呼ぶことにしたい[21]。

　この「積極的モラリズム」対「消極的モラリズム」の対立（あるいは，「適

───────────

21）「積極的モラリズム」の例としては，刑法の機能は，「道徳的に不正な行為を行う点について道徳的に責任のある全ての者を，かつ，そのような者だけを」処罰することによって，「応報的正義を達成すること」である，とする Moore の主張などを挙げることができよう（Moore [1997], supra note 4, p. 35.）。他方，Feinebrg による危害原理の理解は，「消極的モラリズム」の一例だと思われる。彼によれば，刑法システムの積極的な目的は，危害を惹起し，あるいは，惹起するおそれのある行為を犯罪化し，その行為の発生率を減少させることによって，危害を防止することである。しかし，正義の要求が，その予防目的の追求に制約を課し，道徳的に不正ではない行為を犯罪化することは禁じられるとされる（Feinberg [1984], supra note 9.）。ここでは，行為が道徳的に不正であることは，犯罪化のための必要条件ではあるが，犯罪化のための積極的な理由を与えるものではないと解されている。ここには，犯罪化を積極的に支持する理由は功利主義的な観点から与えられ，ただその目的の追求は非功利主義的な正義の要求によって横からの制約（side constraint）を受ける，という思考様式が看取される。同型の思考は，責任を刑罰を限定する方向でだけ考慮する「消極的責任主義」や，応報を刑罰を限定する方向でだけ考慮する「消極的応報主義」にも見られる（なお，本書第2部第3章［154頁以下］参照）。

92 第1部 刑法の基礎

格テーゼ」対「不適格テーゼ」の対立）は，何に起因しているのであろうか？端的に言って，それは，刑法の機能・目的，ひいては，国家の役割に関する考え方の相違に起因していると見て，まず間違いないであろう。すなわち，道徳を維持することが国家の役割だと見れば，行為が道徳的に不正であることはその行為を犯罪化すべき積極的な理由となり得るのに対し，道徳を維持することは国家の役割ではないとすれば，行為が道徳的に不正であるということはその行為を犯罪化すべき積極的な理由にはなり得ない，ということである。このような国家の役割に関する根本的な考え方の違いが影響している以上，この対立は容易には解消されないといえよう。私の見るところ，法的モラリズム批判の文脈において実際上最も先鋭な形で対立しているのはこの点であると思われる。

　このような対比を前提にすると，従来の法的モラリズム批判の焦点は，「積極的モラリズム」批判にあったといえるであろう[22]。道徳的に不正な行為であることを「理由にして」法的な処罰の対象にすることが拒絶されたのである。それはなぜであろうか？おそらくそれは，このような犯罪化を許容することは，個人の自由を抑圧する危険があると考えられたからであろう。なぜならば，道徳的に不正な行為であるということ自体が犯罪化の積極的な理由になり得るとすれば，あまりに多くの行為が刑法の関心が及ぶ対象に含まれてしまうことになるからである。例えば，道徳的に堕落した私生活を送っていることが，それ自体として犯罪化の理由になり得るとすれば，たとえ，プライバシーなど他の様々な要因を考慮することによって最終的には犯罪化が阻止されるとしても，刑法の関心事が野放図に拡大していくことが懸念されるであろう。刑法の射程は原則として全ての道徳的不正行為に及び，道徳的不正行為であることが犯罪化を考える上での出発点となり得るという

---

22) 曽根教授は，「倫理（社会道徳）を強制する目的で行われる国家的介入を正当視する」積極的モラリズムと，「国家の介入は『個人の尊厳』（個人の尊重）の理念に反しない限度で許される」とする消極的モラリズムを対置し，「リーガル・モラリズムが否定されるのはそれが前者の積極的モラリズムに属するからであって，消極的モラリズムは，むしろ刑法による介入の正当性を担保するための制約原理として，個人の権利・自由の価値を重視する近代社会において重要な機能を果たしていると考えられる」とされる（曽根威彦『刑法学の基礎』[2001年] 25頁以下）。「積極的モラリズム」「消極的モラリズム」の捉え方は，本稿と微妙に異なるが，伝統的な法的モラリズム批判の核心部分を表現しているといえよう（なお，本書第1部第3章 [53頁以下] 参照）。

見方は，まず，道徳的不正行為を探し，次いで，それが他の様々な要因を考慮した上で犯罪化するに相応しいものかどうかを決定するという思考形式をとりやすい。これは，見方によっては，ある種の「道徳的魔女狩り」を擁護するものであるかのようにも見えるであろう。このような考え方は国家が私たちの全生活領域に介入することを許容しかねない。これはまさに，自由主義を基調とする伝統的な法的モラリズム批判が危惧していることであり，それには理由があると思われる。

(2) 「控えめな積極的モラリズム」？

このような「積極的モラリズム」にまつわるいわば胡散臭さは，道徳の全領域が刑法の対象となり得るとすることから生じている。それでは，道徳的不正さは犯罪化を正当化する積極的な理由となり得るとしながら，それを特定の類の道徳的不正さに限定することによって，この問題点を除去することはできないであろうか？「野心的な積極的モラリズム ambitious Legal Moralism」と「控えめな積極的モラリズム modest Legal Moralism」を区別する Duff の見解は，そのような試みだと見ることができるであろう。

Duff は，道徳的不正行為は，いかなる類のものであっても，原則的に犯罪化に値するという主張を「野心的な積極的モラリズム」とし，これを自らが支持する「控えめな積極的モラリズム」と対置させている。彼の主張は，大要，以下のようなものである[23]。

刑法は，あらゆる類の道徳的不正行為に関心をもつのではなく，「私的なもの」ではない「公的なもの」とみなされるべき不正にのみ関心をもつのが適切である。刑法は道徳的不正と本質的な関係を有するが，刑法は単に制度的な形式を付与された道徳法に過ぎないのではない。刑法は，国家の政治的構造の一部――私たちのより個人的な道徳生活の一部ではなく，私たちの政治的あるいは市民的生活の一部――であるから，刑法の本来の目的と役割は，その文脈において，理解されなければならない。刑法の関心は，道徳的不正行為それ自体ではなく，私たちの政治的あるいは市民的な生活の公的な領域[24]に関係する不正行為に向けられている。そして，「公的な不正」か

---

23) Duff, supra note 16, pp. 222-231.

94　第1部　刑法の基礎

「私的な不正」かは，それが公的な領域で行われたのか，私的な領域で行われたのかによって区別されるのであるから，刑法の射程に関する適切な規範的見解は，道徳的不正それ自体を出発点とするものでもなければ，公的な不正を出発点とするものでもなく，「公的な領域」の観念を出発点としなければならない。この「控えめな積極的モラリズム」は，公的な不正しか刑法の対象とせず，「公的な領域」と「私的な領域」の区別を出発点とする。これによれば，私的な道徳的不正行為は最初から刑法の対象とはなり得ないし，対象とすべきでもない。この見解が，「控えめ」であるとされる理由のひとつがここにある。

　更に，公的な不正であれば全て犯罪化しなければならないというものでもない。Duff によれば，犯罪化が正当化されるためには，三つの関門を通過しなければならない。すなわち，①犯罪化される行為は公的に不正なものでなければならない，②その不正な行為は政治的共同体による集合的な対応を必要とするものでなければならない，③その集合的な対応をすることでその行為の不正さを顕現させるべきもっともな理由がなければならない，というのがそれである。①が要求される理由は，刑法は非難するものであるから，そのような非難は，正義の問題として，不正な行為とそれを有責に行う行為者に向けられなければならない，というところにある。②が要求される理由は，刑法が必要となるのは，その行為の取扱いを完全に個人に委ねることが妥当ではないと考えられる場合でなければならない，というところにある。

24）「領域 realm」という訳語を当てたが，おそらく，ここで Duff は，空間的・地理的なものを重視しているのではなく，一定の定義的な価値に対する共通の支持と，そうした価値に対する相互の尊重と配慮によって結び付けられている人々の関係性のようなものを中心に据えているものと思われる（Duff の共同体に関する見方については，R. A. Duff, Punishment, Communication, and Community, 2001, pp. 35-73参照）。実際，Duff は，「私たちは，『公的な』不正を，公衆を害する不正としてではなく，公衆，すなわち，政治組織体全体が本来的に関心を寄せるものとして解釈すべきである」とし，家庭内での暴力的な虐待は，空間的には私的なスペースで行われていても，公的な不正である（R. A. Duff, Answering for Crime: Responsibility and Loability in the Criminal Law, 2007, p. 141.）。更に，Duff は，一方の性別，あるいは，一定の性的グループに属する者に恥辱あるいは責め苦を与えることを，読者あるいは視聴者の性的な満足の源として写実的に描写している「極端な」ポルノグラフィーに関しては，それが自宅で「密かに」行われた場合であっても，私たちが相互に払うべき尊重を深く侵害するものであり，従って，その対象となっている者の道徳的地位を（少なくとも黙示的には）否定するものであるから，公的な不正として理解することができるとする（Duff, supra note 16, p. 232.）。

最後に，③が要求される理由は，公的な不正を犯罪とし，これを処罰すべきであるという要求は，それにいかなるコストがかかろうとも実現すべき絶対的な要求だと考えることはできない以上，犯罪化は，全ての事情を考慮した上で，公判と刑罰という固有の手続と制裁に服させることが合理的だと考えられる場合に限定されざるを得ないというところに求められる。かくして，この見解は，公的な不正であれば全て犯罪としなければならないということを要求するわけでもない。ここに，この見解が「控えめ」であるとされる，もうひとつの理由がある。

　しかし，「控えめ」ではあるが，この見解は依然として「積極的モラリズム」であるとされる。その点に関し，Duffは，次のように述べている。「消極的法的モラリズムは正しいが，野心が不足しているとも，私は考える。それは，私たちがあるタイプの行為を犯罪化することが許されない場合（そのタイプの行為が不正ではない場合）は教えるが，どのような場合に私たちは犯罪化すべきかについては語るところがない。消極的法的モラリズムは，犯罪化に反対する決定的な理由は示すが，どのようなものを犯罪化を支持するもっともな理由とみなし得るのかについては語るところがない。（少なくとも，イギリスやアメリカにおける）刑法を最後の手段としてではなく最初の手段として用いようとする政府の明らかに抗し難い傾向を目の当たりにすると，犯罪化の潮流を制約する可能性のある消極的な原理を探すのは，理論家にとって全く自然なことではあるが，私たちは，刑法の射程に関する決定を指導すべき積極的な原理についても問わなければならない。そして，積極的法的モラリズムは，まさにそのような原理を提供するのである」[25]。

　このDuffの「控えめな積極的モラリズム」は，「適格テーゼ」との関係で見た場合，どのように評価されるべきであろうか？彼の考え方によれば，「公的な領域における道徳的不正行為」であるということは，その行為を犯罪化すべき理由になるのであるから，「公的な領域」という限定は付しつつも基本的には「適格テーゼ」を支持していると見るべきであろう[26]。従っ

---

[25]　Duff, supra note 16, pp. 221-222.
[26]　これに対し，Simester and von Hirschは，「必要テーゼ」を支持しながら，次のように述べて，行為の道徳的不正さを犯罪化の出発点とすることを否定している（すなわち「不適格テー

96 第1部 刑法の基礎

て，彼は，道徳を維持することは国家の役割のひとつだと考えているものと思われる。実際，Duffは，刑法は道徳を強制するものである，ということを認めている[27]。

しかし，彼は，問題は，刑法は道徳を強制すべきかどうかということではなく，道徳のいかなる側面を強制すべきかということである，とも述べる[28]。そして，この点で，彼は，個人の自律，自由，プライバシー，多元主義といった自由主義的な価値によって構造化されている政治的共同体というものを出発点とすることによって，法による道徳の強制にまつわる抑圧的なイメージを払拭しようとしている。すなわち，このような自由主義的な価値によって構造化されている政治的共同体において共有されるべき公的な道徳の射程は，これらの自由主義的な価値の観点から限定されるであろうし，その強制においても，これらの自由主義的な価値を損なわないやり方が求められるとするのである。その一方で，刑法は公的な非難を向けるに相応しい行為を対象とすべきであるとすることから犯罪化と行為の道徳的不正さとの間に本質的な関係を見出すことによって，どのような場合に犯罪化を支持するもっともな理由があるのかを考えるに当たって道徳的判断が積極的な役割

ゼ」を支持している）。「道徳的な不正さは絶対に必要である。確かにそうである―それは，好ましい規制手段として刑法を用いることの必須条件 sine qua non である。しかしながら，出発点は人々の生活である。国家は，人々の生活に影響を及ぼす行為を規制することに関心がある。そして，そのような行為が不正である場合に，それを刑法を用いて規制することが適切なものとなるであろう」（Simester and von Hirsch, supra note 2, p. 30.）。Duff の見解も Simester and von Hirsch の見解も，「必要テーゼ」を支持する点では共通しており，行為の道徳的不正さが全て犯罪化の出発点として適しているとは考えない点でも共通している。ただ，犯罪化の出発点を限定する際に，Duff は，それを道徳的不正行為のうちの「公的なもの」に限定するという方法をとるのに対し，Simester and von Hirsch は，道徳的不正行為であることに加えて，それが社会に影響を及ぼすものであることを要求する点（「危害に基づく制約 harm-based constraint」）で異なっている。Duff の見解は，「公的な道徳的不正」を基礎とする一元的理論であるのに対し，Simester and von Hirsch の見解は「不正」と「危害」を並列的に要求する点で二元論的見解であるということができよう。両者の差異・比較については，A. von Hirsch, "Harm and Wrongdoing in Criminalisation Theory", Criminal Law and Philosophy 8 (2014), pp. 245-256; Tatjana Hörnle, " 'Right of Others' in Criminalisation Theory," in A. P. Simester, Antje du Bois-Pedain and U.Neuman (eds.), Leberal Criminal Theory: Essays for Andreas von Hirsch, 2014, pp. 169-185 など参照。

27）　Duff (2001), supra note 24, p. 66.
28）　Ibid, p. 67.

を果たすことも認める。これは，伝統的な法的モラリズム批判を克服するために法的モラリズムに新たな解釈の可能性を与えようとする試みと見ることができるであろう[29]。

　この Duff の見解に対する評価は，主として，そのよって立つ政治哲学的なアイディア，就中，自由主義的な価値によって構造化された政治的共同体という観念を支持するか否かによって分かれるであろう[30]。ただ，その点に関する判断はともかく，Duff の見解は，法的モラリズムの新たな可能性を示していると同時に，それが直面する課題も浮き彫りにしていると思われる。それは，犯罪化の包括的正当化根拠と犯罪化の具体的な正当化要件とを，どのようにして架橋するかである。犯罪は自由主義的な価値によって構造化された政治的共同体の中核的な価値と調和しない公的な不正である，との主張は，とりあえずは了解できる。しかし，そこから，犯罪化が正当化されるためには具体的にどのような要件を充足しなければならないのか，という問いに対して，何か具体的な原理・指針を直接的に導出することができるであろうか？率直に言って，それはかなり困難である。犯罪は公的な不正行為であるといっても，何が「公的な」不正行為に属するのかが明らかにされなければ，犯罪化の具体的な正当化要件は明らかにならない。しかし，この「何が公的なものか」に関する判断は，必ずしも自明のものではない。自由主義的な価値によって構造化された政治的共同体において公的な価値をもつとみなされるべきものは何かという問いは，詰まるところ，自由主義とは何か（あるいは，どのようなものであるべきか）を問うに等しく，それ自体がまさに論争的なものである。結局，「犯罪は公的な不正行為でなければならない」という主張によって解決される具体的な問題はほとんどない[31]。むしろ，その主張は，私たちが解決しなければならない問題自体を表現しているので

29）　Brooks は，このような Duff の見解を「新しい法的モラリズム new legal moralism」と呼んでいる（T. Brooks, Punishment, 2012, p. 112.）。

30）　筆者は，基本的にこのような立場を肯定的に評価している（本書第 1 部第 2 章参照）。

31）　Duff 自身，「犯罪の『公的な』性格に訴えかけても，私たちが犯罪化の正当化根拠を決定することの直接的な助けにはなり得ない」（Duff [2007], supra note 24, p. 142.），あるいは，「私たちを適切に犯罪化に向けて導くような単一の出発点，その目的に至る単一のルートは存在しない」（Duff, supra note 16, p. 228.）などとし，具体的な問題の解決は個別事例の検討に委ねている面が多い。

ある。

5　結語

　これまでの考察から，法的モラリズムを犯罪化の理論として展開するためにクリアしなければならない課題として，以下の三点を指摘することができるであろう。

　第一に，「不十分テーゼ」を容認するのであれば，道徳的不正さ以外の犯罪化の正当化要件を明らかにしなければならない。また，それらの要件と道徳的不正さとの関係も明らかにする必要がある。

　第二に，「必要テーゼ」を支持するのであれば，犯罪が全て道徳的不正さを含まなければならない理由を示さなければならない。また，その場合の道徳的不正さの内容を明らかにしなければならない。

　第三に，「適格テーゼ」を支持するのであれば，それが自由の抑圧につながる危険を払拭しつつ，犯罪化に相応しい道徳的不正さの内容を具体的に明らかにしなければならない。他方で，「必要テーゼ」を支持しつつ，「不適格テーゼ」を採用するのであれば，犯罪化の積極的な理由をどこに求めるのかを明らかにしなければならない。

　これらの課題全てに十全な解答を与えている法的モラリズムの主張を筆者は知らない。

　しかし，翻って考えてみるに，これらはひとり法的モラリズムにとってのみ問題となる事柄ではなく，説得力のある犯罪化の理論を展開しようと考えるのであれば，常に解決を迫られる問題であると思われる。

　第一の点について言えば，犯罪化の正当化条件の総体を体系的に示すことは，いかなる犯罪化の理論にとっても共通の課題である[32]。

　第二の点について言えば，全ての犯罪化に共通する原理があるのかないのかは，法的モラリズムに限定された問いではない。また，「禁じられた悪」の存在を示して法的モラリズムを批判する論者は，他方で，自身は「禁じら

---

32)　本書第1部第4章は，この方向に向けてのささやかな一歩を踏み出そうとしたものである。

第5章　犯罪化と法的モラリズム　　99

れた悪」をどのようにして正当化するかについて納得のいく説明を与えなければならないであろう。

　第三の点においては，犯罪化の積極的な理由をどこに求めるかが問題の核心である。従来の法的モラリズム批判は，何を犯罪化してはならないかについては雄弁であるが，何を犯罪化すべきかについてはあまり多くのことを語っては来なかった。しかし，限定原理の一面的な強調が，実際に過剰な犯罪化を阻止する防壁となり得たかは，疑問なしとしない。例えば，近時，予防に傾斜した刑法の増加とその問題性が指摘されているが，法的モラリズム批判がこのような予防刑法化に適切な歯止めをかけられているかは，考えてみる価値のある問題であろう。

　一面的な法的モラリズム批判に止まらない，犯罪化に関する包括的な議論を展開する分野の成熟が期待される。

第 2 部　刑罰の諸問題

第1章　刑罰の定義

1　はじめに

　刑罰については，実に様々なことが議論されている。「刑罰の本質は何か？」「刑罰の目的は何か？」「刑罰はいかなる機能を有するのか？」「刑罰はいかにして正当化できるのか？」等々。周知の如く，これらの問題に関しては古くから厳しい見解の対立が見られ，今日でもなお議論は収束していない。

　しかし，刑罰について論じようとする場合，当然に予想されるものでありながら，これまでわが国ではあまり自覚的に論じられてこなかった問いがある。それは，「刑罰とは何か？」という問いである。刑罰に関する議論が，刑罰の定義から始められることは意外なほど少なく，また，刑罰の定義が掲げられている場合でも，それ自体が議論の対象となり得る問題として主題化されていることはほとんどない[1]。

---

1)　例えば，「刑罰とは何かという問いに対して一応の定義を与えるとするなら，それは犯罪を犯したことを理由に行為者に対して国家によって科せられる利益剥奪であるといえよう。このような定義に対してはとくに異論が出されるということはない。」（金沢文雄「刑罰の目的」『矯正協会百周年記念論文集第1巻』[1988年] 183頁）といった見方は，かなり一般的なものだと思われる。なお，高橋（則）教授は，「刑罰は，犯罪に対する規範的応報として，犯罪によって侵害された法的平和を回復する制度である」と位置づけられた上で，刑罰を構成する基本要素として，「①強制，②厳しい処置，③害悪賦課の意図，④害悪賦課と犯した害悪との連関」を挙げるなど，刑罰の定義の問題について比較的細かい分析を加えられている（高橋則夫『刑法総論』[2010年] 496頁以下）。これはおそらく，高橋（則）教授が，修復的正義の概念を支持されていることとの関係で，それと刑罰との差異に敏感にならざるを得ないからであろう。また，山口教授も，「刑罰は法的な非難という特別の意味が込められた苦痛を内容とするもの」で，「国が国民に対して意図して苦痛を与えるもの」であるとして，かなり実質的な定義を与えているが，このような定義自体が議論の対象となり得るという意識は希薄であるように思われる（山口厚『刑法入門』[2008年] 19頁，同『刑法総論 [第2版]』[2007年] 2頁以下参照）。更に，井田教授は，団藤博士の「刑罰は犯罪のゆえにその行為者に加えられる国家的非難の形式である」（団藤重光

104　第 2 部　刑罰の諸問題

　もっとも，刑罰について論ずるために刑罰の定義が必要なのか，ということは一個の問題である。刑罰が存在することはほとんど自明視されているといってもよいほどであり，また，現行法が刑罰として規定しているものを見れば，刑罰の典型例は容易に理解できる。私たちは，厳密な刑罰の定義を前提としなくとも，何が刑罰の例であるのかを認識・理解することにおいて，通常，さしたる困難を感じてはおらず，そのように容易に想起できる刑罰の例を念頭に置いて議論するのでもほとんど差し支えないようにも思われる。

　しかしながら，刑罰について明晰な議論を展開するためには，やはり刑罰の定義に関する検討が必要であるといわなければならない[2]。この点に関しては，以下のような事柄に留意する必要があると思われる。

　第 1 に，刑罰の定義がなければ，様々な見解が果たして同一の「刑罰」という事象を対象としているものなのかどうかを判別することが困難となるであろう。主張内容の違いが，出発点の違い，すなわち，同一の事象について論じているのではなかったという事実に起因する可能性があることに，私たちは留意しなければならない。

　第 2 に，刑罰の定義がなければ，私たちは，どこまでを刑罰の問題として論じなければならないのか確定することができない。例えば，現行法が規定している刑罰であることがほとんど疑問視されないようなものを念頭に置いて，その正当化について論ずる場合，その議論の射程が一体どこまで及ぶのかは，個別の刑罰の事例を超えてより一般的な刑罰の定義が示されなければ，明らかとならない。このことの問題性は，新たな制裁の導入を考える場合に，それを刑罰として分類すべきなのか，それとも，刑罰とは異なるもの

『刑法綱要総論［第 3 版］』［1990年］468頁）という定義を，「言葉を 1 つ取り去ることもまた付け加えることも許さない，まさに完璧な定義であるといえよう」とする（井田良「刑罰の理論的基礎」受験新報781号［2016年］10頁）。

2)　刑罰の定義の問題については，A. Flew, "The Justification of Punishment", Philosophy 29 (1954), pp. 291-307; K. Baier, "Is Punishment Retributive?", Analysis 16 (1955), pp. 25-32; S. I. Benn, "An Approach to the Problems of Punishment", Philosophy 33 (1958), pp. 325-341; A. M. Quinton, "On Punishment", Analysis 14 (1954), pp. 133-142; H. J. McCloskey, "The Complexity of the Concepts of Punishment", Philosophy 37 (1962), pp. 307-325; H. L. A. Hart, "Prolegomenon to the Principles of Punishment", in Punishment and Responsibility, 1968, pp. 1-27; N. Lacey, State Punishment, 1988, pp. 4-15; L. Zaibert, Punishment and Retribution, 2005, pp. 7-37; D. Boonin, The Problem of Punishment, 2088, pp. 3-28 など参照。

として分類すべきなのかということが問題となる場面を想起すれば容易に理解されるであろう。

　第3に，個々の措置について，「それは刑罰である／ない」ということを示すだけでは，何が問題となるのかを十分明確にできない。例えば，「懲役は刑罰である」ということを示すだけでは，「懲役」のどこに正当化を要する問題が含まれているのかということは明らかとならない。「懲役をまさに刑罰たらしめている特性は何か」ということが示されなければ，何を正当化しなければならないのか，また，どのような正当化が求められているのかを認識するのは困難である。このとき，ある措置をまさに刑罰たらしめている特性は何であるのか（「なぜ，これは刑罰であるのか／ないのか？」）を示すためには，刑罰の定義が不可欠であろう。

　第4に，このことは翻って，ある提示された刑罰正当化論が成功しているかどうかは，刑罰の定義に照らしてでないと判断できない，ということも意味するであろう。例えば，感染症の患者を入院させる措置や触法精神障害者を精神病院に収容する措置を正当化する根拠が提示されたとしても，これを直ちに刑罰の正当化根拠とすることはできない。なぜならば，これらの措置は刑罰ではないからである。ある提示された刑罰正当化論が成功しているといえるためには，それが「刑罰」を正当化するものだということが確証されなければならず，それが正当化するものがまさに「刑罰」なのか否かは，刑罰の定義を参照しなければ確定できない。

　最後に，刑罰の定義は，刑罰とそれ以外の措置との間にある実践的な違いの意味を分析する手掛かりを与える。現行法を前提とした場合，刑罰とそれ以外の措置との間には，その取り扱いの点でかなりはっきりとした違いが見られる。この関連では，特に，憲法が，刑罰を科すことについて種々の特別な規定を設けていることが注目される。適正手続の保障（憲法31条），刑事被告人の権利（憲法37条），自己負罪拒否特権（憲法38条1項），自白法則（38条2項・3項），事後法の禁止・二重危険の禁止（憲法39条）等々。これ以外にも，伝聞法則，合理的な疑いを入れない程度の立証の責務，違法収集証拠の排除といった，一般に刑事事件，すなわち，刑罰を科すことを目的とする手続に関して問題とされる各種の手続的なルールが存在する。刑罰の定義は，この

106 第2部 刑罰の諸問題

ような特別な扱いがなされる理由の探求にも寄与することになるであろう[3]。

本稿では，このような問題意識の下に，刑罰の定義に関して若干の検討を加えてみたい。

2 定義に関する留意点

(1) 認識と正当化の区別

刑罰を定義する際には，何が刑罰なのかを認識するということと，いかにすれば刑罰を正当化することができるかということとは，基本的に次元が異なるということに留意しなければならない。前者の認識の問題においては刑罰の特性を記述する面に重きが置かれるのに対して，後者の正当化の問題においては説得力ある規範的な根拠の提示が重要な課題となる。両者を混同すると生産的な議論が妨げられる危険性が生ずる。

このことの問題性の一端を示すものとして，H. L. A. Hart がいうところの「定義による思考停止 definitional stop」を挙げることができよう[4]。

まず，Hart は，刑罰の「標準的」あるいは「中心的」なケースを次の五つの要素によって定義している。

(i)それは，苦痛，あるいは，その他の通常ならば不快だと考えられる結果を伴うものでなければならない。

(ii)それは，法的ルールに対する違反を理由とするものでなければならない。

(iii)それは，実際に違反を犯した者，あるいは，犯したと考えられている者について，その違反を理由とするものでなければならない。

(iv)それは，違反行為者以外の人間によって，意図的に執行されるものでなければならない。

(v)それは，違反行為がそれに背いてなされる対象である法システムによっ

---

3) この関連では，C. S. Steiker, "Punishment and Procedure: Punishment Theory and Criminal-Civil Procedural Divine," Geo. L. J., vol. 85 (1997), pp. 775-819 が示唆に富む。

4) Hart, supra note 2, pp. 4-6.

第 1 章　刑罰の定義　　107

て設けられた権限ある機関によって科され，かつ，執行されるものでなければならない。

次いで，Hart は，以下のような「非標準的な」あるいは「二次的な」刑罰のケースに言及する。

(a)法的なルールの違反に対して，当局によるのとは別の方法で科され，あるいは，執行される刑罰（分権化された decentralized 制裁）
(b)非法的なルールあるいは命令の違反に対する刑罰（家族や学校における刑罰）
(c)一定の社会的グループに属する者の行為について，その行為を委任，推奨，管理，あるいは，許可したのではないその社会的グループに属する行為者以外の者に科される身代わり vicarious 刑罰あるいは集団的collective 刑罰
(d)犯罪を行ってはおらず，また，実際，犯罪を行ったと考えられてもいない者に対して，((c)とは異なる状況の下で) 科される刑罰

Hart が，このような「非標準的な」あるいは「二次的な」刑罰のケースに注意を促すのは，「定義による思考停止」を防止するためである。「定義による思考停止」とは，例えば，次のようなことである。

通常，功利主義者は，刑罰を正当化するのは，刑罰が有する社会的効用である，と主張しているが，これに対しては，それならば犯罪者だけの処罰に限定すべき理由は存在しないのではないか，という周知の批判が加えられている。例えば，暴徒化する危険性のある群衆の激情を鎮静化するために，スケープゴートとして無実の者を処罰するといった場合も，これによって獲得される善の方が大きいということになれば，功利主義者はこれを正当化しなければならないはずだ，といった批判がそれである[5]。これに対して，功利

---

5)　例えば，McCloskey は，次のように述べている。「ある保安官が，黒人に対する敵意を喚起したレイプ事件に関して，一人の黒人を罪に陥れる（その黒人は一般の人からは罪を犯したものと信じられているが，その保安官は彼が罪を犯していないことを知っている）—そうすることによって，幾人かの命が失われ，黒人と白人の間での相互の憎しみを増大させる可能性の高い深刻な反黒人暴動を未然に防ぐ—か，真犯人を捜索し続け，その結果，反黒人暴動を発生させてしまう

108　第2部　刑罰の諸問題

主義者は，上述した定義における(ii)(iii)の条件を引き合いに出して，そもそも無実の者をスケープゴートとして罰することは「刑罰」の定義からして問題とならない[6]と簡単に片づけることはできない。これは，功利主義はそのような措置をも正当化してしまうことになるという真の論点を，定義を理由とする思考停止に訴えかけることによって回避しようとするものである。Hart は，これは定義の濫用であるとして強く警告を発している。

　この Hart の指摘には，刑罰の定義という記述的な事実でもって，刑罰の正当化という規範的な問題を解決することはできない，ということが含意されているであろう。「定義による思考停止」は，刑罰の定義に刑罰の正当化の役割をも担わせている点で問題を含んでいるといわなければならない。

　もっとも，他方では，認識における記述的な側面と正当化における規範的な側面の峻別を強調し過ぎることにも問題がある。というのも，全く規範的

一方で，その制圧に全力を尽くすか，いずれかの選択を迫られていると想定しよう。そのような場合，もし，その保安官が極端な功利主義者であるならば，彼は，その黒人を罪に陥れる方を選ぶのは明らかであろう」（H. J. MacCloekey, "An Examination of Restricted Utilitarianism", Philosophical Review 66 (1957) No. 4, pp. 468-9）。

　また，Carritt も次のように述べている。「功利主義者は，私たちが苦痛を課すことを正当化し得るのは，つねにより大きな苦痛を防いだりより大きな幸福をもたらす場合だけであると主張するにちがいない。従って，いわゆる完全に予防的なものでなければならない刑罰においては，このことだけが考慮される必要のあるものである。しかし，ある種の非常に残酷な犯罪が流行り誰一人犯人が捕まらない場合，もしある無実の者が告発され，彼の有罪が誰にも信じられるような形で仕組まれることがあるとすれば，その無実の者を見せしめに絞首刑にすることは非常に好都合であろう。ただし犠牲者自身が本当の凶悪犯として将来そのような犯罪を犯す可能性はなかったわけであるから，これは功利主義的な『刑罰』の理想的な事例では決してないであろうが。とはいってもその事例は他のすべての点では完全に犯罪抑止的であり，それ故，幸福をもたらすものであろう」（E. F. Carritt, Ethical and Political Thinking, 1947, p. 65. これについては，ジョン・ロールズ（田中成明編訳）『公正としての正義』[1979年] 298頁以下も参照 [前記訳文は同書訳によった]）。

　なお，類似の問題を指摘するものとして，C. S. Lewis, "The Humanitarian Theory of Punishment", in Grupp (ed.), Theories of Punishment, 1971, p. 305; K. G. Armstrong, "The Retributivist Hits Back", Mind 70 (1961), p. 483; J. Braithwaite and P. Pettit, Not Just Deserts: A Republican Theory of Criminal Justice, 1990, p. 46; R. Gavison, "Punishment and Theories of Justice: Comments on Sadurski and Hoekema", Israel Law Review 25 (1991), Nos. 3-4, p. 352; W. Cragg, The Practice of Punishment: Towards a Theory of Restrative Justice, 1992, pp. 48-51; D. Golash, The Case Against Punishment, 2005, pp. 43-4 などがある。

6)　この種の論を展開するものとしては，例えば，Benn がいる。彼は，「功利主義的な刑罰論に対する批判者への手短な回答は，功利主義的な刑罰論は刑罰に関する理論であり，苦痛を伴う何らかの技術に関する理論ではない，というものである」としている（Benn, supra note 2, p. 332.）。

第 1 章 刑罰の定義 109

な要素を含まず，純粋に記述的な要素だけで「刑罰」を定義することができるかは，極めて疑問だといわなければならないからである。例えば，ある者が，「私は，あなたが何も悪いことをしておらず，非難されるべき理由はないことを知っているが，あなたを処罰する」と述べたとしよう。この時，この発言を聞いた者は，どのように思うであろうか？当然，この発言をした者には，相手方を処罰する権利はなく，実際に処罰したとすれば，それは許されないことだと考えるであろう。しかし，そのような規範的な判断を加える以前に，そもそも，「この発言者は，『処罰する』ということの『意味』を知らないのではないか」という疑問をもつのではなかろうか？なぜ，このような疑問が生ずるかといえば，それは，私たちが「処罰する」という言葉を使う場合，それが指し示す意味内容を一定の規範的な考慮と不可分のものとして了解しているからである。例えば，感染症患者の隔離を「刑罰」だとは考えない理由として，刑罰には非難の要素が含まれていなければならないという点を指摘する場合が多い[7]。しかし，刑罰は非難の要素を含んでいなければならないというのは，明らかに規範的な考慮である。私たちの社会には，一定の規範的意味を伴った形で社会に定着している制度や慣行が沢山あるが，そういったものについては，その規範的意味を全く無視する形で語ることは不可能であるといわなければならない[8]。刑罰もそのようなもののひとつだと考えられる。

　この点に留意するならば，刑罰の定義に規範的要素を盛り込むこと自体に問題があるというのではなく，むしろ，刑罰の定義に規範的要素を盛り込むことによって正当化を必要とする論点自体を消し去ってしまうことこそが問題だといわなければならない。換言するならば，定義の中に主張者自身が正当化したいと考えている規範的主張を密輸入することによって，真の論点を回避することは許されない，ということである。従って，刑罰の定義は，刑

---

7)　井田良『講義刑法学・総論』（2008年）9頁，山口・前掲『刑法入門』18頁以下など。

8)　Zaibert, supra note 2, pp. 24-28参照。なお，この点は，事実判断と価値判断の関係に関するいわゆる「自然主義的誤謬」の問題と関係しているように思われる。この点では，Mackie が，制度やその要求を外側から記述する場合と，制度の内側で語る場合との区別に注意を喚起していることが参考となろう（J. L. マッキー［加藤尚武監訳］『倫理学』［1990年］93頁以下）。

罰の特性を描き出すために必要な範囲での規範的要素を含むことは許される
が（実際，それは不可避である），特定の刑罰正当化論を過剰に優遇するような
規範的要素を含んではならないことになる。定義それ自体は，複数の正当化
可能性に対して開かれていなければならない[9]。

(2) 問題点の明確化への奉仕

定義は，事象を切り分ける作用を営む。刑罰の定義は，刑罰と刑罰以外の
ものとを切り分ける。それは，理想的には，刑罰と刑罰以外のものとを区別
する必要十分条件を示すものであることが求められる[10]。それはまた，私
たちが刑罰について論ずる際に通常念頭に置いている制度や行為を十分広く
カバーするものでなければならない。更に，それは，刑罰か否かが微妙な周
縁部に位置するもの（例えば，交通反則通告制度など）をどのように理解すべき
なのかということについて，一定の手掛かりや指針を与えるものでもあるべ
きであろう。

しかし，刑罰と刑罰以外のものを正確に区分できればそれでよいというわ
けではない。私たちがかくも刑罰について思い悩むのは，刑罰には正当化を

---

9) Boonin は，「よい刑罰の定義は，刑罰が道徳的に許容できるかどうかという問いに関して中立
 的 neutral なものでなければならない」とする（Boonin, supra note 2, p. 5.）。もっとも，およそ
 考えられるあらゆる正当化論（正当化否定論も含めて）全てに対して，同等の説明可能性が残さ
 れているような定義はあり得ないであろう。例えば，後述するように「応報性」を刑罰の必須要
 素とするのであれば，この要素を不要とする純粋な予防論的見解は，既に定義の時点で排除され
 る。また，複数の説明可能性があり得ても，説明し易さというレベルでの差が生ずることは避け
 られないであろう。本稿の立場は，そのようなことまで否定する完全な中立性を要求するもので
 はない。

10) Duff は，刑罰の定義に関する議論が，「もし，適切に『刑罰』とみなされる実践の全てを，
 そして，それのみを把握するような定義を生み出そうとするものであるならば，徒労に終わる運
 命にあるし，もし，私たちが『刑罰』によって何を意味するべきかということに関する有益な見
 解を生み出そうとするものであれば，それは，刑罰はいかにして正当化され得るか，という規範
 的な議論に速やかに移行しなければならない」とする（R. A. Duff, Punishment, Communication,
 and Community, 2001, p. xiv）。確かに，刑罰と非刑罰を完全に区分し得る定義を求めることは
 非現実的であろう。しかし，論理的にはやはり正当化を論ずるのであれば，何が正当化を要する
 対象なのかを確定する作業が先行するはずである。現に Duff の見解においても，「刑罰は，類型
 的に，負担となるもの，あるいは，苦痛に満ちたものであることが予定されており，犯罪者（で
 あると想定された者）に対して，（行ったと想定される）犯罪を理由として，それを科す権限が
 ある（と想定されている）者によって科されるものである。また，刑罰は，他の種類の制裁とは
 異なり，類型的に，非難を表現，あるいは，コミュニケートすることが意図されている」という
 ポイントを押さえていればよいとされるが，これはまさに刑罰の定義の問題である。

必要とする問題が含まれているというところに最大の理由があるといえよう。だとすれば、私たちは、その問題を明確化するのに役立つ定義を必要としているというべきである。そのような定義は、刑罰にはどのような問題があり、またどのような正当化が求められているのかに関する私たちの理解を助けることになるであろう。

　更に、優れた定義は、まさに刑罰に固有の問題がどのようなところにあるのかを認識する上で啓発的なものでなければならないであろう。例えば、刑罰の正当化に関しては、道徳哲学の領域において夥しい数の文献が存在する。刑罰の道徳的正当化という点は、確かに極めて重要な問題である。しかし、刑罰の問題は道徳哲学の議論において論じ尽くされるわけではない。また、ある特定の道徳哲学的教説が、刑罰にまつわる全ての問題に解答を与えられるわけでもない。要するに、刑罰論は道徳哲学と密接な関係を有するものの、道徳哲学の一部に過ぎないのではないのである。刑罰の問題は、様々な問題領域と交差するが、そのいずれかに解消されることはなく、複数の関係領域を異にする問題がいわば群をなして一つの固有の問題領域を形成していると考えられる。優れた定義は、そのような刑罰の問題のあり方を適切に認識するための指標となり得るものであることが求められる。

3　刑罰の構成要素

　上述の点に留意しつつ、以下では、刑罰を構成する基本的な要素は何であるのかを考えてみることとする。ここでは、前述した Hart の定義を考察の手掛かりとしてみたい。これは、1950年代から1960年代にかけて、英米において刑罰の定義という問題について自覚的に展開された議論の核心部分を集約的に表現しているものであり[11]、言語分析の方法論にも周到に配慮したその分析は、今日でもなお刑罰の定義の問題について考察するに当たって有益な示唆を多数含んでいるとみられるからである。

---

11)　このような意味合いを表現するために、「Flew-Benn-Hart definition」という言葉が用いられることもある。

(1) 有害性

　まず，Hart の定義では，刑罰は，「苦痛，あるいは，その他の通常ならば不快だと考えられる結果を伴うもの」でなければならない。刑罰が，何らかの意味で，それが科される者にとって悪いものであること，好ましくないものであることについては，一般論としてはほとんど異論がないであろう。犯罪を行った者が，その犯罪に関して，賞金を受け取ったり，表彰されたり，豪邸に住まわせられたりしたならば，私たちは，これを刑罰だとは考えない。

　ただ，この科される者にとって何らかの意味で悪いものであるということを，どのような言葉で表現すべきかは，若干問題である。この点に関して，Hart の定義では，「苦痛 pain」あるいは「不快 unpleasantness」の語が用いられている[12]。しかし，空想的な事例ではあるが，何らの苦痛も感じさせることなく，それどころかこの上ない快楽を感じさせるようなやり方で死刑を執行したとしても，これはやはり処刑された者にとって好ましくないものであるというべきであろう。この点に留意するならば，受ける側の主観的な感覚にあまり多く依存せず，できるだけ中立的な形で用いることが可能な語を選ぶべきである。そのような目で見ると，「害 harm」の語の方が，相対的にベターであるように思われる[13]。従って，まず，刑罰は，「処罰される者に『害』を与えるものでなければならない」であろう。

　このように有害性を刑罰の構成要素と見ることに対しては，刑罰は有益な結果をもたらすことがあり得るという批判が加えられるかもしれない。例えば，刑罰に服することによって自己の行為の不正さを悟り，道徳的に向上したならば，それは処罰された者にとってむしろ善いことであって害悪ではないのではないか，といった批判がそれである。

　しかし，有害性を刑罰の構成要素とすることは，刑罰が最終的に有益な結果をもたらす可能性があるということと矛盾するわけではない。刑罰を科さ

---

12)　Flew は，身体刑がもはや刑罰の中心に位置していない現代では，「苦痛」の語ではなく，「悪 evil」あるいは「不快」の語を用いるべきだとする（Flew, supra note 2, p. 293.）。しかし，本文で述べたように「害」の語の方がより適切であると思われる。

13)　Boonin, supra note 2, pp. 6-7 参照。

れた者がそれによって自己の行為の不正さを悟ることがあるとすれば，それは，自分に害が加えられているという認識をきっかけとするものであろう。自分が有害な取り扱いを受けていると感じるからこそ，「なぜ，このような取り扱いを受けねばならないのか？」との問いが生まれ，そこから，「それは，自分が不正な行為をしたからだ」という認識に至るのであろう。そうだとすれば，道徳的な向上という有益な結果は，むしろ，刑罰が害を含むことを前提としているとも見ることができる。

　有害性を刑罰の構成要素とすることに対するより重要な反論は，刑罰は常に処罰される者にとって有害なものになるとは限らないとするものである。例えば，鞭打ち刑は大抵の人にとって有害なものであろうが，打たれることにこの上ない快感を覚える者にとっては有害だとはいえないのではないかといった見方がそれである（マゾヒストの例）。この例は，多少荒唐な感を与えるが，ホームレスにとっては一般社会で当てのない生活を送るよりは刑務所で暮らした方がよほどましであるとすれば，この場合にも有害性は認められないのではないかといった形で主張されるならば，俄かに現実味のある問題であるといえよう[14]。

　このような反論に対しては，このような場合，対象者が主観的に「苦痛」や「不快」を感じないことはあるかもしれないが，客観的には「害」を被っているということが可能である，というように再反論できると思われる。「苦痛」や「不快」といった主観的事情に左右されやすい言葉を避けることには，このような面でも意義があるといえよう。

　もっとも，これは多分に言葉のもつニュアンスに対する意識の違いによるところもあり，「害」という語を用いたとしても，やはり先の例のような場合のマゾヒストやホームレスは害を被っていないと判断されることがあるかもしれない。しかし，仮にそうであるとしても，そのことは，有害性を刑罰の構成要素と見ることの妨げとはならない。なぜならば，ある取り扱いを刑罰とみなすかどうかという問題と，その取り扱いを受けている者が実際に処罰されているかどうかという問題とは，切り離して考えることができるから

---

14)　Boonin, supra note 2, pp. 8-10参照。

である。仮に，先の例のマゾヒストやホームレスは害を被っていないので実際には処罰されていないということを認めたとしても，鞭で打たれることや刑務所に閉じ込められることが一般に人に害を与える性質のものであることを認める限り，これらの措置を刑罰と呼ぶことは依然として可能であろう[15]。

(2) 法違反対応性

Hart の定義によれば，刑罰は，「法的ルールに対する違反を理由とするもの」でなければならない。私たちが刑罰の問題について論ずる場合，そこでは法的刑罰が前提とされているのが一般であろうが，法とは異なる文脈での懲罰的な措置と法的刑罰とを区別することに何か理由があるかがここでは問題となる。実際，Hart 自身が，「二次的な」刑罰のケースとして，学校や家族における刑罰に言及しているが，これと法的刑罰とを区別しなければならない理由がどこにあるのかは，必ずしも明確ではない。

この点，単に定義の仕方だけが問題であるとすれば，法的刑罰に限定するか，より広く非法的な懲罰的措置も含めるかは，言わば決め事の問題であって，どちらが正しいかというような問題ではないといえるかもしれない。しかし，前述したように，私たちが必要としているのは，刑罰に固有の問題がどのようなところにあるのかを認識する上で啓発的な定義であるとするならば，法的刑罰に限定する場合と，非法的な懲罰的措置をも含めた場合とで，いずれがこの要請により資するかということに注目しなければならないであろう。

そのような視点から見るならば，法的刑罰に限定する方が得るものは大きいように思われる[16]。その理由は，一つには，国家によって科される刑罰

---

15) 有害ではない刑罰の例として，社会奉仕命令が挙げられることがある（例えば，J. Adler, The Urgings of Conscience: A Theory of Punishment, 1991, pp. 91-92など）。例えば，スポーツチームのコーチをしたり障害者の支援をしたりすることが，社会奉仕命令の内容である場合，このような行動は決して有害なものではないし，犯罪者の中には，社会奉仕命令が終了した後も，自らの意思でその仕事を続ける者がいる，といったことなどが指摘される。しかし，この場合は，そのような活動を強制されるという点に有害性を認めることができるであろう（Boonin, supra note 2, pp. 11-12参照）。

16) これに対し，Zaibert は，多くの刑罰論が「国家的刑罰」以外の刑罰をほとんど無視していることを批判している（Zaibert, supra note 2, pp. 16-24参照）。

と私人によってなされる懲罰的措置との間には決定的な断絶があるというところにある。いうまでもなく，それは，国家権力の行使という点であり，まさにこの点が絡むからこそ，刑罰の問題，とりわけ，刑罰の正当化の問題は格段にその悩ましさを増す。従来の刑罰論の多くが，明示的あるいは黙示的に国家によって科される刑罰に焦点を合わせてきたことには十分な理由があるというべきである。非法的な懲罰的措置まで含めた広い定義を採用することは，この点の問題性を見失わせる危険性があるように思われる。

法的刑罰に限定する方がよいと考えるもう一つの理由は，それによって刑罰の公的な性格をよりよく示すことができるという点である。刑罰が私的な復讐とは区別されるものだとすれば，刑罰には何がしかの公的な意味づけが与えられているはずであるが，法的刑罰に焦点を合わせることによりその点の問題性がより明確になるといえよう。

(3) **応報性**

刑罰は，「実際に違反を犯した者，あるいは，犯したと考えられている者について，その違反を理由とするものでなければならない」，と Hart は言う。

通常，私たちが刑罰について語るとき，刑罰は過去に行われた犯罪に対応するものであるということは，ほとんど自明のこととされているように思われる。まさに，「刑罰に関する私たちの観念は，たとえまだ定義を与えられていないとしても，既に，回顧的 backward-looking あるいは反応的 responsive な要素を含んでいる，ということは不可避的な事実である」[17]。過去の犯罪と何の関連も有しない措置を刑罰と呼ぶことは困難であろう。

もっとも，このように刑罰は本質的に回顧的な要素を含むとすることは，刑罰に展望的な関心を付与することと矛盾するものではない。刑罰は過去に行われた犯罪に対応するものであるとして回顧的な観点から定義したとしても，なぜ刑罰を科すのかという問いに対して，将来の犯罪予防に役立つからである，と答えることは可能である。前者は刑罰の概念規定に関する問題であるのに対して，後者は刑罰の正当化に関する問題であり，両者は次元が異

---

17) Lacey, supra note 2, p. 7.

116 第2部 刑罰の諸問題

なる[18]。また，定義自体の問題として見ても，刑罰は過去に行われた犯罪に対応するものだという定義は，そのように定義した方が好ましい結果が得られるからだというように結果主義的に解釈することを否定するものではない[19]。要するに，刑罰は過去に行われた犯罪に対応するものでなければならないという形で回顧的な観点から定義したとしても，展望的な理由による刑罰の正当化論が排斥されるわけではないのだから，定義によって正当化に関する規範的な論点を棚上げにすることにはならないのである[20]。

ところで，Hart の定義には「違反を…犯したと考えられている者」が含まれている。これが，無実の人が誤って有罪とされてしまう可能性があることに留意したものであることは明らかである。この場合，刑罰と過去の犯罪との間に真実の対応関係が必要だとすると，実際に犯罪を行っていない者に刑罰が科されるということはあり得ないということになるかもしれない。しかし，先に有害性のところでも言及したように，ある取り扱いを刑罰とみなすかどうかという問題と，その取り扱いを受けている者が実際に処罰されているかどうかという問題とは，切り離して考えることができるとすれば，無実の人は実際には処罰されていないとしても，そこで受けている取り扱いを刑罰とみなすことは可能である[21]。

---

18) Boonin, supra note 2, pp. 20-21., 瀧川裕英「国家刑罰権の正当化—リバタリアニズムの刑罰論を批判する—」ホセ・ヨンパルトほか編『法の理論28』（2009年）46頁注（2）など参照。

19) 例えば，犯罪を行った者でなければ処罰されないという保障が与えられることにより行動の予測可能性が確保され，自由の最大化に資する，というような見方をすることも可能である（なお，Hart, supra note 2, p. 23, p. 46参照）。

20) ここで用いられている応報という言葉には，積極的な正当化根拠としての含みはない。積極的な正当化根拠として機能し得る応報概念は，より実質的な内容を必要とする（そのような応報概念の実質を示すことが困難であることに関しては，本書第2部第3章参照）。

21) Boonin は，刑罰の定義について，強い定義と弱い定義の二つを想定している。すなわち，P の行為 a が犯罪 o を理由とする Q に関する法的な刑罰であるのは，強い定義においては，(1) P は，その公的な権能をもって行為する法的な権限のある公的な機関である，(2) P は，Q が o を行ったと間違いなく考えたが故に a を行う，(3) P は，Q に害を与える意図をもって a を行う，(4) P が a を行うことは，実際，Q に害を与えるものである，(5) P が行う a という行為は，Q が o を行ったということに関する公的な否認を表現している，という条件を満たしている場合であり，弱い定義では，(1) P は，その公的な権能をもって行為する法的な権限のある公的な機関である，(2) P は，Q が o を行ったと考えた（それは間違っているかもしれない）が故に a を行う，(3) P は，（たとえ，P が実際に Q に害を与えることには失敗するとしても）Q に害を与える意図をもって a を行う，(4) P が行う a という行為は，Q が o を行ったということに関する公的な否認を表現し

第1章　刑罰の定義　117

　問題は，無実の人を無実と知りつつ罰するというスケープゴートの事例を刑罰の範疇に含めるか否か，という点である。Hart 自身は，これを「二次的な」刑罰のケースに分類しているが，その狙いは前述の如く，いわゆる「定義による思考停止」に注意を促すところにあり，定義自体の問題としては若干の曖昧さが残る感は否めない。むしろ，定義の問題としては，この場合は刑罰に当たらないとする方が簡明であるように思われる。もっとも，この場合を刑罰に当たらないとすることによって，何か規範的な問題についての結論が導かれるわけではない。単に，無実の人をスケープゴートとして罰することは刑罰ではない，というに過ぎず，このような取り扱いの許否に関しては何も語るものではない[22]。

(4)　意図性

　Hart の定義によれば，刑罰は，「違反行為者以外の人間によって，意図的に執行されるもの」でなければならない。

　先に，刑罰は処罰される者に害を与えるものでなければならない，ということを確認した。しかし，対象者に害を与えると考えられる措置は，刑罰に限られない。例えば，心神喪失者等医療観察法に基づき入院決定を受けた者は，行動の自由を制限されるという点で害を被ることになるであろう。その他にも，感染症患者の隔離，課税，未決拘留，空港建設などに伴う付近住民の生活の質の悪化など，対象者に対して何らかの害を与えると考えられる措置はたくさんある。これらの措置と刑罰との違いは何であろうか？

　この点の違いを明らかにするためによくもちだされるのが，刑罰以外の措置で生じている害は，他の目的を実現するために必然的に伴ういわば副次的なものであって，それを生じさせることが意図されているわけではないが，刑罰の場合には，相手方に害を与えることが意図されている，という説明で

ている，という条件を満たしている場合である，とする。Boonin 自身は，強い定義を支持するが，刑罰の正当化について論ずるためには，弱い定義で足りるとしている（Boonin, supra note 2, pp. 24-25.）。

22)　正当化の問題として考えるならば，「刑罰」を正当化するものとして提示された理論が，それと同様の根拠に基づいてこのようなスケープゴート事例をも正当化してしまうようであれば，その理論は，実は，「刑罰」に固有の正当化根拠を提示するものではなく，従って，「刑罰」の正当化には成功していないということができる。

118　第2部　刑罰の諸問題

ある。もっとも，この場合，刑罰が相手方に害を与えることを意図するというのは，相手方を痛めつけること自体を自己目的として意図するものだという意味で理解してはならない。もし，このような意味で理解するならば，刑罰は国家的サディズムに帰することになろう。そうではなく，刑罰は害を与えることを意図しているというのは，刑罰の有害性は偶然の副産物や副次的な効果に過ぎないのではなく，不可欠の内在的な要素であるということを意味するものである。例えば，外科手術を行う場合，それに何らかの苦痛が伴うとしても，そのこと自体が意図されているわけではない。それが証拠に，苦痛を伴わないですむのであれば，それに越したことはないのである。しかしながら，刑罰においては，それが害を生じさせる性質のものでなければそもそも刑罰足り得ないのであり，刑罰を科す側は，そのような害を生じさせるために刑罰を科すのである[23]。

(5)　有権性

Hart の定義によれば，刑罰は，「違反行為がそれに背いてなされる対象である法システムによって設けられた権限ある機関によって科され，かつ，執行されるもの」でなければならない。先に刑罰の定義に関しては法的刑罰に限定した方が生産的であると述べたが，そのような限定を認める限り，刑罰を科す主体は，法的に権限のある公的な機関に限定されざるを得ないであろう。この点で，私たちが対象としているのは，「法的刑罰」であり「国家的刑罰」であるということができる[24]。

---

23)　高橋（則）教授は，刑罰の構成要素として「害悪賦課の意図」を挙げ，「子供が家庭でわざと何らかの物を壊した場合，親が子供のお尻を叩く行為は，（この）要素を欠き，刑罰的ではない」とされる（高橋・前掲注1）497頁）。しかし，これは，親が子供に対し自分のしたことの非を悟らせようとするケースではないかと思われるが，そうだとすれば，やはり親は子供に対して何らかの害を生じさせようとしていることは否定できないのではなかろうか？このようなケースで，親が期待しているような結果をもたらそうとするために，例えば，頭を心地よく撫でてやるというようなことは，（他に言葉での説諭などがなければ）意味がないであろう。

24)　瀧川・前掲注18）46頁注（1）は，国家刑罰権の正当化を論ずるために，刑罰の定義から「有権性」を除外している。このような議論の立て方と，本稿のように「有権性」を付加した定義を前提として刑罰の正当化を問題とするのとでは，国家刑罰権の正当性が問題となる点では，実質的に大きな違いは生じないように思われるが，本稿では，国家権力の正当化という観点よりも刑罰の正当化という観点からの問題意識が強いので「有権性」を不可欠の構成要素と考えた（また，このように解した方が，「法違反対応性」や「手続性」といった他の要素との関連もよりよく描き出せるのではないかと思う）。

(6) 手続性

このように私たちが関心を寄せているのは「法的刑罰」「国家的刑罰」であるとすれば，Hart の定義には含まれていない更なる要素が付加されることになると思われる。それは，国家が刑罰権を行使する場合には，一定の手続を踏むことが前提となっている，ということに関連するものである。

例えば，被告人が弁護人の助力を受けられないまま有罪判決が下されたり，全く証拠に基づかない不合理な判断によって有罪判決が下されたりするような場合があったとする。このような有罪判決に基づいて刑罰を科すことは，無論，許されないであろう。しかし，そもそもこのような場合を刑罰のケースだとみること自体に疑問があるといわなければならない。「法的刑罰」「国家的刑罰」が問題である限り，その実現過程はその法システムの中で設けられた一定の手続的条件によって限定されているのであるから，そのような手続を踏んでいない場合には，「法的刑罰」「国家的刑罰」としてオーソライズされないと考えるべきであろう[25]。このような見地からすれば，所定の手続を経ることは刑罰の構成要素となるはずである。まさに，「手続なければ刑罰なし」[26] なのである。

(7) 非難性

Hart の定義には含まれていないが，今日，多くの論者が刑罰の性格づけにとって不可欠であると考えているもう一つの要素がある。それは，「非難」の要素である。犯罪者が懲役刑の執行のために刑務所に収容されることと，感染症患者が病院に入院させられることは，自由の剥奪という害の点では同じであるが，前者では犯罪を行ったことに対する非難の意味が込められているのに対し，後者では感染症に罹患したことが非難されているのではない。

このように非難が刑罰の不可欠の要素であるということを主張した代表的論者として，J. Feinberg を挙げることができる。彼は，特に Flew, Benn, Hart の著作に注目しながら，そこで展開されている刑罰の定義を批判した。なぜならば，「彼らは，まさに刑罰を論理的に悩ましいものにし，道徳

---

25) 無論，ここで問題としているのは，刑事手続の根幹に関わるような重大な手続違反であり，軽微な形式的違反を問題としているわけではない。
26) 田宮裕『刑事訴訟法［新版］』(1996年) 1頁以下。

120 第2部 刑罰の諸問題

的に不穏なものにしている要素を，自分たちの視界から完全に除外してい
る」からである。その要素とは，単なる「ペナルティ」や「代償 pricetags」
と，真の「刑罰」とを区別するものである。刑罰は，それを科す側の「憤慨
resentment や怒り indignation の態度」及び「否認 disapproval と非難
reprobation の判断」を表現するための規約的な装置 conventional device
である。刑罰は，このような象徴的意味 symbolic significance を有してい
る点で，他の措置とは異なっている，と Feinberg は主張する[27]。要する
に，刑罰は，非難を表現しており，この非難の表現を通じて私たちはある措
置を刑罰として認識するということである。

　ところで，非難を刑罰の構成要素と見ることに関しては，それは特定の刑
罰論を前提とすることになるから定義上は適切でない，といった批判がなさ
れるかもしれない。確かに，刑罰が非難を不可欠の要素とするのであれば，
非難可能性のない者に対してなされる措置を刑罰とみることはできないであ
ろうから，例えば，一般には保安処分とされているものも含めて刑罰とする
考え方（刑罰一元論）は定義上とれないことになるであろう。その意味で，刑
罰として議論可能な領域が限定されるということは確かである。

　しかし，刑罰をこのように限定したからといって，例えば，直ちに保安処
分の正当化が不可能になるわけではない。単にそれを「刑罰として」正当化
することができなくなるだけである。また，非難を不可欠の要素として刑罰
を定義したからといって，そのような刑罰が必ず正当化されるとは限らな
い。「刑罰が非難を不可欠の要素とするのだとすれば，そのようなものは正
当化不可能である」との結論に至る可能性もあることに留意する必要があろ
う。

　また，定義の上で非難を刑罰の不可欠の要素だと考えたとしても，「なぜ
非難するのか？」という問いに対する解答が一義的に決まるわけではない。
この問いに対しては，例えば，「過去に犯罪を行ったからである」と回顧的

27）　J. Feinberg, "The Expressive Function of Punishment," in Doing and Desrving, 1970, pp.
　95-98. このように刑罰は非難を表現するものであるという点を強調する立場を，「表現主義（非
　難表明理論）expressionism」と呼ぶことがある。なお，Duff は，「非難」と「コミュニケーショ
　ン」の違いを強調する（Duff, supra note 10, pp. 79-80.）。

な観点から答える者もいれば，「それによって将来の犯罪を予防するためである」と展望的な観点から答える者もいるであろう[28]。従って，非難を不可欠の要素として刑罰を定義したとしても，それは複数の正当化可能性に対して開かれているのだから，重要な規範的論点を棚上げにするものだとはいえないであろう。むしろ，刑罰は非難の意味を有するということが，私たちの社会において否定しがたい事実であるとすれば，非難の要素は刑罰について論ずる際の意味論的限界を画するものだと考えるのが妥当であるように思われる。

(8) 小括

これまでのところをまとめるならば，刑罰は，次のような要素の総体として定義されることになるであろう。すなわち，刑罰は，

①一般に，人に害を与える性質のものでなければならない（有害性）。

②その害は，意図的に与えられるものでなければならない（意図性）。

③法が犯罪として規定した行為を実際に行った者，あるいは，行ったと考えられる者を対象とするものでなければならない（法違反対応性）。

④その犯罪を理由とするものでなければならない（応報性）。

⑤犯罪に対する非難を表現するものでなければならない（非難性）。

⑥その法システムによって設けられた権限ある機関によって行われるものでなければならない（有権性）。

⑦その法システム内で定められた手続に則って行われるものでなければならない（手続性）。

4　定義が示唆するもの

先に私は，定義は問題点を明確化することに役立つ啓発的なものであるべきだと述べた。それでは，ここまでの検討で得られた刑罰の定義から，刑罰の問題点について，私たちは一体どのような認識を得ることができるであろ

---

28)　現に非難を展望的な観点から説明する見解も有力である（例えば，平野龍一『刑法の基礎』［1966年］25頁，所一彦「抑止刑と自由意思」『平野龍一先生古希祝賀論文集（上巻）』［1990年］77頁以下など）。

うか？もとより，この点に関する包括的な検討は，この小論でなし得るもの
ではなく，現時点で私にそのような能力もない。ただ，この定義から，私た
ちが刑罰の正当化について考える際，どのような問題に取り組まなければな
らないのか，ということに関して，ある程度の示唆が得られるのではないか
と思われる。以下では，この点に関して若干のことを述べてみたい。

(1) 道徳的正当化

　刑罰は，それを科される者に害を与えるものである。相手方に害を与える
という事実が，正当化を必要とする重要な事実であるということには異論が
ないであろう。加えて，刑罰は，相手方に対して意図的に害を与えるもので
もある。これが，単に相手方に害が副次的に生じてしまう場合よりも，より
強力な正当化根拠を必要とすることもまた確かであろう。

　さて，ここで正当化を必要とする問題は何であろうか？まずもって，それ
は，「このように相手方に意図的に害を与える取り扱いをすることが許され
るのか，許されるとすればその理由は何か？」という問題であろう。これ
は，基本的に行為あるいは社会的制度に関する道徳哲学的あるいは倫理学的
な問いである。およそ考え得るいかなる道徳哲学を前提にしたとしても，
「相手方に意図的に害を与える」ことが無条件に許容されるというようなこ
とはまずあり得ないであろう。逆に言えば，「相手方に意図的に害を与える」
ということは，他に何らの事情も付け加えられなければ，道徳的に不正だと
いわざるを得ないのである。従って，これが許されるとするならば，その根
拠を示さなければならない。

　刑罰がこのような面で道徳的正当化を必要とするものだということを否定
するのは困難であろう。現に伝統的な応報刑論と目的刑論との対立の一つの
基調をなしているのは，この点での道徳的判断における義務論と結果主義と
の対立であるとみることができる[29]。いかに法と道徳の区別を強調しよう

---

29)　結果主義（consequentialism ［帰結主義ともいう］）は，社会における善の総量を最大化する
　　行為が道徳的に正しく，そうでない行為は不正であると考えるのに対し，義務論（deontology）
　　は，社会における善の総量を最大化しても道徳的に不正な行為があるということを認める。この
　　ような対概念が刑罰論においてどのような意義を有するのかに関しては，例えば，飯島暢「Luís
　　Greco, Lebendiges und Totes in Feuerbachs Straftheorie, 2009の紹介」山口厚ほか編『理論刑
　　法学の探求③』（2010年）221頁以下参照。

とも，刑罰の正当化について何がしかの主張する者は，いずれにせよ，自己の主張の中にこの点での道徳的主張が含まれていることを自覚しなければならないであろう。

　更に，刑罰は，犯罪を行った（と考えられる）者のみを対象とするのであるから，「なぜ，犯罪を行ったということが，その行為者に意図的に害を与える取り扱いをするか否かの境界線となり得るのか？」という問いにも答えなければならない。従って，刑罰は正当化されると主張する者は，相手方に対して意図的に害を与える取り扱いをすることが許される理由を示す際に，その理由の妥当領域が犯罪者と非犯罪者の境界線によって画される理由も提示しなければならない[30]。「相手方に意図的に害を与える」ことが道徳的正当化を必要とするとすれば，そのような取り扱いが犯罪者のみに限定されることに関しても，同様に道徳的正当化が必要となるであろう。

　また，刑罰が意図的な害悪の賦課を本質的要素とし，これが仮に正当化されるとしても，刑罰には意図したものではないが予測可能な種々の不利益が付随している。例えば，職の喪失，政治参加の機会の喪失，社会的排除，施設内での暴力被害，悪風感染，自尊心の低下，家族の負担，刑事施設を維持する社会の負担などがそれである。このような刑罰の付随的害（collateral damage）を刑罰の正当化において，どのように位置づけるべきかということも検討を要する課題であろう。

(2)　政治哲学的正当化

　先の定義によれば，私たちが問題としているのは「法的刑罰」であり「国家的刑罰」である。このことは，前述した道徳的正当化とは次元を異にする問題を提起する。それは，「どうして，私人（例えば，犯罪の被害者や自警団など）ではなく，国家が刑罰を科すのであろうか？」という問題である。この問題も究極的には刑罰の許容性に関わる問いであるという意味では道徳的正当化に関連すると言い得るが，直接的には，国家の存在理由やあるべき国家のあり方に関する規範的な議論に関係するものであり，伝統的にこのような問題は政治哲学の問題であるとされている。

---

30)　Boonin, supra note 2, p. 28参照。

124 　第2部　刑罰の諸問題

　先に，「相手方に意図的に害を与える」ということは，他に何らの事情も付け加えられなければ，道徳的に不正だといわざるを得ないと述べた。それに対して，ここでは，「国家が市民に意図的に害を与える」ことの正否が問われることになるが，国家の存在自体が国家の行為の正当化根拠になるというようなおよそ支持し難い考え方に立たない限り，これもまた，他に何らかの事情が付け加わらなければ，道徳的に不正だと言わざるを得ないことになる。従って，ここでも，国家がそのようなことを行うことが許されるとするのであれば，その根拠を示さなければならない。そして，その答えは，「国家がそれを行うことが許される理由」と共に，「国家でなければならない理由」の双方を含むものでなければならないであろう。

　これは優れて政治哲学的な問いである。ある国家的行為を正当化する論拠は，究極的には，そもそも国家の存在理由と密接に関連しなければならない。政治哲学に何らかの価値があると考えるのであれば，国家の存在は道徳的正当化を必要とし，また，国家がある特定の形態をとることに関しても道徳的論拠が必要であると考えなければならない。かくして，刑罰が，国家の存在を前提とし，ある特定の形態をとる国家が行う可能性のある活動である限り，それは政治哲学的な正当化を必要とするのである[31]。

　例えば，ナチスの治世下において殺人犯が処罰されたとする。その刑罰がその犯行に見合ったものであれば，それはナチス国家の正当性とは無関係に正当化されるであろうか？この問いに対して躊躇なくイエスと答えることはできないであろう。刑罰は害悪・苦痛の賦課を伴うという認識を前提とする限り，その意図的な賦課の正当性が，その賦課を強制する「力」の正当性とは無関係である，と考えることは困難である。従って，刑罰は正当化されると主張する論者の多くは，刑罰を科す国家の政治的正当性は当然の前提としているものと推測される。これが推測に止まるのは，（少なくとも刑法学の領域において）刑罰の正当化が論じられる際，このような問題が明示的に取り上

---

31)　刑罰の政治哲学的正当化の必要性に関しては，Lacey, supra note, pp. 13-14; J. G. Murphy, "Marxism and Retribution", Philosophy & public affairs 2 (1973), p. 217, 221; M. Philips, "The Justification of Punishment and the Justification of Political Atthority", Law and Philosophy 5 (1986), pp. 393-394 など参照。

第1章　刑罰の定義　　125

げられていることはほとんどないからである[32]。しかし，応報か犯罪予防
か，という問題設定では，刑罰を科す国家の権威や正当性というテーマを適
切にくみ取ることはできない[33]。幾分ポレーミッシュな言い方をすれば，
応報か犯罪予防かという枠組みは，刑罰を科す側の正当性問題を覆い隠す作
用を営んでいるとも言えよう。だが，刑罰を科す側の正当性を等閑に付する
ということは，国家による刑罰の賦課と暴力集団におけるリンチとを区別す
る原理的な根拠を提供できないということにもなりかねない。やはり，刑罰
の正当化について論ずる際には，刑罰を科す側の正当性にも十分に留意すべ
きであろう[34]。刑罰は，処罰する適格と権威を有する主体によって科され
る場合にのみ正当化されるのであって，市民に対して著しい不正義を働く国
家は市民を処罰する適格も権威も欠いているというべきである[35]。

　また，刑罰は犯罪に対するものでなければならず，犯罪は法によって規定
されるものだとすれば，国家が刑罰を科すことの許容性に関する問いは，そ
もそも国家が正当に刑罰を科す対象となし得るのはいかなる類の行為なのか
との問いを伴うはずである。従って，刑罰に関する周到な政治哲学的正当化
論は，国家が刑罰を科すことが許容される根拠と国家がある行為を刑罰を科

---

32)　かつて西原博士は，「国家はどのような理由で刑罰権を持ち，それを行使することが許される
　のかという，刑法学のもっとも初歩的なことを書いた本がただの一冊もない…」と慨嘆しておら
　れた（西原春夫『刑法の根底にあるもの』［1979年］はしがき i 頁）。それから数十年が経過して
　いるが，わが国の議論状況に大きな変化は見られないといってよいであろう。否，むしろ，現在
　の方が，刑法学に政治理論的な主張を持ち込むことへの警戒心は強まっているかもしれない。
33)　国家刑罰権を考察するに当たっては，国家に刑罰を科す権限（entitlement）あるいは適格が
　あるのか，なぜ国家に刑罰を科す権威（authority）があるのか，国家が刑罰を科す権力
　（power）の淵源・正当性は何か，国家に刑罰を科す権利（right）はあるのか，といったことが
　検討されなければならないであろう。
34)　刑罰の政治的正当性という観点から関心がもたれる問題として，二つのことを指摘しておき
　たい。第1は，民主的正当性の問題である。もし国家の政治的正当性が何らかの民主的正当性を
　必要とするとすれば，刑罰の賦課が参政権の剥奪・制限を伴うことには疑問の目が向けられるこ
　とになるであろう（公職選挙法11条1項2号は「禁錮以上の刑に処せられその執行を終わるま
　での者」は選挙権を有しないとしている。この規定の合憲性が争われた事例として，大阪高判平
　25・9・27判時2234・29，広島高判平29・12・20公刊物未搭載）。第2は，配分的正義の問題で
　ある。もし国家の政治的正当性が何らかの配分的正義の概念と結びついているとするならば，甚
　だしい社会的・経済的不平等の存在は刑罰の正当性に疑念をさしはさむものとなろう（なお，J.
　Murphy, supra note 31, pp. 217-243参照）。
35)　R. A. Duff, Ansering for Crime, 2007, pp. 191-193参照。

126　第2部　刑罰の諸問題

す対象とすることが許される根拠とを整合性のある形で展開しなければならないであろう[36]。

(3)　(刑事) 法学的正当化

先の定義によれば，刑罰は犯罪と対応するものでなければならない。そして，いかなる行為が犯罪となるのかは，法によって規定されているのであるから，刑罰が科されるためには，法が犯罪として規定している行為が行われたことが必要である。

他方，刑罰は非難を表現するものである。その非難の対象は過去に行われた犯罪行為である。ところで，非難するには理由がなければならない。それでは，なぜ，過去に犯罪行為を行ったことが，その行為者を非難する理由となるのであろうか？この問いは，なぜ，法的ルールに違反したことが，その違反者を非難する理由となるのか，と言い換えることができるであろう。

この問いに対して，仮に「法がその行為を禁止しているにもかかわらず，その禁止に違反してその行為を行ったから非難するのである」と答えたとする。この主張を文字通りに受け取るならば，法の禁止に違反したこと自体が非難の根拠であることになる[37]。このような理解を前提とするのであれば，刑罰は，法による禁止に違反したということに関する非難を表現すれば

---

36)　犯罪化論と刑罰論の関係をどのように理解すべきかは，まだ十分に検討されていない問題である（公正な犯罪化が刑罰の正当化条件のひとつであることについては，A. Ristroph, "Conditions of Legitimate Punishment," in C. Flanders and Z. Hoskins (eds.), The New Philosophy of Criminal Law, 2016, pp. 79–95参照）。

37)　英国では，「1998年犯罪及び秩序違反法 Crime and Disorder Act 1998」により，他人に嫌がらせ，警戒感，苦痛を与える行動がなされた場合，治安判事裁判所は，そのような行動が更に行われることから人々を守る必要があると認める場合には，行為者に対し「反社会的行動禁止命令 Anti-Social Behaviour Order」を発し，同命令違反行為に対しては5年以下の拘禁刑が科されることとなっている。この反社会的行動には，その命令がなければ犯罪とはならないもの（これは「迷惑行為 nuisance behaviorur」と呼ばれることがある）も，既に犯罪とされている行為も含まれることがあるが，後者の場合でも，元々は拘禁刑を科されることがない犯罪（例えば，物乞い，売春の勧誘等）が命令違反となると拘禁刑を科される可能性が出てくる。このようなやり方は，行き過ぎると，基になっている命令違反行為が社会に及ぼす影響を理由にして処罰するというよりも，法的命令の無視を処罰するかのような様相を呈することとなるが，もしその実態が単なる命令違反に過ぎないとすれば，これに拘禁刑を科すことはあまりに権威主義的な態度であろう（A. Ashworth and L. Zedner, "Defending the Criminal Law: Reflections on the Changing Character of Crime, Procedure, and Sanctions", Criminal Law and Philosophy 2 (2008), pp. 29–31参照）。なお，本書第3部第3章「追記2」参照。

よく，そこで行われた犯罪行為の内容に関する非難は問題とならないということになろう。そして，このような理解によれば，いかなる行為を犯罪とするかという問題と，刑罰の正当化の問題とは，何ら内在的なつながりがなくともよいということになるであろう[38]。

　他方で，法がその行為を禁止している理由にまで踏み込むならば，例えば，「その行為は不正なものであるが故に法はその行為を禁止しているにもかかわらず，その禁止に違反して不正な行為を行ったから非難するのである」といった回答を与えることになるであろう。このような理解を前提にするならば，その行為が法的に禁止される理由との関わり合いで非難の意義を捉える必要性が出てくる。この場合，ある行為が法的に禁止される理由は，論理的に法以前の領域に求めざるを得ないと思われる。端的に言って，それは道徳的な領域であろう。要するに，ある行為を犯罪として法的に禁止することにも，道徳的正当化根拠が必要なのである。従って，刑罰の構成要素である非難の正当性が，ある行為を犯罪とする理由と関連していなければならないとすれば，法と道徳の関係が改めて問われざるを得ないことになるであろう。ある行為を犯罪とすることの正当化根拠と，その行為を非難するものとしての刑罰の正当化根拠との間に道徳的次元における関連性を見出した上で，犯罪論と刑罰論を架橋するという課題がここにはあるように思われる。

　また，先の定義によれば，刑罰は一定の手続を必要とする。もっとも，これはあくまで定義の問題であり，このことから直ちに，求められる手続のあり方が決定されるわけではない。しかし，刑罰の正当化を問題とする際には，手続のあり方との関係が問われざるを得ないであろう[39]。なぜなら

---

38)　Duff は，伝統的な法実証主義は法を統治者による市民に対する命令だと見てきたとし，そのような見方によると，刑法は犯罪として規定されている行為を市民が自制すべき理由として，その行為の内容・本質に関連した理由（例えば，その行為の道徳的不正さ）を提示する必要はなく，ただ，その禁止の要求に対する服従をとりつけられるような理由（例えば，刑罰による威嚇）を提示すれば足りることとなるが，このような刑法の理解は自由主義的ではないと批判している（R. A. Duff, "Rule-Violations and Wrongdoings," in Shute and Simester (eds.), Criminal Law Theory, 2002, pp. 51-52.）。また，この点に関しては，本書第1部第1章も参照。

39)　刑罰思想と刑事訴訟の関係について論じたものとして，例えば，渥美東洋『レッスン刑事訴訟法［上］』（1985年）1頁以下参照。なお，本書第2部第6章も，このような問題意識に連なるものである。

ば，前述したような刑罰を特徴づける諸要素と手続のあり方との間に関連性があるのかどうか，あるとすればそれはいかなるものか，という点を考慮しなければ，現に設けられている手続を必要とする刑罰が正当化できるのかという問いに答えることはできないからである。例えば，現行法は，刑罰を科すための手続に固有の様々な手続的ルールを設けているが，これらは，刑罰の「有害性」「意図性」「応報性」「非難性」といった諸要素とどのように関連するのかが問われなければならないであろう。いずれにせよ，刑罰の正当化について語るためには，「刑罰が備える諸要素に相応しい手続はいかなるものか？」あるいは逆に「現行の刑事手続を必要とする『刑罰を科す』という国家的行為はいかなるものか？」という問いを意識しておく必要がある[40]。

---

40) もっとも，刑罰論と刑事手続の関係について考える場合には，伝統的な民刑分離の二分法的思考をどこまで維持すべきかという点に留意しなければならない。実際上，刑事事件と民事事件とを峻別し，刑事事件であれば憲法上の手厚い手続的保護が保障されるが，民事事件であればそれは全く及ばないとするのは，非現実的であり，また，妥当でもないであろう（例えば，最判平4・7・1民集46・5・437［成田新法事件］は，「憲法31条の定める法定手続の保障は，直接には刑事手続に関するものであるが，行政手続については，それが刑事手続ではないとの理由のみで，そのすべてが当然に同条による保障の枠外にあると判断することは相当ではない」とし，また，最判昭47・11・22刑集26・9・554［川崎民商事件］は，「憲法35条1項の規定は，本来，主として刑事責任追及の手続における強制について，それが司法権による事前の抑制の下におかれるべきことを保障した趣旨であるが，当該手続が刑事責任追及を目的とするものでないとの理由のみで，その手続における一切の強制が当然に右規定による保障の枠外にあると判断することは相当ではない」としている）。形式的には刑事事件ではなくとも，問題となる手続的保護との関係において刑事事件と同等の保護を必要とするものかどうかを個別に判断していく，というのが，おそらくは，穏当なアプローチだと思われる。

このようなアプローチを推し進めるならば，純然たる刑事事件でも純然たる民事事件でもない，いわば中間的な法領域を創設すべきであると主張する方が素直かもしれない。実際，例えば，K. Mann は，「懲罰的な民事制裁のための手続的なルールは，非懲罰的な制裁のための手続的なルールよりも厳密なものであるべきだ」とし，民事手続よりは保護が厚いが，刑事手続よりは制限が少ない混合的な手続の必要性を唱えている（K. Mann, "Punitive Civil Sanctions: The Middleground Between Criminal and Civil Law", Yale Law Journal 101 (1992), pp. 1795-1873.）。制裁の多様化という観点からは，非常に魅力的な主張であるが，その一方で，刑罰を科すことに関する手続的保護が実質的に弛緩する危険性にも留意しなければならないであろう。例えば，前述した英国の反社会的行動禁止命令（前掲注37）参照）は，民事手続によって課され，その証明度は刑事手続に匹敵するものが必要だとされるが，証拠法は民事手続のものに従うため，伝聞証拠が広く許容される可能性がある（小木曽綾「英仏の犯罪予防政策」渥美東洋編『犯罪予防の法理』［2008年］224頁以下参照。小宮信夫「犯罪社会学に基づく犯罪予防」前掲渥美編『犯罪予防の法理』77頁以下は，「地域社会という狭い範囲で起こる秩序違反行為の場合には，被

第1章　刑罰の定義　129

　更に，排除法則が適用された結果として処罰されなくなるケースや公訴権濫用論が妥当するケースに目を向けるならば，捜査手続や起訴手続の公正さも実際には刑罰を科すための条件となっていると考えることができる。また，違法捜査が量刑に影響を及ぼすとの主張も見られる[41]。これらの点に鑑みれば，捜査・起訴手続の公正さと刑罰の正当化との関係も検討を要する問題であるといえよう。

5　結語

　本稿が示した刑罰の定義には，異論もあるであろう。また，この定義が問題点の明確化への奉仕という定義に期待される役割をどの程度果たし得ているかという観点から見て，未だ不十分な考察しかなされていないということも自覚している。

　しかし，少なくとも，刑罰の定義について周到な分析を加えることが，刑罰の正当化について論ずる際にどのような意味をもつのか，あるいは，どのように役立つのか，ということを筋立てて示す一つのモデルは提示し得たのではないかと思う。刑罰に関する問題の多様さ，関係する領域の広さに鑑みると[42]，このような形で議論全体を俯瞰する手掛かりを得ることは非常に有益であると筆者は考える。今後，「刑罰の定義」を考えることの有用性が，もっと多くの者に理解されるようになることを期待する所以である。

害者の多くが報復を恐れて泣き寝入りしがちになることを考えると，伝聞証拠の採用は，このような被害者を保護し，被害者による秩序違反行為の通報を促進するものといえる」とする。なお，本書第3部第3章「追記2」参照）。命令違反に対する制裁が拘禁刑であることを考えると，このようなハイブリッドな手続は，被告人の手続的な保護を不相当に弱めてしまうことにならないかという懸念も生ずるであろう（Ashworth and Zedner, supra note 33, p. 30参照）。

41)　小倉哲浩「違法捜査等と量刑」大阪刑事実務研究会編著『量刑実務大系第3巻』（2011年）275頁以下参照。

42)　刑罰論の対象となる問題領域の多様性については，拙稿「刑罰論の現状と課題」刑事法ジャーナル54号（2017年）4頁以下参照。

第2章　目的刑論の批判的検討

1　序

　刑罰を正当化するに当たって犯罪予防目的をその根幹に据える立場は，古くから刑罰論において重要な地位を占めてきた。この立場は，犯罪予防目的を追求する手段として何を重視するかにより一般予防論と特別予防論に大別される。両者は，かなりその性格を異にするが，刑罰は犯罪予防を目的とし，犯罪予防に有効であるからこそ正当化されるとする論理構造の点では共通性がある。両者をまとめて目的刑論と呼ぶ所以は，まさにこの点にある。この目的刑論が刑罰論の歴史においてもたらした最大の功績は，おそらく，刑罰論の脱形而上学化であったと言ってよいであろう。目的刑論の対極に位置する絶対的応報刑論は，Kant や Hegel の例に見られる思弁的・形而上学的色彩を色濃くもっている。しかし，刑罰は，単なる思弁の領域に属するものではなく，現実の社会的実践なのであるから，そこでは，どのような場合にいかなる刑罰を科すべきかとの問いが提示されざるを得ない。この点について，応報刑論は極めて抽象的な内容しか与えられなかったのに対し，目的刑論は犯罪予防の有効性という観点からより具体的な提言をなし，刑罰の合理化・科学化への道を切り開いたと言える。このような考え方が，刑罰実践の進展に大きく寄与したことは紛れもない事実である。

　しかし，その一方で，目的刑論に対しては古くから強い批判が向けられてきたこともまた忘れてはならない。犯罪予防効果の追求だけを問題とするならば，場合によっては，無実の者を処罰したり軽微な犯罪しか行っていない者に重罰を科したりすることも論理的に許容されざるを得ないのではないか，また，特別予防を徹底するならば，不定期の自由拘束が認められなければならないことになるのではないか（しかも，その論理を徹底するならば，まだ犯

第2章 目的刑論の批判的検討 131

罪を行っていない段階で既にこのような自由拘束が認められることになるのではないか），といった批判がそれである。総じて，これらの批判は，目的刑論は，個人の権利や自由といったものを真剣に考えていないのではないかとの疑念に基づいている。このような批判に対して解答を与えることは，目的刑論の立場に立つ者にとって重要な課題である。とりわけ，犯罪予防のメカニズムがいまだ十分には解明されていないことに鑑みれば，確固たる規範的論拠の上に刑罰論を構築する必要性は極めて大きいと言わなければならない。そこで，本稿では，目的刑論を支えている規範的枠組みを分析するとともに，その問題点を検討してみることとしたい。

2　目的刑論の論理構造

(1)　一般予防論であれ特別予防論であれ，目的刑論に分類される見解には，共通する一つの特徴がある。それは，刑罰を犯罪予防の手段として位置づけるという考え方がその根底にあるということである（相対主義）。刑罰は，犯罪予防のために必要かつ有効な手段であるからこそ正当化されるとするのである。しかし，犯罪予防の必要性・有効性という点は，もしそれだけであれば，何ら刑罰を正当化するものではない。当たり前のことであるが，刑罰は犯罪予防のために必要かつ有効であるから正当化されるという論理が成り立つためには，犯罪予防が善いものであるということ，つまり，犯罪予防は一つの善であるということを前提としなければならない。このような善を促進するからこそ，刑罰は正当化されるのである。ここには，まず善を定義し，それを促進するものを正しいと考える「目的論 (teleology)」の思考が見られる。このような考え方によれば，刑罰が正当化されるかどうかは，偏に，犯罪予防という「結果」をどれくらい促進するかに依存することになる。つまり，刑罰の正当性を判断する基準は，犯罪予防という「結果」に依存するという「結果主義 (consequentialism)」が，目的刑論を支える基底的論理であると考えられる[1]。

---

1)　追求されるべき善を最終的に何に求めるか，という点に関しては，同じく結果主義的な立場に

132 第2部 刑罰の諸問題

　この結果主義の考え方によれば，行為，システム，政策等々の正当化は，ただ，それによってもたらされることが期待される総合的な結果に依存することになる。もし，それによってもたらされる結果が善ければ（少なくとも，他の考えられる代替手段と同程度に善いものであれば）それは正当化され，もしその結果が悪ければ（他の考えられる代替手段よりも悪ければ）それは正当化されない。従って，刑罰システムが正当化されるためには，単に，それが何らかの善をもたらすことを示すだけでは十分でなく，より大なる善を，より低いコストで（少なくとも，他の考えられる代替手段よりも高くないコストで）もたらすものであることが示されなければならない。刑罰による犯罪予防のコストが，その効用を上回らず，かつ，他により効率的な犯罪予防手段がないことが示されなければならないのである[2]。

　（2）ところで，このような結果主義の思考には，少なくとも次の二つの特徴がある。

　一つは，追求されるべき目的とそれを追求する際に採られる手段との間には論理必然的な関係が存在しないということである。刑罰が正当化されるか

立ったとしても見解が分かれることはあり得る。例えば，古典的な功利主義の立場によれば，幸福 happiness が追求されるべき善であるとされるが，現代では，個人の選好 preference の充足を重要な基準とみなす立場が有力である（瀧川裕英＝宇佐美誠＝大屋雄裕『法哲学』［2014年］11頁以下参照）。その他にも，個人の自由，公共の福祉，社会秩序の維持といったものを善とすることも可能であり，更には，これらを組み合わせる見方もあり得るであろう。ただ，最終的に追求されるべき善を何に求めようとも，犯罪予防がそれらの善を促進することは否定できないので，少なくとも，刑罰論に関する限りでは犯罪予防が中心的な善となって現れてくることになる（犯罪予防は，結果主義的刑罰論にとって，いわば，道具的な善だと見ることができる）。

2) この点で，結果主義の立場は，本当に刑罰というものを必要とするのか，という疑問が出てくる。一般に，目的刑論に立つ論者も，刑罰制度の存在は当然の前提として論を進めているかのようであるが，本来，結果主義的思考を徹底するならば，そのような必然性はないはずである。ただ，この点は，目的刑論に立つ論者が実践的な考え方をする傾向が強いということによってある程度説明できるであろう。確かに，刑罰よりも効果的な手段は考えられるかもしれないが，現時点ではまだそれがはっきりとした形で示されてはいない。他面で，今日のある程度合理的に安定を見せている社会の中に刑罰制度が存在しているということは，刑罰というものが社会の中で一定の役割を担っていることを示すものであろう。だとすれば，不確定要素が多分にあり危険を伴う根本的な制度改革を推し進めるよりは，当面，現行の刑罰システムを前提とし，それに問題があれば徐々にそれを改良していく，という穏健なスタンスをとることにはそれなりの理由があると思われる。もっとも，それでもやはり，目的刑論の立場に立つと，例えば，刑罰と保安処分の差異がかなり相対化されていくことにも現れているように，刑罰の独自性が薄れていく傾向があることには注意しなければならないであろう。

第2章　目的刑論の批判的検討　　133

どうかは，それが将来における犯罪予防を促進するか否かにかかっている
が，犯罪予防という目的自体は，刑罰をもってしか達成できない事柄ではな
い。刑罰よりも効率的に犯罪予防を達成する手段が存在するかもしれない。
つまり，刑罰は，犯罪予防という目的を達成するために採り得る手段の一つ
にすぎないのである。ここでは，刑罰という手段が選択されるべきかどうか
は，それが最も効率的な犯罪予防手段であるかどうかという問いへの解答如
何にかかっており，これに肯定的な解答が与えられて初めて刑罰は正当化さ
れる。この判断は，「刑罰が最も効率的な犯罪予防手段であるならば，刑罰
は正当化される」というように表現することができるが，これは，後件の正
当性が前件の正当性を条件としている点で仮言的判断である。このように，
結果主義の考え方は，仮言的な性格を有しているのである。

　他の一つは，結果主義は，総量主義的な性格を有しているということであ
る。結果主義によれば，行為や政策の正当性は，それによってもたらされる
総合的な結果に依存する。ある目的を達成するために採られる手段の利益と
コストを算定し，それを相互に比較して，結果的に最大量の効用をもたらす
手段が選択されるべきだとされるのである。刑罰に関して言えば，そのコス
トを差し引いた上で最も大きな犯罪予防効果を上げられるようなものでなけ
ればならないということになる。

　このように結果主義は，仮言的判断と総量主義を特徴とするものである
が，このことに起因して，結果主義を基礎とする刑罰論に対してはかねてよ
り周知の批判が唱えられてきた。

　第一に，犯罪予防の効率性だけが問題であるとすれば，場合によっては，
明らかに不正だと考えられる刑罰も論理的に正当化されざるを得ないことに
なってしまうのではないか，との批判が提起される[3]。例えば，本当は無実
なのであるが，罪を犯したと多くの人に思われている者がおり，もし，その
者を無罪にすると暴動が生じてしまうので，国家が，それを防止するために
意図的にその者を処罰するというケース，国家がある特定の犯罪について，
他者がその犯罪を行わないように抑止するために，無実の者を罪に陥れて処

---

3)　なお，本書107頁注5）参照。

134 第2部 刑罰の諸問題

罰するというケース，国家が他者の将来における犯罪をより効果的に抑止するために，犯罪者だけでなくその家族なども共に処罰するケースなどを考えてみよう。結果主義の立場からすれば，もしこれが最大の犯罪予防効果をもたらすものであるということになれば，このような無実の者の処罰も正当化されてしまうことになるのではないか，との疑問が提示されることになるであろう。また，これほど極端ではなくとも，例えば，より大きな犯罪予防効果を狙って軽微な犯罪しか行っていない者に対して重罰を科したり，無過失の行為を処罰したりすること[4]もまた，結果主義の立場からすれば正当化されることがあるのではないか，といった問題も提起されることになる。このように，結果主義を基礎に置く刑罰論は，誰かある者をスケープゴートとして処罰することを許容してしまう可能性があるのではないか，ということが問題となるのである。

第二に，結果として産出される効用の最大化だけが問題であるとすれば，その効用を誰がどのように享受するかとか，そのコストを誰がどのように負担するかといったことは，それ自体としては重要ではないことになる。だがそうすると，一部の人に多大なる負担を強いても，それによってもたらされる全体の利益が最大となるのであれば，それは正当化されることになるのか，との問いがここでは発せられることになろう。前述した無実の者の処罰，一罰百戒的な処罰，無過失行為の処罰等は，この関連でも問題となる事柄である。総じて，結果主義は，財やコストに関する配分原理を欠いているため，個人間の利益のトレードオフを簡単に肯定してしまう傾向がある。ここでは，結果主義は個人の尊重ということを真剣に考えていないのではないかとの疑問が提起されざるを得ないのである[5]。

---

4) この関連では，英米に見られる「厳格責任（strict liability）」が興味深い問題を提起すると思われる。例えば，不衛生な食料品を販売したことにより食中毒が発生したような場合，たとえ販売者が最善の注意を払ったものであるとしても，これを処罰することは許されるであろうか？予防効果だけを考えると，大量に食料品を販売することによって生じ得る食中毒被害の大きさや，免責事由が捏造される可能性などを考慮するならば，一切抗弁を認めないというやり方の方が抑止効は大きくなることがあり得るであろう（厳格責任の正当化根拠の一つとして功利主義的な根拠が挙げられていることについて，ヨシュア・ドレスラー［星周一郎訳］『アメリカ刑法』［2008年］219頁参照）。しかし，刑罰が，犯罪予防とは別の意味，特に，非難の要素をその本質としなければならないとすれば，このような処罰は認められないことになると思われる。

第2章 目的刑論の批判的検討 135

(3) このような批判に対し，結果主義を基礎に置く目的刑論は応えなければならないのであるが，この点で，近時，注目すべき見解がいくつか提示されている。前述の批判は，厳格な結果主義，あるいは，見方を変えれば素朴な結果主義を基礎とした目的刑論に対する批判であるが，今日主張されている目的刑論は，このような素朴な見方を基礎としているのではなく，より洗練された形で展開されているのである。近時の目的刑論は，あくまで刑罰の主たる正当化根拠は犯罪予防であるということを維持しつつも，その目的追求には一定の制限があることを認め，かつ，その限定原理を自己の見解の中に論理的に組み込んでいこうとしている。従って，今日，目的刑論を適切に分析するためには，そのような洗練された目的刑論の主張が，果たして十分な説得力をもつものなのかどうかを検討してみなければならない。そこで，以下では，そのような試みのいくつかをとり上げて検討してみることとする。

3 刑罰効果の極大化という視点

(1) 前述のように，素朴な目的刑論に対しては，より大なる犯罪予防効果が期待されるのであれば，行き過ぎた刑罰を科すことも許容されてしまうのではないか，という批判が加えられている。これに対し，目的刑論を基本とする論者から，そもそもそのような批判の前提自体を否定する見方が提示されている。それは，そもそも行き過ぎた刑罰では最大の犯罪予防効果は得られず，刑罰効果の極大化という観点からすれば，罪刑の均衡や責任といったものが当然に必要となる，という主張である[6]。この見解は，刑罰制度が有効に機能していくためには，刑罰が国民の規範意識に裏付けられていなければならない，ということから出発し，そのためには，罪刑の均衡と責任非難とが必要であるとする。罪刑の均衡を失した刑罰は，国民の納得が得られ

---

5) この点は，特に，1970年代における実践哲学の復興の動きの中で，功利主義に対して向けられた批判であった（J. Rawls, A Theory of Justice, 1972, pp. 22-33: R. Dworkin, Taking Rights Seriously, 1978, chap. 4 など参照）。
6) 前田雅英『刑法総論講義〔第3版〕』（1998年）33頁以下，264頁以下。

136　第2部　刑罰の諸問題

ず，社会の安定化は導くことができない。また，非難可能でない行為を処罰しても，適切な犯罪予防効果は見込めない[7]。このような理由から，結局，刑罰効果を最大のものにするためには，罪刑の均衡や責任非難が必要となる，とされる。

　この見解は，その論理構造からすれば厳格な結果主義に立っている。あくまで，刑罰は一定の目的を効果的に実現できるからこそ正当化されると見ているのである。ただ，その際に，追求されるべき目的を犯罪予防に限定せず社会秩序の安定といった点も加味して考え，加えて，その目的を追求する手段についても，刑罰がその効果を発揮するプロセスを分析することによっておのずと制限があると見る点に特徴がある。ここには，仮言的性格に由来する結果主義に対する批判をかわそうとする狙いがあるように思われる。素朴な結果主義は，目的と手段との間に論理必然的な関係があるとは考えないが，この見解によれば，追求されるべき目的が，その性質からしてそれを達成する手段のあり方を限定することになっている。つまり，目的と手段との間に内的な関連があると考えているのである。

　(2)　さて，この見解は，十分な説得力を有しているであろうか？この見解が，目的と手段との間に内的な関連性があることを見出し，刑罰には内在的な限界があることを指摘した点は鋭い。ただ，ここで注意しなければならないのは，この見解が，刑罰によって追求されるべき目的と，それを達成する手段としての刑罰のあり方との間に措定している関係は，経験的なものであるということである。従って，まず，国民の規範意識に合致した刑罰でなければ本当に刑罰効果は極大化しないのか，ということが問題とならざるを得ない[8]。また，その点は一先ず措き，仮にそれが真実であるとしても，この

---

7)　前田・前掲注6）36頁は，①非難できない精神障害者などを処罰しても犯罪予防効果は薄い②道義的非難を伴う処罰であるからこそ一般人が納得し社会秩序が維持される③非難に値しない行為は処罰されないという安心感が行動の自由にとっては重要である④非難に値しない行為を処罰しても特別予防効果は期待できない，といった点を指摘している。このうち，②③は，後述するルール功利主義の考え方と共通するところがある。

8)　刑法上の諸ルールが，人々が共有する正義に関する判断を反映したものであるならば，そのような刑法は人々の信頼を獲得し，それによって犯罪予防効果が高まるということに関する経験的研究として，P. H. Robinson, "The Proper Role of Community in Determining Criminal Liability and Punishment," in J. Ryberg and J. V. Roberts (eds.), Popular Punishment: On the

第2章　目的刑論の批判的検討　　137

見解には問題があるように思われる。例えば，この見解が重視する国民の納得という点について考えてみたい。確かに，国民の正義感覚に著しく反する重い刑罰は，国民の納得を得られず社会の安定を導くことはできないのが通常であろう。しかし，ここに言う国民の納得とはいかなる内実のものなのであろうか？この点について，論者は，現実に存在する国民の規範意識を経験科学的に明らかにしていくことの必要性を強調している。これがいかにして可能になるのかは必ずしも定かではないが，仮にそれが可能であるとして，それでは例えば，ある社会において，制裁への恐怖，司法手続に巻き込まれる厄介さの回避，統治者のイデオロギーを無批判に受け入れる態度等々の理由で，大多数の人々が，刑法に従っているというような場合には，どのように理解されることになるのであろうか？このような場合であっても，経験的に見れば，国民は納得していると言わざるを得ないように思われる。実際，このような社会において大多数の者が従っている刑法に違反する者を処罰しても，犯罪予防効果は減じないし，社会の秩序が混乱することもないであろう（むしろ，より大なる効果が得られることも考えられる）。刑罰効果の極大化という観点から逆算して要求される国民の納得という要素は，このような消極的な受容で足りるのではなかろうか。しかしこれでは，国民の規範意識を裏づけとする刑罰が，容易に全体主義的な社会統制の道具に転化してしまう危険性を孕むことになろう。要するに，経験的な事実としての国民の規範意識や国民の納得といった要素だけによって刑罰を適切に限界づけることはできず，そのような国民の規範意識を正当化する規範的な論拠が同時に示されなければならないのである。だが，この見解では，この点の考慮は，刑罰論の外に置かれることになる。ここに，この見解の問題点があるように思われる[9]。

Normative Singnificance of Public Opinion, 2014, pp. 54-75.（より詳細には，P. H. Robinson, Intuitions of Justice and the Utility of Desert, 2013 参照）。

9)　総じて，刑罰の合理化・科学化という点を強調する見解は，刑法の没倫理化の主張と結びつくことが多い。そこでは，刑法はいかなる価値を実現すべきかという問題と，刑法はどのようなものであるのかという問題が区別され，前者は価値観の問題として相対主義化するとともに，本来，刑法理論が対象とすべきなのは後者の問題であるとして，いわば中性的に考察することが可能であるとの認識があるように思われる。そのため，刑法は倫理的に無色な社会統制の一手段としての性格を強めることになる。無論，このような見方に立っても，例えば，全体主義的な刑法

138　第2部　刑罰の諸問題

　更に，この見解は，結果主義がもつ総量主義の問題点も回避できていないように思われる。この見解は，刑罰目的として，犯罪の効果的防止，犯罪者の社会復帰，社会秩序の安定といったことを挙げているが，この見解が結果主義を基礎とするものである限り，これらの目的がどの程度達成されるかを相互に比較検討し，全体として最大の効果が得られる場合に刑罰が正当化されることになるはずである。どのようにすればこれら異質の要素を相互に比較可能な形にできるのかは明らかではないが，仮にそれが可能であるとしても，依然として，財とコストの配分に関する原理は示されていない。これら刑罰目的の実現によって大多数の国民が利益を得ることになれば，一部の者は犠牲になってもよいのであろうか？おそらく論者は，そのような形で刑罰を使用することは，国民の納得を得られず，結局，最大の効果は得られないことになると考えるのであろうが，これが成り立つためには現実の国民の規範意識がそのような処罰を不当だとし，そのような刑罰システムに対する不信感を募らせ，ひいては，それに従わなくなるといった刑罰効果の減少が実際に存在するということを前提としなければならない。しかし，現実が常にそうなるという保証はない。そしてまた，現実に一部の者をスケープゴートとして処罰することにより多数の者の利益が実現され，それが多数者によって支持されている場合，この見解はそのような処罰を原理的に否定することはできないであろう。ここにも，この見解の問題性があるように思われる[10]。

は道徳的に不正なのでこれに従うことはできないとの批判を向けることはできる。しかし，それはあくまで外在的な批判にとどまり，しかも，そこでは価値相対主義的思考が支配するということになれば，その批判の有効性は多分に疑わしいように思われる。問題を「価値観」の次元で論じ，素朴な価値相対主義の思考を維持する限り，議論は結局価値観の相違の域を出ずに終わってしまう可能性が高い。その意味で，「価値論の不在」を指摘する見方（宗岡嗣郎『法と実存』［1996年］28頁）は，重要である。このような価値論の不在という状況に目を向けずに，ことを価値観の次元で論ずるならば，間主観的な価値観（＝「国民の規範意識」）が聖域化され（内田博文「刑法学における歴史研究の意義と方法」『中山研一先生古稀祝賀論文集第4巻』［1997年］293頁），結局，論者が「国民の規範意識」だと考えるものに合致する結論を「合理的」なものだと主張することにならざるを得ないであろう。そこでは，いわば，論者自身の価値観に合理的であるとの衣を着せることになりはしないであろうか？

10)　「非難可能なときにのみ刑を科す」という責任主義と「非難に値する刑を科す」という罪刑の均衡が，国民の「規範意識」「正義感」に合致するという経験的な論拠によってのみ支えられるものであるとすれば，責任主義や罪刑の均衡といった原理の基盤は非常に脆弱なものとならざる

4　ルール功利主義的な基礎づけ

(1)　従来，結果主義的な刑罰論の代表は，功利主義に立脚するものである
と考えられてきた。功利主義は，一般に，人々の快楽・幸福を善とし，苦
痛・不幸を悪とする前提の下に，双方を比較計算し，その効用の総量が最大
になる行為や政策を正しいと見る立場だと理解されている。ここには，結果
主義並びに総量主義という特徴が如実に現れており，従って，その点に起因
した批判を功利主義は受けてきた。その刑罰論の領域における現われは，既
に見たところである。

　ところで，近時，功利主義は，このような批判に応えるべくその内容を洗
練させてきているのであるが，その中でも注目されるのは，「行為功利主義
（act-utilitarianism)」と「ルール功利主義（rule-utilitarianism)」とを区別する見
方が有力化していることである。ここに行為功利主義とは，正否の判断を個
別的状況での行為の結果の善し悪しによって判断すべきであるとする立場で
あるのに対し，ルール功利主義とは，効用計算を一般的なルールに関しての
み行い，個々の行為に関しては，効用計算をせずただこのルールに従って行
なわれるべきであるとする立場であると言われる[11]。この区別は，法理論
の局面においても様々な形で影響を及ぼしてきており，刑罰論もその一つで
ある。そこで，以下では，このルール功利主義的な観点から提示される刑罰
論が，従来，功利主義的刑罰論に対して向けられてきた批判に十分応えてい
るものであるかどうかを検討してみることとする。

　(2)　従来，功利主義的な刑罰論に対して向けられてきた批判の中心は，犯
罪予防目的を追求するあまり無実の者の処罰や罪刑の均衡を失した処罰とい
ったものを許容せざるを得なくなるのではないか，というものであった。こ
のような批判に対し，ルール功利主義を基調とする見解は，概ね，次のよう

を得ないであろう（例えば，多数の国民がより大なる抑止効果を望んでいる場合，この見解が，
　　責任主義や罪刑の均衡をあくまで主張し得るのかは疑問である）。
11)　行為功利主義とルール功利主義に関しては，小林公「刑罰・責任・言語」『現代法哲学3』
　　(1983年) 100頁以下，J. L. マッキー（加藤尚武監訳）『倫理学』(1990年) 181頁以下，瀧川＝宇
　　佐美＝大屋・前掲注1) 16頁以下参照。

に反論する。確かに，個々の処罰行為だけを取り出して考えれば，無実の者を処罰することが，一時的には大きな効用をもたらすように思われることがあるいはあるかもしれない。しかし，刑罰は，一つの社会的制度として一定のルールに基づいて科せられるものである。この場合，もし，場合によっては無実の者を処罰してもよいというルールに基づいて刑罰が科されるとするならば，どのようなことになるであろうか？当局は，このルールを濫用するかもしれない。そして，人々は，何時自分も無実であるのに処罰されるかも分からないという不安を常にもつことになるであろう。このように社会不安が広がり，また，人々が萎縮し行動の自由が制限されることになる。これは，好ましい結果ではない。故に，刑罰は，真に犯罪を行った者にしか科せられるべきではない。これが，大要において，ルール功利主義者の考え方だと言ってよいであろう[12]。

(3)　このような見解にはいくつかの問題があるように思われる。

まず，この見解によると，個々の科刑行為は，一定のルールに基づいて行われる必要があり，従って，ルールが個々の科刑行為に先行するということが前提とされている。従って，無実の者も場合によっては処罰され得るというルールと無実の者は処罰されないというルールを比較するならば，それがもたらす効用は後者の方が大きいという論法であることになる。だが，例えば，無実の者は処罰されないというルールの下で，強い功利主義的な関心をもつ裁判官が，この被告人が犯罪を行ったということは合理的な疑いを入れない程度には立証されていないが，この者に有罪判決を下すことによって，当面の社会不安が除去されると考え，有罪判決を下し，それによって社会の平穏が回復したとしよう。この場合，裁判官は不誠実に行為しているかもしれないが，功利主義的な関心には忠実である。そしてまた，人々は，被告人が無実である可能性があるにもかかわらず有罪とされたことを知らないのであるから，行動の自由が萎縮することもない。ここから明らかとなること

---

12)　J. Rawls, "Two Concepts of Rules", Philosophical Review 64 (1955), pp. 3-32（もっとも，その後，Rawls は，功利主義に対し批判的な態度をとるようになっている）。なお，Rawls の見解に関しては，拙稿「英米におけるハイブリッドな刑罰論の諸相」高橋則夫＝只木誠＝田中利幸＝寺崎嘉博編『刑事法学の未来：長井圓先生古稀記念』（2017年）211頁以下参照。

は，ルールそれ自体がもたらす効用と，そのルールを何らかの形で用いた場合（例えば，濫用した場合）にもたらされる効用とは別個のものである，ということである。本当の意味で功利主義的でなければならないとすれば，この両者の効用も比較しなければならないはずである[13]。ところが，ルール功利主義は，この比較を行わない。これは，結局，ルール功利主義は，純粋な意味での功利主義ではないことを意味する[14]。実際，ルール功利主義の主張は，ルールが万人に公平に適用されるべきであるという要求が前提とならなければ成り立たないものと思われる[15]。この要求は，功利主義的考慮とは明らかに異質のものである。このことは，純粋な功利主義によっては，刑罰を正当化することが困難であるということを示しているように思われる。

　もっとも，この批判に対して，ルール功利主義者は，そもそも無実の者を有罪とすることによって最善の結果が得られる場合はあり得ないと反論するかもしれない。確かに，無実の者を故意に有罪とすることはない制度と，必要とあらば無実の者を故意に有罪にしてしまう可能性のある制度とを比較した場合，後者の方が効用が大きいと考えることは一見すると馬鹿げているように見える[16]。しかし，例えば，行為者に故意・過失がなくとも処罰する

13）　功利主義的考慮は，刑罰制度の規則に違反することを求める場合もあることを認識すべきである（C. L. Ten, Guilt and Punishment, A Philosohical Introduction, 1987, pp. 92-93参照。なお，R. A. Duff, Trial and Punishment, 1986, pp. 162-163.）。

14）　もし，無実の者を有罪としてはならないというルールを破った方が全体としてよい結果が得られるということが分かっていても，そのルールはやはり遵守されなければならない，と主張するのであれば，それは最早功利主義とはいえないであろう。なお，この点に関しては，一般に「ルール崇拝」と言われている問題が提起されている（J. J. C. Smart, 'An Outline of a Sytem of Utilitarian Ethics', in J. J. C. Smart and B. Williams, Utilitarianism: For and Against, 1973, p. 10.）

15）　小林・前掲注10）103頁参照。ところで，Rawls は，刑罰の正当化を，「実践の正当化」（＝刑罰制度の正当化）と「実践の内部における個別の行為の正当化」（＝刑罰の配分の正当化）とに分け，前者は立法者が直面する課題であるとして，これについては功利主義の立場から解答を与え，後者は裁判官が直面する課題であるとして，これについては応報主義の立場から解答を与えている（J. Rawls, supra note 12, p. 6.）。しかし，もしこれを厳格に維持したならば，耐え難い道徳的ジレンマに遭遇することになると思われる。もしあなたが立法者であるならば，あなたは功利主義者である方がよい。もしあなたが裁判官であるならば，あなたは応報主義者である方がよい。結局，私たちはどうすればよいのであろうか？なお，M. Matravers, Justice and Punishment: The Rationale of Coercion, 2000, p. 21参照。

16）　Rawls は，「その制度下の公務員達が，無実の者を有罪にすれば社会の最大利益になるであろうと考える場合はいつでもその裁判を開始する権威をもつというような制度」を想定し，これを

142　第2部　刑罰の諸問題

ことを許容するルールを採用することが，功利主義の観点からして不可能と断定できるかは疑問であり，現に，いわゆる厳格責任の正当化根拠の一つとして功利主義的根拠が挙げられている[17]。また，犯罪との均衡を少しばかり超える刑罰を法定する場合を想定するならば，このような立法を功利主義の立場から常に否定できるのかは，より一層疑問であるといわなければならないであろう[18]。従って，もし厳格責任や罪刑の均衡を失する刑罰を否定するのであれば，その理由を功利主義的考慮だけで説明することは，やはり困難であるといわなければならないであろう。

　更に，このような見解に対しては，個人の自由の捉え方に関する疑問も生ずるであろう。この見解によれば，無実の者を処罰するようなシステムでは，人々の不安が募り行動の自由が失われる，ということが主張されている。このように個人の自由に特別な価値を認めること自体は正当であろう。しかし，この見解が，あくまで功利主義の考え方を基調とし，結果主義に立脚する限りは，個人の自由の意義を適切に理解できないように思われる。なぜならば，結果主義的思考を維持する限り，個人の自由には結果としての価値しか与えることができないからである。換言するならば，自由というものに各人の個性を認めず，いわば無名の利益として計算可能なものと考えているのである。従って，「誰の」自由が失われ，あるいは，「誰の」自由が増大するのか，といったことは，それ自体としては問題とならない[19]。たと

「生贄制度 telishment」と呼んで，刑罰制度の他に，このような生贄制度が存在する社会を想像している。このような社会では，当局はほしいままに誰でも生贄にすることができてしまうかもしれないし，人々は自分もいつそのような目にあってしまうかもわからないという不安を感ずるようになるであろう。ここにおいて，Rawls は次のように言う。「このような制度が現実にどのように作用するであろうかを想い描いてみれば，またこの制度に含まれている測り知れないほどの危険を想い描いてみるならば，この制度がいかなる有益な目的にも役立たないであろうことが明白であるように思われる。この制度を功利主義的な観点から正当化することはほとんど十中八九不可能である。」（J. Rawls, supra note 12, p. 12.）「個々の行為に権限を与えるべき制度そのものに功利主義的原理を注意深く適用する場合には，功利主義的原理があまりにも多くの事柄を正当化しすぎるという危険はより少ない。」（Ibid, p. 13.）

17)　前述注4）参照。

18)　例えば，検挙率の低い犯罪に対する刑罰を重くすることには，功利主義的に見て理由があると思われる（ジョシュア・グリーン［竹田円訳］『モラル・トライブズ　共存の道徳哲学へ　下』［2015年］365頁参照）。

19)　H. L. A. Hart は，現代的な功利主義批判の主要点として，功利主義においては，「個人は本質

え，ルール功利主義を採用したとしても，一部の者の自由を犠牲にすることによって，他の多数の人々の自由が確保され，全体としてみれば，自由の量が最大化することになれば，そのようなルールは正当であると言わざるを得ない。自由を結果としての利益と考える限り，社会全体の効用（最も多くの人々の自由の確保）の観点から個人間における自由のトレードオフが許容される可能性は常にある。従って，ルール功利主義もまた，個人の権利・自由というものを真剣に考えていない，という一般に功利主義に対して向けられる批判を免れてはいないのである。無実の者の処罰が許されないのは，それが，（犯罪予防の増大であれ，人々の自由の増大であれ）全体の社会的効用を増大させないからなのであろうか？そうではないであろう。それが許されないのは，そもそも，無実の者には，処罰される理由がなく，従って，その処罰自体が不正だからである。功利主義は，この点を適切に把握していないものといわざるを得ない。

5 応報的要素によって犯罪予防目的の追求を限定する試み

(1) 目的刑論を基本としながらも，個人の尊重という観点から，犯罪予防目的の追求に歯止めをかけようとする見解も，今日では有力である[20]。この立場が，これまで言及してきた見解と決定的に異なる点は，犯罪予防目的の追求には内在的な限界がないことを率直に認め，それを限定する原理を過去に行われた犯罪行為との関係の中に見出していこうとするところにある。理論的には，責任概念を犯罪予防という展望的関心ではなく，過去に行われた犯罪行為に対する非難という回顧的関心を基礎にして理解することにより，刑罰目的の追求は，そのような責任の範囲内でしか認められない，という形をとることが多い[21]。他面で，この見解は，責任について刑罰を基礎

的な重要性をもたず，重要であるところのもの，すなわち快楽や幸福の全総計の断片が位置している点としてのみ重要であるにすぎない」という点を挙げている（H. L. A. ハート［矢崎光圀他訳］『法学・哲学論集』［1990年］229頁）。

20) 内藤謙『刑法講義総論（上）』（1983年）124頁以下，曽根威彦『刑法総論〔新版補正版〕』（1996年）37頁以下など。

21) もっとも，基本的にはこのような立場に属する見解に立っているとみられる論者であって

144 第2部 刑罰の諸問題

づける積極的な機能を認めず，ただ，刑罰を限定する原理としてのみ意義を認めようとする点で，いわゆる道義的非難を基礎として刑罰を基礎づける応報刑論とは一線を画することになる。このように，責任を刑罰を制約する原理としてのみ位置づけるところに，この立場の基本的な性格が現れている[22]。

　(2)　この立場は，刑罰の正当性を，犯罪予防などの将来の効用のみに基礎づけてはいない。その点では，純粋な結果主義ではない。これは，理論的には不徹底であると見られるかもしれない。しかし，そうであるからこそ，例えば，無実の者の処罰や罪刑の均衡を失した処罰が許されない理由について，それは，個人の権利・自由を侵害するからである，というように適切なやり方で説明することが可能となる。してみると，そもそも，刑罰の如き複雑な制度を単一の原理によって完全に正当化できると考えることの方が，むしろ非現実的だと考えることにも一理あるかもしれない。現実に受容し得る刑罰論は，いくつかの，場合によっては矛盾・対立する可能性のある原理間の妥協として提示されざるを得ない，との見方には，それなりの説得力があるように思われる[23]。だが，安易な妥協的解決は，恣意的な刑罰権の行使に道を開く危険性があろう。たとえ妥協的性格を完全には払拭できなくとも，可能な限り，論理的な説明を与える努力がなされなければならない。従って，この立場が説得力をもつかどうかは，まず第一に，諸原理間の関係をどの程度論理的に説明できるか，という点にかかっているといえよう。

　このような観点からみた場合，最大の問題は，おそらく，犯罪予防を中心とした刑罰目的の追求を制約するものとして，一体どのようなものを提示できるかという点にあるだろう。この点で，まず明らかなことは，将来の社会

　　も，必ずしも，責任を回顧的な要素のみによって基礎づけているわけではない（例えば，C. Roxin, Strafrecht Allgemeiner Teil Bd. I, 3. Aufl., 1997, §19.）。

22)　内藤・前掲113頁は，これを，「刑罰限定的・消極的責任主義」と呼ぶ。また，Roxin も，このような見方を強調する（クラオス・ロクシン（斉藤誠二訳）「責任主義の二面性と一面性」刑法雑誌24巻1号［1979年］28頁以下参照）。他方で，曽根威彦「刑法における責任と予防」奥島孝康・田中成明編『法学の根底にあるもの』（1997年）379頁は，「ある事実を限定する原理は，同時にこれを基礎づける原理としても機能しなければならない」とされるが，刑罰を基礎づける責任の実質は必ずしも明らかではない。

23)　H. L. A. Hart, Punishment and Responsibility, 1968, p. 1.

的効用に向けられた展望的な関心を基礎に置くものでは，犯罪予防目的の追求を適切に制約することはできない，ということである。近時，責任の観念を予防の必要性という観点から説明する見解も有力であるが，このような責任観念によって犯罪予防目的を追求する刑罰を適切に限定することはできないであろう[24]。従って，この立場に残された道は，刑罰目的の追求を制約する原理として，刑罰目的に関する考慮とは関係しない事柄を内容とする原理を提示することしかないように思われる。ここに，刑罰目的を犯罪予防という展望的関心で構成しながらも，責任を過去に行われた犯罪行為に対する非難という回顧的関心によって基礎づけ，前者を後者によって制約しようとする見解が主張される契機がある[25]。このような考え方によれば，責任によって刑罰を限定するということが，一応，理屈の上では可能である。しかし，これで問題が解決されるわけではない。このような形での責任による刑罰の限定が可能となるためには，過去に行われた犯罪行為に対する適切な非難の量を具体化し，かつ，それと予防目的の達成のために必要とされる刑罰の度合いを比較できるようにしなければならないはずであるが，これが可能かは極めて疑わしいように思われる。そして仮にそれが可能であるとしても，その場合，刑罰は責任非難に見合ったものでなければならないのであるから，責任非難を回顧的な関心によって基礎づける限り，刑罰は予防目的に還元されない要素を必然的に含まざるを得ないことになるであろう。しかし，過去の行為を非難することそれ自体に予防目的には還元されない意味を見出すことは，目的刑論の本旨に反するように思われる[26]。また，これでは，刑罰と責任を対抗関係に置き両者の抑制・均衡を図ろうとする図式は維

---

24) 曽根・前掲注17) 378頁以下参照。

25) 曽根・前掲注17) 384頁，398頁，内藤・前掲注15) 112頁以下。

26) この関連では，刑罰は過去の不正行為に対する非難を表現するものであるとみる「非難表明理論（expressive theory）」が注目される（この理論に関しては，J. Feinberg, Doing and Deserving, 1970 を参照のこと）。この非難を表現することの意味を予防目的の観点から理解することも可能であるが，その場合，非難には予防目的を達成するための一要素としての位置づけしか与えられず，非難が予防目的のために有効でないということになれば簡単に放棄されることとなり，結局，非難は刑罰の本質的な要素ではないということになるであろう。また，このように理解した場合には，非難に刑罰を限定する機能を付与することもできなくなるように思われる。なお，拙稿・前掲注12) 219頁注28) 参照。

146 第2部 刑罰の諸問題

持できないことになるであろう[27]。いずれにせよ，このような形で目的刑論の立場を維持しながらも責任による刑罰の限定を図ろうとする試みには，いまだ解決を要する点が少なくないように思われる。

(3) ところで，犯罪予防という展望的関心によって刑罰の内容を構成しつつ，過去の行為に対する非難という回顧的関心に基づく責任によって刑罰を制約するというこの種の見解が，仮に，理論的に成り立ち得るとしたならば，目的刑論に対して唱えられている批判は回避できるのであろうか？私の見るところ，仮にこの種の見解の理論的前提を受け入れたとしても，依然として問題は残るように思われる。その問題性は，この種の見解が，個人の尊重に由来する責任の観念を，単に，刑罰を制約する原理としてしか考えていないところに見出される。この立場が，責任による刑罰の制約を強調するのは，裏を返せば，刑罰を考える際の出発点において，個人の尊重に対する配慮が欠けているからに他ならない。それだからこそ個人の尊重を基礎に置いた責任の観念によって，刑罰を外在的に制約することが必要となるのである。ここで，責任には刑罰を「外在的」に制約する意義しか認められていないことに注意しなければならない。これは，過去に行われた犯罪行為に対する回顧的な非難という要素が，刑罰の内容を構成する「内在的」な要素ではないということを意味する[28]。この立場においても，刑罰の内容は，犯罪予防目的の観点から構成されている点で，他の目的刑論と変わるところはない。だとすれば，この立場に対しても，従来から目的刑論に対して唱えられてきた「個人を他の目的のための単なる手段として取り扱うことになる」というカント主義的批判が妥当しないのか，という疑問が提起されることになるであろう。この点に関しては，犯罪を行うかどうかの選択が個人の自由な意思決定に委ねられている限り，犯罪を行った者に刑罰を科しても，個人を

---

27) 曽根・前掲注17) は，刑罰を限定する原理は，同時に刑罰を基礎づける原理としても機能しなければならないとされつつ（379頁），保護機能と保障機能の抑制・均衡により刑法の機能を定め，前者は予防目的に対応し，後者は責任主義に対応すると考えている（384頁）。しかし，責任の内容が予防目的とは別個のものによって構成されると見ながら，同時に責任が刑罰を基礎づける機能を営むということになれば，必然的に刑罰の内容として責任に対応するなにがしかのものが含まれざるを得ないことになろう。

28) 前述のように，このような立場によっても，責任を刑罰の内容の問題と完全に切り離すことが可能かどうかは疑問であるが，ここでは，とりあえずそれが可能であるとの前提で考えてみる。

第2章　目的刑論の批判的検討　147

他の目的のための手段として取り扱うことにはならない，との反論が提起されている[29]。しかし，これは，必ずしも十分な反論ではないように思われる。この反論は，結局のところ，刑罰を受ける立場に身を置くか否かについての選択が真に個人の自由な意思に委ねられているならば，現に犯罪を行った者に対して犯罪予防目的のために刑罰を科すことは許される，という内容のものであるが，ここでは，犯罪を行うかどうかという点についての自己決定の自由は尊重されているが，現に犯罪を行った者の自己決定に対する関心は必要とされていない。だが，真に個人を尊重するというのであれば，犯罪を行った者の自己決定に対してもそれに相応した配慮が示されるべきであろう。そして，その配慮は，非難という形で表されるはずである。この非難が，刑罰の本質的要素とならないと見るところに，この立場の根本的な問題性があるように思われる[30]。

---

29)　H. L. A. Hart, supra note 18, pp. 22–24参照。

30)　「個人は常にそれ自体目的として取り扱われなければならず，決して他の目的のための単なる手段として取り扱われてはならない」というカント主義的原理が，何を意味するのかということについては確かに曖昧な点もある。だが，少なくとも，この原理が，相手方を，自分の行為に関し自律的な判断の下に決定を下すことができる存在として取り扱うことを求めていることは，ほぼ間違いないであろう。だとするならば，犯罪を行った者であっても，自律した理性的主体として尊重する限り，今後の自らの行為のあり方に関しては，自分で適切に判断できる存在だという前提で対応しなければならないであろう。従って，何らかの方向付けを強制するのではなく，そのような方向に自ら向かうようにさせるための理由を提示し，説得することがこの原理の要請にそうものであるように思われる。問題は，その際に示される理由の性格にあり，これが打算的な類のものであってもよいのか，それとも，道徳的に関連性のある重要な理由を提示することによって行わなければならないのか，という点にある。もし，私たちが，同じコミュニティーで生活している仲間に対し，これを，アウトロー的な目で見ているのであれば，打算的なものであれ何であれ，逸脱行為を抑止するための理由を提示すべきだということになろう。他者との普遍的な交流を基礎づける共通の価値や，それに基づいて要求される価値遵守の責務（ちなみに，私は，これが法を支えるものであると考える［本書第1部第1章参照］）が存在しないところでは，このようなやり方をすべきなのかもしれない。しかし，コミュニティーの構成員を結びつけている共通の価値，並びに，その価値遵守の要求が存在し，人々が，その要求に正当な根拠があることを認め，自らの判断でこれを受容することによって結びついているような社会であるならば（あるいは，そのような社会であるべきだとすれば），たとえ，人間の弱さから犯罪を行ってしまうような者に対してであっても，道徳的な問いかけを安易に放棄すべきではないように思われる（これが，非難の形で表現されるのではないであろうか？）。なお，本書第2部第4章参照。

148 第2部 刑罰の諸問題

6 結語

　以上の検討から，目的刑論を基本に置いた近時の見解は，依然として，従来から目的刑論に対して向けられてきた批判を免れてはいないということが判明したように思われる。詰まるところ，目的刑論の問題性は，犯罪を行った者を含めて個人の道徳的地位に対する配慮が乏しいという点にある。私の見るところ，結果主義を基礎として刑罰の問題を考える限り，この問題性を完全に除去することは困難であるように思われる。犯罪予防などの好ましい結果の最大化という観点から逆算する考え方では，どうしても財やコストの配分に関する原理が抜け落ちてしまい，最終的に誰かある個人の犠牲の上に全体の利益が増大することを是認してしまう可能性がある。また，結果主義を修正し，個人の自由を害しない限度で犯罪予防目的の追求を図る見解は，自らの自由な選択に基づいて犯罪行為に出ない限り，全ての人に行動の自由を保障し，自らの意思で生活設計を立てる公平な機会を提供する点で，配分的正義に対する配慮がなされているが，その自由に対する尊重が刑罰を外在的に制約する意味しかもたず，刑罰の内在的要素とはならないと見る点で，現に犯罪を行った者に対する道徳的配慮が十分ではないように思われる。このような問題性を取り除くことができるより洗練された目的刑論の枠組みを提示できるのか，それとも応報刑論の考え方に立つべきなのか，あるいは，別のより説得力のある見解[31]があり得るのか，ということが，今後検討されなければならないであろう。

　更に，本稿では詳論できなかったが，刑罰の問題は，刑法のあり方，刑事手続の構造といった問題と不可分に結びついていると考えられ，また，国家に関する政治的理論との関係にも十分に配慮する必要がある[32]。これらの

---

31)　この更なる可能性を考えるに当たっては，近時，英米で有力化しつつある刑罰をコミュニケーション的に理解する見解が，貴重な示唆を与えてくれるように思われる（例えば，H. Morris, "A Paternalistic Theory of Punishment", Amercan Philosophical Quarterly18 [1981], pp. 263-271; R. A. Duff, supra note 13; von Hirsch, Censure and Sanction, 1993 など）。

32)　刑罰が，犯罪という刑法に違反する行為を前提とするものである以上，刑法をどのように理解するかという問題と切り離して刑罰について論ずることはできないであろう（特にこの関連では，刑法が私たちに禁止・命令を求めていることの意味と，それに違反した場合に科される刑罰

点も視野に入れながら確固たる哲学的視座の下に刑罰論を構築する努力を，私たちは怠ってはならないであろう。

がもつ意味との間に連続性があるのかどうか，あるとすれば，それはどのような観点から把握されるべきか，という点が重要であると思われる）。また，刑事手続が刑罰を科すための手続であることからして，当然，刑事手続のあり方は，刑罰がいかなる目的をもつのかという点に大きく影響されることになろう（例えば，純粋な結果主義的観点から刑罰を考える立場に立てば刑事手続もまたそれにそった合理的な形で構造化されるべきことになるであろう。しかし，例えば，当事者主義の公判構造が，果たしてそのような観点から適切に説明できるのかは問題である。これを，刑罰目的を実現する際に課される制約と見るか，あるいは，刑罰目的と関連したより本質的な意味が当事者主義には付与されるべきなのか，といった点は十分な検討が必要であるように思われる。なお，この点に関しては，本書第2部第6章参照）。更に，刑罰権の実現は，国家権力の行使なのであるから，刑罰論は，本来，何らかの国家に関する政治的理論を前提として基礎づけられるべきものであろう。従来，この点に関しては，漠然と自由主義的な国家論が前提とされてきたように思われる。しかし，特に，1970年代以降，自由主義の捉え方にも様々な理解が生じており，更には，近代自由主義に対する一つのアンチ・テーゼとして共同体主義の主張も無視できない勢力をもつようになってきている（このような実践哲学の復興の動きに，我が国の刑法学がほとんど反応を示さなかったことは，我が国の刑法学の性格を如実に表しているように思われる）。今後は，このような政治理論との関連にも配慮した検討が，是非とも必要であろう。

第3章　応報概念の多様性

1　はじめに

　刑罰論における現在の通説は，いわゆる相対的応報刑論であるとされる。もっとも，この相対的応報刑論に分類される諸見解は，絶対的応報刑論でも純粋な目的刑論でもないという点では共通性があるものの，その内実は，必ずしも一様ではない。極めて大雑把に見ても，そこには，二つの異なる方向からの主張が見られる。一つは，応報刑論を基調としつつも，実際の処罰にあたっては犯罪予防目的を重視し，刑罰は犯罪予防にとって必要な範囲で科されるべきである，とするものであり[1]，他の一つは，目的刑論を基調としつつも，犯罪予防に有効であればいかなる刑罰も正当化されるわけではなく，正当な刑罰であるためには犯罪との均衡が要求される，とするものである[2]。

　この二つの主張は，結論的にはほとんど違いがないようにも見えるが，両者の間には応報概念の捉え方の点で看過し難い相違が存在する[3]。

---

1) 井田良『講義刑法学・総論』(2008年) 8 頁以下，大塚仁『刑法概説（総論）第四版』(2008年) 48頁以下，大谷實『刑法講義総論新版第三版』(2009年) 42頁以下，団藤重光『刑法綱要総論第三版』(1990年) 39頁，468頁以下，西原春夫『刑法総論改訂準備版［下巻］』(1993年) 483頁以下，福田平『全訂刑法総論［第四版］』(2004年) 21頁など。
2) 曽根威彦『刑法総論［第四版］』(2008年) 39頁，西田典之『刑法総論』(2006年) 18頁以下，平野龍一『刑法総論Ⅰ』(1972年) 22頁など。なお，林幹人『刑法総論［第 2 版］』(2008年) 12頁以下は，抑止刑論の名の下に，実質的に同種の見解を主張している。
3) 前田教授は，応報型相対的応報刑論と抑止型相対的応報刑論を対置し，前者の応報概念は，倫理的・道徳的な規範の維持を目指すという行為無価値的な考え方に結びつきやすいのに対し，後者の応報概念は，倫理秩序の維持とは直接関連しない法的応報，すなわち「犯罪という悪に対する報いとしての刑罰」という形式的な意味に理解されることが多い，とする（前田雅英『刑法総論講義［第四版］』[2006年] 30頁）。また，内藤教授は，道義的責任論と結びつく類型の応報刑論と，道義的責任とは結びつけず，動に対する反動を「応報」とする類型の応報刑論とを区別している（内藤謙『刑法講義総論（上）』[1983年] 121頁以下）。

第3章　応報概念の多様性　　151

　前者の応報刑論を基調とする立場においては，刑罰は，犯罪予防目的を考慮する以前に，まず応報でなければならない。この立場においては，刑罰が応報であるということは，刑罰を積極的に正当化する根拠のひとつだと考えられており，また，応報は刑罰の内容を規定するものとして理解されている。

　他方，後者の目的刑論を基調とする立場においても，刑罰は応報でなければならない。しかし，ここで，刑罰が応報でなければならないのは，犯罪予防目的の追求を限定するという意味においてであり，応報が刑罰を積極的に正当化する根拠とされているわけではない。刑罰の内容は犯罪予防上の必要性・有効性によって決せられ，応報は，ただ，その無制限の使用を阻止する限定要因として考慮されるに過ぎない。ここでは，応報は，「刑罰は犯罪に対応するものでなければならない」という点で刑罰権発動の必要条件であり，また，「刑罰は犯罪と均衡のとれたものでなければならない」という点で刑罰の量を限定するものではあるが，刑罰の内容を規定するものだとは考えられていない。

　このように同じく相対的応報刑論という名称が付与されていても，そこで前提とされている，あるいは，必要とされる応報概念の意味内容は，相当に違っているように思われる。

　しかし，そもそも，応報という概念は，そのように多義的なものなのであろうか。もとより，実際に，応報という概念が多様な意味で用いられていることは確かであるが[4]，そのような用法が適切なものかは検討の対象とされてよいであろう。更に，そのような応報概念の多義性を放置しておくことが，各種刑罰論の内実を正確に理解することの妨げとなっていないか，とい

---

4)　井田教授は，様々な応報概念を区別する必要があるとし，刑罰は，「犯罪の実行を前提とし，それに対する反作用として科される法的制裁という意味で応報」であり，また，「行為者に対し法の側からする非難として加えられる不利益な制裁であるという意味で応報である」が，「犯罪が生じさせた実害に見合った制裁」としては応報とは言えないとする（井田・前掲注1）8頁以下）。また，高橋則夫教授は，「応報という概念は多義的であり，被害者の応報，国家の道義的応報，神の応報，贖罪としての応報，罪刑均衡としての応報などと解されている」としつつ，「国家はあくまで個人と共同体の自由なコミュニケーションを支える政策的制度にしかすぎない」という観点から，応報を「罪刑均衡としての反作用」の意味に限定すべきだとする（高橋則夫『刑法総論』［2010年］495頁）。

152　第 2 部　刑罰の諸問題

うことも問題である。そのような関心から，本稿では，多様な応報概念の用例を瞥見した上で，刑罰論の文脈において応報概念が担う役割に関し，若干の検討を加えてみたいと思う。

2　考察の前提

　如上のような関心の下，以下では，応報の名の下に主張されることがあるいくつかの概念について検討を加えるが，その前に，応報の名の下に主張されている事柄が真に応報と呼ぶにふさわしいものか否かを判断する基準をどこに求めるべきか，ということについて一言しておきたい。

　この点で，私は，応報という概念に独自の意義が認められるとすれば，それは目的刑論の枠組みに解消されない内容をもつものでなければならないと考える。何をもって応報と呼ぶかは，ある程度論者の自由になしうるところかもしれないが，そこに言う応報概念のもつ意味が，結局，目的刑論の枠組みに解消されるのであれば，そのような主張を応報刑論と呼ぶのは適切ではないであろう。

　このような観点から見た場合に特に重要なことは，応報は，回顧的な backward-looking ものであり，展望的な forward-looking ものであってはならない，ということである。

　第一に，応報は，その内容において回顧的なものでなければならない。応報は，過去になされた行為に対応する何がしかのものから構成されなければならず，展望的な要因によってその内容が変化するものであってはならない。もし，その内容が展望的な要因の考慮によって変わりうるものであるとすれば，それは結局，目的刑論の枠組みの内部に止まるものであろう。

　第二に，応報が回顧的なものでなければならないということは，その内容が回顧的なものでなければならないということと同時に，それが必要とされる理由も回顧的なものでなければならない，ということを意味するであろう。過去の行為に対応する内容のものであっても，それが必要とされる理由が展望的な関心に基づくものであるとすれば，それは結局，目的刑論の侍女的な役割を果たすに止まるものといわなければならない。この点において，

応報は，回顧的な観点から刑罰が正当化される積極的な理由を内に含むものとして構成されなければならない[5]。

このような認識に基づいて，以下では若干の検討を加えてみる。

3　様々なる応報概念[6]

(1)　タリオの法則 lex talionis

応報は，時として，「目には目を，歯には歯を」という同害報復・タリオの法則と結び付けられることがある[7]。この点は，罪刑の均衡を導くということで一定の評価もなされる半面[8]，応報は死刑を代表とする過酷で野蛮な刑罰を正当化することになる，と批判されることも少なくない。

「過去に生じさせた害と同じ害を受けるべきだ」というのは，確かに，回顧的な関心に基づくものである。しかし，ここでは，「過去に害を生じさせた」ことが，なぜ「それと同じ害を受けるべきである」ということになるのか，その理由が定かではない。また，「同じ害を受ける」ことが，なぜ「処罰される」ことなのか，その理由も明らかではない。タリオは，「どのような刑罰を科すべきか」という問いに対する答えではあり得るが，「あることが刑罰として正当化されるのはなぜか」という問いに対する答えにはなり得

---

5) これは，応報が刑罰を積極的に正当化する唯一の理由でなければならないとか，応報の要請が認められる場合には常に処罰すべきであるとかいうことを要求するものではない。例えば，「国家はいかにコストがかかろうとも応報を実現すべし」といった主張に説得力がないことは明らかである。従って，いかに応報を強調する論であっても，現実の国家刑罰システムとして許容可能な範囲内で展開されなければならないことは当然である。しかし，そうだとしても，応報が刑罰を積極的に正当化する理由のひとつになることまで否定されるわけではない。

6) 様々な応報概念の分析に関しては，J. Cottingham, "Varieties of Retribution", The Philosophical Quarterly 29 (1979), pp. 238-246; M. S. Moore, Placing Blame, 1997, pp. 83-103; J. L. Mackie, "Retributivsm: A Test Case for Ethical Objectivity," in J. Feinberg and J. Coleman (eds.), Philosophy of law (6th ed.), 2000, pp. 780-787; N. Walker, "Even More Varieties of Retribution", Philosophy 74 (1999), pp. 595-605; L. Zaibert, Punishment and Retribution, 2006, pp. 96-152 など参照。また，Cottingham や Mackie の見解に言及するものとして橋本祐子「応報刑と復讐」日本法哲学会編『法哲学年報2015』(2016年) 16頁以下。

7) 代表的なのは，Kant の見解である。

8) 浅田和茂『刑法総論［補正版］』(2007年) 67頁，西田・前掲注2) 15頁，林・前掲注2) 5頁以下など参照。

ない。後者の問いは前者の問いに先行するものである。応報を刑罰の正当化根拠として把握するのであれば，そこでの応報は，前者の問いに先立って，まず後者の問いに対する答えを含むものでなければならない。後者の問いに対して回顧的な観点から解答を与えつつ，タリオの考え方に反対するということに何ら矛盾はない。その意味で，タリオと応報とを結びつけることは適切ではないといわなければならない[9]。

(2) 消極的応報[10]

「犯罪を行った者でなければ処罰されない」ということや「刑罰は犯罪と釣り合いのとれたものでなければならない」ということが，応報として語られる場合がある。刑罰は犯罪が行われたことを条件として科されるものであり，かつ，犯罪と均衡がとれたものでなければならないという認識自体は，今日，ほとんどの論者によって共有されており，伝統的な応報刑論の主張も，これらのことは当然の前提としていたと考えることができる。そうだとすれば，これらを応報と呼ぶことは何ら異とするに足らないように見えるかもしれない。

しかし，応報の中身はこれに尽きるとされるならば，俄かに様相は異なってくる。

この類の主張は，一般に，刑罰の積極的な正当化根拠を犯罪予防に求めながら，その犯罪予防目的の追求に「犯罪を行った者でなければ処罰されない」とか「刑罰は犯罪と釣り合いのとれたものでなければならない」という限定を設けることによって初めて刑罰は正当化される，という形で展開される。「犯罪を行った」「犯罪との均衡」ということは回顧的な関心に基づくものであるが，それには刑罰を限定するという消極的な役割しか与えられず，それが処罰すべき積極的な理由となるわけではない。刑罰を正当化するプロセスにおいて，「犯罪を行った」「犯罪との均衡」という最小限の回顧的な関

---

9) Moore, supra note 6, p. 88; Zaibert, supra note 6, pp. 105-111参照。

10) ここで消極的応報と呼んでいるものとほぼ同じ内容のものを，Cottingham は，「ミニマリズム Minimalism」と呼んでいる（Cottingham, supra note 6, pp. 240-241.）。また，Zaibert は，この「ミニマリズム」について詳細な批判的検討を加えている（Zaibert, supra note 6, pp. 127-152.）。

心を応報と呼んで，刑罰正当化の必要条件とするのである。このような応報の理解を，ここでは，消極的応報概念と呼ぶことにする[11]。

　しかし，これを応報と呼ぶことには少なからぬ疑念がある。その疑念は，これらのことがなぜ要請されるのか，ということを考えることによって，明確にすることができるであろう。

　犯罪を行った者でなければ処罰されず，また，刑罰は犯罪と均衡していなければならないのは，どうしてであろうか？この問いに対して，いわゆる応報刑論に立つ者であれば，おそらくは，「犯罪を行っていない者は刑罰を受けるに値しないし，また，犯罪を行った者であっても，自己の行った犯罪と釣り合いのとれない刑罰を受けるに値しないからである」といった解答を与えるのではないかと思われる。この解答は，「犯罪を行った者は，自己の行った犯罪と均衡のとれた刑罰を受けるに値する」という理解を前提とするものである。無論，このような解答は，更に，その「値する」という言葉で表現される犯罪と刑罰との間に存する必然的な関係の中身を説明しなければならないという問題に直面するが（この点に関しては，後述(4)(5)参照），「犯罪を行った」という過去の事実が刑罰を積極的に正当化する理由のひとつであると考えている点で，目的刑論の枠組みに解消されない内容を含んでいる。その意味で，これを応報と呼ぶことは一先ずは了解できる。

　しかし，消極的応報概念を採用する論者は，このような考え方をしていない場合が多い。

　その代表例は，H. L. A. Hart の見解である。周知の如く，Hart は，刑罰に関する議論を過度に単純化することに警鐘を鳴らし，①刑罰の定義 definition の問題，②刑罰の一般的な正当化目的 general justifying aims の問題，③刑罰の配分 distribution の問題を区別すべきであると主張した。そ

---

11)　Mackie は，応報主義を，①「罪を犯していない者は，処罰されてはならない」とする消極的応報主義 Negative retributivism，②「罪を犯した者は，処罰されてもよい」とする許容的応報主義 Permissive retributivism，③「罪を犯した者は，処罰されるべきである」とする積極的応報主義 Positive retributivism に分けている（Mackie, supra note 6, p. 782. なお，消極的応報主義は上述したミニマリズムの別称であるとしている）。この区分は，更に量的な要素も加味することができ，例えば，量的な消極的応報主義は，「たとえ，犯罪を行ったとしても，その犯罪との均衡を失した重い刑罰を科してはならない」と定式化される。本稿が用いる消極的応報概念は，これに示唆を得たものである。

156　第2部　刑罰の諸問題

して，Hart は，②の問題に対しては，功利主義的な観点から，犯罪予防などの有益な結果がもたらされるという点にその答えを求める一方で，③の問題に対しては，自由意思で法に違反した者だけしか処罰されないと答え，これを「配分における応報 retribution in distribution」と呼んだ。ここから，Hart は，犯罪予防などの刑罰目的の追求は，自由意思で法に違反した者しか処罰されないという制約を受けるという見解を主張した[12]。

　このような考え方によれば，罪を犯していない者を処罰することは，正当化されない。しかし，なぜ，正当化されないのであろうか？この点に関し，Hart は，「個人の自由を最大化する社会統制の方法」という観点から答えようとしている[13]。もし，自由意思で法を破った者だけしか刑罰を科される責任を負わないとすれば，市民は，自分が刑罰を科される責任を負うようになるかどうかを予測し，かつ，それをもとにして行動をコントロールすることができるが，もし，自由意思によらないで法に違反した者にも刑罰が科される可能性があるということになっていると，そのような予測や行動のコントロールは不可能である。従って，自由を最大化するためには，前述のような制約が必要だとするのである。

　この論理が，基本的には展望的な観点から展開されていることに，留意しなければならない。すなわち，「犯罪を行った者でなければ処罰されない」ということが要求されるのは，それが「自由を最大化する」という目的に奉仕するからなのである[14]。過去の犯罪行為に対する回顧的な関心が，処罰

---

12)　H. L. A. Hart, Punishment and Responsibility, 1968, pp. 1-27. なお，犯罪予防目的の追求に課されるこのような制約を「横からの制約 side constraint」と呼ぶことがある（R. A. Duff, Punishment, Communication, and Community, 2001, pp. 11-13参照。また，「横からの制約」という考え方に関しては，例えば，ロバート・ノージック［嶋津格訳］『アナーキー，国家，ユートピア』［1994年］43頁以下など参照）。

13)　Hart, supra note 12, p. 23, p. 46.

14)　Hart 自身は，このような制限を「刑罰の一般的な正当化目的」である功利主義からは導き出すことができないものだと考えている。確かに，ここで Hart が主張しているのは，「全ての人が自由を保障される平等な機会を有していなければならない」といった一種の配分的正義にかかわる事柄であり，一般的な功利主義的考慮とは異質のものであるように思われる。しかし，その推論形式は，「自由を善とみなし，その最大化を志向する」というものだと解されるところ，それは，依然として回顧的な関心とは一線を画するものであり，いわゆる結果主義 cosequentialism を基調とする立場だと考えられる。これに対して，Walker は，Rawls 流の公正の観念に訴えかけることによって，ほぼ同様の消極的原理を展開しているが，彼は，自説を，功利主義的なもの

の理由になっているわけではない（「犯罪を行った『から』処罰する」のではない）。従って，本稿の立場からすれば，このようなものを応報と呼ぶのは適切ではないことになる[15]。

(3) 応報感情

応報は，人々の様々な感情や感覚と結びつけて論じられることがある。

第一に，刑罰は被害者の応報感情を慰撫するとか，被害者の復讐の欲求を満足させるとか言われる場合がある[16]。これが，刑罰は被害者に精神的な満足を与えるから正当化されるという文脈で言われるのであれば，それは，展望的な関心に基づくものであり，応報と呼ぶには相応しくない[17]。他方で，これが，犯罪が被害者の心に生じさせた不満の念と刑罰が犯罪者に生じさせる苦痛との間に何か必然的な関係があるという意味で解釈されるならば，それは，回顧的な関心に基づくものだと言い得るであろう。しかし，「望まれていることは，そのことの故に望ましい」という（今日では誤りだとされる）前提[18]に立たない限り，被害者が処罰を望んでいるということが，なぜ，刑罰を正当化する理由になるのかは，全く明らかではない[19]。また，いずれにせよ，このような感情は，被害者が処罰に無関心であったり，処罰を望んでいなかったり，更には，具体的な被害者を特定することが困難であるような場合には，問題とならない。

でも応報主義的なものでもないと考えている（N. Walker, Why Punish?, 1991, ch. 11.）。

15) 罪刑の均衡に関わる量的な消極的応報概念においては，そのような均衡を図る尺度として妥当し得る応報概念の実質を明らかにする必要があろう。その場合に問題となる点は，回顧的な観点から刑罰が正当化される積極的な理由を内に含み得る応報概念の実質を明らかにすることであると思われる（そこでは，後述する(4)～(6)で問われていることと同種の事柄が問題となるであろう）。この点を明らかにせず，ただ，「犯罪との均衡を失した重い刑罰を科してはならない」という要請のみを掲げるとすれば，それは応報刑論と呼ぶに相応しい実体を備えてはいないであろう（この関連で，責任主義を刑の上限を画する外在的な制約に純化する見解について，「相対的応報刑論というより，むしろ『責任主義によって制約された目的刑論』と呼ぶ方が正確かもしれない」との指摘がなされている［井田良・法学教室93号［1988年］116頁］のは興味深い）。

16) 藤木英雄『刑法講義総論』（1975年）3頁。なお，西原・前掲注1）486頁以下は，復讐感情，報復感情などと表現するが，ほぼ同旨だと考えられる。

17) Walker, supra note 6, pp. 597-598; Mackie, supra note 2, p. 782; Moore, supra note 6, p. 89.

18) 一般に，これは，Mill の見解に由来するものとされる（J. S. ミル［伊原吉之助訳］「功利主義論」関嘉彦責任編集『世界の名著49ベンサム／J. S. ミル』[1979年] 496頁以下参照）。

19) Cottingham, supra note 6, p. 242参照。

158 第2部 刑罰の諸問題

第二に，刑罰は被害者に限らず広く一般の人々の応報感情を満足させる，ということが指摘される場合もある[20]。また，そのような感情が慰撫されなければ，市民が私的制裁に走る可能性があるから，それを防止するために刑罰は存在する，などと言われる場合もある。しかし，これも，一般市民の精神的な満足，私的制裁が横行することによって社会秩序が混乱することの回避といった，展望的な関心に基づくものである。

このように応報感情という形で引き合いに出されるものは，基本的に展望的な関心に基づくものだと考えられ，従って，これを応報と呼ぶのは相応しくない。むしろ目的刑論の枠組みにこそ適合的であるとさえいえる[21]。

それにもかかわらず，このようなことが応報刑論の文脈において，根強く主張され続けているのは，「罪を犯した者は罰せられるべきである」という広く共有されていると考えられる観念を無視することはできないと考えられているからなのであろう。確かに，このような観念は多くの人に共有されていると思われる。また，そうであるからこそ，刑罰は人々のそのような欲求を満足させることができるのであろう。しかし，人々がそのような観念を持っているということそれ自体は，そのような観念の正当性を基礎づけるものでもなければ，その観念の内容を説明するものでもない[22]。必要なのは，「罪を犯した者は罰せられるべきである」ということが何を意味するのかを，説明することである。

(4) 当然の報い desert

刑罰の正当化根拠を，「犯罪者は当然それを受けるべきである」とか「犯罪者はそれを受けるに値する」というところに求める考え方が，応報刑論として主張されることがある。このような考え方は，特に，1970年代に英米で生じた「応報主義のルネッサンス」と称される動きの中で，「当然の報い

---

20) 藤木・前掲注16) 3頁，西原・前掲注1) 486頁以下。

21) Dresslar は，応報的刑罰は，処罰がなかったら私的復讐によって充足されるであろう報復感情を満足させるものであるとの正当化論を，「功利主義の仮装形式」であるとしている（ヨショア・ドレスラー［星周一郎訳］『アメリカ刑法』［2008年］23頁）。

22) 前田教授は，応報の実質を国民の規範意識によって説明するが，そのような応報概念の必要性を刑罰の機能・効果との関連でしか捉えておらず，国民の規範意識（もっとも，これが何を意味するかということ自体問題であるが）の正当性を問うという視点は見られない（前田・前掲注3) 30頁以下参照）。

desert」という概念を軸にして展開された刑罰論において顕著である。

　ここでは，犯罪を行ったことが刑罰を正当化する積極的な理由となっている。従って，回顧的な関心が刑罰を正当化する理由となっている点で，本稿の立場を前提としても，一応，応報と呼び得るものである。しかし，これが何を意味するのかは，悩ましいほど不明確である。

　この点に関し，例えば，Moore は，次のように主張する[23]。

　仮に，自分が恐ろしい犯罪を行ったと想像してみよう。その時，私は，「死ぬまで罪の意識を感ずる」であろう。その感情を前提とすれば，「私は処罰されるべきである」と判断するであろう。その罪の意識という感情は有徳なものである。有徳な感情は，その感情がもたらす道徳的な判断が正しいことを示唆する発見的指針 heuristic guides である。従って，罪の意識という有徳な感情がもたらす「私は処罰されるべきである」との判断は，道徳的に正しいものであることが暗示される。ここで，もし，私が，実際に犯罪を行った者を，「意思と理性の能力をもつ」自分自身と同様の人間として尊重すべきであるとするならば，私は，彼の受けるべきもの desert について，自分自身に関して下すであろう場合と同様の判断，すなわち，彼は処罰されるべきである，との判断を下さなければならない。

　この見解は，ある種の処罰感情を出発点としながらも，そのような感情を満足させるために処罰するという構成をとってはいない。その点で，展望的な関心を基礎に置いているわけではなく，(3)で言及したような問題点は免れている。

　しかし，この Moore の論は，詰まるところ，「罪を犯した者は処罰されるべきである」という直感に訴えかける以上のものではないのではなかろうか？確かに，多くの人は，罪の意識が生ずることによって，罰を受けるべきだという判断に至るかもしれない。そして，その判断は，その罪が罰を受けるに値するものであるとの直感を反映するものでもあろう。しかし，徹底的な直覚主義者 intuitionist でもない限り，これをもって刑罰は正当化される

---

23)　M. S. Moore, "The Moral Worth of Retribution," in Responsibility, Character and the Emotions, F. Schoeman (ed.), 1987, pp. 179-219.

と考えることはできないであろう[24]。「罪を犯した者は処罰されるべきである」というのは，確かに，多くの人の直感に合致しているであろう。しかし，私たちが必要としているのは，その直感が正しいとする理由である。その直感の正しさは何によって保証されるのか[25]。Moore の論は，何らその点に答えてはいない[26]。

---

24) Walker, supra note 6, pp. 596-597参照。もっとも，Moore 自身は，完全な直覚主義に与してはいない。なお，Moore の論は，自分が感ずる罪の意識から出発して刑罰の正当性を基礎づけようとするものだとも見得るが，罪の意識を感ずることが仮に一つの罰だとしても（罪の意識にさいなまれることは確かに苦痛ではあろう），それは自己内発的な類の罰であり，他者によって苦痛が賦課される刑罰との間にはやはりギャップがあるといわざるを得ないであろう（「非難」に犯罪者に罪の意識を喚起させる契機としての意義を認めるならば，それは，このようなギャップを埋めようとするひとつの試みと評することができるかもしれない）。

25) この点は，倫理的判断の客観性という問題にかかわる。直覚主義の立場によれば，「罪を犯した者は処罰されるべきである」という判断の正しさを，「直覚する」こと以外の方法で説明することはできないということになるであろう。その場合，「罪を犯した者は処罰されるべきである」という判断の客観的正当性を支える基盤は，極めて脆弱であるといわざるを得ない。このことに関連し，Mackie は，応報の原理を客観的な真理として主張することは困難であるが，「人々はなぜ応報的な態度をとる深い傾向があるのか？」という形で問題設定するならば，それには，そのような傾向を有することが結局人々の生存にとって有利だからであると答えることができるとする。そして，この傾向は，生物学的な自然選択によって説明される本能的な傾向であるか，あるいは，生物学的な選択の類推である社会進化の過程によって説明される文化的な特性であるか，あるいは，更に，「ミーム memes」であるかであろう，と述べている（Mackie, supra note 6, pp. 786-787.）。これは，社会生物学的，あるいは，進化心理学的アプローチとして興味深いものといえよう（Walker, supra note 6, p. 597 にも進化ゲーム論的知見も交えた類似の考察が見られる。なお，ミーム論と法との関係については，太田勝造『社会科学の理論とモデル 7 法律』[2000年] 22頁以下参照）。この点に関しては，拙稿「刑罰論の現状と課題」刑事法ジャーナル54号（2017年）9 頁以下も参照。

26) Murphy は，応報を基礎づけるに当たって，「憤慨 resentment」や「応報的憎悪 punitive hatred」に照準を合わせている。憤慨は自分自身の自尊心を表現するものであり，応報的憎悪は不正行為者の「不相応な，あるいは，不正な手段で得られた」幸福を剥奪する苦痛を彼に課すことによって「適切な道徳的バランスを回復したい」という欲求を伴うものであって，いずれも，原則として，「一定の場合の不正行為に対する自然で，相応しい，適切な反応」である。そうであるとすれば，そのような感情は，原則的に，犯罪者から不相応な幸福を奪うことによって，まさしく，そのような感情を満足させることを目的とする刑事罰のシステムを生み出す動機となり得るであろう（J. G. Murphy & J. Hampton, Forgivness and Mercy, 1988, ch. 1, 3.）。しかし，被害者が憤慨，憎悪するのは道徳的に適切な反応であるとしても，そのような感情を犯罪者に苦痛を負わせる行動に直結させるのは，半ば復讐を認めるようなものであろう。また，彼は，この考え方を後述するフェアプレイ理論に結び付けているように思われるが，そうだとすれば，該理論が抱える問題点も同時に包蔵していることになろう。むしろ，Murphy の見解では，犯罪者が現実に獲得した幸福に焦点が合わせられているようである分，問題性はより大きいとも思われる（犯罪者が常に何らかの利益を獲得するとは限らないし，また，例えば，窃盗犯人から盗品を没収するのは当然としても，それだけで処罰が完結するとは思われない）。

第3章 応報概念の多様性　161

(5) フェアプレイ理論

「応報概念は，回顧的な観点から刑罰が正当化される積極的な理由を内に含むものとして構成されなければならない」との要請に応えるためには，「過去に行われた犯罪」と「現在科される刑罰」との間に，「刑罰がもたらす将来の効果」によって基本的に左右されない必然的な関係（刑罰が犯罪に対して本質的に intrinsic 相応しい反応であることを保証する関係）があること，そしてまた，その関係の内実を示さなければならない。これが，単に直感に訴えかけるだけでは達成できないことは(4)で見たところである。それでは，この関係を，より具体的に示すことはできるであろうか？

このような観点から見た場合，公正 fairness に関する一般的な原理の中に応報概念を基礎づけようとする見解は，非常に興味深いものである。

この見解は，一般に，「協同の実践に参加し，その実践が提供する利益を受容する者は皆，その実践に伴う負担を共有しなければならない義務がある」[27]という「フェアプレイの原理」を出発点としている。この原理によれば，構成員の協同により集合的に生み出される利益を，その利益を生み出すために他者が負担しているコストを負担することなしに享受すること（「ただ乗り free rider」）は，不公正である。ところで，私たちが社会をつくるのは，混乱した世界を避け，秩序立った世界に生きる方が自分たちの利益になるからであるが，そのような利益は，構成員各自が，そのような秩序を可能とする規則やルールを守ることによって初めて生み出されるものである。ある法的秩序の枠内で生活している者は皆，他の人がその法を遵守していることによってもたらされる利益を享受している。ここで，フェアプレイの原理は，他者が法を遵守することから利益を得ている者は皆，自分自身もその法に従う道徳的な責務を負うことを要請する。ところが，犯罪者は，他者が法を遵守して自制していることに由来する利益を享受していながら，自分自身は法を遵守する責務を拒否している。犯罪者は，他の人の遵法行為にただ乗りしているのであり，これでは，利益と責務の均衡が失われてしまう。そこで，犯罪者に，ただ乗りによって得た「不公正な利益 unfair advantage」を剥奪

---

27)　R. Dagger, "Playing Fair with Punishment", Ethics, Vol. 103, No. 3 (1993), p. 475.

162　第2部　刑罰の諸問題

する追加的な責務を課すことによって，社会における利益と責務の公正なバランスを回復しなければならない。この追加的な責務が，刑罰である[28]。

　ここでは，犯罪が，「法を遵守し自制するという責務を拒否することによって不公正な利益を獲得するもの」とみなされ，他方，刑罰が，「その不公正な利益と釣り合う追加的な責務を課すもの」として把握されている。刑罰の内容が，犯罪という過去の出来事によって必然的に規定される関係がここにはある。加えて，その内容も，少なくとも直感に訴えかけるような理論よりは具体的であるといえよう。

　しかしながら，この見解にも疑問があるといわなければならない。

　第1に，この見解は，犯罪者が獲得したとされる「不公正な利益」とは何なのか，ということを具体的に示し得ていない。この見解がいう「不公正な利益」は，犯罪の結果得られた何らかの物質的な利益ではなく[29]，他の遵法な市民は享受していない「自制を免れる自由」という極めて抽象的・観念的な利益である。しかし，このような利益を剥奪するのに相応しい責務の内容を具体化することは困難だといわなければならない。

　更には，法を遵守する責務を拒否する点のみが問題なのだとすれば，それ

---

28)　例えば，H. Morris, "Person and Punishment", The Monist 52 (1968), pp. 475-501; J. M. Finnis, "The Restration of Retribution", Analysis 32 (1972), pp. 131-135; J. G. Murphy, "Marxism and Retribution", Philosophy and Public Affairs 2 (1973), pp. 217-243; A. von Hirsh, Doing Justice: The Choice of Punishment, 1976; W. Sadurski, "Distributive Justice and the Theory of Punishment", Oxford Journal of Legal Studies 5 (1985), pp. 47-59; G. Sher, Desert, 1987, ch. 5.; R. Adler, The Urgings of Conscience, 1992, ch. 5-8.; Dagger, supra note 26などが，このような見解に属する。もっとも，Murphy (J. G. Murphy, "Retrbutivism, Moral Education and the Liberal State", Criminal Justice Ethics 4 [1985], pp. 3-11.) や von Hirsh (A. von Hirsh, "Proportionality in the Philosophy of Punishment: From 'Why Punish?' to 'How Punish?'", Criminal Law Forum 1 [1990], pp. 264-269.) は，後に，この立場から離反する。また，Morris は，後に，刑罰は，道徳的な主体である犯罪者に向けて，あなたは共同体の価値を侵害したのであり，その故に，あなたの行為は不正なものである，というメッセージを伝達する複雑なコミュニケーション的行為である，との主張を展開するようになる（H. Morris, "A Paternalistic Theory of Punishment", American Philosophical Quarterly 18 [1981], pp. 263-271.）。これは，一般に「道徳的教育理論 moral education theory」と呼ばれるものであるが，これとフェアプレイ理論とがいかなる関係に立つかは，必ずしも定かではない。

29)　もし，犯罪の結果得られた利益が問題なのだとすれば，窃盗犯人は盗品を没収されるだけで済むであろうし，また，10万円の窃盗と1万円の強盗では前者の方が刑が重いということになるであろう。更に，未遂犯の処罰にも支障を来すことになろう。

によって得られる利益は、いかなる犯罪においても、また、いかなる状況においても、基本的に同一のものであると解する方が筋が通っているようにも思われる。しかし、もし、そうだとすれば、各種犯罪間の重大性の違いによって刑に差を設けたり、同種の犯罪においても被害の程度や犯情などによって量刑に差を設けたりすることは、できないということになってしまうであろう。

　第2に、この見解は、犯罪がなぜ不正なものとなるのかということに関して、非常に歪んだ理解をすることになると思われる。例えば、この見解によると、強姦犯は、自己の意思で強姦を自制している男性全てを不公正に利用したフリーライダーであるが故に処罰されるということになるであろう。しかし、これは受容し難い見方であると思われる。なぜならば、Duff が指摘するように、「レイプが不正であるのは、それが他者の人格的な利益と完全性とを攻撃するからであり、法を遵守する者を不公正に利用するからではない」からである[30]。同様のことは、殺人、傷害、暴行等々、他の多くの犯罪にもいえることであろう。

　第3に、この見解は、「不公正な利益の剥奪」としての刑罰を純粋に回顧的な関心から基礎づけているのか疑わしい。確かに、この見解によれば、刑罰は「犯罪者が犯罪によって得た不公正な利益と均衡する追加的な責務」をその内容とするから、回顧的な関心によってその内容は規定されている。しかし、なぜ、そのような追加的な責務を課すのであろうか？それは、利益と責務の公正なバランスを回復するためであるとすれば、それは明らかに展望的な関心によるものだと思われる。そのようなモラルバランスの崩壊を、国家が放置するとなれば、秩序立った世界を形成して人々の安全・自由の保護をもたらすという目的が挫折してしまうと考えるからこそ、そのようなバラ

---

30)　R. A. Duff, Trials and Punishments, 1986, p. 212. ところで、他の人は自制しているのに犯罪者はその負担を免れているということが刑罰の根拠になるという見方は、「自分は我慢しているのに、なぜお前だけやるのだ。ずるいではないか。」というような感情と結びつきやすいように思われるが、これは、「総じて人は犯罪に当たる行為を本当はやりたいと思っているものだ」というような見方に至る可能性が高いのではなかろうか。仮にそうだとすれば、この見解は、単に犯罪の不正さの理解が歪んでいるというだけでなく、そもそも、前提とされている人間観にも問題があるということになるように思われる。

ンスの回復を図るのであろう。仮にそうだとすれば，これは，むしろ目的刑論の考え方だといわなければならない[31]。

(6) 非難

応報を，犯罪行為を根拠に犯罪者に対して加えられる非難として理解する見解は，わが国でも非常に有力である。このような見解が支持される理由は，少なくとも，二つあると思われる。

ひとつは，刑罰は，このような非難を表現するものであると考えることによって，初めて他の処分との本質的な差異を説明することができるという点である。刑罰は，「違法行為に対する非難の性格をもった制裁（応報的制裁）である」点に本質的特色があるのに対し，「税金を課すことにも，感染症患者を入院させることにも，そして保安処分を科すことにも，非難の要素は一切ない」というのである[32]。

他のひとつは，刑罰は行為者に対する非難を限度とするということで，罪刑の均衡を基礎づけることができるという点である。応報を責任非難に見合った苦痛と考え，応報刑を責任に応じた刑と捉えることにより，責任主義を経由して，罪刑均衡の原則が導出される[33]。

このような応報概念の理解は，おそらく現在の我が国の刑法学において，最も一般的なものではないかと思われる。しかしながら，このような理解にも問題があるといわなければならない[34]。

---

31) この見解は，一般に，義務論的（deontological）な理論であると理解されている（例えば，曲田統「一般理論」法律時報81巻［2009年］6号7頁など）。しかし，モラルバランスの回復それ自体が自己目的である，と解するのは妥当ではないように思われる。

32) 井田・前掲注1）9頁。なお，山口教授も，刑罰には非難という特別な意味が込められている点で病気に対する治療とは異なるとされるが，他行為可能性に基づく非難の意義を，それ自体が刑罰を基礎付ける点（これが応報刑論であるとされる）にではなく，非難という意味が込められた刑罰の賦課による犯罪予防を正当化する点（これが目的刑論であるとされる）に求めるなど，応報概念を用いた説明を慎重に回避している（山口厚『刑法総論第2版』［2006年］3頁，181頁以下）。

33) 井田・前掲注1）9頁以下，542頁。

34) 本文で言及したもののほか，このような理解が言うところの応報概念と罪刑の均衡との結びつきは，それが喧伝されるほど確固たるものではないのではないか，という疑問も払拭できない（なお，応報刑論が罪刑均衡の要素を含むと解することに疑問を呈するものとして，内藤・前掲注3）122頁以下参照）。近時，量刑論の発展には目を見張るものがあるが，そこでなされている深遠かつ精緻な諸議論を見てもなお，ある犯罪行為に対する非難の程度を検証可能な形で数量化

第1に，犯罪者は非難されるべきであるとしても，その非難が刑罰の形で表現されなければならない理由があるかは問題である。例えば，有罪判決も，犯罪者を非難する要素を当然に含んでいるが，なぜ，それだけでは十分でなく，場合によっては相当に厳しい取り扱いをする刑罰を通じてまで非難を表現しなければならないのかは，必ずしも明らかではない[35]。

第2に，これがより本質的なことであるが，「応報概念は，回顧的な観点から刑罰が正当化される積極的な理由を内に含むものとして構成されなければならない」とすれば，非難としての応報概念はこの要請を満たしていない疑いがある。刑罰は，犯罪行為に対する非難を表現するものでなければならない，とされる。しかし，なぜ，そうまでして非難を表現しなければならないのであろうか？非難をすることそれ自体が自己目的であると解するのでない限り，そこには，非難を表現することによって目指されている何らかの目的があると考えるのが自然であろう[36]。端的に言って，それは犯罪予防であると考えられる。犯罪者を非難することによってもたらされると考えられる犯罪予防効果には，様々なものがあり得る。犯罪を行った者は，非難されることで苦痛を感じ，それによって将来の犯罪を控えようとするかもしれない。また，非難されている理由に目を向け，自分の行ったことの不正さを理解し，将来の犯罪を控えるようになるかもしれない。更には，犯罪者は非難

することは，ほとんど絶望的なほど困難ではないかとの疑念を禁じ得ない（責任主義を刑法の基本原則として維持しながら，「行為責任を上限とするとしても，その内容は観念的過ぎて，実際の量刑を決定するに当たってあまり役立たない」から，「理念としては当然尊重されるべきであるが，実際的な量刑の基準としての役割は補充的で小さいというべきである」とする原田元判事の言〔原田國男『量刑判断の実際〔第三版〕』〔2008年〕5頁〕は，責任主義と呼ばれるものの量刑段階における現実的な機能をかなり的確に言い当てているように思われる）。

35）　この点に関しては，（不十分ではあるが）本書第2部第4章参照。

36）　曲田教授は，刑罰は「犯罪に対する非難をとおして，コミュニティの共通価値の正当性を公的に示す役割を担う」としつつ（曲田・前掲注31）7頁），「規範の維持などという目的に資するかいなかは，刑罰発動にとって重要たり得ない」とされる（同11頁）。ここでは，「非難は，コミュニティの価値の正当性を示すためになされる」ということなのか（この場合には，このような目的と刑罰発動との関係が問われよう），それとも，「非難は，コミュニティの価値の正当性を示すために行われるのではないが，事実上，そのような機能を営む」ということなのか（この場合には，なぜ非難するのかが問われよう），あるいは，「非難は，コミュニティの価値の正当性を示す意味をもつ」ということなのか（この場合には，まさしくこのような理解の意味が問われよう），が問題である。

166　第2部　刑罰の諸問題

されるということを国民に示すことで，人々の法に対する信頼，遵法精神を醸成することによって，社会秩序の維持が図られるかもしれない。いずれであれ，非難が表現されるのは，それが犯罪予防に資すると考えられているからである。しかし，これは，むしろ目的刑論の考え方であろう[37]。

4　結語

　これまでの検討から，応報の名の下に主張される様々な概念は，目的刑論の枠組みに解消されない独自の意義をもった応報概念を明晰に示すという観点から見た場合，いずれも十分に満足のいくものではないとの暫定的な結論を得た。私の見るところ，このような応報概念の多義性と曖昧さが，「相対

---

[37]　英米では，刑罰は非難を表現するものであるという見解を，「非難表明理論 expressive Theory」とか「非難理論 reprobative Theory」などと呼び，功利主義，応報主義と並ぶ独立の刑罰正当化根拠として分類する場合も多い（例えば，ヨショア・ドレスラー・前掲注21）25頁。また，D. Boonin, The Ploblem of Punishment, Cambridge University Press, 2007, pp. 171-180も参照）。なお，私見によれば，「非難表明理論」と呼ばれる諸見解の中には，少なくとも二つの異なる流れがあるように思われる。ひとつは，非難の表明を，規範の維持，加害者の教育，社会的結束の維持といった目的を達成するための手段として理解するものである。この場合，非難の正当性は，これらの目的の実現にどの程度資するかにかかることとなろう。このような立場は，基本的に目的刑論の系譜に連なるものだと思われる。これに対して，もうひとつは，非難は犯罪予防を目的とするが，そこに言う犯罪予防は理性的な存在として尊重される個人の意思決定を通じて実現されるものだと理解するものである。この場合には，非難の正当性は，犯罪予防効果に完全に左右されるのではなく，手段それ自体がもつ意味・適切さにも（むしろ，こちらの方により多く）依存すると解される余地があろう。このような立場は，非難に犯罪予防目的を付与する点で純然たる応報刑論とは異なると考えられるが，他方で，非難を犯罪予防の単なる手段として理解するのではなく目的内在的な価値を有する手段（理性的な存在として尊重される個人の意思決定を通じての犯罪予防という目的を達成するのに相応しい手段）として理解する点で伝統的な目的刑論の枠組みとも異なるものである（Duff は，「目的論的コミュニケーション teleological communication」の名の下に，このような方向性を推し進めた議論を展開している［R. A. Duff, "Penal Communications: Recent Work in the Philosophy of Punishment", Crime. and Justice: A Review of Reserch, vol. 20 [1996], pp. 45-57.]）。なお，Hörnle は，ドイツの議論も踏まえながら，有罪判決がもつコミュニケーション行為としての意義を重視する見解を，表現的刑罰論（Expressive Straftheorien）と呼び，更にそれを規範指向型のアプローチと人指向型のアプローチとに分けている。規範指向型のアプローチは，不特定の名宛人，すなわち，抽象的・包括的な意味での公衆に向けられたメッセージを強調する（規範の確証 Normbestätigung）のに対し，人指向型のアプローチは，有罪判決に含まれているメッセージが特定の人（犯罪者，被害者，事件を見聞した第三者）の心に訴えかける作用を重視するものである（T. Hörnle, Straftheorien, 2. Aufl., 2017, S. 31ff.）。

的応報刑論」という呼称の射程をやや無節操に広げている主たる理由であるように思われる[38]。「相対的応報刑論」という呼称を用いることによって，応報刑論と目的刑論の間にある深遠な溝が見失われ，両者の妥協が可能であると安易に考えられていないか，今一度，再考してみる必要があるのではなかろうか。

　もっとも，私は，本稿で疑義を呈した各種の概念が，今後，応報という言葉で表現されなくなるとは思っていない。むしろ，今後も，これらの概念は，応報の名の下に引き続き使用されるであろうと予想している。しかし，どのようなものであれ，「応報」あるいは「応報刑論」という呼称を今後用いる際，心のどこかに警戒感をもって臨む者が出てくるようであれば，本稿はいかばかりかの寄与を果たすことになるであろう。

[追記]

　米村准教授は，刑罰のフェアプレイ理論について，①この理論は（国家）刑罰の正当化に関する理論であり，犯罪行為の道徳的悪さを説明するための理論ではないから，個別の犯罪の悪さを上手く説明できないという批判はこの理論にとって決定的なものではない，②この理論は刑罰の正当化理論であり，異なる犯罪類型に応じた適切な量刑のための理論ではないから，犯罪による量刑の差異を説明できないという批判にも応答可能である，とする（米村幸太郎「『功績 desert』概念と応報」日本法哲学会編『法哲学年報2015』［2016年］43頁以下）。しかし，ここまで希薄化されたフェアプレイ理論は，フリーライダーに対する何らかの「制裁」を正当化する理論だとはいえても，「刑罰」を正当化する理論としては十分ではないように思われる。

---

38) 例えば，井田・前掲注1）544頁では，応報に重点を置くか，犯罪予防に重点を置くかという点で違いがあると留保しつつも，大塚，大谷，佐伯（千），曽根，団藤，前田，内藤，西田，西原，林（幹），平野，福田，山口，山中といった諸家の見解が相対的応報刑論に分類されている。しかし，（おそらく，教科書としての制約から詳細は省かれているのであろうが）これらの諸家が共通の応報概念を支持しているとは思われない。なお，相対的応報刑論というカテゴリーの不明確さについては，澤登俊雄「現代における刑罰の本質と機能」石原一彦・佐々木史朗・西原春夫・松尾浩也編『現代刑罰法体系第1巻　現代社会における刑罰の理論』（1984年）46頁以下も参照。

第4章　刑罰と非難

1　はじめに

　刑罰は，それを科される者にとって苦痛あるいは負担となるものである。しかし，人に苦痛や負担を与える措置が全て刑罰となるわけではない。例えば，課税や伝染病患者の隔離・治療などは，その対象者にとって負担となるものであるが，これらは刑罰ではない。人にとって苦痛や負担になるという作用の点では違いがないとすれば，刑罰とこれらの処分とを区別するものはいったい何であろうか？

　おそらく，多くの論者は，その違いを，非難の有無という点に求めるであろう。現在の通説的な見解によれば，犯罪が成立するためには行為者に責任が認められることが必要であり，その責任の内容は非難可能性であるとされる[1]。従って，刑罰は非難可能な者に対してしか科すことができない。このように理解される主たる理由は，刑罰には非難の意味が込められているというところにある[2]。刑罰は犯罪行為に対する非難を表現するという意味を有

---

1)　責任の内容を非難可能性として理解することに対して否定的な見解としては，堀内捷三「責任論の課題」芝原邦爾＝堀内捷三＝町野朔＝西田典之編『刑法理論の現代的展開総論Ⅰ』（1988年）172頁以下。

2)　例えば，山口厚『刑法総論』（2001年）165頁以下。なお，川端博＝前田雅英＝伊東研祐＝山口厚『徹底討論刑法理論の展望』（2000年）256頁以下，渥美東洋『罪と罰を考える』（1993年）290頁以下も参照。

　ところで，責任の内容を非難可能性として理解しながらも，責任の意義を国家刑罰権の行使を制約するためのものとして位置づける見解も有力である（内藤謙『刑法講義総論（上）』［1983年］124頁以下，曽根威彦『刑法総論［新版補正版］』［1996年］37頁以下）。このいわゆる消極的責任主義の立場によった場合，刑罰が非難の要素を含むことになるのかどうかは，必ずしも明らかではない。責任が，刑罰の「正当化根拠」ではなく，「前提条件」であり，また，犯罪予防目的追求に「限界」を設定するものであるとすれば（内藤・前掲113頁，127頁），責任は，刑罰の限界を画するものではあるが，刑罰の内容を規定するものではなく，従って，非難という要素は，必ずしも刑罰の内容にかかわる本質的な要素ではないということになろう。他方で，消極的

している点で，他の処分とは本質的に異なるものだと考えられているのである[3]。

　確かに，私たちは，通常，犯罪者を非難している。それは，自然な感情でもあろう。しかし，ただ自然な感情であるというだけでは，いまだ，それを刑罰の形で表現すべきだとする十分な理由とはならない。私たちは，なぜ刑罰が非難の意味を含むべきなのかを説明しなければならない。本稿の主たる関心は，その説明可能性を模索するところにある。その際には，とりわけ，犯罪者であっても個人として尊重すべきであるという点に注意が向けられており，より具体的には，「他者を自律した理性的な主体として尊重すべきである」という要求[4]と整合するような刑罰のあり方が探求されている。というのも，私の見るところ，この要求の中には，刑罰制度の中心に据えられるべき（唯一のものではないとしても，無視することのできない極めて重要な）価値を見出すことができ，刑罰が非難の意味を有していなければならないとされる根本的な理由も，実は，この要求に由来するものだと考えられるからであ

責任主義を支持しつつ，「責任がないとして責任主義による刑罰限定機能を認めるのであれば，責任が認められる場合には責任主義による刑罰根拠付け機能も認めるべきである」とする理解もあるが（曽根威彦「刑法における責任と予防」奥島孝康＝田中成明編『法学の根底にあるもの』〔1997年〕379頁），そこに言う「責任主義による刑罰根拠付け機能」の内実は，必ずしも明らかではないように思われる。

[3]　刑罰が非難を必須の要素とするのかどうかは，検討を要する一個の問題である。非難という要素を含まない形で刑罰を定義することも，少なくとも，定義の問題としては可能であろう。しかし，ここでは，そのような刑罰の定義の問題に深入りすることはしない。刑罰の定義の問題に関しては，本書第2部第1章など参照。

　なお，刑罰の正当化に当たっては，論理的な順序の問題として，正当化の対象となるべき刑罰の概念が定まっていることを必要とするであろう。しかし，現行の刑罰制度を所与の前提とするならば，そこから導出される正当化論には，ほとんど批判的な機能を期待することはできないであろう。他方で，一定の価値的視点から「あるべき刑罰」の定義を設定し，それを前提として議論を進めるならば，その刑罰の定義自体が既に正当化論の一部をなしていることになろう（ここには，いわゆる「不当仮定 hysteron proteron」の危険性があるように思われる）。「刑罰の正当化」の問題と「刑罰の定義」の問題との間には，解明を要する悩ましい関係があるように思われる。

[4]　この要求が，その内容からして自律に関する Kant の見解（「個人は，常にそれ自体目的として取り扱われなければならず，決して他の目的のための単なる手段として取り扱われてはならない」）と密接な関連を有するものであることは明らかである。しかし，ここで意図されているのは，Kant 自身の主張をトレースすることではなく，あくまでこの要求に合致するような刑罰のあり方を探求することである。

170　第2部　刑罰の諸問題

る。

　この要求の正当性を一般的に論証することは本稿の意図するところではないが，この要求が含意するところを簡単に粗描するとすれば，「他者を自律した理性的主体として尊重する」ということは，他者を，自らの従うべき価値や追求すべき目的に関して自分自身で考え，その自らの理解に照らして自分自身の生き方を決め，自分の振る舞いを決定することができる存在として，また，それが認められるべき存在として遇する，ということである。この要求は，個人を他の目的のための単なる手段として取り扱うことを禁ずる。従って，また，他者の行動を改めさせようとする場合にも，それは，ただ，そのような行動の修正が求められるべき理由を提示し，それを他者が理解し，受容することを求めるという説得の試みを通じてなされるべきである，ということが要求されるであろう。このような要求と整合するような刑罰のあり方を非難との関連において探求するのが本稿の課題である。

2　非難の意義

　私たちは，普通，不正を行なった者に対しては，これを非難するであろう。その非難は，様々な感情を表現し得るものである。憤慨，怒り，軽蔑，場合によっては，哀れみのような感情を表すこともあるかもしれない。しかし，そこで表出される感情がいかなるものであれ，それが単なる感情の吐露に過ぎないのであれば，それを非難と呼ぶことは不適切であるように思われる。自分の感情をただ表現するだけならば，誰か特定の受け手の存在を前提とする必要はない。しかし，非難は，特定の相手に対して向けられるものである。

　更に，非難が向けられる相手は，ただそれに対して感情が表出される対象として存在していればよいというわけでもない。例えば，犬に噛まれた場合，怒りのような感情を犬に対してぶつけることがあるかもしれないが，それを犬に対する非難とは考えないであろう。なぜならば，それは，相手に対して何かを伝え，あるいは，理解させようとする企てではないからである。しかし，私たちは，誰かを非難する場合，通常は，それによって相手方に何

かが伝わることを前提としているであろう。

　さて，それでは，私たちは，誰かを非難することによって，「何」を伝えようとするのであろうか？また，「なぜ」，それを伝えようとするのであろうか？[5) 一つの例をもとにして，この問いの意味を考えてみることにしたい[6)]。

　私の友人が，会社での部下である女子社員にセクシャル・ハラスメントを働いているということを知ったとする。その友人は，あるときは，食事をご馳走したり，甘言を弄したりして誘惑し，また，あるときは，会社での自分の地位を利用してプレッシャーをかけるなどしながら，その女子社員に自分と性的な関係をもつよう迫っている。それを知った私は，彼にそのような行動を止めさせたいと思った。そのとき，私は，いかなる方法をとるであろうか？

　まず，私は，彼が行なっている行為がいかに不正なものであるのかを示し，彼にそのことを理解させようと努めるかもしれない。このとき，私は，自分が支持し，また，彼もそれを共有している（あるいは，共有すべきである）と考えている価値に訴えかける（「君は，自分がやっていることが，いかに不正なことで，彼女をどれくらい傷つけているか分からないのか」）ことによって，彼の行為の不正さを彼に理解させ，それを通じて，彼が，自らの非を悟り，今後の行動を改めるようになることを望んで，彼を非難するであろう。

　あるいは，私は，とりあえず，彼に，そのような行動を止めさせることが大事だと考え，手っ取り早く彼に行動を修正する動機を与えるような打算的な理由を提示しようとするかもしれない。それは，例えば，「そのようなことをすると会社を首になるぞ」とか「奥さんに知れたら大変なことになるぞ」といった類の理由である。昇進や経済的利益といった餌で釣るようなやり方も同様である。また，もし彼が私との良好な関係を維持したいと思っていることを知っていれば，「君とは，もう付き合えない」と告げることも，同じような効果をもつことになるであろう。この場合，私は，彼が自らの行動を変えるに足る程度に，私の批判的言説を彼に不快なものだと感じさせる

---

5)　「怒り」という「反応的態度 reactive attiude」から非難という道徳的実践を説明するものとして，P. F. Strawson, Freedom and Resentment, 1974 参照。

6)　以下の例は，R. A. Duff, Trials and Punishments, 1986, p. 45 を参考にした。

172 第2部　刑罰の諸問題

ことを狙って，彼を非難するであろう。

　更には，私は，彼が自分で行動を改めるようなことを期待せず，いずれに
せよ，そのような行動を止めざるを得ないような状況に彼を追い込もうとす
るかもしれない。例えば，「そんなことをして，ただで済むと思うなよ。腕
の一本ぐらいじゃ済まないぞ」といった脅迫的言辞を用いて，彼を極度に畏
怖させるといったようなやり方である。この場合は，彼を非難しているとい
うよりは，むしろ，彼を強制していると表現する方が適切かもしれない。

　ここに挙げた三つの方法，すなわち，道徳的説得，打算的理由の提示，強
制的条件付けは，いずれも，彼の行動を変えさせるためのものである[7]。も
し，私が，彼にセクシャル・ハラスメントを止めさせることだけを目的とす
るのであれば，これらの方法のうち，どれが最もその目的を効率的に達成で
きそうかという基準によってどの方法を選択するかを決めるであろう。この
ような見方によれば，彼を非難するかどうか（強制した方がよいか），また，ど
のように非難するか（道徳的理由に訴えかけるか，それとも，打算的な理由を提示す
るか），といったことは，偏に，その目的をどの程度効率的に達成できるか
という点の判断に依存することになる。

　しかし，このように，非難の意義を，ある目的を達成するための手段とし
ての効率性という点に求める考え方には，根本的な問題があるように思われ
る[8]。それは，非難される相手方を自律した理性的な主体として尊重してい
ないという点である。

　相手方を自律した理性的主体として尊重するということは，相手方も，自
分と同じように，自ら思考し，自分の判断で自らの行動を律することができ
る存在として対応すべきである，ということを要求する。従って，相手方に
行動の修正を求める場合にも，それは，あくまで，それが要求される理由を

7）　現にセクシャル・ハラスメントを行っている（あるいは，まさに行おうとしている）のを止
　めさせる場合には一定の実力行使も許容されることとなろう。この場合には，急を要する事態で
　あるため，被害者の保護が優先されるからである。ここには正当防衛と刑罰の違いが暗示されて
　いるように思われる。正当防衛は非難の要素を本質的なものとはしていないであろう。

8）　非難を機能主義的に理解することに対する批判として，T. Hörnle und A. von Hirsch, Positive
　Generalprävention und Tadel, GA1995, S.261ff. 参照。例えば，前田雅英『刑法総論講義第三版』
　（1998年）264頁以下は，責任において非難可能性という要件が必要であることを，犯罪予防効果
　の極大化という観点から説明するが，そのような非難の理解は適切ではないように思われる。

相手方が理解し，それによって相手方が自ら行動を変えていくというもので
なければならない。それ故，強制は，相手方を自律した理性的主体として尊
重することと両立しない。

　また，打算的な理由を提示して，行動を変えさせるやり方も，このような
尊重とは両立しないであろう。なるほど，この場合には，相手方に行動を変
えるべき理由を提示し，それを受け容れるか否かは，相手方の判断にかかっ
ている。その点で，強制とは異なり，相手方の自律性に一定の配慮はしてい
る。しかし，その場合に提示される理由は，その行動の変化が求められるも
ともとの理由とは異なるものである。セクシャル・ハラスメントを止めなけ
ればならない理由は，それが不正な行為だからである。しかし，その行動を
止めさせるために相手方に提示される理由が，「そのようなことをすると会
社を首になる」というような打算的な理由であるならば，それとその行動を
止めなければならないもともとの理由との間に必然的な関連性はない。この
場合，私は，自分が支持している価値（それが，その行為を不正なものにすると考
えている価値）を相手方に伝えようとはしていない。つまり，そのような価値
的な議論をする必要のない者（あるいは，そのような議論が通じない者）として相
手方を見ており，そのような価値的な議論に訴えかける代わりに，相手方が
特定の行動をとるよう仕向けるために打算的な理由を提示して操作している
のである。しかし，それは，相手方を自律した理性的主体として尊重するこ
とと一致しないものといわなければならない。

　そのような尊重を出発点とするならば，このようなやり方ではなく，私た
ちは，不正を行なった者に対して，彼が自分自身でその行為が不正なものと
なる理由を理解し，それを受け容れることによって，その後の行為を自ら変
えていくよう説得することに努めなければならないであろう。不正行為を止
めさせようとするときに，私たちが目的とすべきなのは，ある道徳的な基準
からみて適切だと考えられる行為のあり方とただ外面的に一致する行動を相
手方にとらせることではなく，そのような道徳的基準を相手方が自ら受容
し，それに基づいて自律的に行動するようにさせようとすることである。こ
のように定められた目的は，それを達成するための手段も限定することにな
る。なぜならば，強制や打算的な抑止といった手段でこのような目的を達成

174　第2部　刑罰の諸問題

することは，論理的に不可能だからである。このような目的を達成するために
は，私たちは，相手方を対等な存在として遇しなければならない。それだ
からこそ，私たちは，不正を行なった者に対して，彼の行為を判断する道徳
的基準（それは，私たちが，自分たちの行為を判断する際の基準でもある）を提示
し，彼にその受容を求めるのである。

　もっとも，私たちは，自分たちの道徳的判断を絶対的に正しいものとし
て，ただただ相手方にそれを受け容れさせようとするべきではない。相手方
を対等な存在として遇するという前提に立ち，また，人間の認識能力の不完
全さや道徳的問題の複雑さについて正しく理解しているならば，相手方の意
見にも真剣に耳を傾け，場合によっては，自分の判断の方が修正を迫られる
可能性もある，ということを常に心がまえとしてもっていなければならない
であろう。このような視点から見るならば，非難は，不正行為をきっかけと
してなされる一種の道徳的コミュニケーションであると言うことができよ
う。

　このような非難の理解によれば，非難が「何」を伝えるものかは，既に，
明らかであろう。それは，不正行為者に対して，その行為に関する非難者側
の道徳的判断を伝えるものである。

　それでは，「なぜ」，そのような判断を伝えるのであろうか？その主たる理
由が，不正行為者に対して，その道徳的判断を受容させ，それによって自ら
の行為を変えていくように説得するという点にあることは既に述べた[9]。た

---

9)　不正行為者を非難する理由は，他にも考えられる。

　まず，被害者との関係では，その者が被った害悪を共同体が真剣に考えているということを示
す意味があろう。犯罪の被害者は，単なる自然災害に遭ったのとは異なり，「不正」を働かれた
のだということが宣せられることにより，共同体が被害者の道徳的地位を尊重していることが示
される。

　また，共同体との関係においても，不正行為者を非難することで，共同体の重要な価値が侵害
されたということが示され，それによって，その価値の重要性が再確認されることになる。

　更には，不正行為者を非難することは，ある意味で，誠実さが要請することでもある。私が，
セクシャル・ハラスメントは不正な行為であると考えており，それを外部に示しているとすれ
ば，私は，それと矛盾なく振舞うことを必要とする。従って，自分がそのような行動をとっては
ならないのは勿論であるが，他者がそのような行動をとっていることを知った場合にも（少なく
とも誰かから意見を求められたならば）「それは不正な行為である」との判断を示さなければな
らないであろう。もし，そのような判断を示さず，何もなかったかのようにやり過ごすならば，
「セクシャル・ハラスメントは不正である」としている私の判断の真摯さは多分に疑問視される

第4章　刑罰と非難　　175

だ，この点に関しては，なお若干言及しておくべき点がある。

　非難された者が，その対象となった行為を止めようという動機を形成するのは，非難されることによって苦痛を感じるからであろう。しかし，非難によってもたらされる苦痛は一種類ではないという点に注意が必要である。

　非難された者は，そのこと自体に苦痛を感ずるかもしれない。他者から非難されるということは，その者との関係がこれまでのように良好なものではなくなってしまうかもしれないという危惧感を，非難される者に生み出すことがあり得る。これは，非難の内容をなしている道徳的判断とは基本的に関係のない苦痛である。また，これとは別に，非難の内容をなしている道徳的判断との関連で生み出される苦痛もある。自分の過去の行為に関する道徳的問題に直面させられること自体，苦痛かもしれない。また，それによって，その行為の不正さを自覚し，その罪深さや自分が傷つけてしまった人に対する自責の念に苦しむようになれば，それもまた大きな苦痛をもたらすことになるであろう。

　しかし，これらの苦痛には重要な性質の違いがある。非難の内容とは独立した，非難それ自体がもたらす苦痛は，非難する側との相関関係で生ずる，いわば外在的な苦痛である。これに対し，非難の内容との関連で，罪深さを悟り，自責の念にかられて生み出される苦痛は，自分が自分に課す，いわば内在的な苦痛である。私たちが，誰かを非難するときに，その相手方に感じて欲しいと考える苦痛は，このどちらであろうか？それは，基本的に，後者のような苦痛であろう。前者のような苦痛は，非難の対象となる不正行為と必然的な関連性をもっておらず，このような苦痛のみを与えて，相手方に一定の行動をとらせようとすることは，相手方を操作することにつながる。そうではなく，私たちが，相手方を自律した理性的主体として尊重するのであれば，非難は相手方に内在的な苦痛を生じさせ，それによって相手方が自ら行為を変えていくようになることを目的とするものでなければならない。従って，非難は，非難される者の主体的な関与を必要とする。この点でも，非

　ことになるであろう。従って，ある行為を不正なものだと宣言している人は，実際にその行為が行なわれた場合には，その行為を非難するということも同時に引き受けていなければならない。

176 第2部 刑罰の諸問題

難は，一種の道徳的コミュニケーションなのである。

3 刑事法とコミュニケーション

　このように非難は，相手方の不正な行為を契機として，その行為が不正なものであるということを伝え，それによって，相手方が自己の非を悟り，今後の行為を自ら変えていくようになることを期待してなされるコミュニケーション的な行為である，と解することができる[10]。そして，これは，他者を自律した理性的主体として尊重するということと最もよく整合する理解であると考えられる。従って，刑罰にも非難の要素が含まれているとするならば，刑罰もまたこのような理解に適合するようなものでなければならないであろう。そこで，そのような刑罰のあり方を模索することになるが，問題の所在をより明確にするために，刑事法全般に渡って見出されるコミュニケーション的な要素を抽出してみることにしたい。

　まず，刑法は，市民に対して，一定の行為が不正であることを宣言している。しかし，それは単に，市民を法の権威的な要求に服従させようとするためのものではない。刑法は，一定の行為を不正であると宣言するに当たって，それが不正となる理由を，共同体の価値に照らし説得力のある形で市民に対して示すことができなければならない。そのような理由を市民自らが受容することを通じて，各人が不正行為を慎むようになることが求められているのである。刑法は，共同体の価値によって基礎づけられた規範的言語を通じて市民に不正行為を自制するよう語りかけるという一種のコミュニケーション的な要素を内在している[11]。

　また，刑事裁判も，不正を告発する側と，不正を行なったとして告発される側との間で，その不正行為の存否とそれに対する価値判断をめぐってなされるコミュニケーション的な企てである。刑事公判において，被告人の主体

---

10)　刑罰の表現的な機能に関しては，J. Feinberg, "The Expressive Function of Punishment," in Doing and Deserving, 1970, pp. 95-118参照。「表現」と「コミュニケーション」との対比に関しては，R. A. Duff, Punishment, Communication, and Community, 2001, pp. 79-80参照。

11)　本書第1部第1章参照。

的な地位を保つための種々の権利が保障されるのは，そのようなコミュニケーションを成立させるというところに大きな狙いがあると考えられる[12]。

更に，不正行為の存在が確認され，有罪判決が下されたならば，それもまた，被告人に対して，その者が行なった不正行為を理由とした非難を伝達するものである。有罪判決には，被告人がその非難を正当なものとして受容することへの期待が内在している。

さて，それでは，刑罰の場合は，どうであろうか？刑罰が，犯罪者に対して，非難を伝達することができるということは，おそらく確かであろう。刑罰が科されることによって，受刑者の側では，なぜ自分がこのような辛い思いをしなければならないのかを考え，その理由が自己の不正行為にあるということに気づくということはありそうである。そうなれば，今後の自らの行動を改める必要があるという意識も生まれてくるかもしれない。これは，あたかも，刑罰が，犯罪者に非難を伝達することによって，彼が今後の自らの行為を自分で変えていくようになることを期待するというコミュニケーション的な性質のものであることを示しているかのようである。

しかし，刑罰には，刑事法の中に見出される他のコミュニケーション的な要素とは，かなり異質のものが含まれているといわなければならない。それは，刑罰には，「厳しい取り扱い hard treatment」[13] が付着しているということである。刑法が掲げる要求を受容するかどうかの判断は，最終的に行為者に委ねられている。刑事公判では，被告人の主体的な地位を保障することに意が用いられる。有罪判決が伝達する非難を受容するかどうかの判断もまた，最終的には被告人に委ねられているであろう。しかし，刑罰の場合には，刑罰が伝達する非難を受刑者が受け容れるかどうかにかかわらず，自由や財産の剥奪といった厳しい取り扱いがなされる。また，これらの厳しい取り扱いによってもたらされる苦痛は，刑罰が伝達する非難の内容とは別個独

---

12)　なお，本書第2部第6章参照。

13)　J. Feiberg, supra note 9 参照。犯罪に対する非難の伝達を刑罰の正当化根拠とみるコミュニケーション理論は，刑罰における峻厳な取扱いの正当化に成功していないとするものとして，松生建「刑罰と峻厳な取扱い」『曽根威彦先生・田口守一先生古稀祝賀論文集（下）』（2014年）19頁以下。

178　第2部　刑罰の諸問題

立のものである。先に用いた表現で言えば，それは，内在的苦痛ではなく外在的苦痛であるように見える。従って，ここには，相手方を自律した理性的主体として尊重するということとは両立し難いような要素が見出されるのである。

　このような刑罰のあり方を正当化することはできるであろうか？　以下では，この問いに対する解答を探求してみたい。

4　抑止という観点

　刑罰を抑止の観点から正当化しようとする立場は，非常に有力である。だが，犯罪の抑止を刑罰の主たる正当化根拠とする見方は，市民を自律した理性的主体として尊重するということと両立し難いと思われる。なぜならば，それは，いかなる形態をとろうとも，個人を犯罪予防という目的のために手段として取り扱うことになるという批判を，おそらく免れることはできないからである[14]。

　しかし，刑罰の基本的な性質は，非難を伝達するというコミュニケーション的なところに見出しつつも，それに抑止へのインセンティブを付加するために厳しい取り扱いがなされるのである，と主張することはできないであろうか？　例えば，次のような主張がなされるかもしれない[15]。

　　理想的な共同体においては，道徳的なメッセージの伝達だけで，人々は，自らの行為を適切に規律するであろう。そこでは，人々は，犯罪を不正なものであると理解するが故に自制し，また，時として犯罪の誘惑に屈した場合であっても，それが不正なものであるということを伝えられれば，自分の行為が間違っていたことを容易に認識できるかもしれない。しかし，現実の社会は，このような理想的なものではない。現実の社会は，そのような道徳的なメッセージの伝達だけで秩序が維持できるほど，全て

---

14)　本書第2部第2章参照。

15)　この種の見解としては，J. Feinberg, supura note 9.; A von Hirsch, Past or Future Crimes, 1985, ch. 5 など。

第4章 刑罰と非難 179

の者が強固に社会の中核的な価値を支持しているわけではないのである。そのような社会において，刑法が向ける道徳的なメッセージに耳を貸さない者に対して，その者が受けるべき非難を適切に伝達するためには厳しい取り扱いが必要である。

コミュニケーション的な観点を重視する立場からすれば，おそらく，このような主張に対しても，刑罰が科される者を自律した理性的主体として尊重していない，という批判が向けられるであろう。というのも，このような主張によると，刑罰は，その行為が共同体の価値に照らして不正なものであるということを伝える規範的な言語で語りかけるものではなく，それに代わって，抑止という粗野な操作的言語を差し向けるものになるであろうからである。それは，あたかも，道理が通じないならば，威嚇によって服従させることもやむを得ない，とするものであるかのようである。しかし，それは，結局のところ，相手方を自己と対等な存在とはみなしていないことを意味するであろう。

だが，このような批判に対しては，更に，次のような反論がなされるかもしれない[16]。

確かに，このような主張によれば，刑罰は，抑止の観点から科されるものであるが，それは依然として，刑罰が科される者（あるいは，刑罰によって威嚇される者）の自律性を尊重している。ここで問題となっているのは，刑法が向けている道徳的な要求だけでは，犯罪を思い止まらなかった（あるいは，犯罪を思い止まるに十分ではないおそれのある）者である，ということに注意されたい。このような者に対して，刑罰は，彼らが耳を傾けない共同体の価値に照らした規範的な言語ではなく，彼らが聞く耳をもつような言語で語りかけているのである。それは，彼らの支持する価値に照らして，彼らが犯罪を思い止まるに十分なものとなるであろう理由を提示するものである。従って，それは，彼らに法を遵守するための理由を提示している

---

16)　B. M. Baker, "Consequentialism, Punishment and Autonomy," in Retibutivism and Its Critics, edited by W. Cragg, 1992, pp. 149-161参照。

180　第 2 部　刑罰の諸問題

点で，彼らを理性的な主体として扱っており，かつ，彼ら自身の価値に訴えかけている点で，彼らを自律的な主体として扱っている。これは，例えば，銀行強盗が，行員にピストルを突きつけて『金を出せ』と威嚇するのとは，全く意味が異なるのである。もっとも，これによれば，刑罰が科される者は，その共同体の価値を受容している者とはみなされていない。しかし，私たちは，万人が共同体の価値を受容すべきであると考えるのではなく，自分自身を共同体の外部に属する者だと考えている者もいるということを前提にして，そのような者の自律も尊重するべきなのである。

この種の主張には，法によって特定の価値観を強制することは許されないという伝統的な自由主義的観点が伏在しているが，その点は今は措くとして[17]，ここでは，それ以外の問題点について検討することにする。

まず，この見方によると，法が向ける道徳的要求を受容して犯罪を自制している者と，それによっては十分に動機づけられない（潜在的）犯罪者とが暗黙のうちに分けられている。ここには，「遵法者＝私たち」対「犯罪者＝彼・彼女ら」という非対称的な敵対関係を増幅させることにより「犯罪者であっても自律した理性的主体として尊重されるべきである」という視点を切り詰める圧力を生む危険性があると思われる[18]。

更に，そもそも，（潜在的）犯罪者をそのような形で描き出すこと自体，あまり説得力があるとは言えないのではないか，との疑念もある。無論，犯罪者の中には，法が体現する価値に全く無頓着であったり，別の価値を信奉していたりする者もいるであろう。しかし，多くの犯罪者が犯罪を行なうのは，法が体現する価値に全く無頓着であるとか，それに敵対しているとかというよりも，その価値への配慮が不十分であるとか，自己利益の誘惑に負けるというような，いわば，人間の弱さによるものであることも，また，私たちの経験の教えるところではなかろうか。翻って，私たち自身もまた，法が

---

17)　この点に関しては，本書第 1 部第 3 章参照。

18)　このような非対称性が犯罪化・厳罰化への要求を強める方向に作用することは，最近の刑事立法の動向などからも窺われないではない。なお，この点に関しては，「敵味方刑法」という概念が非常に示唆的である（松宮孝明「ギュンター・ヤコブス　現代の挑戦を前にした刑法学の自己理解」立命館法学280号［2001年］114頁参照）。

体現する価値に常に十分な注意を払っているかどうかは疑問なしとしないところであり，大なり小なり，そのような人間の弱さを共有しているものと考えるべきではなかろうか。このような観点から見たとき，刑罰が伝達するメッセージを抑止という粗野な言語でのみ理解し，道徳的訴えかけの契機を排除してしまうことが，果たして本当に妥当なのかは非常に疑問である。

　また，自らを共同体の構成員ではないと考える者の自律も尊重しなければならない，との主張は自己矛盾を孕んでいると思われる。刑罰の賦課は犯罪を前提とするが，ある行為が犯罪とされる理由は，その行為が共同体の価値に照らして不正なものだからである。法は，そのような価値を体現するものであるからこそ，名宛人たる人々に対し，規範的な拘束力があると主張することが可能となる。然るに，そのような価値に訴えかけることを止めるということは，その法によって規範的に拘束されるという主張自体を撤回することになる。しかし，それでは，なぜ，犯罪を行ったことを理由として刑罰を科してよいことになるのか，説明できないことになろう（そもそも，法に従わなければならないという要求が向けられていないのであるから！）。従って，法は，自らをその共同体の構成員ではないと考える者に対しても，法が体現している価値に基づく規範的な言語で語りかけなければならず，その違反に対して科される刑罰も，それを第一義としなければならないのである。

5　打算的な補充

　上述した抑止論の主たる問題性は，（潜在的）犯罪者を私たちとは異質のものと見て，結局のところ，彼・彼女らに対する道徳的訴えかけを不要とするところにあった。しかしながら，それでもなお，次のような形で，抑止的な要素を考慮することが可能だと主張されるかもしれない[19]。

　私たちの多くは，道徳的な問題に無関心であるというわけではないが，

---

19)　この種の見解としては，A. von Hirsch, Censure and Sanctions, 1993.; U. Narayan, "Appropriate Responses and Preventive benefits: Justifying Censure and Hard Treatment in Legal Punishment", Oxford Journal of Legal Studies 13 (1993), pp. 166-182 など。

182 第2部 刑罰の諸問題

道徳的に不完全で誤りを免れない存在でもある。もし，正しい行動をとるための動機づけが道徳的なものだけであるならば，私たちはとるべき行動をとれないことが非常に多い。そのような場合，私たちは，自分が間違った行動をとったときに，それに対する非難や制裁が予定されていれば，正しい行動をとるためのより強いインセンティブを得られると思うかもしれない。そのような打算的なインセンティブが必要だとすれば，それは，私たちの道徳的不完全さを示すものである。しかし，それは，もともとの道徳的メッセージに取って代わるようなものではなく，その要求によりよく応えようとするために付加される補充物にすぎない。刑罰における厳しい取り扱いもまた，このような観点から正当化することができる。すなわち，刑罰による厳しい取り扱いは，私たちのような道徳的に不完全な存在に対して，法が私たちに向けている道徳的要求に適切な打算的補充物を付け加えるものなのである。刑罰は，単に非難を伝達するだけでなく，行為を控えるための打算的なインセンティブをも提供するが，それは，非難を示す道徳的なメッセージをかき消すようなものではなく，そのような道徳的メッセージにより強い動機づけの力を付加するためのものである。

このような見解は，ある程度は道徳的であるが，ほどほどに打算的であり，時には，自己利益の誘惑に負けることもある，というような人間像を前提として，（潜在的）犯罪者を私たちと異質の存在と見ることから生ずる問題性を除去しようとしている。打算的なインセンティブによって補充された刑罰システムは，まさに，私たちが，自分自身の道徳的不完全さを認識している主体として，自分たちがなすべき行動をとることを助けるために設けたものである，と理解されることになる[20]。この点で，4で言及した見解に対して向けられるような批判は，一応，回避することができるであろう。

また，この見解によれば，刑罰の果たすべき役割は，相当に限定されることになる。まず，刑罰に付加される打算的なインセンティブは，刑罰がもたらそうとする道徳的メッセージをかき消すようなものであってはならないから，そこで達成される犯罪予防効果はかなり限定されたものにならざるを得

---

20) A. von Hirsch, ibid., p. 5 参照。

ないであろう。また，この見解は，刑罰によって，犯罪者に，法が向ける道徳的メッセージに耳を傾け，それによって，自己の非を悟り，今後の行動を改めるようになる機会を提供しようとはするが，それを越えて，そのような道徳的な反応を犯罪者から引き出そうとする野心的な目的はもっていない。刑罰は，犯罪者に，自らの行動を振り返り自省する機会を提供するが，その内心にまで踏み込むことはすべきでないとするのである。これらは，謙抑主義や刑法による道徳の強制の否定といった伝統的な自由主義的刑法観と通ずるところがあるといえよう。

このような点において，この見解は，4で言及した見解に比べて，かなり洗練されている。特に，刑罰に含まれる非難の要素を道徳的に正当化可能な形で維持するという要請と，現実的な犯罪予防効果にも相応の配慮をするという要請とを両立させようとする理論構成には見るべきところが多分にあるといえよう。

しかし，他方で，また，その点にこそ，この見解の最大の問題点があるようにも思われる。それは，果たしてこの二つの要請が本当にうまく両立するのか，という問題である。

この見解によれば，刑罰による厳しい取り扱いは，非難による道徳的メッセージをかき消すようなものであってはならないとされる。しかし，単なる打算的な補充物が付加されただけの刑罰で，果たして，どれほどの犯罪予防効果が期待できるのであろうか？例えば，このような見解の代表的主張者である von Hirsch によれば，そのような刑罰システムは，3年（殺人に関しては5年）の拘禁刑を上限とするとされている。彼は，このような刑罰システムは，頑強に反抗する者はあまり抑止できないかもしれないが，普通の人々が法を遵守するためには十分な動機を与えるものであり，ほとんどの人に犯罪を自制させることができるであろう，と主張する[21]。しかし，このような刑罰が，重大犯罪に対して，一体どれほどの予防効果を持つかは疑問なしとしない。他方で，たとえ3年の拘禁刑であるとしても，それは，非難による道徳的メッセージの打算的な補充物であるというよりは，むしろ，それに

---

21) A. vonHirsch, ibid., p. 44参照。

184 第2部 刑罰の諸問題

取って代わる威嚇的・打算的なメッセージの性格を帯びるのではないか，との疑問も禁じ得ないであろう。ここでは，von Hirsch が提示する3年（あるいは5年）の拘禁刑の具体的妥当性を問題としているのではない。そもそも，（潜在的）犯罪者を自律した理性的主体として遇するという要請と，最低限度望まれる犯罪予防効果を確保するという要請との間には，容易には解消し難い緊張関係があるということが問題なのである[22]。

6　目的論的コミュニケーション

これまでの検討により，抑止の観点から刑罰による厳しい取り扱いを正当化することには問題があることが明らかとなったように思われる。それでは，そのような抑止の要素を排して刑罰による厳しい取り扱いを正当化することはできるのであろうか？この点では，刑罰による厳しい取り扱いをコミュニケーション的な観点から一元的に説明する可能性に関心が向けられることになるであろう。例えば，次のような主張がなされるかもしれない[23]。

刑罰は，過去になされた犯罪を理由として，それに相応しい非難を伝達することにより，犯罪者に自己の非を悟らせ，また，自責の念を生じさせることを通じて，その者が将来の行動を自ら改善するようになることを目指して科されるものである。

ここではまず，犯罪者に，自己の犯罪についてそれを真剣に悔いることが求められる。しかし，私たちは，道徳的に弱い側面を有しており，往々にして自分の悪事から目をそらしがちである。また，表面的には悔悛の情を表明しても，その場をしのげれば，後はその意識がすぐに薄れていってしまうことも少なくない。例えば，重大な犯罪を行なったことを悔いていると表明しながら，すぐさま，以前と同様の生活を再開し，その過去の不正について少しも考えないとすれば，それは真剣な悔悛だとはいえないで

---

22)　R. A. Duff, supra note 9. p. 88参照。

23)　この種の見解としては，R. A. Duff, supra note 9, ch. 3 を挙げることができよう。Duff は，刑罰は，悔悛 repentance，改善 reform，和解 reconciliation という三つの目的（「三つの R」）をもつとする。

あろう。自らが犯した犯罪の不正さを真に理解し，それを悔いるという所業は，簡単に達成されるものではない。それを成すには，自分が何をしたのか，なぜそのようなことをしてしまったのか，ということを徹底的に考え，理解することに努めるという厳しいプロセスを経なければならない。

また，そのような悔悛は，犯罪者の自己改善につながるものでなければならない。自分が犯罪を行ったことを認識し，それを悔いるということは，同時に，将来はそのような行為をしないと決意することでもある。その場合，将来においてそのような犯罪を行わないように自己を改善するためには，自分の行なった犯罪の意味や，どうしてそのようなことができたのかを自責の念をもって考える機会が必要である。これもまた一朝一夕に成し遂げられることではない。

更には，犯罪を行った者は，共同体の価値を愚弄したのであるから，そのままでは，その共同体に復帰することは困難である。そのような復帰が可能となるためには，その犯罪によって破壊してしまった関係（被害者との関係，及び，共同体との関係）を修復しなければならない。そのような関係の修復のためには，最低限，犯罪者が，何らかの謝罪の念を示さなければならない。従って，犯罪者は，自分が行なった犯罪について真に悔いているということを関係者に対して説得力ある形で示すことができるような厳しい負担・苦痛を引き受け，それに耐えなければならないのである。

このように悔悛，自己改善，被害者及び共同体との和解のためには，厳しい取り扱いが必要となる。

このような見解は，刑罰をコミュニケーション的な次元で一元的に正当化しようとするものであり，2で粗描したような非難の理解に最も忠実でありつつ，刑罰による厳しい取り扱いの意義を説明しようとするものだといえよう。また，そこには，過去の犯罪行為に対する非難という回顧的関心と将来の犯罪予防という展望的関心との間にある論理的な関係が指摘されている点で，伝統的な応報刑論と目的刑論の相克を乗り越える可能性が包蔵されていると共に，刑罰の問題を哲学的に納得できる一貫した方法で説明しようとする理論的野心が看取される点でも，極めて注目されるものだと思われる。

186 第2部 刑罰の諸問題

しかし，このような見解を積極的に支持することには少なからぬ躊躇いを覚えることもまた事実である。

まず，このような見解によると，実際にどのような刑罰を科すべきかという点について，事実上，裁判官に大きな裁量を認めざるを得なくなるのではないかという危惧がある。このような見解は，刑罰を科すことによって，犯罪者から適切な（ものだと考えられる）道徳的反応をとりつけることを狙っている（その点で，5で言及した見解よりも野心的である）。だとするならば，可能な限りなされた犯罪に相応しい非難の伝達方法，すなわち，当の犯罪者にその非難を最もよく理解させ，受容させ得るであろう伝達方法が追求されるべきだということになるであろう。従って，それは，刑罰の多様化を推進すると同時に，具体的事案に応じた量刑の柔軟化を強く要求することになると思われる。しかし，それは，裁判官の裁量に枠をはめる機能を営む形式的な罪刑均衡の要求を大幅に犠牲にせざるを得ないであろう。それが妥当かどうかは非常に疑問である。

また，この種の見解は，国家権力による個人の内心への過度の干渉を容易に認めてしまうおそれがあるのではないか，という点も問題である。他者の悔悛や自己改善を求めるという目的は，家族や友人のように親しい関係においては適切かもしれないが，そのような親密な関係をもたない市民間においても同じように解することが適切かどうかは疑問なしとしないであろう[24]。

更に，このような見解によると，刑罰を科される者は，結局のところ，その非難の基礎となっている道徳的判断基準の受容を事実上強制されることになるのではないか，という疑問もある。なるほど，このような見解によっても，刑罰が伝達するメッセージに耳を傾け，それを受容するかどうかの判断は，最終的に受刑者に委ねられているとされる。しかし，厳しい苦痛・負担

---

24) この点ついては，特に，自由主義と共同体主義の対立に関心がもたれるであろう。ちなみに，Duff は，自由，自律，プライバシー，多元主義といった自由主義的な価値に対する共通の支持と，そういった価値に照らして適切だと考えられる相互の配慮によって構造化されている共同体というものを構想している（「リベラルな共同体主義 liberal-communitarianism」については，R. A. Duff, supra note 9, ch. 2 参照）。これによって，特に，自由主義的な諸価値を，単なる個人的な善としてではなく，共有された善として把握することができる，ということが強調されているが，これなどは，自由主義と共同体主義の対立を乗り越えようとする試みとして注目されよう。

を課された状態で，果たして，本当にそのようなメッセージを拒絶する自由があると言えるのかは問題であろう。ここでは，出発点において，道徳的説得という適切な活動として意図されているものが，結局，犯罪者に道徳的服従を強制する抑圧的な企てに変質してしまう危険性があることに注意しなければならないように思われる。

　私の見るところ，これらの疑問が感じられる主たる原因は，この種の見解が多分にユートピア的傾向を有しているところにある。この種の見解が，他の見解に比べて「他者を自律した理性的主体として尊重せよ」との要求により忠実であるということは，おそらく確かである。しかし，そこで導出される見方は，あまりに理想主義的で現実との間に大きなギャップがあることを感じざるを得ないであろう[25]。そもそも，私たちが真に自律した理性的主体であれば，厳しい取り扱いを伴う刑罰を必要とはしないのではなかろうか？しかし，現実の刑罰は，そのような厳しい取り扱いを伴っており，少なくとも現段階では，そのようなものとして正当化される必要があることは否定できないであろう[26]。そのギャップに目を向けることなく，理想を現実化しようとすれば，そこに暴力性が生まれざるを得ない。高尚な理想は，現

---

[25]　この点に関する Duff の考え方には，変遷が見られる。以前は，このような刑罰論はあまりに理想主義的で非現実的であるということから，最終的には，（もともとは拒否していた）限定的な抑止論を支持するという結論に落ち着いていたが（R. A. Duff, supra note 6, pp. 291-299参照），その後は，現実の社会の不完全さ，及び，それを反映した刑事司法制度の不完全さを認識し，それを少しでも改善していくために，このような理想的刑罰論を実践的な指針とすることに対してより積極的な態度を示すようになっている（R. A. Duff, supra note 9, pp. 198-201参照）。

[26]　「自律した理性的主体である諸個人によって構成されている共同体」といったものは，ある種の理想状態を意味しており現実には存在しないということはおそらく否定できないであろう。そのような理想状態を出発点として現実を評価する視点を獲得しようとする理論構成が，いまひとつ釈然としないものが残る（なお，「理想状態を扱う理論 ideal theory」に関する John Rawls, A Theory of Justice, rev. ed., 1999, pp. 7-8［邦訳：ジョン・ロールズ〔川本隆史＝福間聡＝神島裕子訳〕『正義論　改訂版』〈2010年〉12頁以下］参照）。方法論的には，この種の理論は，まず理想的な状態を想定し，それと現実とのギャップを浮き彫りにした上で，そのギャップを埋める方向性を提示するという形をとることが多いが，「自律した理性的主体である諸個人によって構成されている共同体」という理想状態において，そもそもなぜ犯罪と刑罰が存在するのか（なぜ，この点だけ理想状態ではないのか）は，必ずしも定かではない。また，そのようにして理想と現実のギャップを浮き彫りにしたとしても，理想状態が現実化することはあり得ないのであれば，理想状態に近づけようとする主張はただのないものねだりであり，実践的にはほとんど役に立たないのではないかといった疑念も生じよう。

実の権力と結びつくとき，容易に腐敗する危険を伴うのである。この種の見解には，そのような危うさがあるといわなければならないであろう。

7 結語

　非難の意義を適切な形で理解するためには，「個人を自律した理性的主体として尊重せよ」という要求と合致するようにそれを解釈しなければならない。そのようにして理解された非難は，他者を強制したり，他の目的のために操作したりすることとは相容れない。しかし，これまで検討してきたところからすると，そのような非難の理解と整合するように刑罰を正当化することは著しく困難であることが窺われる。そのような非難の理解と整合するように理想的な刑罰論を展開しようとすれば，それは，現実との大きなギャップに悩まされることになる。他方で，現実との妥協を図れば，「個人を自律した理性的主体として尊重せよ」という要求の意義を多少なりとも切り詰めなければならない。

　ここにおいて，私たちは，「個人を自律した理性的主体として尊重せよ」という要求自体が，実は遵守不能なものなのではないかという疑念に逢着せざるを得ないであろう。現実の社会は，そのような主体のみによって構成されているわけでもなければ，そのような尊重心に満ちた人々だけによって構成されているわけでもない。現実に存在している人間は不完全であり，また，そういった人間によって構成されている現実の社会も不完全なものであるということを私たちは率直に認めなければならないと思われる。

　従って，また，そのような要求に合致するように刑罰を正当化するための前提条件が，現実の社会では十分に満たされていないということも認識しなければならないであろう。法は，常に，共同体の価値を正しく反映しているであろうか？犯罪とされる行為は，全て，そのような価値を愚弄するものであるが故に不正であると理解できるであろうか？刑罰を科される者は，自分が過去に犯した不正について一体どれほど真剣に悔いているであろうか？刑罰を科す側は，本当に処罰される者の主体性を尊重しているであろうか？私たちは，犯罪者を，処罰されることによってまた同じ社会に復帰することが

第4章 刑罰と非難 189

許される対等な仲間として遇しているであろうか？残念ながら，これらの問いに対して肯定的な回答を与えることは私にはできない。また，いつの日か，このような条件が全て整った社会が現実のものとなるであろうと期待することも楽観的に過ぎるように思われる。

　もっとも，それでは，現実に行われている犯罪を私たちが非難することは正当ではあり得ないのかといえば，そのようなことはないであろう。いかに現実の社会が不完全なものであろうとも，多くの犯罪は，やはり，非難されて然るべき行為だと考えられる。しかし，そのことによって，私たちが現に手にしているような刑罰のあり方を正当化することは困難である。なぜならば，私たちが犯罪者を非難することは正当であると主張できるとしても，現実の刑罰がそのような非難を伝達するための適切な手段になっているとは言い難いからである。現実の刑罰は，犯罪者に自己の行為を悔いさせ，適切な自責の念を生じさせることによって社会への復帰を促すというコミュニケーション的な役割を担ったものというよりは，むしろ犯罪者を社会から排除するために強制的に苦痛や負担を負わせるものとして受け止められる可能性が高いといわざるを得ないであろう。

　こうしてみると，非難の適切な理解と整合するような理想的な刑罰論でもって，現実に私たちが手にしているような刑罰制度を正当化できる見込みはほとんどないように思われる。しかし，他方で，そのような理想的な刑罰論が現実のものとなり得るような社会が到来するまで刑罰を科すことは許されないというような主張が支持されるとは到底思われない。おそらく，私たちは，現実の刑罰制度が不完全なものであることを（しかも，それはおそらく永遠にそうであらざるを得ないということを）自覚しつつも，それを放棄することはできない状態に置かれているのであろう。このジレンマを解消する方策を，私は知らない。しかし，刑罰には非難の意味が込められているべきである，という立場を支持する者は皆，この問題と真剣に向き合わなければならないであろう。本稿は，この問題の重要性を明確にするための一つの準備作業である。

第5章　刑罰論と人格の尊重

1　序

　周知の如く，刑罰論において「人格の尊重」という観念を際立たせたのは
Kant である。「［裁判による刑罰］は，犯罪者自身のためであれあるいは公
民的社会のためであれ，もっぱら或る他者の善を促進するための手段として
課されるといったものでは決してありえず，常にただ彼が罪を犯したがゆえ
にのみ彼に課せられるといったものでなくてはならない。なぜなら，人は決
して単に或る他者の意図のための手段としてだけ取り扱われ，そして物権の
対象であるものと混同せられることはできないのであって，たとえ誰かが判
決によって公民的人格性を剥奪されることがありうるにしても，当人の生得
の人格性は右の混同から彼を保護するからである。」[1]

　ところで，目的刑論は，刑罰は犯罪予防などの社会的に望ましい目的を実
現するのに役立つということを指摘して，刑罰を正当化する。そのメカニズ
ムとしては，一般人の抑止，犯罪者の改善・教育，犯罪者の無力化，規範の
確証など様々なものが指摘されているが，いずれにせよ，目的刑論によれ
ば，刑罰は犯罪者の「利用」を含むことになる。犯罪者は，刑罰を科す側や
社会の目的（犯罪者自身は共有していない目的）を達成するために，自分自身は
欲しない取り扱いに服することになる。従って，Kant によれば，このよう
な考え方は，犯罪者を「他の目的のための単なる手段として取り扱う」もの
であり，理性的で自己決定をする存在としてのその者の尊厳と全ての人に当
然与えられるべき尊重を無視するものだとされる。

---

1)　カント（加藤新平・三島淑臣訳）「人倫の形而上学〈法論〉」野田又夫責任編集『世界の名著39
　　カント』（1979年）473頁。

第5章 刑罰論と人格の尊重　　191

　Hegel が，刑罰による威嚇は，「犬にむかって杖をふりあげるようなものであって，人間はその名誉と自由にしたがって取り扱われるのではなく，犬みたいに取り扱われる」と述べたとき[2]，彼は，この目的刑論に対する異議に簡潔で分かりやすい表現を与えた。

　現代の論者の中にも，これと同趣旨のことを述べる者がいる。例えば，今日の英米刑罰論における主要な論者の一人である Duff は，刑罰は他のものよりも善い結果をもたらすが故に正当化される，と主張する結果主義 consequentialism に対して，次のような批判を向けている。「もし，私が誰かに行動を改めるように説得することを正当化するものが，その人はそうすべきである，という（私の信念）であるならば，私がその人に提示すべき意味のある理由とは，まさに，その人はそうすべきであるという信念とその人にそうするよう説得しようとする私の試みを正当化する道徳的理由だけである。もし，それに代わって，私が，別の行動をとる打算的な理由をその人に提示するならば，特に，その人が納得しないままならば危害を加えると威嚇することによってそのような打算的な理由を創設するならば，私は，その人を理性的な道徳的主体として取り扱い，尊重することを止め，その代わりに，その人が服従するように操作し，強制しようとしていることになる。」[3]

　このように「人格の尊重」という観念は，目的刑論，あるいは，結果主義刑罰論を批判する文脈で強調されるのが一般である。そしてその訴求力には，看過し得ないものがある。しかし，その一方で，「人格の尊重」が一体何を意味するのかは悩ましいほど不明確である[4]。また，この観念が有する多分に形而上学的な色彩は，合理的な刑罰論の構築を妨げるものとして忌み嫌われることも少なくない[5]。

---

2)　ヘーゲル（藤野渉・赤沢正敏訳）「法の哲学」岩崎武雄責任編集『世界の名著44ヘーゲル』（1978年）300頁。

3)　R. A. Duff, "Penal Communications: Recent Work in the Philosophy of Punishment", Crime and Justice: A Rewiew of Research 20 (1996), p. 14.

4)　Griffin は，「人格の尊重」を「とらえどころのない，ほとんど内容空疎な観念」であるとする（J. Griffin, Well-Being, 1986, p. 269.）。

5)　例えば，「カントとヘーゲルからの訣別」を唱えた Klug は，カントの定言命法を内容空虚な公式にすぎないとし，「何ら内容的なものを引き出せない空虚な原則からは，応報の原理を引き出すこともできない」と批判する（U. Klug, Abscied von Kant und Hegel, in J. Baumann (Hrsg.),

192　第 2 部　刑罰の諸問題

　果たして，この一面では依然として訴求力を保持し続けながら，他面では必ずしも内容が明確とはいえない「人格の尊重」なる観念は，刑罰論において真に有益な何がしかの意味を持ちうるのであろうか？この問いは古臭いものだと思われるかもしれない。また，Kant や Hegel が主張したとされる絶対的応報刑論は既に過去のものであるから，この問いは既に克服されたものだとみる者もいるかもしれない。しかし，「人格の尊重」という観念が応報刑論と目的刑論の対立点を顕在化させる役割を担ってきたことに鑑みるならば，Kant や Hegel の主張の当否それ自体とは別に，この観念を巡って生ずる問題をどのように処理すべきなのかを考えることには依然として意味があるように思われる。また，今日では，応報の要請と犯罪予防の要請とを調和・統合させようとするいわゆる相対的応報刑論なるものがわが国における刑罰論の主流を占めているが，双方の要請の調和・統合が本当に可能なのかということを考える上でも，「人格の尊重」を巡る問いについて検討することにより何がしかの示唆が得られるのではないかとも思われる。そのような期待をもちつつ，以下，若干の検討を加えてみることにする。

2　「人格の尊重」の要求は無意味か？

　(1)　「人格の尊重」という観念には，常に曖昧さがつきまとうが，ここでは，当面，主として Kant の見方に倣い，「理性的存在者として尊厳をもって取り扱われなければならない」「他の目的のための単なる手段として利用されてはならない」ということを主たる内容とするものとして捉えておくことにする。

　ところで，「人格の尊重」をこのように理解した場合，それは刑罰論においてそもそも意味をもたない，とする見方が提示されるかもしれない。それ

Programm Für ein neues Strafgesetzbuch. Der Alternativ-Entwurf der Strafrechtslehrer, 1968, S.36.)。また，前田教授は，「カントやヘーゲルのような形而上学的な応報刑論は，完全に説得力を失っている」とする（前田雅英『刑法の基礎　総論』[1993年] 21頁）。これに対し，飯島教授は，ドイツ刑法学におけるカント主義復権の動きを伝えている（飯島暢『自由の普遍的保障と哲学的刑法理論』[2016年]）。

には，大別すると，二つのものがあり得る。

　ひとつは，いかなる刑罰論に立ったとしても，刑罰システムの存在を認める限り，少なくとも誰かを利用することは避けられない，とするものである。刑罰システムは人間が操作するものであるから，誤りが生じ得るということは避けられない。無実の者が誤って処罰されてしまうかもしれない。また，罪を犯した者であっても，誤ってより重い刑で処罰されてしまうこともあるかもしれない。応報刑論の立場からして，これらの者が受けるに値しない刑罰を科されていることは間違いない。ということは，応報刑論からしても，いかなるものであれ刑罰システムの存在を認める限りは，刑罰を受けるに値しない者が処罰される可能性があることを知っているシステムを是認していることにならざるを得ない。しかし，これは，結局，罪を犯した者が受けるに値する刑罰を科されるシステムを保持するために，刑罰を受けるに値しない者が処罰されるということを認めるものである。かくして，応報刑論を採ったとしても，受けるに値しない刑罰を科された者を社会全体の効用のために利用することになる[6]。

　このような見方は，無実の者を誤って処罰してしまうことと無実の者を意図的に処罰することとを区別していない。確かに，刑罰システムの存在を認める限り，無実の者が誤って処罰されてしまう可能性があることを否定することはできない。しかし，仮にこれを，刑罰システムが生み出す全体的な効用の観点から是認したとしても，だからといって，無実の者を意図的に処罰することまで許容されるわけではない。全ての者を不正義な刑罰が科されるリスクの下に置くということと，全体の効用のために特定の者を意図的に処罰するということは異なる。前者を刑罰システムが生み出す効用の観点から正当化することと，後者を人格の尊重の観点から否定することとは何ら矛盾

6）　Schedler は，応報主義者は，「誤って処罰される者の幸福を，罪を犯した者を処罰するというより大なる善と進んで交換している」とする（G. Schedler, "Can Retributivists Support Legal Punishment ?", Monist 63 [1980], p. 189.）。また，Philips は，「私たちが無実であると考えている人を処罰することと，無実の者が処罰されるという結果を不可避的に伴うということを私たちが知っている政策を採用するということとの間に，実際のところ，道徳的に重要な違いは存在するであろうか？」との問いを発している（M. Philips, "The Inevitability of Punishing the Innocent", Philosophical Studies 48 [1985], p. 389.）。

194　第2部　刑罰の諸問題

しない[7]。従って，刑罰システムの可謬性から刑罰論において「人格の尊重」を要求することは無意味であるという結論を導くのは早計であるといわざるを得ない。

　(2)　刑罰論において「人格の尊重」の要求は意味をもたない，という結論に至る可能性のあるもうひとつの見方は，刑罰以外の場面でも社会全体の効用を増大させるために人を手段として利用している場合があるということを指摘するものである[8]。例えば，精神の障害のために自傷他害のおそれがある者の拘禁・治療，感染症患者の隔離などは，国家が社会全体の効用のために人を手段として取り扱うものである。しかし，そのことを理由に刑罰の場合と同じような批判がなされることはあまりない。これらの措置においては，何ら罪のない人が手段として利用されているにもかかわらずである。刑罰において犯罪者を手段として取り扱うことを禁ずるのであれば，これらの措置も禁止されるべきである。逆に，これらの措置を許容するのであれば，犯罪者を手段として取り扱うことを批判する理由は存在しない。

　しかし，このような見方には説得力がないであろう。精神障害のために自傷他害のおそれがある者を拘禁し，治療を受けさせるという措置を正当化す

---

7)　この点に関連しては，Bermann の見解に興味深いものがある（M. Bermann, "Punishment and Justification", Ethics 118 [2008], pp. 258-290.）。彼は，刑罰を「中心的なケース」と「周辺的なケース」に分け，後者には「何ら犯罪が行なわれていないという理由か，あるいは，犯罪は行なわれたが，その個人はその犯罪について責任がなかったという理由で，不正行為者ではない者に刑罰が科される場合」が含まれているとする。そして，「中心的なケース」は応報主義的な理由で正当化され，「周辺的なケース」は全体としての刑罰の実践によって生み出される複合的な効用に着目することにより，結果主義的なやり方で正当化される，とする。

8)　Walker は，再開発のための住民の立ち退き，空港の近くに住む者に生ずる不利益，感染症に罹患した者の行動の自由の制約，徴兵制などを例に挙げ，抑止としての刑罰を他者の利益のために犯罪者に害を与えるものだという理由で非難する者は，無実の者に対してなされているこれらの事柄も非難するか，あるいは，なぜ罪を犯した者だけが手段として取り扱われてはならないのか説明するかしなければならないとする（N. Walker, Why Punish?: Theories of Punishment Reassessed, 1993, p. 54.）。これに対して，Boonin は，それは意図的に害を与えることと単に害の発生が予期されていることとの間の区別を無視しており，Walker が挙げる例は全て，ある者にある害が生ずると共に，他の多くの者により大なる利益がもたらされるということが予期される行為を意図的に行うものであって，意図的に相手に害を与えるものである刑罰とは異なる，と批判している（D. Boonin, The Problem of Punishment, 2008, pp. 61-62.）。このような考え方には意図されたものか否かの判断の点で若干微妙なものが残るが，単に害の発生が避けられないというだけでなく，害を伴わなければそもそも刑罰とはいえないという意味で理解するのであれば，基本的に承認できるように思われる（本書第2部第1章［117頁以下］参照）。

るためには，単に自傷他害のおそれがあるということを示すだけでは足りず，その者が精神の障害のためにそのような危険性を認識することができず，その危険性を除去するように自分の行動をコントロールすることができないということ，すなわち，理性的に判断して自律的な行動をとる能力を欠いているということも示さなければならない。理性的に行動する能力を備えている者の自律的な意思決定を尊重せよという主張は，そのような能力を欠いている者にも同様の自由を認めよということまで要求するものではない。

　他方，感染症患者の隔離の場合には，理性的に行動する能力の欠如が問題となるわけではない。そうではなく，この場合には，他者に害を及ぼす具体的な危険性を生じさせないためにとりうる行動が限定されているということが重要な関心事となる。感染症に罹患した者は，外出することで既に他者に害を及ぼす危険性を生じさせることになる。しかも，その危険性は，本人の意思決定とは無関係に生ずるものである。すなわち，外出するという選択が，既に他者を危険にさらすという選択をしていることになるのである。このように本人の意思によっては制御できない危険性を生み出す行為を制限するために，感染症患者の行動は制約される。これと，例えば，犯罪予防のために特定の人を拘禁するということを同列に論ずるわけにはいかないであろう。なぜならば，犯罪によって他者に害が生ずる危険性は，本人がそのような行為にとりかかるという選択をすることによって具体化するのであり，外出するということによってその後の本人の意思決定とは無関係に生ずるものではないからである。それにもかかわらず，犯罪予防のために特定の人を拘禁するとすれば，それはその人の将来の意思決定を先取りし，それを信用していないことを意味する（「私たちは，あなたが適切に行動するということを信用できない。だから，誤った行動に出る機会を制限するためにあなたの行動を制約する」）[9]。これには，理性的に行動し得る主体として尊重していないという批判が依然

---

9)　これとの関連で，例えば，1994年カンザス州法が規定する「性的暴力犯罪者 sexually violent predator」に対する民事拘禁やイギリスの反社会的行動禁止命令（ASBO）などには，対象者がその後の意思決定をする機会を完全に封ずるという点で，主体性の尊重という観点から疑問が呈されることになろう（ASBO に関してこの点を問題とするものとして，R. A. Duff, "Perversion and Subversion of Criminal Law," in R. A. Duff et al (eds), The Boundaries of the Criminal Law, 2010, pp. 99-100.）。

196　第2部　刑罰の諸問題

として向けられることになるであろう。

　(3)　刑罰論において「人格の尊重」を云々することは無意味である，という主張はこれ以外にも考えられるかもしれない。ここでは，そのような可能性についてこれ以上詮索することはしない。ただ，いかなる主張がなされるとしても，社会全体の効用が増すという理由で無実の者の意図的な処罰を一般的に正当化することには，まずほとんどの者が反対するであろう。これは，まさに，人を他の目的のための単なる手段として利用する典型例である。もしこのような処罰を認めないのであれば，人を他の目的のために利用する措置が無条件に許容されるわけではない，ということについては，ほぼ合意が得られていると言ってよいであろう。しかし，なぜ，このような無実の者の意図的な処罰は許されないのであろうか？その点から考えてみることにしたい。

3　無実の者の処罰

　(1)　「人格の尊重」の要求が，無実の者の意図的な処罰を禁ずることは疑いがない。より大きな犯罪予防効果や社会不安の除去といった利益の実現を目指して，無実の者をスケープゴートとして処罰するといったことは，社会全体の効用を増大させるという目的のために個人を手段として取り扱うものである。また，犯罪を行った者であっても，より大なる犯罪予防効果を狙って罪刑の均衡を失した重罰を科すならば，それも同様に個人を手段として取り扱うものとして禁じられるであろう。

　(2)　ところで，刑罰の正当化根拠を犯罪予防目的に求める見解に対して，無実の者の処罰や罪刑の均衡を失した処罰を許容することになるという批判が向けられてきたのは周知のことであるが，そのような批判に対する反論の一つとしていわゆるルール功利主義によるものがある10)。それによれば，効用の最大化という基準は特定のルールの選択についてのみ適用され，個々

---

10)　ルール功利主義については，J. Rawls, "Two concepts of rules", The Philosophical Review 64 (1955), pp. 3-32（ジョン・ロールズ［田中成明編訳］『公正としての正義』［1979年］289頁以下）参照。なお，ルール功利主義自体の問題点を検討することは，本稿の目的ではない。ルール功利

の行為の正・不正はその適用可能なルールに従って評価されることになる。ここで，仮に，必要だと考えられる場合にはいつでも無実の者を処罰することが許されるという刑罰制度に関するルールが採用されたとしよう。しかし，そのようなルールを採用することは，刑罰制度に対する国民の信頼を失わせ，また，いつ自分もこのようなやり方で罪に陥れられてしまうかもしれないというおそれを生じさせたりするため，そのようなルールは，意図的なスケープゴートを許容しないルールよりも一層悪い結果になるであろう。従って，無実の者は処罰されないというルールを採用する方が，長い目で見れば社会の利益を促進するという結果をもたらすであろうという理由で，そのようなルールが採用されることになる。また，犯罪予防，犯罪者の社会復帰，社会秩序の維持といった刑罰目的を達成するためには，非難に応じた刑を科すという罪刑の均衡の原則と，非難可能なときにのみ刑を科すという責任主義の原則を堅持しなければならない，とする見解[11]も，基本的にはこのようなルール功利主義的な発想を基礎に置いているとみることができるであろう。

　(3)　さて，「人格の尊重」という観点を重視する論者は，このような見解を是認するであろうか？その答えは，おそらく否である。確かに，これらの見解も，結論においては，無実の者の処罰や罪刑の均衡を失した処罰は許されないとしている。しかし，その理由は，そういった処罰を許容する刑罰制度では，目指すところの刑罰の目的・効果が達成できないという点に求められている。無実の者が処罰されないのは，処罰されるような行為を何らしていないからではない。そのような者を処罰しても，好ましい結果が得られないからである。

　だが，人格の尊重を重視する者からすれば，これは転倒した思考だとみられるであろう。なぜならば，人格を尊重するということは，個人を常にそれ自体目的として取り扱わなければならないという要求を含むものとして理解されなければならないからである。個人は，常に，それ自体に価値を認めら

　主義に基づく刑罰論の全体的な検討に関しては，Boonin, supra note 8, pp. 62-77参照。

11)　前田雅英『刑法総論講義［第5版］』（2011年）26頁。

198　第2部　刑罰の諸問題

れる人格として取り扱われなければならない。個人は，常に，それ自身の価値に応じて，また，そのなした行為がもつ価値に応じて遇されなければならない。犯罪を行った者は刑罰を受けるに値し，犯罪を行っていない者は刑罰を受けるに値しない。このような個人の有する価値に応じた取り扱いを要求するからこそ，無実の者は刑罰を受けるに値しないから処罰してはならないのである。それは決して犯罪予防効果の大小などによって左右される仮言的な性格のものではなく，定言的な性格を帯びた要求なのである[12]。真に人格を尊重するというのであれば，そのような処罰がいかなる効用をもたらすかという点の判断に先立って，あるいは，それとは独立に，その者は刑罰を受けるに値するものなのかどうかが判断されなければならない。無実の者の処罰や罪刑の均衡を失した処罰の禁止を刑罰目的・効果に還元する立場は，この点を見誤っている。

4　罪を犯した者の処罰

⑴　「人格の尊重」が，刑罰を正当化するに当たって，刑罰の効用の判断に先立って，あるいは，それとは独立に，その者が刑罰を受けるに値する者であるかどうかを判断しなければならないという要求を含むものであると理解した場合，次なる問題として，それでは，刑罰を受けるに値することが判明している者に対して刑罰はどのように科されるべきか，という問いが提起されることになる。

　ここで関心がもたれるのは，人格の手段化の禁止は，全面的かつ絶対的な要請なのかという点である。例えば，Kant は，人間は他の目的のための単なる手段として用いられてはならないとするが，これは「単なる」手段として用いられているのでなければそのような措置は許容されると解釈する余地がある[13]。そのような観点から見た場合，検討を要する見方が少なくとも

---

12)　Montague は，行為功利主義であれルール功利主義であれ，「罪を犯したのか無実なのかに関する考慮は，刑罰が正当化されるかどうかということについて，せいぜい，条件的な関係しか有していない」とする（P. Montague, Punishment and Societal-Defense, 1995, p. 11.）。

13)　英米では，Kant の見解を応報主義ではなく結果主義の観点から理解しようとする見解も散見

第 5 章　刑罰論と人格の尊重　　199

二つある。

　(2)　ひとつは，刑罰を犯罪者の改善・教育という観点から理解する立場の
ものである。例えば，他者の犯罪を抑止するためにのみ犯罪者が処罰される
のであれば，それは，犯罪者を他の目的のための単なる手段として取り扱う
ことになるであろう。しかし，刑罰が，犯罪者本人の改善・教育，ひいては
社会復帰を目的とするものであるとすれば，そのような目的は犯罪者本人の
効用にも資するものであるから，犯罪者を「単なる手段」として取り扱うも
のではない，といった主張がそれである[14]。

　しかし，このような主張は，刑罰がもつ強制的な性格に着目するならば，
説得力の乏しいものとなるであろう。仮に刑罰が犯罪者自身の改善・教育と
いった目的を有していることを認めたとしても，これを処罰される者が望ん
でいるかどうかにかかわらず達成されるべき目的として把握するならば，そ
れはやはり処罰する側あるいは社会が実現を望んでいる目的であって，犯罪
者自身の目的とは言い難いであろう。

　これに対しては，改善されることを望んでいない犯罪者であっても，改善
されることによって本人が利益を得るのだから，それは依然として，犯罪者
本人を単なる手段としてではなく，目的として取り扱うものである，といっ
た反論がなされるかもしれない。しかし，これは結局，「私たちは，何があ
なたにとって最善であるかを知っているから，あなたが望むか否かにかかわ
らず，それをあなたに与える」という典型的なパターナリズムを認めること
になる。これが相手方を理性的な自己決定をなし得る自律した主体として尊
重することと両立するのかは極めて疑わしいと言わざるを得ない。従って，

される（D. Sheid, "Kant's Retrivutivism", Ethics 93 [1983], pp. 262-282; B. S. Byrd, "Kant's
Theory of Punishment: Deterrnce in Its Threat, Retribution in Its Execution", Law &
Philosophy 8 [1989], pp. 151-200; T. Hill, "Kant on Wrongdoing, Desert, and Punishment", Law
& Philosophy 18 [1999], pp. 407-441.)。また，ドイツでも，Kant は純粋に功利だけを考慮するこ
とを排除しようとしたに止まるとする解釈を示す者がいる（A. Mosbacher, Kants preventive
Straftheorie, ARSP 90 [2004], S.219. また，Kant のテキストが様々な解釈の余地を与えることに
ついては，L. Greco, Lebendiges und Todes in Feuerbachs Straftheorie: ein Beitrag zur
gegenwärtigen strafrechtlichen Grundlagendiskussion, 2009, S.73ff. 参照［なお，同書の紹介と
して，飯島・前掲注 5）247頁以下がある]）。

14)　A. C. Ewing, The Morality of Punishment, 1970, pp. 50-51; H. Gross, A Theory of Criminal
Justice, 1979, pp. 382-383参照。

刑罰は犯罪者自身の改善・教育といった目的も有しているということを指摘しても，犯罪者を他の目的のための単なる手段として用いることになるという批判を十分に反駁するものとはいえないであろう。

(3) 他のひとつは，刑罰の中心的な正当化根拠は犯罪予防などの刑罰目的に求めつつも，その目的を追求するに当たっては，無実の者の処罰の禁止や罪刑の均衡といった刑罰目的に還元することのできない独立の制約が課されるとする見解である[15]。この種の見解には，微妙にニュアンスを異にするいくつかの見方があるが，それらに共通する特徴は，犯罪予防などの刑罰目的の追求と無実の者の処罰の禁止や罪刑の均衡といった要請はそれぞれ独立に考慮されるべきものであり，場合によっては両者が矛盾対立することもあると考えていることである。その点で，無実の者の処罰の禁止や罪刑の均衡を刑罰制度の効用判断に還元する前述したルール功利主義の考え方とは決定的に異なる。

この種の見解によれば，無実の者の処罰や罪刑の均衡を失した処罰が禁じられる理由は，そういった処罰が刑罰目的の達成を阻害するという点に求められるのではなく，そういった処罰は正義に反するという点に求められることになる[16]。無実の者を処罰したり，犯罪との均衡を失した重罰を科したりすることが，仮により大なる犯罪予防効果をもたらすことがあるとしても，刑罰はその者がそれを受けるに値することが判明している場合において，その受けるに値する範囲内で科される場合にしか正当化されないと解されることになるのである。

この種の見解が，個人を他の目的のための「単なる手段」として取り扱うものではない，ということは，とりあえず了解することができるであろう。なぜならば，刑罰目的・効果に関する評価とは独立に，その者が刑罰を受け

---

15) わが国の見解では，内藤謙『刑法講義総論（上）』（1983年）124頁以下，曽根威彦『刑法総論［第3版］』（2000年）43頁などがこのような立場だといえよう。なお，英米では，犯罪予防目的に対するこのような制約を「横からの制約 side constraint」と呼び，Hart の見解が代表的なものだとみなされている（Hart, Punishment and Responsibility, 1968.）。

16) この点に関し，Hart は正義という観点からではなく「自由の最大化」という観点から制約の必要性を説明している（Hart, supra note 15, p. 23, p. 46. この点に関しては，本書第2部第3章［特に156頁以下］参照）。

るに値するものかどうかを判断し，後者の判断によって前者の目的追求を制約しているからである。その者が刑罰を受けるに値することが判明しており，その受けるに値する範囲内でしか刑罰は正当化されない。

　しかし，他方で，この種の見解では，そのような制約に服しつつも，刑罰の中心的な正当化根拠は犯罪予防などの刑罰目的に求められている。つまり，この見解によっても，刑罰は犯罪予防などの目的を達成するために科されるのであり，その限りでは，犯罪者を刑罰目的のために「手段」として用いていることは否定できない。このような手段化が，「人格の尊重」の要求に反するかどうかが問題である。

　(4)　その答えは，「人格の尊重」という観念に刑罰を正当化するに当たりどのような役割を担わせるかによって変わってくるであろう。仮に「人格の尊重」の観念は刑罰の「限界」を定めるだけのものだと見るのであれば，ここでとり上げている見解はその要求を満たしている。そのような見方によれば，刑罰を科される立場に自己の身を置くかどうかを，個人の自由な選択に委ねている限り，その者に刑罰を科しても，個人を他の目的のための手段として用いたことにはならない[17]，とか，個人を他の目的のための手段として取り扱うことになるとの批判が妥当するのは，その者の責任を超えて刑罰目的を追求する場合に限られる[18]，などと主張されることになるであろう。

　これに対して，「人格の尊重」の観念は刑罰の「内容」をも規定するものだと考えた場合には，ここでとり上げている見解では不十分だということになると思われる。なぜならば，ここでとり上げている見解によれば，刑罰の「内容」を形作るものは刑罰目的だけだからである。無実の者の処罰は許されない，罪刑の均衡を失した処罰は許されないという限界は定められても，その範囲内において科される刑罰の内容は刑罰目的を達成するのに最も効率的な方法が選択されるべきことになるであろう。その際にとられる方法が，相手方を理性的な存在者として尊重するものであるかどうか，という考慮は，この種の見解においては本質的な意味をもたないということになると思

---

17)　Hart, supra note 15, p. 22-24.
18)　C. Roxin, Strafrecht Allgemeiner Teil, Band I , 4. Aufl, 2006, §3 Rn. 57.

202 第2部 刑罰の諸問題

われる。

(5) ところで，いずれの見方に立ったとしても，検討を要する問題がある。それは，刑罰は犯罪に対する非難を不可欠の構成要素としているという点をどのように説明するかという問題である。刑罰目的を達成するための効率的な方法を選択するという観点から見た場合には，刑罰が非難の意味をもつことはどのように説明されるのか，ということが問われなければならない。他方，人格の尊重の要求が刑罰の内容を規定するとみる立場からは，犯罪者を非難するということがそのような尊重とどのように結びつくのか，ということが明らかにされなければならない。次にこの問題について考えてみよう。

5 刑罰と非難

(1) 刑罰には非難の要素が含まれていなければならない，ということは，今日，一般的に承認されている。そして，刑罰には非難の意味が込められている点で，例えば，感染症に罹患した者を病院に入院させることなどとは異なると説明される[19]。しかし，なぜ，刑罰は非難の要素を含まなければならないのだろうか？[20]

(2) まず，犯罪を非難することが有益な結果をもたらす可能性があるということは，容易に思いつくことである。例えば，犯罪者に対する教育的な効果，公的に非難を表明することによる規範確証の効果，被害感情を慰撫する効果，などがそれである。この点を重視すれば，刑罰が非難の意味をもつのは，それが刑罰目的を達成する効果的な手段だからだという考え方に赴くことになろう[21]。もっとも，その場合，無実の者は非難されず，犯した罪との均衡を失した非難を加えられないという，「人格の尊重」に由来する制約

---

19) 井田良『講義・刑法学総論』(2008年) 9頁，山口厚『刑法総論［第2版］』(2007年) 3頁など。

20) なお，本書第2部第4章も参照。

21) 非難を展望的な観点から説明するものとして，例えば，平野龍一『刑法の基礎』(1966年) 25頁，所一彦「抑止刑と自由意思」『平野龍一先生古稀祝賀論文集（上巻）』(1990年) 977頁以下など。

第5章　刑罰論と人格の尊重　　203

は課されることになろうが。

　このような考え方に対しては，いくつかの疑問・批判が提起されることに
なるであろう。

　まず，非難することが，刑罰目的を達成する最も効率的な方法なのかとい
う問題がある。確かに，非難することが前述のような有益な結果をもたらす
ことがあるということは認められるであろうが，非難すること以上に効率的
な手段はないと考えるのは疑問であろう。その点で，刑罰が非難を本質的な
属性とすることをうまく説明できないのではないかという疑問が残る。

　更に，この見方によると，非難はそれがもたらすと予想される有益な結果
の故に選択されるのであり，非難することそれ自体に本質的な意味があるわ
けではない。有益な結果を生じさせることを狙って非難するのであり，犯罪
という不正な行為が行われたから非難するのではない。この見方からすれ
ば，行為者が過去に行った不正な行為に注意を向けさせることは基本的な要
請ではなく，将来において犯罪行為を控えるという判断をするように仕向け
るためだけに非難するのであってもよいということになろう。

　このように非難を将来の行動を改めさせる打算的な理由を提供するものと
して把握することが，「人格の尊重」に反しないかどうかが問題である。こ
の点，理性的存在者の意味を，合理的な計算ができるという道具主義的な理
性を備えている者として理解するのであれば，人格を尊重しているというこ
とは十分可能であろう。ただ，そのように理解した場合には，目的それ自体
として尊重されるべき人格の意義が揺らぐおそれがあるように思われる。例
えば，道具主義的な意味での理性を備えている者として対応すればよいのだ
とすれば，罪刑の均衡を要求する必然性は必ずしもないのではないかという
疑念が生ずるかもしれない（合理的に計算する能力だけに配慮すればよいのならば，
より大なる犯罪予防効果を狙って重い刑を科すことにしても，単なる手段として取り扱う
ことにはならないと解する余地があるかもしれない）。要は，道具主義的な理性にの
み着目した場合，そのような意味での理性的存在者をそれ自体目的として取
り扱わなければならない理由がどこにあるのか，ということが問題である。

　他方で，理性的存在者の意味を，道徳的な理由に対応することができると
いう道徳的理性を備えた者として理解するのであれば，行動を改めるべき道

204　第2部　刑罰の諸問題

徳的理由を提示することなく打算的な理由を提示することは，その者の人格を十分には尊重していないとされることになろう。なぜならば，そのようなやり方は，打算的な理由を与えて相手方を「操作」しようと企てるものだからである。

　(3)　それでは，相手方を道徳的理性を備えた存在者として理解し，その人格を尊重するという点と関連づけて考えたならば，刑罰が非難の要素を含むことはどのように説明されるのであろうか？この点に関しては，Duff の見解が，極めて有益な視座を提供してくれるように思われる。Duff の見解は，概要以下のようなものである[22]。

　「人格の尊重」は，他者を自律した理性的主体として尊重せよ，との要求を含むものである。他者を自律した理性的主体として尊重せよとの要求は，他者を，その者自身の理解に従って，自分の行動を律することができる主体的存在として尊重せよ，ということを意味する。犯罪を行った者に対してもこのような尊重を払わなければならないとすれば，その者に対して，なぜ自分の過去に行った行為が不正なものなのかその真の理由を提示し，自分自身でその意味を理解し，反省・悔悛して，今後の自らの行為を改めるように説得することに努めなければならない。そのような自己改善は，決して強制されるものではない。提示された理由に納得するかどうかは，あくまで，相手方の意思に委ねられている。しかしながら，犯罪を行った者であっても，自律した理性的判断をなし得る者であるならば，自分の行為がなぜ不正なものなのか，という点に関して，熟慮すれば理解できるはずであり，また，理解することができるはずだとの期待をもって接しなければならない。そのような行為が不正となる真の理由を伝達するために，犯罪を行った者を非難するのである。

　この見解は，刑罰には犯罪予防などの目的があることを認めるが，その目的を達成する手段・方法が，刑罰目的達成手段としての効率性によってではなく，他者を自律した理性的主体として尊重せよという「人格の尊重」の要

---

22)　ここでは，R. A. Duff, Trial and Punishment, 1986 で示された見解を念頭に置いてまとめている。

求によって規定されるものと考えている。目的を達成するための手段それ自体が定言的な性格を帯びた「人格の尊重」の要求によって規定されるが故に，刑罰が非難を不可欠の要素とするということがより説得力ある形で説明されているといえよう[23]。

(4)　しかし，このような見解は，現実に私たちが行っている刑罰実践を前提とした場合，ひとつの難題に直面する。それは，現実の刑罰は，単に過去の犯罪行為を非難するに止まらず，更に（場合によっては極めて重大な）害の賦課を伴っているということである[24]。犯罪行為が不正である理由を伝達するために非難することが問題なのであれば，それは言葉だけでも可能であろう。非難の程度が大きい場合には，それを示すために何らかのより象徴的な表現方法が付加されることも考えられるであろうが，現実に刑罰の名の下に賦課されている害はそのような象徴的意味をはるかに超えていると言わざるを得ない。そこで，このような害の賦課が，人格の尊重の要求と両立し得るものなのかが問われなければならない。

6　害の賦課

(1)　「人格の尊重」の要求と刑罰における害の賦課とを両立させることはできるのだろうか？古典的な応報刑論は，この問いに答えようとしたものだとみることもできる。

　例えば，Hegel は，理性的な存在者としての行為者は，自己の犯行によって，その場合に自分が自らの法としてその下に包摂されてもよい一般的な法則を立て，それを承認しているということを主張した[25]。ある者が犯罪を

---

23)　Duff は，非難を一方的に表明されるものとしてではなく相互理性的なコミュニケーション活動として理解しているが（Duff. supra note 3, p. 32-35.），そこには，非難する相手方を道徳的主体として尊重せよとの要求に忠実であろうとする姿勢が現れている。

24)　Hörnle は，刑罰のコミュニケーション機能を重視する見解を「表現的刑罰論 Expresive Straftheorien」と呼び，同説の論者は，なぜ刑罰には害の賦課が伴うのか，という問いに取り組まなければならないとする。この問いに対し，彼女自身は，言葉によるメッセージだけでは具体的な無価値判断の程度を明確にすることができないからである，と答えている（T. Hörnle. Straftheorien, 2. Aufl., 2017, S.43ff.）。

25)　前掲注２)「法の哲学」300頁以下。

206　第2部　刑罰の諸問題

行なう場合，その行為が「普遍的法則」となることを宣言しているとすれば，すなわち，そのようなやり方が人間を取り扱うべきやり方であると布告しているのだとすれば，それと同じやり方でその者を取り扱っても，それはただ人間はこのように扱われるべきだとその者が決めたように本人を扱っているに過ぎない。これは自分がどのように取り扱われるべきかについて本人に決定させているという意味で，その者の人格を尊重している。

　しかし，人は，行為をする際，常に規範的な態度決定をしているという前提は疑わしいように思われる。また，仮にそのような規範的な態度決定をしているとしても，例えば，行為者が「自分の都合次第で他人を害してよい」というような内容の一般的な法則を立てた場合に，国家がその法則を是認すること（その者を同じやり方で取り扱うとはそういうことであろう）が人格の尊重の要求に合致するとは言い難いであろう。

　他方で，そのような法則を立てるのは現象人 homo phaenomenon としての自己ではなく，立法的理性を備えた本体人 homo noumenon としての自己だと考えるならば[26]，別の人格（理性的なその人）であるならば受容するであろう正当化根拠を提示しそれを受容させることが，（理性的でない）その人を尊重するやりかただということになるかもしれない。しかし，これは，Berlin が「積極的自由」という観念に照らして唱えた「もしあるひとが現にそうでない，少なくともまだそうでないあるものであるならば，そのひとが選ぶであろうところのものと，そのひとが現実に求め選択するものとを同一視する」「おそろしい偽装」だとする批判を想起させることになろう[27]。

　今日においても応報刑論を支持する者にとって，「人格の尊重」の要求と刑罰における害の賦課とをいかにして両立させるかは重要な課題である。ポイントは，過去の犯罪と現在の刑罰との間には必然的な関係があり，刑罰は犯罪に対する反応として本質的に善である（従って，犯罪者の権利を侵害するものではない）ということをいかにして示し得るかにあるといえよう。しかしながら，この点を首尾よく説明し得ている見解は未だ提示されていないよう

---

26)　前掲注1）「人倫の形而上学〈法論〉」478頁以下。

27)　アイザイア・バーリン（小川晃一＝小池銈＝福田歓一＝生松敬三共訳）『自由論』（1971年）323頁。

に思われる。

　(2)　次に，見方を変えて，この問題に対して，人は犯罪を行なうことによって処罰されることに同意しているのだから，その者を処罰しても他の目的のための単なる手段として取り扱っていることにはならない，とすることはできるであろうか？

　この点に関して，Nino の主張には興味深いものがある[28]。Nino は，「ある行為が必然的な結果として特定の義務の引き受けを伴うものであることを知りながら，その行為を自由意思に基づいて行う者は，その義務を引き受けることに同意している」という理解から出発する。そして，「犯罪を行うことの必然的な法的帰結は，その人が以前に享受していた刑罰を科されない権利を失うということである」。従って，自由意思で犯罪を行い，自分がそのようなことをしているということを理解している者は，自分が刑罰を科されない権利を失うということに同意している，ということになる。

　Nino がここで問題としている同意は，行為者が選択した行為の事実的な結果に対する同意ではなく，規範的な結果に対する同意であることに注意しなければならない。もし，自己の選択した行為がもたらすと予測される事実上の結果を知りながらその行為を行った場合には，その結果について同意していることになるとすれば，銀行強盗が「金を出せ。出さないと撃つぞ。」と命令したのに対し，被害者がそれに従わないので撃たれたという場合，被害者はそのような態度に出れば撃たれることを知っていたのだから撃たれることに同意していたということになろうが，それは不合理である。それに対して，自己の行為がもたらす避けがたい規範的な結果には同意していると言わざるを得ない。犯罪者は自分が処罰されることに同意しているとはいえないかもしれないが，刑罰が許容される状況がもたらされる（刑罰を科される責任が発生する）ということには同意していると言わざるを得ないであろう。「刑罰を科されない法的な権利が失われるということがその行為の必然的な結果であるということを知りながら，自由意思による行為－犯罪－を遂行す

---

28)　C. S. Nino, "A Consensual Theory of Punishment," in Simmons et al. (eds.), Punishment, 1994, pp. 94-111.

208　第2部　刑罰の諸問題

る者は，その規範的な結果に同意している」。そして，犯罪者は，処罰されることに反対するいかなる要求も失うことに同意していたのであるから，国家がその者を処罰することは，たとえ，これが，通常の場合であれば許容できないであろうようなやり方でその者を取り扱うことを含んでいるとしても，道徳的に許容されることになる。Nino 曰く，「私たちは，個人の道徳的自律性を信頼しているのであり，その道徳的自律性が，個人の自由かつ意識的な引き受けに基づいて，刑罰を負う責任を創出するのである」[29]。

　この見解は，一見すると非常に魅力的に見える。しかしながら，この見解には，決定的な難点があると言わなければならない。例えば，殺人を犯した者は，「死刑又は無期若しくは5年以上の懲役」に処されるという責任を負うことに同意しているとはいえるかもしれない。殺人という行為がこのような刑罰を必然的にもたらすという規範的な関係が正当なものであるとすれば，そのことを知りながら殺人に及ぶ者にその結果を現実化させることが正当化されるのは当然である。しかし，私たちが求めているのは，そもそも殺人という行為の規範的な結果としてこのような刑罰を結び付けることの正当化根拠である。更には，生命や自由の剥奪という重大な害を賦課することが，その者の人格を尊重することと両立するといえる根拠である。この点で同意に訴えかけることは無意味であろう。なぜならば，法以前の次元で，殺人を行った者は自己の生命や自由を剥奪されることに同意しているとすることは，そのような害の賦課は正当化されるということをほとんど自明視していることになるからである。Nino の見解は，刑法が規定する刑罰が正当化されるものであるとすれば，犯罪を行った者に刑罰を科したとしても，それはその者の人格の尊重と両立し得るということは説明し得るとしても，そもそも刑法が定めている刑罰のあり方が人格の尊重と両立し得るものかどうかという問いには答えられていないと言わなければならないであろう。

　(3)　最後に，刑罰が非難を不可欠の構成要素とすることを「人格の尊重」と関連づけて説明する5で言及した Duff の立場から，害の賦課がどのように正当化されるのかを見てみたい。

---

29)　Ibid, p. 111.

第5章　刑罰論と人格の尊重　　209

　Duffによれば，刑罰は，犯罪を理由として受けるに値する非難を犯罪者に伝達し，それによってその者に自己の犯罪を悔いさせ，自分自身を改善し，自分が不正を働いた相手方と和解させることを目的としたコミュニケーション的な企てであるべきである。Duffは，このようなコミュニケーション的な企てを，悔悛repentance，改善reform，和解reconciliationという目的（三つのR）に奉仕する一種の世俗的な苦行penanceとして描き出す[30]。
　このような理解から，なぜ非難を伝達するときに言葉や純粋に象徴的な手段だけではなく，厳しい取り扱いhard treatmentが必要となるのか？
　Duffは，まず，悔悛との関係で次のように言う[31]。誤りを犯す可能性のある道徳的主体である私たちは，自分が不正を行なったとき，その事実から目を背ける誘惑は多いし，また，あまりに安易にそうしすぎる。今はその不正を悔いていると思うかもしれないが，その不正を十分真剣に考えないために，真剣に悔いないことがあまりに多い。しかし，悔悛は，少なくとも重大な不正に関しては，その本質上，すぐに達成され完了するものではあり得ない。自分が不正をなした人に対して何を行なったのか，そして，なぜそのようなことができたのか，ということを，徹底的に考え，また，理解するように努めなければならない。刑罰が厳しい取り扱いを伴うのは，自分の行なった犯罪に本人の注意を集中させるためである。私たちは，それによって，犯罪者が，自分の行なった犯罪の本質や意味について考え，他のやり方よりも適切にその犯罪と向き合い，それによってより真正な悔悛に達することができるような構造が提供されることを期待している。誤りを犯す可能性のある道徳的主体として，私たちは，そのような悔悛を助け，深めるための苦行を必要とするのである。
　更に，Duffは，和解との関係で次のように主張する[32]。和解は謝罪を必要とする。特に重大な不正行為の場合には，謝罪は単に言葉だけではなくそれ以上のものによって表現されなければならない。その場合には，厳しい取り扱いを伴う苦行が，犯罪者を自分が不正を働いた相手方と和解させるべき

---

30)　R. A. Duff, Punishment, Communication, and Communty, 2001, pp. 106-112.
31)　Ibid, pp. 107-108.
32)　Ibid, pp. 109-110.

210 第2部 刑罰の諸問題

説得力ある謝罪を構成する。もっとも，この場合の謝罪は多分に形式化され
たものである。友人間等の親しい関係では，謝罪は誠実なものでなければ意
味がないであろうが，市民間のような関係では，それが誠実なものであるか
はとりあえず措き，まずは謝罪をするということが重要である。他方，仲間
たる市民の側からすれば，そのような謝罪が行われたならば，それが誠実に
なされたものかどうかは詮索することなく，謝罪が行われたという事実を受
け容れて，その者が共同体に復帰することを認めるべきである。

　しかし，このような Duff の主張に対しては，いくつかのかなり根本的な
疑問を提起することができる。

　まず，真剣な悔悛のために厳しい取り扱いが必要だとするが，害を賦課す
ることは，「自分の行なった犯罪に本人の注意を集中させる」よりもむし
ろ，自分が被っている苦痛に関心を集中させてしまう可能性がある。そうな
ると，悔悛させるのではなく，苦痛を被りたくなければ犯罪を控えた方が得
だと考えるように仕向けるという側面が強くなるであろう。これは，打算的
な理由を与えて相手方を操作するものであり，相手方を理性的主体として尊
重するやり方ではないとして，Duff が強く批判するものである。しかも，
この点は，Duff 自身が，刑罰は犯罪者の行為に対する社会の非難を伝達す
ることを第一義としつつも，不完全な道徳的主体である私たちに犯罪を控え
るための追加的な打算的インセンティブを与えるものとして厳しい取り扱い
が課されるとする von Hirsch らの見解[33]に対し，そのような追加的な打算

---

33)　A. von Hirsch, Censure and Sanctions, 1993. 同旨の見解として，U. Narayan, "Appropriate
　　Responses and Preventive Benefits: Justifying Censure and Hard Treatment in Legal
　　Punishment", Oxford Journal of Legal Studies 13 (1993), pp. 166-182. なお，このような見解か
　　らすると，純然たる道徳的理由を提示する場合にしか相手方の道徳的主体性を尊重していないと
　　する見方はあまりにも限定的に過ぎるとされる。私たちは道徳的理由にもとづいて行為すること
　　ができるが，誤りを免れない存在であり，時としてそのような道徳的理由の訴求力を強めるため
　　の実際的なインセンティブを必要とすることもある。そのような理解を前提とすれば，行為が非
　　難されるべきものであるというメッセージを伝達するということを第一義としつつ，そのメッセ
　　ージを掻き消さない程度に打算的理由を付加しても，相手方を依然として道徳的主体として取
　　り扱っていることになる。そこで，このような見解は，道徳的理由に訴えかけるという義務論的
　　な価値（deontological value）と社会的な制度として一定の実際的な目的に奉仕するという結果
　　主義的な価値（consequential value）との調和を図る刑罰論を追求することになる（A. P.
　　Simster and A. von Hirsch, Crimes, Harms, and Wrongs: On the Principles of Criminalisation,
　　2011, pp. 16-18.）。これは，刑罰は非難を伝達する制度であるという枠組みの中で予防機能の意

第5章　刑罰論と人格の尊重　211

的インセンティブは，非難がもつ道徳的メッセージの訴求力を補充するのではなく，それを掻き消し，取って代わってしまうのではないか，といった疑問を提起しているだけに[34]，なぜ自説について同様の批判が当てはまらないのか，という疑問はより一層大きなものとなるであろう。

　また，Duff は，刑罰を，犯罪者の注意を自己の行った犯罪に向けるように強いるものとして描き出している[35]。しかし，本人が無視したいと思っていることに注意を向けるよう強いることが，その人の自律性や主体性を尊重することと両立し得るのかは問題である。

　更に，Duff が刑罰を公的な謝罪として描き出しているところでは，自律性を侵害することにならないかとの疑念がより一層強まるであろう。なるほど，Duff は，誠実な謝罪でなくともよいとするが，自分は悔いていないのに形だけ謝罪することを求めるのは，自己の良心に反する振る舞いを要求することであり，これが相手方の自律性を尊重する方法だとするのは理解が困難である[36]。また，そのような誠実ではない形式的な謝罪が，真剣な悔悟

義を認めるものである点で，わが国のいわゆる相対的応報刑論と思考方法としては似通っている。しかし，von Hirsch は，理性的なコミュニケーションとしての非難の優越性を強調し，打算的な理由による補強が許容される限度をかなり低いところに設定する（法の道徳的な声 moral voice を掻き消してしまうようなものであってはならない）。そして，刑罰の一般的なレベルを非難との均衡に求め（これを「基数的均衡 cardinal proportionality」と呼び，犯罪の重大性との相対的な均衡を問題とする「序数的均衡 ordinal proportionality」と区別する），3 年（殺人に関しては 5 年）以上の拘禁刑を許容しないシステムに向けて現行の量刑レベルを漸次縮減していく「縮減戦略 decremental strategy」を主張した（von Hirsch, id, ch. 5）。これは，結果主義的刑罰論への反動として「正当な応報 just desert」を重視するいわゆる「公正モデル」が主張されたとき，その当初の支持者は刑罰の一般的なレベルを低減させようとする自由主義的な論者が中心であったものが，後に，厳罰化を求める保守派勢力に乗っ取られがちであったということへのひとつの応答だと見ることができる。このように均衡性の根拠として非難に強い意味を認め，具体的な帰結を導き出そうとする姿勢は，わが国の相対的応報刑論にはあまり見られないものであろう。

34)　Duff, supra note 3, p. 44-45. なお，Duff は，コミュニケーション的な刑罰という観点からすれば，プロベーション，社会奉仕命令，和解といったものが適切な刑罰だとしているが，拘禁刑も認めることができると考えている。拘禁刑が課される犯罪は重大な犯罪（共同体との規範的な結び付きを破壊するような犯罪）に限定されるべきであり，また，刑期を縮減していくことについて好意的な態度を示してはいるが，von Hirsch らと比べてより謙抑的だとは言い難いように思われる（Duff, supra note 30, pp. 86-88,148-152参照）。

35)　Duff., supra note 22, p. 261.

36)　von Hirsch は，Duff と同じように非難を伝達するという刑罰のコミュニケーション的機能を重視していながら，このような公的な謝罪を要求することは国家の役割ではないとして批判する（「ポーズをとることの強制 compulsory attituding」について，von Hirsch, supra note 33, pp.

をもたらすのか（形だけ謝罪しているような振りをすれば足りるという考えを誘発しないか)，また，自分が不正を働いた相手方との和解をもたらすことができるのか，という疑問も提起されることになるであろう。

Duff の豊穣かつ複雑な主張の全貌を正確に理解することはかなりの難事であるが，おそらく，ここで言及している点は Duff の見解にとって最大のウィークポイントではないかと思われる[37]。Duff は，他説を批判する文脈において，次のように述べている。「私たちは，法の要求を正当化する関連性のある理由に訴えかけることによって，法に従うよう窃盗犯を説得しようとすることは許されるであろう。もし，彼が依然として法に違反するならば，私たちは，彼を非難し，批判してよいであろう。私たちは，彼に対して，仲間である市民に対する関係で当然に負うべき義務として，刑罰を求めるべきである，あるいは，刑罰を受容するべきである，と説得しようとすることさえ許されるであろう。しかし，私たちは，彼が現在公言している意思に反して，その刑罰を彼に科すことはできないし，そのような刑罰を科すことで，私たちは彼を自律した主体として取り扱っている，あるいは，尊重していると主張することもできない。」[38] この批判がなぜ自身の見解には当てはまらないのか？十分な説明が与えられているようには思われない[39]。

7 結語

残念ながら，これまでの考察により，「人格の尊重」の要求に忠実な刑罰論とはどのようなものなのかを明確にすることはできなかった。否，むし

83-84.)。両者の違いは，von Hirsch が自由主義的政治理論を支持するのに対し，Duff は共同体の意義をかなり重視する政治理論を前提としているところにある。

37) Matravers は，Duff の見解を大部分において正当であるとしながら，刑罰に伴う厳しい取り扱いを適切に考慮できない点で不完全であるとし，その理論を完全なものにするためには，人間は道徳的な存在であると共に打算的な存在でもあるということを承認しなければならないとする (M. Matravers, "Duff on Hard Treatment," in R. Cruft et al. [eds.], Crime, Punishment, and Responsibility: The Jurisprudence of Antony Duff, 2011, p. 82.)。

38) Duff, supra note 22, p. 223.

39) Duff の見解に関しては，拙稿「英米におけるハイブリッドな刑罰論の諸相」高橋則夫＝只木誠＝田中利幸＝寺崎嘉博編『刑事法学の未来：長井圓先生古稀記念』（2017年）224頁以下も参照。

ろ，問題は更に深刻なものになったかもしれない。なぜならば，「人格の尊重」の要求内容を強いものと捉えれば捉えるほど刑罰（少なくとも私たちが手にしているような刑罰）を正当化することは困難となり，他方で，現実的な線で刑罰の正当化が可能になるように「人格の尊重」の要求内容を弱めると，なぜそのような要求が重要なのかの理由が不確かなものとなるというアンビバレントな様相を呈してきているからである。

しかし，刑罰論において「人格の尊重」がもつ意味を考えることには依然として意味があるというべきであろう。畢竟，刑罰は人間を対象とするものである。しかも，様々な点で他の制度・慣行とは異なり，とりわけ，意図的な害の賦課を伴うという点で，刑罰は極めて特異な性格をもっている。そのような制度がいかにあるべきかを語るには，まずそこに存在する人間をどのように把握すべきかという問題から始めなければならないであろう[40]。その人間の捉え方を「人格」という言葉で表現するならば，それはまさに刑罰を語るための論理的始原概念である。そのようなものへの眼差しを欠いた刑罰論は，浅薄であるといわなければならない。

---

40)　かつて中博士は，「刑法における人間」の問題について深い考察を加えられた（中義勝『刑法における人間』[1984年]）。私たちは，今日の状況を踏まえつつ，また改めて「刑法における人間」の問題について考えるべきであるように思われる（座談会「法における人間像を語る」法律時報80巻1号[2008] 4頁は，法における人間の捉え方の問題が，今日でもなお，いやむしろ混沌とした状況を呈する今日だからこそ，極めてアクチュアルなものであることを示している）。

第6章　刑罰論と公判の構造

1　はじめに

　公判は，犯人に刑罰を科すことを目的として（少なくともそれを重要な目的の一つとして）行われるものである。一般に，目的はそれを達成するための手段のあり方を規定する。従って，科刑の前提となる手続である公判のあり方もまた，刑罰の理解如何によって規定されることになるであろう。

　もっとも，手段は目的に完全に従属するとは限らない。法律学においても，手続法は実体法に完全に従属する（「手続法は実体法の助法である」）のではなく，手続法には実体法の関心とは一応切り離された独自の意義があるということが，一般に認められている。

　また，一つの制度には常に一つの目的しかないというわけでもない。むしろ，一つの制度が複数の目的を持っていることの方が通常である。公判（そしてそれを含む広く刑事手続全般）もまた多様な目的を有していることは，刑事訴訟法1条からも明らかである[1]。

　しかし，それでもなお，科刑が公判の中心的な目的であるということは否定できないであろう。そして，ここで，科刑が目的であるということは，科刑によって実現しようとする事柄，すなわち刑罰の実現が最終的に公判の目的になるということを意味しよう。手続法の独自性や科刑以外の目的の重要性をいかに強調しようとも，科刑目的，すなわち，刑罰の目的が全く達成できなくなるような公判は本質的に無意味である。従って，公判は，刑罰目的を無に帰せしめないように構造化されなければならない。その意味で，やは

---
1)　刑事訴訟の目的全般に関する議論状況に関しては，田口守一『刑事訴訟の目的』（2007年）33頁以下参照。

り，公判の構造は，刑罰の理解如何によって規定されるのである。さて，それでは，刑罰の理解と公判の構造との間にはどのような関係があるのであろうか？

2　問題点のスケッチ

⑴　公判の構造的特徴

　検討の出発点として，現行法下における公判の構造的特徴を粗描してみよう。

　まず，公判は検察官の起訴によって開始され，その起訴事実の存在を立証する法律上の義務はあげて検察官にあり，被告人には，自己を有罪に追い込む活動に協力する法律上の義務はない（自己負罪拒否特権）。更に，公判は，起訴事実は存在しないものとの前提で開始され（無罪推定），検察官が起訴事実の存在を合理的な疑いを入れない程度に立証しなければ有罪の認定はなされない。これらは，いわゆる弾劾主義に基づくものである（憲法38条1項）。

　次いで，公判は，裁判所，検察官，被告人の3面関係で展開され，訴訟追行のイニシアチブは検察官及び被告人にある。そして，とりわけ，被告人に関しては，公平な裁判所の迅速な公開裁判を受ける権利（憲法37条1項），証人審問・喚問権（同条2項），資格を有する弁護人を依頼する権利（同条3項）が保障されている。これらは，いわゆる当事者主義の要請であるとされる。

　これらのことから，現行法は，被告人に訴訟の当事者としての主体的な地位を保障する公判構造を採用していることが理解される。糺問主義・職権主義の下では，公判は，裁判所と被告人の2面関係で展開され，裁判所は真実発見の任務を担い，被告人はそのような裁判所が行う訴訟活動の客体として取り扱われるが，現行法が予定する公判構造は，これとは好対照をなしている。

⑵　刑罰論との関係

　このような公判構造の特徴は，刑罰論との関連で見た場合，どのような意味をもつことになるであろうか？

　刑罰を純然たる応報として理解した場合には，被告人が犯罪を行ったか否

216　第2部　刑罰の諸問題

かの確認，すなわち，真実の発見が最も重要な意味をもつことになるであろう[2]。この真実の発見という観点から見た場合，前述の如き特徴を備えた公判構造がこれに最もよく奉仕するものだとはいえない[3]。従って，応報刑論を基調とした場合，現行の公判構造は，刑罰の実現を制約するというところに重点が置かれているということになろう。

　これに対して，刑罰を犯罪予防の観点から正当化する目的刑論の立場に立った場合は，どう解されるであろうか。この点に関しては，まず，犯罪予防目的の追求を至上命題とするのであれば，そもそも犯罪行為の存否を確認するための手続，つまり，刑事裁判が必要不可欠なのかという問題がある。この点は，いわゆる特別予防を重視する場合に顕著な問題として浮かび上がってくるが[4]，一般予防の見地からも，それが将来の犯罪予防効果を狙うものである限り，その追求が過去の犯罪行為に条件づけられなければならない必然性はおそらくないであろう。もっとも，今日では，刑罰は基本的に犯罪予防に資するから正当化されるとしながらも，実際の科刑は，対象者が実際に犯罪行為を行ったことを条件とし，かつ，その行った犯罪と釣り合いのとれた範囲でしか許容されない，とする立場が支配的である[5]。このような理解

---

2)　応報刑論は，刑罰は行われた犯罪と釣り合いのとれたものでなければならないとする以上，どのような犯罪が行われたのかが定まらなければ刑罰を科す前提を欠くことになる。このことは，犯罪に見合った刑罰を科すという積極面においても，犯罪と釣り合いのとれた範囲でしか刑罰は科されないという消極面においても，同様である。

3)　当事者主義は，真実の発見にも役立つとされることがある。すなわち，証拠の収集保全は，それに最も切実な利害関係を持つ者に委ねたとき，もっとも有効に行うことができるし，裁判所は，全く捜査機関と切り離されたとき，はじめて収集された証拠を正しく評価し，その中から真実を発見することができる，とするのである（平野龍一『刑事訴訟法』[1958年] 17頁）。当事者主義にそのような効用が全くないとはいえないかもしれないが，裁判の帰趨が当事者の主張・立証に依存する以上，そのような効用が一般的に認められるとはいえないであろう。少なくとも，当事者主義が真実の発見にとって最適であると断定することは困難である。ちなみに，民事訴訟においては，裁判の基礎となる事実や証拠を当事者の提出したものに限るとする弁論主義と裁判所が職権で調べた事実や証拠も加味する職権探知主義とでは，職権探知主義の方が真実発見のためには優れていると解されるのが一般である（中野貞一郎・松浦馨・鈴木正裕編『新民事訴訟法講義 補訂2版』[2008年] 190頁以下参照）。

4)　新派刑法学の発想は糺問手続と結びつくと指摘されることがあるが（井戸田侃「刑法と刑事訴訟法との関係」刑事訴訟法の争点 [旧版] [1979年] 9頁），将来に有害な行為を行う危険性の存否が問題なのであれば，その認定のための手続が裁判でなければならない必然性はそもそもないであろう。

5)　西田典之『刑法総論』（2006年）18頁以下，前田雅英『刑法総論講義 [第4版]』（2006年）28

を前提とするのであれば，ここでも，真実の発見は重要な意味をもつことになる。このように犯罪予防のための刑罰の投入が真実の発見に条件づけられるとすれば，現行の公判構造が真実の発見に最もよく奉仕する手続だとはいえないとする理解を前提とする限り，ここでも，現行の公判構造は刑罰の実現を制約するところに意義があると理解されることになるであろう。

このように，応報刑論に立つにせよ目的刑論に立つにせよ，科刑という目的の達成という観点から見た場合，現行の公判は，その目的の達成を制約するというところに力点を置いて構造化されていると見るのが，一見すると最も素直な理解であるように思われる。そして，これは，ニュアンスの違いはあるものの，おそらくは多数の者が支持している考え方であるといえよう。真実の発見といっても，神ならぬ人間にとって客観的・絶対的な意味での「真実」を発見する確実な手段は存在しない。従って，私たちは，真実を探求する合理的な手段として納得できそうな手続を重視し，それを経て下された判断を正しいものとして取り扱うほかない。そのような合理的な手続として皆が納得できそうな公判とは，被告人に主体的な地位を保障する現行の公判構造の如きものである。そして，そのように被告人に主体的な地位を保障するのは無辜の不処罰のためである。大要，このような理解がなされているものと思われる[6]。

ここでは，公判における被告人の主体的地位の保障と刑罰の実現とが，いわば対抗関係に置かれている。被告人の主体性は，刑罰を制約する方向でのみ作用するものであり，刑罰の実現にとって積極的な意味をもつものだとは考えられていない。この点は，公判における被告人の主体的地位の保障は刑罰の実現と内在的な関連を有するものではない，と表現することもできるであろう。しかし，私は，公判における被告人の主体的地位の保障と刑罰の実現との間には，もっと内在的な関連性があると考える。被告人の主体的な参

頁以下など。

6) 例えば，田宮裕『刑事訴訟とデュープロセス』（1972年）142頁，146頁以下など。なお，当事者主義の概念は多義的であるが，多くの論者は，この概念の中に，当事者の主体性を尊重し，その権利保障を重視するという視点を読み込んでおり，そこには（概念的には区別されるとしても）適正手続の保障と共通する内容が含まれている。そして，その適正手続の保障は，法的手続を経なければ処罰されないという消極面を中心にして理解されるのが一般である。

218   第2部　刑罰の諸問題

加を認めない手続を経て科された刑罰は，たとえ，現に行われた犯罪と釣り合いがとれ，犯罪予防に資するものであるとしても，刑罰としては本質的に欠陥があり，かつ，正義に反するものだとみるべきである。そのような見地から，以下，若干の検討を加えてみたい。

3   公判における手続的正義の要請

(1)　実質的正義と手続的正義

　刑事裁判に関しては，最終的に下された判断の内容的正当性のほかに，その判断に至るまでの手続過程の正当性も問われなければならない。一般に，前者を実質的正義，後者を手続的正義と呼ぶ。「手続法は実体法の助法である」との考え方を強調すれば，刑事裁判は実質的正義（すなわち，正しい実体法の適用）を実現するための手段に過ぎないということになろうから，手続的正義に独自の意義は認められないことになろうが，今日では，実質的正義の問題とは一応切り離して，手続的正義を遵守することに独自の意義を認めようとする見方が一般的となっている。例えば，適正手続の保障の理念などは，まさにその系統に属するものだといえよう。

　もっとも，手続的正義の観念は多義的であり，手続の正当性を判断する一義的な基準を提示することは困難である。そこで，ここでは，J. Rawls が提示した「純粋な手続的正義」「完全な手続的正義」「不完全な手続的正義」という区分を参考にしながら考えてみることにしたい[7]。「純粋な手続的正義」とは，結果の正当性を識別する独立した基準は存在せず，ただ手続が適切に遵守されている限り，その結果がどのようなものであってもそれは正当だとみなしてよいような場合を対象とする。公正な賭け事などが，その例であるとされる。「完全な手続的正義」とは，結果の正当性を識別する独立の基準が存在し，かつ，その結果を確実に導くことを保障する手続が存在する場合を対象とする。ケーキの均等な配分などが，その例であるとされる。これに

---

7)　J. Rawls, A Theory of Justice, 1971, pp. 83-90.（矢島鈞次監訳『正義論』［1979年］65頁～69頁）。なお，田中成明『法理学講義』（1994年）185頁以下も参照。

対して，「不完全な手続的正義」は，結果の正当性を識別する独立の基準は
存在するが，確実にそこに導く実行可能な手続が存在しない場合に問題とな
るものである。このような場合，私たちは完璧な手続を用意することはでき
ない。私たちのなし得ることは，できる限り合理的で納得できるだけの効率
性を保持した手続を用意することであり，その手続を遵守していれば手続的
正義は一応実現されていると見てよい。

　このような区分を前提とするならば，刑事裁判は，最後の「不完全な手続
的正義」の場合に当たると見ることができる。結果の正当性については，例
えば，「被告人は，その者が告発されている犯罪を実際に行った場合にの
み，有罪とされるべきである」というような基準によって判断することが可
能であるが，当の被告人が告発されている犯罪を実際に行ったということを
確実に証明する手続は存在しない。従って，刑事裁判には，常に誤判の可能
性がある。そこで，私たちがなし得ることは，決して完璧ではなくとも，で
きる限り誤判の可能性を少なくしつつ，受容可能なだけの効率性を保持した
手続を用意することである。

　ここでいう誤判の可能性が，誤って有罪とされてしまう危険性に焦点を合
わせていることは言を俟たない。実際に罪を犯した者に誤って無罪判決を下
してしまうことと，無実の者に誤って有罪判決を下してしまうことでは，後
者の方がより害悪が大きいと考えることにはもっともな理由があるといえよ
う[8]。

　さて，このような誤って有罪とされてしまう危険性を回避するという観点
から，現行の公判構造が被告人に主体的地位を保障していることの意味を理
解することはできないであろうか？例えば，弁護人の助力を受ける権利，反
対尋問権の保障，証拠開示などの意義について，これらは，被告人に適切な
防御の機会と資料を与えることによって裁判所の事実認定をコントロールす

---

[8]　誤った無罪判決も，誤った有罪判決も，犯罪者の正しい特定に失敗しているという点では同じ
であり，実体法の実現という観点からすれば等値であるとも見得る。しかし，後者の場合には，
単に真犯人を取り逃がしたというだけでなく，無実の者にいわれなき害悪を生じさせたという点
で更なる不正義が付け加わるため問題性はより大きいといわなければならないであろう（誤った
無罪判決においても，有罪に値する者がそれを受けなかったという点では不正義の問題を生ずる
が，誤った有罪判決の場合に比べるとそれは多分に観念的なものである）。

220　第2部　刑罰の諸問題

る地位を実質的に保障することを目的としているとされる場合があるが，これを，対立する当事者双方の主張を十分に聞いた上で事実認定者に判断させることにより，誤って有罪判決を下してしまうことを回避するための方策として理解するというような方向性がそれである。

　おそらく，当事者主義には，このような狙いもあるとは思われる。しかし，それが本質的かつ中心的なものかは，疑問なしとしない。その疑問の意味を考えるために，次のような場合を想定してみよう。

　Xは，公衆の面前で正当な理由もなく二人の人を殺害し，現行犯逮捕された。後に，Xは，起訴され，有罪判決を下された。言渡された刑は無期懲役であり，行った犯罪の重大性から見て当然の量刑であった（むしろ死刑であってもおかしくない場合であった）と考えられる。しかし，Xは，公判において，起訴事実について十分な告知を受けず，十分な弁護人の助力を得られず，また，何ら弁明の機会を与えられなかった。この場合，Xは現に犯罪を行った者であり，科された刑も相当なものであるが，公判において主体的な地位を与えられていない。この場合の公判におけるXの取り扱いが不適切である理由を，誤って有罪とされてしまう危険性という観点から説明することには，しっくりこないものがある。なぜならば，そもそもXは有罪とされて然るべきであり，科された刑も相当なものだったからである。それでは，一体なぜ，この公判におけるXの取り扱いは不適切なものだと言えるのであろうか？

(2)　自然的正義の要求

　この問題を考える糸口として，いわゆる自然的正義（natural justice）における二つの格率に目を向けてみたい。すなわち，「相手方当事者の言い分を聞け（Audi alteram partem）」と，「何人も自ら関係する事件の裁定者足り得ない（Nemo judex in causa sua）」がそれである。後者は，裁判所が偏見をもってはならないということにかかわるものであるが，単に実際上偏見をもってはいなかったというだけでは足らず，偏見をもたれるような「外観」を呈することもないようにすることを要求するものである。これは，一般化して言えば，「正義は単に行われるというだけでは足りず，正義が行われているという外観も備えていなければならない」という内容のものだと理解することが

できるであろう[9]。

この二つの格率を誤って有罪とされる危険を回避するという観点から統一的に理解するならば，先の事例は次のように説明されることになろう。

裁判所は，Xの主張に耳を傾けていない。従って，「相手方当事者の言い分を聞け」との要求に反している。もっとも，この要求は当事者双方の主張に十分に耳を傾けないと誤った判断に至る危険性があるということに着目するものだと理解するならば，Xが受けた有罪判決は結論としては間違っていなかったということになろう。しかし，仮にそのように理解したとしても，この裁判所が，「正義が行われているという外観を備えていなければならない」との要求に反していることは確かである。裁判所が下した最終的な判断は内容的には間違っていなかったが，相手方当事者の言い分を聞かなかった点で手続に誤りがあった。裁判所は，結論的には正しい判断に至ったが，それは偶々そうなっただけで，相手方当事者の言い分を聞かなかった点で信頼の置けない危険な手続によっていた。そのような外観上の不正義は，一般の人々に刑事裁判に対する不信感を抱かせることになる。その不信感とは，「被告人の言い分を聞かずに有罪判決が下されるということになれば，いつ，無実の者が有罪とされてしまうかも分からない」といった内容のものである。ところで，私たちは，誰が犯人なのかを事前に確実に知ることはできない。それ故，私たちは皆，誤って有罪とされることがないような信頼できる手続，すなわち，「相手方当事者の言い分を聞け」との要求に合致する手続を経た上でなければ有罪とされないという権利を有することになる[10]。Xも当然この権利を有するのであり，裁判所は，その権利を侵害し

---

9) 次の文章は，このことをよく示しているであろう。

「正義は単に行われなければならないというだけでなく，それが行われていることがはっきりと理解されるものでもなければならないということも，私たちのシステムにとって絶対的な基礎となっている。もし，正義が行われていることが分からなかったということが明らかだったとすれば，…『なるほど，しかし，たとえその事件が適切に処理されていたとしても，結果は同じものとなったであろう』と言うことは，何ら申立人に対する答えになっていないように思われる。それは，正義を行うことと正義が行われているのを知ることとを混同している。」（Reg. v. Thames Magistrates' Court, ex parte Polemis [1974] I W. L. R. 1371, at 1375, per Lord Widgery CJ.）

10) Hildebrandt は，Rawls の「無知のヴェール（veil of ignorance）」に着想を得て，自分が被害者，被告人，犯罪者のいずれであるか知らないという前提から，公正な裁判（fair trial）の内

222 第 2 部 刑罰の諸問題

ている点で不適切である。

　ここで X が有するとされる自然的正義の要求に合致した裁判を経ない限り有罪とされることはないという権利の内実を考えてみよう。X は，実際に犯罪を行った者であり，科された刑も行った犯罪に相当なものである。従って，X 自身は，誤って有罪とされる危険にさらされていたわけではない。しかし，X が受けた裁判は，「相手方当事者の言い分を聞け」との要求に反している点で，無実の者が誤って有罪とされかねないような危険で信頼の置けない手続によるものであった。従って，X は，「無実の者が誤って有罪とされることを回避するために全ての人に認められた『自然的正義の要求に合致した裁判を経ない限り有罪とされない権利』を侵害された」ことになる。ここで注意を要するのは，X が有する「自然的正義の要求に合致した裁判を経ない限り有罪とされない権利」は，無実の者が誤って有罪とされることがないようにするために認められるものであり，それ自体としては，自分以外の他の無実の者に認められるべき権利に寄りかかっているという点である[11]。しかし，X は，他の無実の人が有罪とされる危険性ということとは別に，公判において主体的な地位を与えられなかった点において，まさにその者自身が害されているのではないだろうか？無実の者が誤って有罪とされる危険を中心に据える見方は，この点をうまく説明することができないように思われる。

　容，就中，公判における被告人や被害者の地位などについて検討を加えている（Mireille Hildebrandt, "Trial and "Fair Trial": From Peer to Subject to Citizen," in Antony Duff et al. (eds.), The trial on Trial Vol. 2, 2006, pp. 29-35.）。これは，公判における被告人の諸権利が全ての者に（従って，無実の者は勿論，実際に犯罪を行った者にも）保障されるべき権利であることを基礎づけようとする試みとして興味深いものであるが，前提とされている「無知のヴェール」による思考方法自体に疑問がある。また，仮にそのような前提から被告人の諸権利を導出することが一応可能であるとしても，それは刑罰目的との関連性を欠いた内実の空疎なものになるのではないかと思われる。

11)　R. A. Duff, Trials and Punishment, 1986, p. 113.

4　コミュニケーションの場としての公判

(1)　刑罰における非難の意義

　既述の如く，無実の者が誤って有罪とされる危険を回避するという観点を重視する見方が，実際に犯罪を行った者にも公判で主体的な地位が保障されることの説明において隘路に陥るように見えるのはどうしてであろうか？私の見るところ，その原因は次の二点にある。

　一つは，このような見方が，公判における被告人の主体的地位の保障と刑罰の実現とを対抗的に捉えている点である。公判が刑罰の実現を制約する側面を有することは確かであるが，それは，同時に，刑罰を実現するための手続でもある。ここで，被告人の主体性を前者との関連だけで捉えるならば，後者との繋がりが見えにくくなるのは当然であろう。

　他の一つは，このような見方は，刑罰の目的をそれを科すための手続とは独立したものとして捉えている点である。刑罰の目的を単なる犯罪予防に求めた場合，いかなるプロセスを経たのであれ，結果として犯罪予防効果が上がれば，その目的は達成されたと考えることができる。逆に言えば，このような考え方によると，目的それ自体に手段を制約する原理が内在しているわけではない[12]。従って，公判を刑罰の実現を制約するものと理解する場合，それは刑罰の目的とは切り離された外在的な制約だということになる。しかし，実際に犯罪を行った被告人に関して言えば，公判は刑罰を実現するための手続という色合いを濃くする。そのような手続における被告人の主体性を，刑罰の目的とは切り離された外在的な制約の次元における主体性で捉えることはできないであろう。

　問題の根がこの二点にあるとすれば，その突破口は，この二点を除去すること，すなわち，刑罰の目的と公判の構造との間に内在的な結びつきがあることを示し，その内在的な結びつきとの関係で被告人に主体的地位を保障することが必要となる，ということを論証するというところにあるということ

---

12)　応報刑論に立っても，刑罰は犯罪に見合ったものでなければならないという双方の静的な関係だけが問題なのだとすれば，応報概念の中にそれを実現するための手段を限定する原理が内在しているわけではない。

224 第2部 刑罰の諸問題

になろう。そこで，以下では，そのような方向性を模索して，若干の試論を
展開してみたい。

　議論の端緒として，刑罰の目的から考えてみることにしよう。私は，刑罰
の目的は犯罪によって侵害された共同体の価値を回復し人々の共存を可能に
する社会関係の維持を図るところにあると考える。これは，単なる犯罪予防
に止まらない内容を含んでいる。単なる犯罪の予防だけが問題なのであれ
ば，その手段が刑罰でなければならない必然性はない。犯罪予防のために
は，刑罰よりもむしろ経済・教育など種々の社会政策の方が有効であるとい
う主張は古くから唱えられており，実際，相当の真実味もある。そのような
他の犯罪予防策と刑罰との根本的な違いはどこにあるのか？私は，刑罰は過
去の犯罪行為に対する非難を本質的要素とするところに刑罰の刑罰たる所以
があるものと考える。過去の犯罪行為に対する非難を内容として含まないも
のは，本来的に刑罰ではない[13]。

　刑法は，一定の行為を犯罪とすることによって，その行為が共同体の価値
の観点から見て不正なものであるということを示し，人々の理性に訴えかけ
てその行為を慎むべきことを求めている。名宛人たる人々をその共同体の仲
間として遇し，かつ，自律した理性的主体として尊重するからこそ，人々に
その共同体の価値を内面化することによって自己の行動を規律するよう求め
ているのである。犯罪はそのような要求に反する行為であるが，そのような
行為を行った者でもなお共同体の仲間として遇するのであれば，その行為に
ついて相手方を非難するのは当然である。その非難は，その行為の不正さを
伝え，その行為がもっている意味に相手方の目を向けさせようとする狙いを
持つ。非難されることは苦痛であるが，非難された側は，その苦痛を契機と
して，自分がそのように非難されている理由となった過去の行為の意味を考
えるようになるかもしれない。そうなれば，自分の行ったことの重大性に気
づき，今後の自分の行動を改めるという気持ちを持つこともあるであろう。
刑罰が伝達する非難には，犯罪を行った者であってもなお自己の主体的な判
断に基づいて将来の自己を変革する可能性に対する期待が含まれている。刑

---

13) 刑罰と非難の関係については，（不十分ではあるが）本書第2部第4章参照。

罰は，過去の犯罪行為に対する非難を通じて，犯罪を行った者に対して自己の行為が不正なものであったということを理解し，それを今後の自己の行動を改める契機とするよう求めるものである[14]。

(2) 非難をめぐるコミュニケーション

刑罰にこのような狙いがあるとすれば，それが全うされるためには，刑罰が体現している非難の意味を犯罪を行った者が自ら内面化していくプロセスが不可欠である。非難されている者がその非難を受容できるようになるためには，「何が」，「なぜ」非難されているのかということについて，納得できる理由が提示されなければならないであろう。また，その非難に理由があるかどうかについて十分に反論の機会が保障されていなければならないであろう。公判において被告人に主体的地位が保障されなければならない根源的な理由は，まさにこの点にある。刑罰が体現する非難は，単に過去の行為に対する評価を示しているだけではない。被告人が主体的に参加した被告人の過去の行為の意味をめぐる理性的な議論を経て，被告人に対する関係で正当化された非難を刑罰は体現しているのである。従って，そのような手続を経ずになされる有罪判決及び科刑は，仮にその内容が犯罪相応のものであるとしても，本質的に欠陥のあるものだといわなければならない。なぜならば，それは，被告人が主体的に参加した理性的な議論の結果を表しているものではないからである[15]。被告人に対する関係で，非難を正当化し，その受容を説得するという営みが，そこでは欠けているといわなければならない[16]。

ところで，刑罰が伝達しようとする非難は，共同体の価値に基礎を置くも

---

14) 刑事法におけるコミュニケーション的要素に関しては，本書第1部第2章（特に37頁以下）参照。

15) Duff, supra note 11, pp. 118-119.

16) このような見地から現行法を見た場合，被告人が過去に行ったとされる行為に対する非難を巡って交わされる被告人との間のコミュニケーションを充実させることに関連すると思われる規定・制度がいくつかある。例えば，①公訴事実は訴因を明示して記載しなければならず（法256条2項），また，起訴状謄本を必ず被告人に送達しなければならない（271条1項）こと（「何が」非難の対象となっているのかを明示することは，被告人がその非難を巡るコミュニケーションに主体的に参加するための前提条件である），②被告人には弁護人選任権があり（法30条），また，国選弁護人の選任を請求することもできる（法36条）こと（法的な議論が展開される公判において被告人が十分に自己の主張を展開するためには法律の専門家の助力を得ることが不可欠である［憲法37条3項］），③被告人が出頭しなければ原則として公判を開くことはできない（法286条）

226 第2部 刑罰の諸問題

のであるが，その価値の実質的な内容は常に絶対的かつ不変のものではない。まず，現実の立法過程において，全ての者の意見を漏れなく実定法化することは不可能である。そのため，形式的に見れば実定法に違反すると思われる行為を評価する際に，立法段階では取り入れられなかった意見に改めて耳を傾けてみるべき場合もある。また，社会状況が変化したことによって，同一の事柄に関する価値判断が変容してくる場合もあるであろう。更に，立法段階では予想される行為を類型化してある程度抽象的に規定せざるを得ないことから，実際に行われた行為がそれに該当するのかどうか，つまり，その行為がその法規で示されている共同体の価値を侵害するものか否かを実質的に判断しなければならない場合も出てこよう。これらの諸事情に鑑みれば，被告人に対し，その過去の行為が共同体の価値を侵害するものだとして非難する場合，その非難は妥当性を欠くものである可能性があることにも留意しなければならないであろう。そのような可謬性の自覚を欠いたままなされる非難は，相手方に非難の意味を理解させようとする企てというよりも，特定の価値観の一方的な強制という性格を強くすることになる。しかし，刑罰は，それが体現する非難の意味を相手方が理解し，その基礎にある共同体の価値を受容することを求めるものである。その狙いを実現するためには，被告人の意見にも十分に耳を傾け，それでもやはり法が示す共同体の価値が

こと（まさに，被告人の参加が必要条件なのである），④被告人には，冒頭手続において被告事件について陳述する機会が与えられ（法291条2項），また，手続の最後にも意見を陳述することができる（法293条2項）こと（被告人に意見を述べる機会を保障するものである。なお，これら陳述の機会が与えられなかった場合は，いずれも判決に影響を及ぼす訴訟手続の法令違反になると解される），⑤証拠調手続において，被告人は，証拠調を請求することができ（法298条1項），また，証拠の証明力を争う機会が保障されていること（裁判官の心象形成に積極的に関与することを可能にする地位を保障するものである），⑥証拠開示が認められている（法316条の14，316条の15など）こと（これは，被告人による証人喚問・審問権の実質化に寄与する）などがそれである。

また，被告人には訴訟能力がなければならない（法314条）。これは，一般に，被告人の防御上の不利益に関連づけて説明されるが，このような能力を欠く場合には，被告人とのコミュニケーションが成立しないという点も重要な意味を持っているものと解される。更に，責任能力を欠く者は罰せられず（刑法39条1項），心神喪失状態にある者については刑の執行が停止される（刑訴法479条，480条）ことも含めて考えるならば，（これら各段階で要求される能力の内容・程度は決して同じものではないとしても）私たちのもつ刑事司法システムはコミュニケーション的要素を一つの基軸にしていると見ることもできるように思われる。

重要であるということを再確認した上で，被告人の過去の行為を非難すると
いうプロセスが必要であろう。相手方を非難するという営みは，同時に，相
手方からの反論によって自己の主張の正当性を再検討する契機を含むもので
なければならない[17]。公判においても，そのような双方向性が確保されな
ければならないとすれば，この面でも被告人に主体的な地位が保障されなけ
ればならないことになる。

(3) 被害者の地位

　ここで，公判における被害者の地位に関して若干付言しておきたい。刑罰
が，共同体の価値の観点から見た相手方の過去の行為に対する評価を非難と
いう形で伝達するものであり，既述のように，公判はそのような刑罰を科す
ために不可欠の手続であるとすれば，そこで非難をするのは共同体を代表す
る者でなければならないが，犯罪の被害者がその適任者だとは言い難い。刑
罰が犯罪によって生じた個人的な被害の填補を直接の目的とするわけではな
い以上，被害者が公判の当事者とならないのはある意味で当然のことであ
る。もし，被害者に当事者としての地位を認め，その事件の処理を主導する
直接的な権限が与えられるならば，個人的な満足と共同体の価値の安定化と
が取り違えられ，恣意的な処罰要求の増大や法的安定性の低下などをもたら
す危険性があろう[18]。

　しかし，犯罪を行った者であっても共同体の仲間として遇し，自律した理
性的主体として尊重すべきであるとすれば，少なくとも被害者にもそれと同
等の尊重が向けられるべきである。犯罪は，共同体の価値を侵害する公的な

---

17)　この関連では，公判の直接の当事者である検察官や被告人の他に，共同体の構成員全般に対
する関係に留意しなければならない。非難を巡るコミュニケーションは不正行為者との間でだけ
交わされるものではなく，広く共同体との間でも交わされるものである。被害者などではない一
般の人々は，事件の直接の当事者ではないが，共同体の価値侵害の有無との関係で間接的な利害
関係を持つものであるから，公判での議論に触れて共同体の価値に関する自らの考え方を再確認
する契機が与えられなければならない。このような幅広い聴衆（audience）も，実は，公判の隠
れた主体であると考えられる（この点では，公益の代表者である検察官は，公衆［the public］
に対して説明責任を負うとする見解が興味深い［瀧川裕英「参加による陶冶―応答責任論から見
た被害者参加制度」法学セミナー645号［2008年］24頁］）。なお，このような観点からみると，
「裁判は公開されなければならない」という要求（これも自然的正義の要求である）にも，単な
る裁判の公正さとは別の意味が見出されるように思われる。

18)　Hildebrandt, supra note 10, pp. 32-35.

228　第2部　刑罰の諸問題

不正行為として理解されるものであるが，それは被害者個人が被った侵害と全く無関係なものではない。被害者を共同体の仲間だと考えるからこそ，被害者が被った侵害を公的な共同体の問題として取り上げるのである[19]。このとき，被害者を自律した理性的主体として尊重するのであれば，被害者に対して，自らが被った侵害がまさに公的な共同体の問題として取り上げられるべきものであるということについて意見を述べる場が保障されるべきであろう。共同体を代表する者は，犯罪を行った者に対する関係では，その行為が共同体の価値を侵害する不正なものであったということを理解させることに努めるが，それと同時に，被害者に対する関係では，犯行者の行為によって侵害された被害者の価値を共同体は大切なものとして尊重しているということを納得してもらうように努めなければならない[20]。そのような納得を得ようとする営みが欠ければ，被害者が共同体との一体感をもつことはできないであろう。また，共同体の他の構成員も，そのような被害者に対する配慮のなさを目の当たりにすれば，共同体の価値に信を置いた相互の連帯意識を形成することは困難になると思われる。これは，共同体の価値を回復し，人々の共存を可能にする社会関係を維持しようする刑罰の目的に照らしてみると好ましくないことである。

　ところで，被害者が，自分は共同体の仲間として尊重されているという意識を持ちうるためには，場合によって，犯行者との間で直接的な対話を必要とすることもあろう。被害者にとってみれば，なぜ自分が標的となったのか知りたいとか，犯罪によって自分がいかに苦しんでいるのかを犯行者に示したいというような感情をもつことは当然あるであろう。共同体は，そのような被害者の思いにも相応の配慮をすべきである。他方で，犯行者の側にとってみれば，そのような被害者の思いに直接触れることによって，自分の行ったことの重大性を真剣に受け止め，共同体の価値の内面化が促進されること

---

19)　本書第1部第2章（特に35頁以下）参照。
20)　被害者の主張が常に真っ当なものだとは限らない。時には，強烈な報復感情を露わにするなど度外れた主張を展開することもあるであろう。そのような場合には，とりわけ検察官に，共同体全体の見地からそのような主張には合理的な理由がないことを示すなどして，被害者にも共同体の価値の内面化を求めるような役割が期待されるであろう。

第6章　刑罰論と公判の構造　　229

もあるかもしれない。

　これらのことに鑑みると，犯罪によって侵害された共同体の価値を回復し
人々の共存を可能にする社会関係の維持を図るという刑罰の目的を妨げない
限度で，被害者にも公判に関与する権利を保障すべきであろう[21]。

5　自己負罪拒否特権

(1)　コミュニケーションの障害？

　これまでのところでは，公判を，犯罪行為に対する非難を巡ってなされる
被告人，共同体，及び，被害者の間でのコミュニケーションとして描き出し
てきた。そのようなコミュニケーションを成立させるためには，公判におい
て被告人に主体的な地位を保障する必要があり，その根底には，犯罪を行っ
た者であっても，共同体の仲間として，かつ，自律した理性的主体として尊
重すべきであるとの要請があることを確認した。

　ところで，このようなコミュニケーションが有意義な果実を生み出すため
には，関係者の積極的な参加が必要であろう。訴追者側が，様々な証拠を用
いて被告人の過去の行為は非難されるべきものであったということを示して
いく営みには，そのような訴追者側の主張に対して被告人側は応答すべきで

---

21)　「犯罪被害者等の権利利益の保護を図るための刑事訴訟法等の一部を改正する法律」（平成19
　　年法律第95号）により，被害者等が「被害者参加人」という地位で手続に参加できることとなっ
　　た。被害者参加人は，証人尋問（刑訴法316条の36），被告人への質問（同316条の37），弁論とし
　　ての意見陳述（同316条の38）を行うことができる。ただ，参加にあたっては，必ず検察官を経
　　由し（同316条の33第2項），裁判所が相当と認めることが必要である（同条第3項，同316条の
　　34第4項）。また，証人尋問，被告人質問，最終意見陳述については，まずそれぞれの内容が検
　　察官に明らかにされた上で（同316条の36第2項，同316条の37第2項，同316条の38第2項），裁
　　判所が相当と認めた場合に許されるものであり（同316条の36第1項，同316条の37第1項，同
　　316条の38第1項），また，規定された事項外に及ぶ場合には裁判所によって制限される（同316
　　条の36第3項，同316条の37第3項，同316条の38第3項）。更には，尋問事項（同316条の36第1
　　項［情状に関する事項で犯罪事実に関するものを除く］），質問事項（同316条の37第1項［意見
　　を陳述するために必要な場合］）はかなり限定され，最終意見陳述も訴因の範囲内に限定され
　　（同316条の38第1項），しかも，その陳述は証拠とはならない（同条第4項）。訴因設定権，証拠
　　調べ請求権，上訴権などは認められていないことなどから見ても，被害者が刑事手続に参加する
　　ことで生じ得る問題に周到な配慮がなされているといえよう（椎橋隆幸「犯罪被害者等の刑事裁
　　判への参加」ジュリスト1338号［2007年］56頁以下参照）。

230　第2部　刑罰の諸問題

あるとの要求が含まれていると思われる。相手方を自律した理性的主体として尊重するという前提でその者を非難する場合，そこでは，「あなたは，この私の真剣な問いかけに対して応答すべきである」との要求が当然含まれているであろう。被告人の側からすると，自らが自律した理性的主体として尊重されるということは，そのような存在に相応しい態度をとることが求められるということでもあり，従って，訴追者側の真摯な問いかけに応答する義務があるということにもなりそうである。

　しかし，現行法は，被告人にそのような義務を認めてはいない。すなわち，被告人は，自己を有罪に追い込む活動に協力する義務は一切なく（自己負罪拒否特権［憲法38条1項］），更に，自己に有利・不利を問わず一切の供述を包括的に拒否できるものとされているのである（黙秘権［刑訴法311条1項］）。これは，公判において被告人に主体的な地位を保障するということと，形式的には矛盾しない。公判に積極的に参加することだけが被告人の主体性を意味するものではなく，それに消極的な立場をとるというのも被告人の主体的な選択の一つであろう[22]。しかし，公判を被告人が過去に行った行為に対する非難を巡るコミュニケーションだとする見方とは，一見したところそりが合わない感がある。なぜならば，被告人に自己負罪拒否特権，黙秘権が認められているということは，訴追者側と被告人側との間でコミュニケーションが成立しない事態を一般的に想定しているとも考えられることから，そもそも公判はそのようなコミュニケーションを企図して構造化されているものではないということを示しているようにも思われるからである。果たして，既述のように公判をコミュニケーションとして理解する見方と，被告人に自己負罪拒否特権，黙秘権が保障されていることとは両立し得るのであろうか？

---

22)　Dubber は，刑事手続における自律性を，手続に参加する自由という「積極的自律性（active autonomy）」と，手続に参加しない自由という「消極的自律性（passive autonomy）」に分類し，後者の例として，自己負罪拒否特権を挙げているが，これには自己負罪の権利という積極面も含まれているとする（Markus Dirk Dubber, "The Criminal Trial and the Legitimation of Punishment," in Antony Duff et al. (eds.), The trial on Trial Vol. 1, 2004, pp. 92-93.）。

(2) 道徳的義務と法的義務

自己負罪拒否特権は，刑事手続が圧政・弾圧の手段として用いられ，無辜の者が有罪とされてしまう危険性を伴ってきたという歴史的経緯に由来するものであり，弾劾主義の中核をなす概念であるとされる[23]。この特権が認められることから，起訴事実の存在を立証する法律上の義務は全て訴追者側にあり，被告人には，自己を有罪に追い込む活動に協力する法律上の義務は一切ない。また，この特権は，起訴されたという事実，及び，起訴事実について何の反論反証もせず沈黙しているという事実を有罪の証拠としてはならないということを要請するから無罪推定の原則に連なることになる。

さて，自己負罪拒否特権の根拠が，刑事手続を圧政・弾圧の手段として利用することの回避にあるとすると，これは刑事手続の目的を規制する原理であり，刑事手続の目的に実質的な内容を与える原理ではないということになろう。従って，例えば，公判は，犯罪行為に対する非難を巡って被告人，共同体，及び，被害者の間で十分なコミュニケーションが交わされることを目的とするが，その目的を追求するに当たっては，被告人に自己を有罪に追い込む活動への協力を義務づけてはならないという制約が課されると解することに論理的な矛盾はないと思われる。

ただ，そのような制約を課すことが，結局，公判に付与されたコミュニケーション目的を無化してしまわないかという問題は依然として残る。この問いに答えるためには，自己負罪拒否特権は，単に公判におけるコミュニケーションを制約するというだけではなく，そのようなコミュニケーション目的と内在的に関連してもいるということを示さなければならないであろう。

その点について，私は，次のように考えることができるのではないかと思う。

犯罪は共同体の価値を侵害するものであるから，それが解明されず，犯罪の結果生じた不都合な事態がそのまま放置されるということになれば，人々の共存の基盤となる社会関係は疲弊してしまいかねない。従って，犯罪が発生した場合には，本来，関係者が，その解明や結果への対処に向けて真剣に

---

23) 渥美東洋『レッスン刑事訴訟法（上）』（1985年）179頁以下参照。

232　第２部　刑罰の諸問題

取り組まなければならないはずである。共同体の構成員は，その共同体の価値を尊重しなければならないし，その共同体の価値を保持しようとする法の目的が達成されるように配慮しなければならない。犯罪を行った者も共同体の仲間として尊重されるということは，そのような者もこれらの要求を真剣に受け止めるべきであるという要請を含んでいるであろう。従って，被告人も，共同体の価値を尊重せよとの法の要求が正当なものであり，その法違反を巡って展開される公判手続において自己の主体的な地位が保障されるのであれば，本来なら，自分に向けられている告発，非難に対して応答することによって，共同体の価値の回復に協力すべき義務があると思われる。しかし，ここにいう義務はいわば道徳的な義務であって，これが直ちに法的な義務になるというわけではない。なぜならば，ここで被告人に求められているのは，自己に向けられている非難に目を向け，共同体の価値を内面化することであるが，これは内発的な動機によって初めて達成される事柄であり，そもそも法的な義務づけ＝強要によって実現されるような性質のものではないからである。従って，公判に付与されたコミュニケーション目的の内実から考えても，被告人に自己を犯罪に追い込む活動に協力する法的な義務を課することは妥当ではないと解されることになる[24]。

6　結語

　以上，現行法が予定している公判の構造について，刑罰論との関わり合いを意識しながら，若干の考察を加えてみた。その結論を要約するならば，以下のようになる。刑罰は，犯罪によって侵害された共同体の価値を回復し，人々の共存を可能にする社会関係の維持を目的とするものであり，そのため

---

24)　もし，本文で述べたような道徳的義務すらないとすれば，公判は被告人の参加が期待されるコミュニケーション的な営みという性格を全く持たず，「勝敗」に徹した戦略的行動によって占められることになろう。公判を一種のゲームのようなものと考えるのであれば，そのような見方に至るかもしれないが，それは犯罪と刑罰の問題に含まれている道徳的次元の問題を全く無視するものであって妥当ではない。自己負罪拒否特権が，まさしく「特権 privilege」であるのは，通常の場合ならば（under ordinary circumstances）そうすべき義務があるにもかかわらず，例外的にそれを免れさせるからである。本文で述べた道徳的義務は，その通常の場合に義務があるといえる根拠に関わるものである。

に犯罪者を非難する。公判は，この非難の意味・正当化を巡って，被告人，共同体，被害者の間で交わされる理性的なコミュニケーションの場である。被告人に公判において主体的地位が保障されているのは，そのようなコミュニケーションを充実させるためである。他方で，被告人に，自己負罪拒否特権が認められ，その点で公判への積極的な参加を法的に義務づけていないのは，法的な義務づけ＝強要は，公判におけるコミュニケーションの目的の一つである，被告人自身による共同体の価値の内面化を達成するのに不適当なやり方だからである。

　本稿の主張が，未熟な試論の域を出ないことは十分に自覚している。ただ，公判の構造に関する一般の議論は，国家権力の行使を制約するという面に偏りすぎ，刑罰の実現と公判との間にある内在的・意味的な連関を明らかにするという関心が希薄であるように思われてならない。公判がどのようなものであってはならないかについては極めて多くのことが語られるが，それに比べて，公判はどのようなものであるべきかを積極的に（つまり，公判がどのようなものであってはならないかという否定的な論拠の単なる裏返しではなく）基礎づけようとする試みは少なすぎるのではないだろうか[25]。公判は，刑罰を科さないことのためだけにあるのではなく，刑罰を科すことのためにもある。本稿は，この当然の事理がもつ意味を明らかにするためのささやかな試みである[26]。

---

25)　刑罰論と刑事手続との関係について原理的な考察を加えたものとして，渥美東洋『罪と罰を考える』（1993年）第9章～第13章がある。

26)　Steiker は，刑罰と刑事手続との関係について興味深い見解を提示している。

　まず，Steiker は，刑罰にとって非難（blaming）の要素は本質的なものであるとした上で，刑罰における非難の要素は，三つの点に見出すことができるとする。第一は，処罰を通じて，否認や憤慨を示すという点である。ここでは，そのような感情を有する者が，それを表現する（express）ことに重点があり，必ずしも相手方がそれに反応することは必要ではない。標語的に言えば，このような非難の側面は，コミュニケーションとしての刑罰（punishment as communication）ではなく，表現としての刑罰（punishment as expression）である（なお，この区別に関しては，R. A. Duff, "Penal Communications: Recent Work in the Philosophy of Punishment", Crime and Justice: A Review of Reseach vol. 20 [1996], pp. 31-33参照）。第二は，不正行為者に処罰の意味が伝達されるという点である。ここでは，まさにコミュニケーションが問題となる（Steiker は，刑罰にはこのようなコミュニケーションの要素が含まれていなければならないとする）。第三は，刑罰がもつ意味は，被害者や共同体に対しても伝えられるという点である。刑罰におけるコミュニケーションは，単に不正行為者との間だけではなく，被害者や共

234　第2部　刑罰の諸問題

同体との間でも図られなければならない。

　Steiker は，このような理解を前提にして，刑罰を非難として理解することが，特別な手続，すなわち，刑事手続を必要とする理由として，次の三点を挙げる。第一に，刑罰においては，国家による憤慨や否認が表明されることになるが，これは自由にとって政治的な脅威となるので，刑罰を科すためには，特別な手続上の保護が必要である。第二に，刑罰は個人の自律性を害するものであるから，誤って科されたり，安易に用いられたりしないように，手続的な防壁を設けなければならない。第三に，非難としての刑罰の機能が発揮されるためには，それに相応しい手続が求められる。これらの理由のうち，前二者は刑罰を制約するという観点からのものであるが，最後のものは刑罰をより良く実現するという視点から提示されているものである。「要するに，刑罰を非難として定義することには，非難の力を利用する国家の権能を制約するためにも，また，非難を一つの社会的な制度として保持するためにも，刑罰を科すためには特別な手続的制度を設ける必要があるということが含意されているのである。かくして，刑罰のための特別な手続は，二つの異なる意味で非難にとっての重要な境界（boundary）の役割を果たす。すなわち，それは，その内部にあるものを制限し封じ込める意味での境界であるが，同時に，また，その内部にあるものの輪郭を描き出し，それ以外のものと区別するという意味での境界でもある。」という Steiker の主張は，正鵠を射ているように思われる（Carol S. Steiker, "Punishment and Procedure: Punishment Theory and Criminal-Civil Procedural Divine," Geo. L. J., vol. 85 [1997], pp. 800–809.）

第7章　共同体主義と刑罰論

1　はじめに

　刑罰論と政治哲学との間には密接な関連があるということについて異論を唱える者は，少ないであろう。しかし，両者の関係を意識的に視野に入れながら刑罰論が展開されることは，決して多くはない。刑法学の領域では，自由主義的基調の下に議論が展開されることが今日では一般的であるが，そこにいう自由主義の内実は必ずしも明らかではなく，それ故また，その政治哲学的含意をどこまで自覚して刑罰論が展開されているかには少なからぬ疑問がある[1]。他方，政治哲学の領域では，刑罰の問題は概して中心的な論点となっておらず，通り一遍の言及で済まされることも珍しくない[2]。現実には，むしろ，刑罰論と政治哲学は，互いに距離を置き相互不干渉の関係を保っているかのようにも見える。

　いわゆるリベラル・コミュニタリン論争[3]との関係で見ても，この点は変わらない。周知の如く，この論争は，1980年台以降，北米を中心に盛んになったものであるが，その社会的背景には，当時の北米社会においてコミュニティの崩壊が数々の社会病理を生んでいるという危機意識があった。そのような社会病理の重要な一側面として犯罪の蔓延があげられていたことからすれば，この論争において，刑罰論が主戦場のひとつとなってもおかしくはなかったように思われるが，実際にはそうならなかった。その原因は，この

---

1)　本書第1部第2章参照。

2)　もっとも，これは，政治哲学を論ずる者が刑罰の問題を軽視しているということを示すものではなく，刑罰の問題に付着している独特の性格が政治哲学者をしてこの問題を敬遠させているのではないかと思われる。

3)　この論争の概略については，井上達夫『他者への自由』(1999年) 11頁以下，125頁以下，菊池理夫『現代のコミュニタリアニズムと「第三の道」』(2004年) 17頁以下等参照。

236　第2部　刑罰の諸問題

論争が当初極めて抽象的な哲学的議論として展開されたというところにもあろうが，それ以上に，刑罰論と政治哲学との間にある微妙な距離感が両者の架橋を困難なものにしているように思われる。

　刑罰論と政治哲学を架橋するという課題は，その重要性が意識されながらも未開拓のままに止まっている刑法学上のトピックである。十分に練られた刑罰論は，政治哲学的な正当化根拠を必要とするであろう。その意味で，刑罰論は，方法論上，必然的に政治哲学と関連する。他方で，政治哲学における態度決定は，それに基づいて提示され得る刑罰の型を限定するであろう。その点で，政治哲学は，刑罰論の枠組みを規定するはずである。今後の刑罰論では，このような政治哲学との関連に十分目配りすることが強く求められるであろう[4]。もとより，このような壮大なテーマを包括的に論ずることは本稿の射程をはるかに超えるものであるが，共同体主義というひとつの政治哲学的主張が刑罰論に及ぼす可能性のある影響について若干の考察を加えることにより，刑罰論と政治哲学の関係について考える一助としてみたい。

2　共同体主義について

　さて，共同体主義の主張が刑罰論に及ぼす影響について考察するのが本稿の課題であるが，この点について考える場合，出発点において幾分厄介な問題に遭遇する。それは，そもそも共同体主義とは何か，という問題である。共同体主義という名称は，北米を中心にリベラリズム批判の文脈において唱えられた多様な主張を総体的に指し示すものとして用いられるようになったものであるが，これを単一の政治哲学的主張としてまとめることが可能か，

---

4)　刑罰論と政治哲学の関連を強調するものとして，M. Philips, "The Justification of Punishment and the Justifcation of Political Authority", Law and Philosophy 5 (1986), pp. 393-416; R. A. Duff, Punishment, Communication, and community (2001); N. Lacey. State Punishment: Political Principles and Community Values (1988); do., "Penal Practices and Political Theory: An Agenda for Dialogue," in M. Matravers (ed.), Punishment and Political Theory (1999), pp. 152-63. また，宿谷晃弘「英米における自由主義的刑罰論への批判の本意と『批判後』の刑罰論に関する一考察—ダフ（Duff）の政治理論・刑罰論の検討—」比較法学第39巻第1号（2005年）67頁以下参照。反対に刑罰論の政治哲学からの独立性を主張するものとして，M. Davis, "The Relative Independence of Punishment Theory", Law and Philosophy 7 (1989), pp. 321-50.

また，適切かという点については議論の余地がある。実際，共同体主義者として分類されることが多い，MacIntyre, Sandel, Taylor, Walzer らの主張には，かなりの相違点が存在するのである[5]。加えて，現在ではリベラルとコミュニタリアンの収斂傾向が進んでいるという事情が，問題をいっそう複雑にしている[6]。このような状況の中で，依然として共同体主義という名称で呼ぶことができる共通の主張内容をくくりだすことが果たして可能であろうか？

　この点に関し，本稿では，厳密な意味で共同体主義を定義するのではなく，共同体主義に分類されている種々の主張の中に含まれている特徴的な点，特に自由主義との対比において双方の収斂傾向が進んでもなお容易には解消されないであろうと思われる相違点をいくつか挙げ，それらが刑罰の捉え方にどのように関係していくのかを検討していくことにする。

　このような観点から共同体主義の特徴として，（一般に指摘されていることであるが）次の三点を挙げておきたい。すなわち，①原子論的人間観を批判し，個人は何らかの共同体のなかでその共通価値の追求に参加することではじめて自己のアイデンティティを確立する存在であるということを強調する，②政治的価値として「共通善」の実現を重視する，③人々が公共心を陶冶する場として，また，様々な社会問題の解決が図られる際の優先的な管轄権が与えられる場として共同体を重視する，というのがそれである。実際に共同体主義者とされる論者の主張の中では，これらの諸点は相互に密接に関連しているが，以下の論述では，そのような関連に留意しつつもそれぞれの点が刑罰論にどのような影響を及ぼし得るのかを個別に検討していくことにしたい。共同体主義に分類される特定の主張と刑罰論との結びつきを問題と

---

5)　井上・前掲注3）129頁以下，菊池・前掲注3）93頁以下参照。なお，この他に，Barber,
Bellah, Rorty などが共同体主義者に分類されることがある。
6)　現在では，リベラルの陣営に属する多くの論者が，コミュニタリアンの批判を真摯に受け止め
それに対応するべく自説を鍛え直さんとしている（「コミュニタリアン・リベラリズム」）。他方
で，基本的には共同体主義を支持する論者にも，リベラルな価値に一定の重要性を認める場合が
多くなっている（「リベラル・コミュニタリアニズム」）。この点に関しては，菊池・前掲注3）
21頁以下参照。なお，「リベラル・コミュニタリアニズム」の立場から刑罰論を展開するものと
して Duff, supra note 3. また，同書の書評として，Leo Zaibrt, Book Review: Punishment,
Liberalism, and Communitarianism, Buffalo Criminal Law Review 6 : 1 (2002), pp. 673-90.

238　第2部　刑罰の諸問題

するよりも，共同体主義の中に含まれている思想的エッセンスが刑罰論にもたらす可能性のある波及効果を幅広く検討する方が，現時点では生産的であると思われるからである[7]。

3　人間観の問題

　共同体主義は，自由主義の基礎にある行き過ぎた個人主義的人間観の問題性を告発し，個人はそれが属する共同体の歴史や伝統の中で自己のアイデンティティを確立する存在であるということを強調する。現実の私たちの選択や決定が，それに先行して存在する価値や規範に関する何からの社会的に構成された枠組みを前提としてなされていることはおそらく否定できないであろう。その点で，共同体主義の主張には納得できるところがある。

　しかし，いかなる人間観を前提として理論を組み立てるべきかという問題は，多分に形而上学的色彩を帯びた論点であり，この点での見解の相違が直ちに社会的制度の正当化のような規範的な問題への解答に直結するかどうかは検討を要する。例えば，自由主義の陣営からすれば，自分たちの主張は，人間存在のあり方に関する形而上学的な真理を探究するものではなく，私たちの政治的な制度をどのようにして構造化し，また，正当化すべきかという方法に関する規範的な理論であるといった反論がなされるかもしれない。また，仮に共同体主義が主張するような人間観を前提とした場合に，必然的に自由主義の主張内容が根幹から否定されることになるのかも定かではない。共同体の歴史や伝統に刻印づけられた個人が，自由，自律，プライバシーといった自由主義的諸価値に最高の重要性を認めるという可能性もあるだろ

7）　従って，以下の論述において示される所見の中には，現実に共同体主義者が主張している内容とは一致しないものも含まれている。この点に関し，菊池・前掲注3）226頁以下は，わが国におけるコミュニタリアニズム批判には，コミュニタリアンの著作を読まずになされていると思われる誤解・曲解が目立つことを問題視している。これは極めてまっとうな言い分であるが，原著を読んだとしても，書き手の意図と読み手の思惑が常に一致するわけではないとすれば，書き手の示す言説が援用される可能性を広く検討の対象とすることも必要であろう。たとえ，その援用が親派からすれば曲解としか思われなくとも，全く無根拠であるとして切り捨てることができないものであるならば，「○○は，そんなことは言っていない」「××は，そのことを否定している」という事実を挙げるだけでは反論としても十分ではないと思われる。

う。

　刑罰論も多分に規範的な性格を有する問題であるということに鑑みれば，このような共同体主義的人間観が刑罰論に直結するものかどうかについても留保が必要であるが，考えられる可能性として以下では二点ほど指摘しておきたい。

　第一に，共同体主義が主張するような人間観を前提として，従来，刑罰について論じようとする者を悩ませてきたひとつのアポリアが解消されるという主張がなされる可能性がある。そのアポリアとは，個人は常にそれ自体目的として取り扱われなければならず，決して他の目的のための単なる手段として取り扱われてはならない，とするカント主義的原理に由来するものである。刑罰に対する目的の付与とそれによる個人の手段化の阻止をいかにして調和させるかという問いは，刑罰論において繰り返し問われ続けてきたが，共同体主義的な人間観によれば，これは極端に個人主義化された人格概念を前提とすることから生ずる誤った問題設定であるとされるかもしれない。

　実際に，Lacey はそのような主張をしている。彼女は，自由主義的個人主義を批判し，人間は本質的に社会的存在であるとする共同体主義の見方に賛成して，人間が社会の外に存在することは不可能であるということ，及び，人格としての私たちの観念は他者（友人，家族，一般市民，同僚，隣人）や社会制度と私たちとの関係と分かち難く結びついているという事実を，刑罰について考える際の中心に置くことを求める。

　彼女によれば，このような前提に立てば，刑罰がもたらす可能性のある社会的な利益により多くの重要性を認める形で刑罰の正当化の問題を捉えなおすことが必要となる。社会の維持，安定，持続的発展は，そこで暮らす人々が繁栄するための必要条件であり，刑罰もそのような目的に高い価値が認められることに寄与しうるものであることが期待される。カント主義的な自由主義的刑罰論の中で繰り返し提示される根本的な問題（個人は，決して，広い社会的な目的のために犠牲に供されるべきではない）は，誤ったジレンマを提示するものである。なぜならば，もし，個人が，自分たちが属し，自分たちの個人的な発展や多くの利益がそこで現実化し，現にそこで構成されている平和で公正な社会の維持と発展に根本的な関心をもつのであれば，個人は決して

240 第2部 刑罰の諸問題

社会的な目的のための単なる手段として用いられてはならないということを命ずるとされる道徳的限界は，溶解し始めるからである[8]。

しかし，このような議論がカント主義的アポリアをどこまで解決できているかは，疑問なしとしない。個人の善は共同体の善に依存しており，従って，共同体の善を追求することはすなわちそこに属する個人の善を追求することでもあるということを仮に認めたとしても，個人の善の追求に資するならば当の本人を手段として用いることは許されるのか，という問題は依然として残るように思われる。これに肯定的な回答を与えるのであれば相当にパターナリスティックな刑罰論が提示されることになり，その是非が問われるであろうし，他方で，これに否定的な回答を与えるのであればカント主義的アポリアは依然としてその訴求力を失わないであろう[9]。

第二に，共同体主義的な人間観は，刑罰の担い手の捉え方に影響を及ぼす可能性がある。自由主義がもたらした国家と個人の二項対立図式は，国家と個人の距離を拡大し，その結果，人々に政治的な無力感・無関心を生じさせたという認識の下に，共同体主義は，人間存在の共同性を強調することによって，人々に自分たち自身が政治の担い手であるという意識を強くさせ，積極的に政治に関与することを勧奨する。この面では，共同体主義は，大衆社会の中で形骸化した民主主義の再生を唱える主張だと見ることができよう。

このように政治の担い手として「私たち」を強調する見方は，刑罰の担い手としても「私たち」を前面に押し出すことにつながっていくものと予想される。そのような見方は，どのような行為を刑罰の対象とし，それに対してどのような刑罰を科すのかは，私たちが決定すべき問題であり，また，実際の科刑を正当化する究極的な権威は私たちに由来するものである，ということに対する各人の自覚を促すと共に，民意を反映した刑罰システムの整備・運用を強く求めることになるであろう。

---

8) Lacey, supra note 4, pp. 171-3.
9) 後述のように，共同体主義に好意的な刑罰論がパターナリスティックな性格をもつ場合があることには，この面から見ても相応の理由があると思われる。なお，Lacey は，共同体の基本的な価値として「自律」と「福祉」を挙げ，これらの価値に奉仕するような刑罰のあり方を探求しなければならないとするが（Lacey, supra note 4, pp. 103-5, 178-80.），そこにいう自律が刑罰のもつ強制的な性格とどのように調和するのかは必ずしも明確ではない。

第7章　共同体主義と刑罰論　241

　刑罰の問題に国民がもっと関心をもつべきだとする主張は，一般論としてはおそらく正論であろう。しかし，その主張が実際にどのような形で具現化するか，ということに関しては，少なからぬ注意が必要である。特に，共同体主義が唱える民主主義は，道徳的価値の問題に深くコミットメントしている自我観を前提としているが，そのような人々によってなされる議論の対象としては，刑罰の問題はあまりにナイーブな側面を有している。というのも，犯罪に関する人々の価値観は多様化しにくいところがあり，議論が道徳的にひとつの方向に極端な形で収斂してしまう危険性があるからである。共同体主義は，政治への直接参加が人々の公共心を陶冶し，その公共心が民主主義の要諦をなすとも主張するが，直接参加は参加者に同調圧力を及ぼし，むしろ全体主義化を促す可能性があるということも夙に指摘されてきたことである[10]。この点は，犯罪のように白黒がはっきりとつきやすい問題については，特に重要であろう。例えば，犯罪の問題について考える場合，加害者の側に立つことは，公共心を陶冶された善良な市民にとってもなお相当に躊躇されることではないかと思われるが，そのような人々の意見が集約された形で形成された民意は，時として，犯罪者に対する過剰な厳罰傾向を伴って露出するかもしれない。いずれにせよ，刑罰の民主化については，なお慎重な検討が必要である[11]。

---

10)　Sandel は，Tocqueville の考え方を引き合いに出して，説得や習慣づけによる公共心の陶冶について語り，それは Rousseau のような一元的な構想とは異なり多元主義と両立するものであるとする（M. J. Sandel, Democracy's Discontent: America in Search of Public Philosophy, 1996, pp. 319-21.）。しかし，大衆社会の現実は，人々が公共心を陶冶する前に同調圧力に晒され大勢の空気に包み込まれてしまう危険性があることを示しているように思われる。例えば，治安の悪化が喧伝される中で犯罪に対する厳格な対応の必要性が主張されたとき，いったいどれほどの人が異議を唱えられるであろうか？

11)　罪刑法定主義の理論的根拠として民主主義的要請が指摘されることからも伺われるように，伝統的な刑法理論にも刑罰の民主化の要素は含まれている。しかし，そこにいう民主主義的要請は，自由主義的要請と緊密に結びついており，国家権力の濫用を規制するという点に重点が置かれている。これに対し，共同体主義的な民主主義観は，現実の刑罰のあり方が人々の価値観に即したものであることを要請するように思われる。この違いは，例えば，法定刑の意味について，裁判官の恣意的な量刑を規制するという点を重視するか，対象となる犯罪の重大性に関する人々の評価を適切に示すという点を重視するか，といった形で現れてくるように思われる。

242　第２部　刑罰の諸問題

4　共通善の強調

　自由主義者は，政治が「善き生」に関する特定の構想に肩入れすることを否定し，可能な限り「善」の諸構想から中立であるべきことを求める。これに対して，共同体主義者は，政治の価値中立性を否定し，共同体の共通の価値，すなわち，「共通善」の実現が政治の任務であると主張する。共通善の内容に関して緒論者間に意見の一致があるわけでは必ずしもないが，いずれにせよ，共通善が存在しなければ，共同体は解体し，それは社会の退廃を招くとする点では，ほぼ共通の認識が示されているといえる。このような共通善の重視は，刑罰の捉え方に少なからぬ影響を及ぼすように思われる。

　まず，このような考え方は，刑罰が有する公的な性格をよりよく理解する助けとなりそうである。犯罪の問題を完全に私的な解決に委ねるという立場に立たない限り，刑罰が公的な性格をもつことの論証は必須であるが，従来の自由主義的な刑法理論では，それが必ずしも十分ではなかったように思われる[12]。この点，共同体主義の考え方は，共同体における共通の価値の侵害とその回復という観点から，犯罪と刑罰が公的な性格をもつことを比較的容易に説明することができるであろう。

　しかし，その一方で，共通善の重視は，刑罰を容易く道徳の強制手段に転化させてしまうのではないか，という危惧を感じさせるところもある。もとより，「法による道徳の強制は禁止される」というテーゼが妥当かどうかは検討を要する問題であり，私見によれば，自由主義的な立場に立ったとしても法による道徳の強制が否定されるわけではない。国家の完全な価値中立性が不可能であることは自由主義国家においても妥当せざるを得ない以上，自由主義の下でも法によって特定の価値が強制されることは避けられない[13]。この点では，共同体主義者による自由主義批判は正当である。

　ただ，自由，自律，プライバシーといった自由主義的な価値は，個人が自らの意思で選択・決定を行うことを可能にする価値，いわばメタ価値であ

---

12)　本書第１部第２章（特に35頁以下）参照。
13)　本書第１部第３章参照。

第7章　共同体主義と刑罰論　　243

り，その価値の受容の強制は主としてその価値の侵害行為を禁ずるという消極的な形をとるのが通常であるのに対し，共同体主義が主張する共通善には，より実体的な価値も含まれることがあり，また，共通善の実現ということでその価値の積極的な促進まで要求される可能性もある[14]。例えば，「自然な人間らしさ」といった観点から同性愛行為を処罰の対象にするならば，それはやはり行き過ぎの感は否めないであろうが，共同体主義の考え方の中にこの種の処罰を抑制する安全弁が論理的に内在しているかどうかには疑わしいところがあるように思われる。

　また，共通善の重視と前述した人間観が結びつくならば，非常にパターナリスティックな刑罰論に至ることが予想される。個人は，自らが属する共同体の中で，その共通善の追求にコミットメントすることではじめて自己のアイデンティティを確立する存在であるとすれば，共通善の追求は究極的には個人の善にも資するということになろう。ここで，犯罪は共通善を侵害する行為であるとすれば，それによって，犯罪者は，共通善を侵害すると同時に自己の善も損なったことになる。すなわち，個人にとっての「善き生」は，他の市民及び共同体との関係に依存しているのであるが，犯罪はその関係を傷つける行為であり，それはとりもなおさず，犯罪者自身の善なる状態をも脅かすものとして理解されることになるのである。

　このような理解は，刑罰に関して次のような考え方に至るであろう。すなわちそれは，刑罰の目的は犯罪によって傷つけられたものを修復し，原状を回復することであるが，犯罪は被害者及び共同体を傷つけるものであると同時に犯罪者自身の善を支える他の市民や共同体との関係も損なうものであるとすれば，刑罰はその関係の修復も図るべきである，とする見方である。そして，そのような関係の修復は，犯罪者が自らの行為を悔い，それが不正な

---

14)　この点は，自由主義的諸価値を共通の価値とする共同体というものを考える「自由主義的共同体主義」の構想にとっても重要な意味をもつ。例えば，「自由」を共通の価値だと考える場合でも，それが，「自由を侵害してはならない」という形で具体化されるのか，それとも「自由でなければならない」という形で展開されるのかでは，大きな違いがあるであろう。後者は，自由を理性的な自己支配（＝自律）とする理解と整合性を有するものであるが，かつて Berlin が指摘したように，ここには非理性的であるという理由で自由を制限する抑圧的な契機が含まれている（アイザイア・バーリン（福田歓一他訳）『自由論』［1971年］295頁以下参照）。

行為であったということを認め，今後はそのような行為を行わないという決意を表すことによってはじめて可能になるのであるから，刑罰は，犯罪者に対して，自己の行為の不正さを認識させ，それを悔い，今後の自らの行為を改めさせることを目的とするということになろう[15]。

　刑罰が有する非難の意味を犯罪者であっても自律した理性的主体として尊重しなければならないという要請と結び付けて理解しようとする場合，刑罰を相手方の理性に期待する一種の道徳的説得といった観点から捉えるこのような見解は，ひとつの筋が通った見方を提供するものであると思われる。しかし，その一方で，このような見方によると個々の行為がもつ道徳的意味を伝えるに相応しい刑罰が求められることから量刑における裁判官の裁量の余地が大きくならざるを得ないがそれは妥当か，また，このような道徳的問いかけは相手方のプライバシーに深く踏み込んでコミュニケーションが図られる場合に始めて奏効するものだと思われるがそのように個人のプライバシーを詮索することが妥当か，といった疑念も提起されよう。自由主義に立脚した伝統的な刑法理論がこの種の見解を嫌忌してきたことには，相応の理由があると思われる[16]。

5　共同体の重視

　共同体主義は，自由主義市場経済の拡大と福祉国家の進行が個人と国家との間に位置する共同体の衰退を招き，それが多くの社会病理を生んでいるとの診断の下に，共同体の復権を唱える。ここにいう共同体は，歴史と伝統によって形成された単一の固定的なものがイメージされることもあるが，近時は，共同体の多様性を肯定し，また，自発的な共同体の形成にも一定の意義

---

15)　刑罰を道徳的教育という観点から捉える Morris の見解（H. Morris, "A Paternalistic Theory of Punishment", American Philosophical Quaeterly18 [1981], pp. 263-71.），刑罰は犯罪者を説得して悔悟，自己改善，和解させることを目的とする一種の世俗的悔悛として理解されるべきであるとする Duff の見解（Duff, supra note 4.），刑罰は犯罪者を善き市民の共同体に再統合するものであるとする Reitan の見解（E. Reitan, "Punishment and Community: The Reintegrated Theory of Punishment", Canadian Journal of Philosophy 26 [1996], pp. 57-81.）などは，基本的にこのような性格を有している。

16)　なお，本書第 2 部第 4 章参照。

を認める立場が主流であるといえよう[17]。その点で，共同体主義は古き善き時代への単なるノスタルジアに過ぎないとか，個人を一定の型にはめ込み自由を認めない考え方だとかいうような紋切り型の批判の有効性は，現在では相当に相対化されてきているが，同時に，共同体概念の曖昧さが助長されている嫌いがないではない。ここでは，共同体の厳密な概念規定はとりあえず措き，共同体という概念が刑罰論においてどのような意義をもち得るか，その可能性について若干検討してみることにしたい。

　まず，刑罰論において共同体を重視することは，犯罪に対するインフォーマルな対応を促進することにつながるかもしれない。犯罪という紛争を解決する場としての共同体を重視すれば，例えば，被害者の救済や当事者の関係修復といった観点から被害者・加害者和解のような制度が推奨される可能性があろう。その場合，これを当事者のイニシアチブによって行われる民事型のものとして構想するならば，これはアボリショニズムの主張に接近することになるであろう。

　しかし，共通善を強調する共同体主義の考え方からすれば，犯罪が共通の価値を侵害する行為であることは本質的な意味をもつであろうから，仮に和解制度を支持するとしてもそれは公的な性格の強い刑事的なものとして理解する方が一貫性があるように思われる。

　一般論として，共同体主義が，国家権力による共通善の実現よりも非国家的な措置を選好する傾向があるのは確かであるが，それは問題を私的な領域に移行させるということではなく，むしろ新たな公共空間の形成を唱えているのであり，その点で，権力批判の眼差しが公的なものに対する強い警戒感を醸し出しているアボリショニズムの論調とは相当の隔たりがある[18]。むしろ，共同体主義の考え方からすれば，犯罪に対する公的な対応のあり方を検討しなおすことが求められるということになるであろう[19]。

---

17) 近時の共同体主義者は，「コミュニティ」と「アソシエーション」をはっきりとは区別していない場合が多い。

18) Duff は，「アボリショニズムは，一般的に，共同体主義者的精神を注入されている」とするが（R. A. Duff, "Penal Communications: Recent Work In the Philosophy of Punishment", Crime and Justice: A Review of Research, vol. 20 [1996], p. 86），疑問である。

19) 従って，共同体主義は，リバタリアニズムの立場から刑罰を損害賠償のシステムによって代

246　第 2 部　刑罰の諸問題

　次に，共同体概念は「内」と「外」の区別を連想させるが，この点を強調すると，場合によっては極めて抑圧的な刑罰観につながる危険性があることに注意しなければならない。共同体という概念をどのように規定しようとも，それが単なる烏合の衆とは異なるのであれば，いずれにせよ，何らかの共通の価値によって一定数の人々が結び付けられているものでなければならないであろう。そのような共通の価値がいわば人々を結びつける絆として作用している共同体では，内に向けては統合の力が，外に向けては排除の力が働く。

　犯罪にどう対応するかという問題は，この内部的統合と外部的排除の力がはっきり現れてくる場面のひとつであろう。このとき，外部的排除の力は，犯罪者を敵視する方向に作用するであろう[20]。この面が伸張すれば，厳罰化が進むものと予想される。他方で，内部的統合の力は，犯罪者をも共同体の中に留めようとする方向で作用するであろう。しかし，そこには，価値観の多様性を無視した強制的同化を安易に是認してしまう危険性が胚胎している。

　もっとも，このような疑念に対しては，共同体主義が念頭においているのは，同質的な者だけで構成され，閉鎖的で，固定的な共同体ではなく，異質な者との触れ合いがあり，外部に対しても開かれており，人々の実践を通じて共通の価値が変容する可能性を備えた共同体であるといった反論が，おそ

　替しようとする主張（R. E. Barnett, "Restitution: A New Paradigm of Criminal Justice", Ethics 87 [1977], pp. 279-301.）とも，相容れないであろう。むしろ，被害者が不正を被ったことに対する共同体の適切な関心を示すという意味で，損害回復を刑罰として位置づける方が共同体主義の考え方とは親和性があるように思われる。

20）「敵対刑法」や「状況的犯罪予防」のような排外的性格を有するトピックは，新自由主義との関係で語られることが多いが，共同体主義もそれらを支える論理として（おそらく主張者の意には反するであろうが）援用される可能性がある。例えば，今般の法定刑引き上げを推進する動きの中では，「（体感）治安の悪化」という現状認識を梃子にして「犯罪に強い社会の実現」を目指すという見方と，国民の規範意識に合致した犯罪対策のあり方を重視する見方が結びつく形で議論が展開されているが，前者は，従来，新自由主義的な発想と親和性のある文脈で語られることが多かったのに対し（典型的なのは「リスク社会論」であろう。この点に関しては，伊藤康一郎「リスク社会 - 保険数理化する犯罪統制」渥美東洋他編『宮澤浩一先生古稀祝賀論集第 1 巻』[2000年] 135頁以下参照），後者は，共同体主義の考え方になじむ部分が少なくない。もし，このような見方ができるとすれば，ここでは，新自由主義と共同体主義が共同戦線を張るというある種奇妙な現象が生じていることになろう。

らく与えられるであろう。それは，極めてまっとうな主張ではある。しかし，その理想と現実とのギャップを考えたとき，その主張を額面通りに受け取ることは困難であるように思われる。

6　終わりに

　共同体主義は，私たちの選択や決定は何らかの社会的な環境に依存しているとする。この見方は，おそらく正しい。また，共同体主義は，そのような社会的環境を適切に維持，形成していくためには，共通善に対する眼差しと人々の積極的な政治参加が重要であるとする。この主張も，おそらくは正しい。

　しかし，それは，あまりに正論にすぎるようにも思われる。卓越性を志向する共同体主義の高尚な精神は，時として現実に大きな負荷をかけがちである。その問題性は，特に，国家の役割を考えるときに明らかとなるように思われる。共同体主義は，国家の役割についてはどちらかというと控えめな態度を示すことが多いが，国家の役割を全く否定しているわけではない。とりわけ，犯罪対策に関しては国家の役割に期待される面が多いと思われる[21]。その際，もし，国家の役割が，人々が好むべき価値を公的に序列化し，それを強制することによって，人々の社会生活を安定させることであると理解されるのであれば[22]，その文脈で刑罰を把握することは（少なくとも現時点では）躊躇せざるを得ないであろう。共同体主義に付随する卓越主義的性格は，世俗の刑罰にはあまりお似合いではないのである。

---

21)　例えば，「応答するコミュニタリアニズム」で知られる Etzioni も，公共の安全に関する主たる責任は国家にあると考えている（A. Etzioni, Next: The Road to the Good Society [2001], p. 48.〔『ネクスト　善き社会への道』（小林正弥監訳）［2005年］93頁〕）。

22)　W. キムリッカ（岡崎晴輝他訳）『現代政治理論』（2002年）360頁参照。

第3部　犯罪予防へのまなざし

第1章　防犯カメラに関する一考察

1　はじめに

　近時，治安の悪化を懸念する声は大きい。犯罪認知件数の急激な増加と検挙率の急速な低下は我が国の安全神話が崩壊したことを示している，と言われたりもする。そのような統計上の数値が本当に治安の悪化を示すものなのかどうかは検討を要する問題であるが[1]，治安に対する人々の不安が以前よりも強まっていることは確かなようである。そして，そのような不安は，防犯に対する人々の意識を高めているように見受けられる。そのことは，例えば，地域社会の住民が自主的に，場合によっては警察との連携を図りながら，防犯活動に取り組むという動きが見られるところなどからも窺うことができるであろう。

　犯罪が増加する一方で解決される事件数は減少するということになれば，事後的な処理を通じて獲得される犯罪予防効果（犯罪は割に合わないと思わせて犯罪を抑止する効果，正義の実現によって人々の規範意識を強化する効果など）は低減せざるを得ない。そのため，事前の犯罪予防対策が重要性を増してくることになる。犯罪対策の重点が，伝統的な事後の反応型規制から，事前の先制型規制に徐々にシフトしていくのである。ところで，そのように事前にとられる犯罪予防対策の中には，かなり即物的な効果を狙ったもの，俗な言い方をすれば「露骨な」形で行われるものも少なくない。例えば，特定の人に対して一定の場所への立ち入りを禁止する「アクセス・コントロール」などがその典型例であるが[2]，ビデオカメラによる「監視 surveillance」などにも多

---

1)　例えば，河合幹雄『安全神話崩壊のパラドックス』（2004年）と前田雅英『日本の治安は再生できるか』（2003年）とでは，現状認識に大きな開きがある。
2)　「アクセス・コントロール」との関連では，イギリスの1998年犯罪及び秩序違反法（the Crime

252 第3部 犯罪予防へのまなざし

分にその傾向が見られる。これらの措置は，その「露骨さ」故に，自由・自律・プライバシーといった自由社会における基本的な価値と鋭い緊張関係に立つことになる。犯罪予防の重要性は否定すべくもないが，他方で，種々の犯罪予防措置が自由社会の存立条件を掘り崩さないよう留意しなければならないのは当然であり，これらの措置の正当性に関しては慎重に検討する必要がある。

　本稿は，そのような措置の中から防犯カメラについて少しく検討を加えようとするものである。もっとも，防犯カメラにまつわる論点を網羅的に検討することが意図されているのではなく，その正当性を検討する上で重要な意味をもつであろうと考えられる若干の問題点を取り上げて考察を加えながら，防犯カメラがあまり大きな抵抗感なく社会に受容されている背景事情などを探りつつ，犯罪予防策として防犯カメラがもつ社会的意味を考えることに重点が置かれている。

2　ビデオカメラとプライバシー

　(1)　周知のごとく，今日，防犯カメラは，私人が自主的に設置するものから行政が積極的に関与するものまで含めて，幅広く普及している。その主たる狙いが，潜在的犯罪者の犯行の抑止と，犯罪発生時に犯人の摘発を容易にするための証拠として利用することにあるのはほぼ明らかであるが[3]，犯罪

---

and Disorder Act 1998）が注目される。同法は，地方政府ないしは警察当局は，他人に「迷惑・恐怖・苦痛 harassment, alarm or distress」を引き起こし，または引き起こす可能性のある「反社会的行為 anti-social conduct」に関与した者に対する裁判所命令を要請することができる，と規定する。裁判所命令は，そのような者に対して当該行為に関与すること，あるいは当該命令書に記載されたその他の行為を止めるように命じることができる（従って，これは排除命令 exclusion directive を含むことがあり得る）。当該命令の効果は最低2年間継続し，その違反には5年以下の拘禁刑が科される。この規定によって，犯罪行為とはいえない non-criminal 反社会的行為を行う特定の者を（準）公共空間から排除することが可能となった（守山正「犯罪予防の現代的意義—環境犯罪学の展開—」犯罪と非行135号［2003年］22頁参照。また，Andrew von Hirsch and Clifford Sheraring, "Exclusion From Public Space," in Andrew von Hirsch, David Gerland and Alison Wakefield (eds.), Ethical and Social Perspectives on Situational Crime Privention, 2001, pp. 77-96参照）。なお，本書319頁以下［追記2］参照。
3)　録画された映像を証拠として利用することは，当の犯罪に関して言えば予防活動とは言い難いが，防犯カメラの犯罪抑止効果は，それによって犯罪が解明される可能性がどの程度高まるかに

とは無関係の者の行動が映り，画像が保存され，場合によっては後で再生されることから，これを無制限に許容することはとりわけプライバシーとの関係で多くの問題を含むとされる。そこで，まず，防犯カメラが個人のプライバシーにどのような影響を及ぼすのかということから検討してみることにする。

(2)　防犯カメラは，プライバシーとの関連で問題を含むということがよく指摘される。しかし，公的な領域での行為は衆人の目に晒されており，従って，公的な領域での自分の振る舞いについて他者にそれを見るなと要求することは不合理であると考えられるのだとすれば，なぜ，それがカメラによって捕らえられた場合に問題視されることになるのであろうか？ここでは，周囲の「人の目」によっては害されないが，ビデオカメラによると害されることになるとされるプライバシーの内実が問われなければならない。

この問いについて考えるために，私たちは，公的な領域において，通常，どのような心持ちでいるであろうか，ということを想像してみたい。私たちは，街頭，公園などを歩いているとき，自分の姿が他の人に見えていることについては当然予測し，それを承諾しているであろう。周囲の人の目に自分の姿が自然に飛び込んでいく場所に自ら立ち入りながら，自分に目を向けるなと要求することは不合理である。しかし，そこでの人々の一般的な視線は，概して緩いであろう。自分がどこの誰で，どのような人か，何をしようとしているのか，といったことに関する人々の注目の度合いは低い。とりわけ，都市化した社会ではそうである。ここには，自分が何か奇矯な振る舞いをして人々の注目を集めるようなことをしなければ，自分に特別な注意が向けられることはなく匿名のままでいられる状態がある。私たちは，公的な領

　大きく依存するものであるとすれば，犯罪予防措置としての防犯カメラの意義を検討するに当たっても事後の犯罪解明の段階におけるカメラの役割を含めて考える必要がある。

　もっとも，防犯カメラには，純粋に事前的な犯罪抑止効果も考えられる。特に，顔認証システム（2002年のワールドカップ開催を契機に，関西・成田の国際空港で試験的に導入されている）のような特定の情報に反応する技術が高度化すれば，特定の「危険人物」を発見し，直ちに排除するというやり方での犯罪予防が可能となるであろう（また，このような機能をもつカメラの設置が一般化するようになれば，被疑者の発見・追跡のために使用するということも当然考えられるであろう）。ただ，このような方法の許否については，プライバシーとの関係のほかに，排除という犯罪予防策の妥当性についてもより慎重な検討が必要である。

254　第3部　犯罪予防へのまなざし

域において，通常，このような「匿名性 anonymity」への期待を有してい
るであろう[4]。特別に人々の注目を引くような振る舞いをしない限り，日常
的な人々の「緩い視線」を超えて自分に焦点が合わされることはない，と考
えていると思われる。

　ところで，この「匿名性」への期待が破られたとき，私たちには一体どの
ような不利益が生ずるのであろうか？この点に関しては，まず，自分に特別
な注意が向けられることによって秘密が暴かれることがあるかもしれない。
例えば，公道上での友人との会話に，無関係の第三者が「熱心に」耳を傾け
ることによって，知られたくない情報が知られてしまうことなどが考えられ
る。しかし，別段秘密にしている事柄でなくとも，日常的な人々の視線を超
えて自分に注意が向けられることは不適切であると考えられるであろう。例
えば，先の友人との会話が離婚問題のような親密な事柄ではなく，公知の株
式相場の話であったとしても，その会話に必要以上の関心が向けられること
は好ましくないと考えられるはずである。従って，「匿名性」は「秘密性」
とは独立の意義を有することになるであろう[5]。

　この点について，私は，「匿名性」には，人間関係の形成を自律的にコン
トロールするという観点が深く関わっているように思う。私たちは，他者と
様々な人間関係を形成しながら生活を営んでいるが，他者との関係はお互い
が相手方に対してもっている関心や期待とそれに対する相手方の反応との相
互作用によって確立される。このとき，他者がもつ関心・期待としてどの程
度のものが適切といえるかは，その人間関係の性質によって異なる。例え
ば，雇用主と労働者との関係では，雇用主が労働者の技能や休暇予定などに
関心をもつのは適切だと考えられるであろうが，休暇のすごし方まで詮索す
べきではないであろう。これを労働者の側から見れば，自己の仕事に関連し
て雇用主が抱いている適切な関心・期待に対しては，その関係を維持しよう

---

4)　Andrew von Hirsch, "The Ethics of Public Television Surveillance," in Andrew vin Hirsch,
　David Gerland and Alison Wakefield (eds.), Ethical and Social Perspectives on Situational
　Crime Prevention, 2000, pp. 61-65参照。

5)　佐伯仁志「プライヴァシーと名誉の保護(3)―主に刑法的観点から―」法学協会雑誌101巻9号
　（1984年）128頁以下は，プライヴァシーを情報の取得に関わる「秘密性」と注意の喚起に関わる
　「匿名性」によって定義する。

とする限り応える必要があろうが，それを超えた過大な相手方の関心・期待には必ずしも応える必要はないということになる。もし，そのような過大な期待に対しても反応しなければならないということになると，仕事以外の場面でもリラックスして振舞うことが難しくなってしまうであろう。

　それでは，街頭などの公的な領域の場合ではどうであろうか？そのような領域にはいかなる関心をもっているのか分からない不特定あるいは多数の人が存在する。従って，そのような多様な関心を一々気にかけなければならないということになると相当に圧迫された状態に置かれてしまうことになるであろう。そのような状況を回避するためには，私たちが他者の関心・期待に対して反応することが求められる領域を自らコントロールすることが可能でなければならないであろう。公的な領域では，誰でもアクセス可能な空間に立ち入るという選択はしているが，それを超えて，そこに存在する他者と個人的な関係を結ぶことを選択しているのではない。それ以上の個人的な関係を誰とどのように結ぶかは，偏に本人の自律的な決定に委ねられているのである。公的領域における「匿名性」の期待は，このような人間関係の形成に関する自律的な決定を担保するために重要な意味をもっているのではないかと思われる。

　(3)　さて，このような「匿名性」への期待を含むものとしてプライバシー概念を捉えた場合，ビデオカメラによる監視はこれを侵害することになるであろうか？全く制限のないビデオカメラによる監視が，このような意味でのプライバシーを侵害することはほぼ明らかであろうが，特に，次の二点が重要な意味をもつと思われる。

　第一に，使用目的に限定がなければ，その侵害の度合いは著しく高まる。特に，ビデオカメラが「人の目」よりもその「威力」を発揮するのは，記録された映像を後に再生して調べる段階であるということを考えると，被写体となる側は，後に自分の姿の映った映像がどのような目的で再生・調査されるのか分からなければ，あまりに多くのことを気にかけなければならなくなってしまうであろう。

　第二に，使用方法に制限がない場合も，同様に侵害の度合いが著しく高まる。この点で特に関心がもたれるのは，ビデオカメラの可視性と画像データ

の利用期間である。前者に関しては，外部からビデオカメラの存在を確認できることが重要である。ビデオカメラの存在が外部から認識できれば，その領域内でだけ気をつければよいが，それが認識できなければ，常時その存在を意識しなければならなくなってしまい，過剰な緊張感を生じさせてしまうであろう。後者に関しては，録画された画像データの利用期間を限定することが重要である。もし，そのような限定がなければ，そのデータがいつ何時利用されることになるかも分からないということまで気にしなければならなくなり，いたずらに不安感を醸成するであろう。更に，当然のことであるが，これらの問題性は，使用目的も限定されていなければ一層増大することになる。

　このようなことから，全く無制限のビデオカメラの使用が許されないことは明らかであるといえよう。それでは，防犯カメラの場合はどうであろうか？

3　防犯カメラの正当化

　⑴　一般に，権利の保護には段階ないしは程度差がある。権利は，それが認められる場合には，それを制限することは一切許されず，他方で，それが認められない場合には，全く無制約の干渉が許容されるというようなオール・オア・ナッシングのものではない。私たちは無限の空間の中のアトムとして存在しているのではなく，限られた環境の中で他者と不可避的に関わり合いながら生きている存在である。そのような関わり合いの中で個人の自由な生き方をできる限り尊重しつつ，同時に，有限である他者との共存の基盤を維持するにはどうしたらよいかというところに関心を向けなければならない。権利という概念もまた，そのような観点からの考察を必要とする。権利という概念は，他者からの干渉を制約するという機能を有するが，その機能の強さは，関係する保護利益の性質・重要度と，その干渉によって追求されようとしている目的の重要性・緊急性との相関関係により変わってくるということを認識しなければならない[6]。

　⑵　このことは，異なる権利間ではほぼ自明のことである。例えば，真実

解明との関係で，拷問を受けない権利と身柄拘束からの自由とを比較した場合，他者からの干渉を制約する機能の強度は両者の間で同一ではない。しかし，このことは関係する権利がひとつである場合にも問題となり得る。その典型例が，ここで取り上げているプライバシーの権利であるといえよう。常識的なセンスで考えてみても，全くの私的な領域と公的な領域とでプライバシー保障の程度に違いがあるということは容易に理解できることである。要するに，プライバシーにはグラディエーションがあるのであり[7]，そのことに留意して保障のあり方を考えなければならないのである。

　このような角度からみた場合，プライバシー概念を「他からの干渉を受けない期待」という観点から分析し，「個人が自分で自己の行為は他からの監視を受けないと期待するに止まる期待」（主観的期待）と「この主観的期待が，社会一般の側からみても『もっとも』で合法だと評される」までに至った期待（客観的期待）に区分する渥美教授の見解[8]は，極めて示唆的であるように思われる。この見解によれば，例えば，住居のように他者からの干渉を受けないとの客観的期待が認められる領域での干渉は厳格な実体要件と手続要件を充足しなければ許されないが，公的領域での不審事由を伴なう行動などに関しては主観的期待が認められるに止まり，その場合の干渉を規律する要件には，その干渉の程度の大小によってヴァリエイションがありうるとされるのである[9]。

　さて，教授は，このような考え方を前提にして，犯罪発生以前のビデオ撮影を適法としたいわゆる山谷事件判決（東京高判昭和63年4月1日判タ681号228頁）を結論において支持されているが，そこでは次のようなことが述べられている[10]。すなわち，ビデオ撮影が行われていた頃，付近が不穏で，「さら

---

6)　渥美東洋「わが国での『捜索・押収』に関する解釈の一貫性と説得力の欠如」『田宮裕博士追悼論集下巻』（2003年）224頁以下参照。なお，Andrew von Hirsch, supra note 4, pp. 67-68参照。

7)　渥美・前掲注6）論文226頁。

8)　渥美東洋「テレビカメラによる不穏な状況と犯罪状況の警察による撮影・録画を適法とした事例」判例タイムズ684号（1989年）41頁。なお，同『刑事訴訟法［新版補訂］』（2001年）67頁以下参照。

9)　渥美・前掲注8）『刑事訴訟法』68頁。なお，同「各種の法執行活動，例えば職務質問，所持品検査等の活動を規律する原理を求めて」警察学論集40巻10号（1987年）78頁以下参照。

10)　渥美・前掲注8）論文42頁。

258　第3部　犯罪予防へのまなざし

に犯罪が発生する状況を予防する必要性が生じかねない状況」にあり，「このような状況にある公共の場所で不穏な事態が発生しかねない事情のあるところに集合してくる者には，確かに，『他から監視・干渉を受けない』主観的期待はあるといえるが，警察官に監視されないとの期待は客観的にもっともなものだといえるほどにはいたっていない」ので，令状要件をはずすのは合理的であり，「このような主観的期待しかない場合には，官憲の自然の目や耳による監視を受けるのは当然であり，それに代わる程度の写真やヴィデオ撮影は，この期待を不当に侵害しているとはいえ」ず，「したがって，正確，周到に，不穏事態に即して動静を警察官が観察するのに代わるヴィデオ撮影は『相当な』合理的な根拠のある『主観的期待』への干渉に止まることになる」，と。ところで，この事例では，不穏な状況が存在していたため，他からの監視を受けない期待を主観的期待に止まると解することが可能になるが，だとすると，そのような状況が存在しない場合には，そのような期待は客観的期待であるとされることになろう。実際，教授は，「何の不審事由や不穏事態の生じていない店舗や街頭等」は他人に干渉を受けないとの客観的期待が認められる領域であり，そのような領域で将来発生する犯罪の摘発とその証拠の採取を目的とする監視が行われる場合には，最も厳格な実体要件を具備し，事前の令状要件を具備していることが求められるべきである，とされ，更に，将来発生する犯罪を想定する監視は，実体要件の限定性・明示性が不十分なだけに，より厳格にすべきだと主張されるのである[11]。

　この考え方は基本的に支持し得るものだと思われる。ただ，これが防犯カメラの使用との関連でどのような意味をもつのかということについては更なる検討を必要とする。とりわけ，何の不審事由や不穏事態の生じていない店舗や街頭等は他人に干渉を受けないとの客観的期待が認められる領域であ

---

11)　渥美・前掲注8）論文45頁。もっとも，同「既に行われた犯罪の犯行者を特定するために，容疑者が出入する家屋の外で，容疑者の容貌等を写真に撮影することが適法とされた事例—上智大学内ゲバ事件第一審判決」判例評論370号（1991年）63頁〔判例時報1324号225頁〕では，「公道，公園等の人目にさらしている空間・領域でも，個人の立居振舞が他人から完全に『監視』されてよいとは一般人も考えていない。ましてや，当の個人は，『人目に自己をさらしている公道』でも自分が他人の監視下に置かれてよいなどとは考えず，特別の事情のないかぎり監視や干渉を受けないとの期待をもっている。この期待は客観的期待とは異なり『主観的』期待と呼ぶことができよう」とされている。

り，そのような領域での監視は厳格な要件の下でしか許容されないという前提に立った場合，防犯カメラがかなり広範囲にわたって普及しつつある昨今の状況は等閑視できないことになろう。そこで以下では，特に問題とされることが多い警察が主体となる場合を主として念頭に置きつつ，防犯カメラの使用を許容し得る要件について，先の「匿名性」に関する考察も踏まえながら若干の検討を加えてみることにしたい[12]。

（3）防犯カメラの使用を許容するためには，まず，目的を限定する必要がある。先に見たように，使用目的が限定されなければ，私たちはあまりに多くのことを気にかけなければならなくなり，「匿名性」への期待が大きく害されてしまう。この点，防犯カメラの使用目的は犯罪予防にあるのだから，それ以外の目的のための使用が禁止されることは，ある意味で当然である。従って，TV放映など娯楽目的のための使用が許されないのは勿論のこと，私的紛争を解決する目的のために使用すること（例えば，立ち退き訴訟，離婚訴訟などの当事者が証拠として画像データを利用するような場合など）も許されないと解すべきである[13]。また，このような使用目的の限定は，当然，画像データの再生・視聴が許される者の範囲も限定することになるから，この面でも，犯罪行為に関連すること以外の情報に他者の関心が向けられるのではないかという懸念を減少させることに役立つであろう。

（4）次に，使用方法に関連することとして，防犯カメラの存在を隠してはならないであろう。どこで監視されているかわからないということになると，私たちは常に撮られていることを気にかけなければならず，それは人々の行動を萎縮させる危険性を孕むと思われる。

もっとも，この点に関しては，防犯カメラの使用目的が犯罪予防に限定されるのであれば，犯罪行為に関連すること以外の情報に他者の関心が向けられることはないのであるから萎縮効果を危惧する必要はなく，他方で，潜在

---

12) 防犯カメラの要件について検討したものとしては，香川喜八郎「写真撮影の適法性とコミュニティ・セキュリティ・カメラ」『佐藤司先生古稀祝賀・日本刑事法の理論と展望下巻』（2000年）65頁以下，亀井源太郎「防犯カメラ設置・使用の法律問題」都立大学法学会雑誌43巻2号（2003年）111頁以下，前田雅英「犯罪統計から見た新宿の防犯カメラの有効性」ジュリスト1251号（2003年）154頁以下，などがある。

13) Andrew von Hirsch, supra note 4, pp. 71-73.

的犯罪者に対する圧力はむしろ防犯カメラの存在が外部から認識できない場合の方が大きいとも考えられるので，防犯カメラの存在を明示することは必ずしも必要ではない，といった反論が出されるかもしれない[14]。しかし，使用目的を犯罪予防に限定しても，実際に犯罪予防目的でしか使用されないということが絶対に保障されるわけではない。特に，この種の情報媒体は「漏れ易い」性質を有している[15]ということも併せて考慮するならば，やはり，防犯カメラの存在は外部から認識可能にし，各人がそれを前提にして自らの行動をコントロールすることができる状態を確保しておくべきだと思われる。

　なお，使用方法に関連しては，画像を録画することが許されるかどうか，また，許されるとした場合，その画像データをどの程度の期間保存しておいてよいか，ということも問題となる。この点，防犯カメラの犯罪予防効果が，主として，犯罪が発覚するリスクを高めることにより潜在的犯罪者の犯行を抑止するというところにあるとすれば，画像の録画は認められなければならないであろう。その場合，画像データを相当長期間に渡って保存することが許されるということになると，それがいつどのような形で利用されるか分からないという懸念を生み出すことになろうから，その保存は防犯目的を達成するために必要だと考えられる合理的な期間内しか許されず，それ以降は確実にデータが消去されなければならないとするべきである[16]。

　(5)　更に，場所及び時間の限定も検討を必要とする。この点に関しては，カメラの設置場所と録画された画像データの利用の両面を睨みながら考えてみなければならない。

---

14)　前田・前掲注12) 156頁は，「防犯目的でのテレビカメラの使用は，その存在を知らしめることにより，『威嚇・抑制効果』を発揮しうる」とする。カメラの設置場所に限定した犯罪抑止効果だけを問題にするのであればその通りかもしれないが，それ以外の場所をも含めて考えるならば，「どこで見られているかわからない」という状態の方が全体としての犯罪抑止効果は大きくなるとも考えられるであろう。

15)　デイヴィッド・ライアン（河村一郎訳）『監視社会』（2002年）66頁以下参照。

16)　亀井・前掲注12) 138頁（「せいぜい一週間程度に限定されるであろう」とする），前田・前掲注12) 157頁参照。なお，東京都公安委員会の「街頭防犯カメラシステム運用要綱」（平成14年2月21日）によれば，「データの保存期間は，原則として1週間とする。ただし，犯罪の捜査等のため特に必要と認められるときは，関係所属長の要請によりデータの保存期間を延長することができるものとする」と定められている。

まず，カメラの設置場所に関しては，犯罪発生の相当程度の蓋然性が認められ，かつ，カメラによる犯罪抑止効果が見込まれる場所に限定する見解が有力である[17]。これに対しては，公的な領域では基本的にどこでもカメラの設置を認めつつ，画像データの再生や調査に厳格な要件を設けるという方法も考えられなくはないが[18]，リアルタイムで行われる監視の影響力も無視することはできないであろうから，やはり犯罪発生の蓋然性に照らした場所的限定は必要だと解すべきであろう[19]。

ただ，そのように設置場所を限定したとしても，録画された画像データの再生・調査に限定を付さなければ，もしかしたら誰かの犯行が写っているかもしれないということを期待して画像データを漁ることが行われるかもしれない。このような画像データの利用は，犯罪予防目的のためと言えば言えなくもないが，許されるべきではなかろう。いわゆる「漁撈遠征 fishing expedition」を禁ずるという関心に重要性を認めるとすれば[20]，画像データの再生・調査が許される場合も限定しなければならないであろう。この点に関しては，犯罪発生が認知された場所及び時間に限定するのが合理的であるように思われる[21]。

（6）最後に，手続要件について若干付言しておく。前述のように，防犯カメラの設置場所を犯罪発生の相当程度の蓋然性が認められる場所に限定した場合，そのような場所において他からの監視を受けないと期待することが社会的にもっともだとまではいえないと理解するならば，その場合には主観的期待しか認められないことになる[22]。だとすれば，この場合には，いわゆ

17）　前田・前掲注12）156頁。なお，亀井・前掲注12）135頁以下参照。

18）　Andrew von Hirsch, supra note 4, p. 70参照。

19）　もっとも，後述するように，近時の防犯意識の高まりは，このような犯罪発生の蓋然性に照らした限定をなし崩し的に弛緩させる傾向を示している。

20）　Andrew von Hirsch, supra note 4, p. 70.

21）　この他に，犯罪が発生するリスクが高く，しかも最初から範囲が限定されている場所（例えば，キャッシュコーナーなど）については，実際に犯罪が認知されなくとも，行われた可能性のある犯罪を探索するために画像データの再生・調査を許すべきかどうかが問題となる（Andrew von Hirsch, supra note 4, p. 71.）。このような場所において防犯カメラの設置が肯定されやすいことは確かであろうが，画像データの再生・調査はカメラの設置自体とは別の問題を含んでいることを考えるならば，このような場所においても画像データの再生・調査に関しては，やはり犯罪発生が認知されたことを条件とすべきであるように思われる。

22）　香川・前掲注12）77頁参照。

262 第3部 犯罪予防へのまなざし

る令状要件は不要であると解するのが論理的であるかもしれない。

　ただ，使用目的並びに使用方法の制約，画像データの保存期間の限定，画像データの再生・調査に関する限定などは，プライバシーへの期待（とりわけ，「匿名性」への期待）との関連で重要な意義を有する。従って，これらの要件が遵守されているかどうかをチェックする仕組みは必要である。防犯カメラの設置は，一般に，時間的に急を要するものではないであろうから，犯罪発生の蓋然性の有無，犯罪予防効果の有無，使用方法の限定，画像データの利用に関する限定などの事項についての事前審査を求めることも考慮されて良いかもしれない。もっとも，防犯カメラの使用は継続的に実施されるものであることを考えると，このような事前審査よりも，むしろ運用実態に関する定期的な報告・公表を義務づけることの方が実効性があると思われる[23]。

4　状況の変化

　(1)　これまでの検討により，防犯カメラの使用が正当化されるためには，①使用目的を犯罪予防に限定すること，②犯罪発生の蓋然性が認められ，また，犯罪抑止効果が見込まれる場所への設置に限定すること，③カメラの存在を外部から認識できる状態にすること，④録画された画像データの保存期間を防犯目的を達成するために必要だと考えられる合理的な期間に限定し，それ以降は確実に消去すること，⑤録画された画像データの再生・調査を犯罪発生が認知された場所及び時間に限定すること，⑥これらが遵守されているかどうかを適切にチェックする手続が用意されていること，といった要件

---

23)　東京都公安委員会の「街頭防犯カメラシステムに関する規定」（平成14年2月21日）は，「警視総監は，街頭防犯カメラシステムの運用状況について，定期的に公表するものとする」（7条）とし，データを活用した場合には，東京都公安委員会に報告することを義務づけている（6条）。この点に関しては，今後，オンブズマンのような第三者機関の創設も検討されてよいのではないかと思われる。

　なお，この問題は，設置・利用主体が公的な機関である場合だけではなく，私人である場合も視野に入れて検討する必要があろう。この点に関し，「杉並区防犯カメラの設置及び利用に関する条例」は，区長が防犯カメラ取扱者に対して報告を求め，違反行為の中止その他必要な措置をとるべき旨の勧告をすることができること（7条），区民などによる区長への苦情の申し立て（8条），勧告に従わなかった場合や苦情の処理状況等に関する公表（9条）について規定している。

第1章　防犯カメラに関する一考察　263

が充足されていなければならないであろうという一応の結論を得た。

　しかし，仮にこのような要件を設定したとしても，それによって実際にどの程度防犯カメラの使用が限定されることになるかは必ずしも一義的に決まるわけではない。というのも，権利保障のあり方は，関係する保護利益の性質・重要度と，その干渉によって追求されようとしている目的の重要性・緊急性との相関関係によって変わるのだとすれば，プライバシーの利益にどの程度の意義を認めるか，また，犯罪予防目的にどの程度の重要性を認めるかといった問いへの回答如何によって，先に挙げた要件の内容に関する実質的な判断は（更には，こういった要件の合理性・妥当性自体に関する判断も）変わってくるであろうと考えられるからである。そして，この観点から見たとき，現実にはかなり大きな動きが生じているように思われる。すなわち，防犯カメラ使用の許容範囲が，漸次，拡大していく方向での状況の変化が感じられるのである。

　(2)　まず，プライバシーの利益から考えてみたい。今日，私たちは，プライバシーの利益，とりわけ，匿名性への期待にどの程度の重要性を認めているのであろうか？この問いに対して，主観的期待と客観的期待という理論枠組みで答えようとするならば，その回答は，個人がもつ匿名性の期待がどこまで社会から合理的なものだとみなされるかによって変わってくることになるであろう。このとき，個人がどの程度匿名性への期待をもつか，また，その期待を社会がどの程度まで合理的なものとみなすかは，事実状況に大きく依存せざるを得ない[24]。日常的な監視の目がより濃密であり，しかも，それが自然なものとして日常生活の中に溶け込んでいる場合には，匿名性への期待は小さくなるであろう。例えば，筆者が生まれ育った山村では人口の流動性が小さく住民のほとんどが顔見知りであるため，表を歩いていれば自分

---

24)　佐伯・前掲注5）110頁以下は，「個人の主観的な期待や社会の期待は，政府によって容易に操作されてしまうものなのである」とし，プライヴァシーの保護においては単なる個人の主観的期待の保護が問題なのではなく，規範的なアプローチが必要であるとする。この見解が，主観的期待や客観的期待の内容はどのような事実状態が前提とされるかによって変わってくるという見方をしている点は正当である。もっとも，プライヴァシーの保護において規範的判断が不可欠であるとすることと（実際，不可欠である），主観的期待と客観的期待という理論枠組みを採用することとは必ずしも対立するものではないと思われる（なお，亀井・前掲注12）146頁参照）。

264 第3部 犯罪予防へのまなざし

がどこの誰であるかはほぼ自然に特定されてしまう。都市化した社会においてよりも他者の視線は濃密であり，それを前提として生活が営まれているのである。そのような状況の下では，個人がもつ匿名性への期待は都市化した社会よりも小さくなるであろうし，また，社会がその期待を合理的だと認める範囲も狭くなるであろう。

　これに対して，現在の都市化した社会では，一見したところ個人がもつ匿名性への期待はより大きいかに思われる。しかし，日常的な人々の視線は緩やかであるが，その一方で，現在では，街中にビデオカメラが溢れており，多くの領域で監視されている。店舗その他の建造物内，店頭，商店街の街頭，駐車場，キャッシュコーナー，集合住宅のエントランス等々。これらの設置主体はほとんどが私人であるが，その設置場所は純粋に私的な領域ばかりではなく，多分に公的な性質を帯びた領域にまで広がりを見せてきている。しかも，この状況を怪しむ人はさほど多くはないようである。つまり，カメラによる監視が日常的で自然なものになりつつあるとも思われるのである。もっとも，現段階では，なお，個人は，公的な領域において他から監視されないという期待をもつのが一般ではあろう[25]。ただ，それが社会から合理的だとみなされる範囲は徐々に狭まってきているように見える。もしそうだとすれば，このことは，防犯カメラの設置場所の限定にも影響を及ぼすであろう。というのも，プライバシーへの客観的期待が認められる領域が狭まってくるということになれば，防犯カメラの設置が許容される領域は拡大してくるものと予想されるからである[26]。そして，現実は徐々にその方向に向かいつつあるように思われる。

　(3)　次に，犯罪予防に関してであるが，ここでも重要な変化が生じてきているように思われる。

　今日，私人によるビデオカメラの使用が拡大している現象を特に犯罪対策とのかかわりで捉えるならば，犯罪に関するリスク意識が高まり，しかも，

---

25)　いかにビデオカメラが増えたからといっても，公的な領域では常時監視されているのが当たり前といえるほどの状況にまで至っているわけではないであろう。現代社会は，『1984年』（ジョージ・オーウェル）の世界とは依然として一線を画しているのである。

26)　例えば，香川・前掲注12）75頁以下には，このような認識が窺われる。

それが普遍化したことによって，私人に犯罪に対する自衛策をとることを求める事実上の圧力が生じていると見ることができよう[27]。今日では，犯罪は何か特別な出来事ではなく，ありふれた出来事として受け止められるようになってきており，それに伴なって，人々は，いつ身近で犯罪が発生し，自分がその被害に遭うかもわからないという不安を少なからず抱いているように思われる。しかも検挙率の低下などが喧伝されることにより公的な機関の活動に対する信頼が揺らいでくれば，その不安は一層高まってくるであろう。その不安を解消・減少させるために犯罪のリスクを低減させる手段を自ら講ずることは，半ば当然のことであると思われる。そして，その手段として，ビデオカメラは，比較的，費用対効果が高いものと見積もられているために現在のように普及していったものと推察される。

　ところで，このとき犯罪リスクの減少という形で目指されている犯罪予防は，伝統的な意味での犯罪予防とはかなり異なっている。刑法や刑罰が有するとされる威嚇効果，改善効果，規範意識覚醒効果などに多くを期待してはいない。また，青少年の健全育成のように犯罪の特別な原因を取り除くことが目指されているのでもない。そうではなくて，端的に犯罪の被害に遭う「確率」を低下させることが目指されているのである[28]。そこにいう犯罪

---

27)　ここでは，いわゆる「リスク社会論」とのかかわりに関心がもたれる。その点に関しては，伊藤康一郎「リスク社会—保険数理化する犯罪統制」『宮澤浩一先生古稀祝賀論文集第1巻』成文堂（2000年）135頁以下，同「安全の市場化—リスク社会における犯罪予防—」犯罪と非行136号（2003）102頁以下，小西由浩「犯罪のリスク／犯罪の危険」沖縄国際法学33号（2003）1頁以下，守山・前掲注2）5頁以下など参照。

28)　伊藤・前掲注27)「リスク社会」135頁以下は，「『リスク社会』（risk society）とは，社会に生ずる危害をリスクの『問題』として構成し，その問題をリスクの予測的な管理により『解決』する社会」であり，「リスク社会の犯罪統制は，犯罪をリスクの『問題』として構成し，その問題をリスクの予測的な管理により『解決』する」とする。このような社会においては，「潜在的危害⇒危害の発生⇒情報の伝達⇒リスク意識の普遍化」というプロセスを経て，危害が発生する可能性（社会に遍在するリスクが現実化する可能性⇒自分が危害に遭う危険性）はどれくらいであるかという「確率」に基づき（もっとも，これは科学的なものというよりは，多分に感覚的なものであり，実態を正確に反映しないことも少なくない），その「管理統制」を通じて危害の発生を「予防」するという戦略が選好されることになろう。犯罪統制に関して言えば，社会で犯罪が発生する可能性はどれくらいであるかという「確率」に基づいて，その確率を低く抑えるための「管理統制」を通じて犯罪の発生を「予防」するという方向性が強まるということである。このように犯罪を「リスクの問題」として捉える見方は，個別の犯罪あるいは個々の犯罪者に着目するのではなく，確率的あるいは統計的に生起する集合体としての犯罪あるいは犯罪者に焦点を合

は，特別な事象ではなく，ありふれた日常的な出来事と考えられており，従って，その原因もまた特別なものではなく日常生活の中に組み込まれているということが意識されることになる。要するに，日常生活の中に遍在している犯罪のリスクを減少させるということが，犯罪予防の中身となっているのである。

　もし，犯罪予防の中身がこのようなものとして理解されるとするならば，防犯カメラの使用目的を犯罪予防に限定しても，それほど強い限定機能をもたないことになるであろう。なぜならば，犯罪のリスクは日常生活の中に遍在していると考える以上，そのリスクを減少させるために必要な手段も日常生活の中に遍く組み込まれていくことになると思われるからである。一方では，犯罪に関するリスクの意識が払拭されず，他方では，防犯カメラが犯罪のリスクを減少させると考えられる限り，防犯カメラについては犯罪予防上の必要性・有用性が広く認められることになるであろう[29]。その結果，防犯カメラの使用が許容される範囲は拡大していくことになるのである。

わせる。そのため，犯罪者に対する「非難」，当の犯罪者が犯罪を行った「原因」の探求，犯罪者の「改善」といったことは重要視されず，一定の確率をもって必然的に生起する犯罪を「管理」するということに主眼が置かれることになる。

29)　公的な機関による防犯カメラの使用については，その要件を厳格にすることによってこれを制限したとしても，犯罪に対するリスクの意識が人々の間に強く残れば，それは，結局，私人による防犯カメラの使用をより一層推し進めることになるであろう。とりわけ，一部の者が強固な犯罪防御策を講ずることによって周囲の無防備な者が犯罪の被害に遭うリスクが逆に高まると予想されるような場合（いわゆる犯罪の「転移 displacement」）には，その周りの者も同等の防御策を講じようとする強い動機づけをもつことになろう。無論，設置主体が私人である場合でも（とりわけ，公的な性格を有する領域で使用する場合には）相応の限定が必要となろうが（むしろ，私人による使用の方がデータ濫用の危険性は大きいとの指摘もあり［前田・前掲注12) 155頁脚注3参照］，しかも，規制はより困難であるとも考えられる），犯罪のリスクを減少させるという考え方が根底にある限りは，他に有効な代替手段がなければ，その設置基準は緩やかなものとなっていかざるを得ないであろう。また，私人による防犯カメラの使用が拡大することによって安全の不平等が生ずることを重く考えるならば（伊藤・前掲注27)「安全の市場化」115頁以下参照），ミニマムの安全を平等に保障するためにむしろ公的な機関による設置が積極的に支持されることになるかもしれない。結局，犯罪に対するリスク意識が増大する限り，設置主体がいずれであれ，防犯カメラの使用は拡大していくことになるように思われる。

第1章　防犯カメラに関する一考察　　267

5　防犯カメラの社会的意味

(1)　近時，防犯カメラの設置が急速に進んできた基底的要因のひとつとして，犯罪に対するリスク意識の増大があることはおそらく間違いないであろう。ここには，慎重な検討を要する問題がいくつか含まれている。まず，そのようなリスク意識が犯罪実態を正確に反映した合理的なものかどうかが問題となろう[30]。また，防犯カメラの犯罪予防効果について科学的に検証するということも重要な問題である[31]。

しかし，本稿では，それらとはまた別の問題について考えてみたい。仮に，犯罪に対するリスク意識の増大に合理的な理由があり，防犯カメラにそのようなリスク意識を減少させるだけの有意な犯罪予防効果が見込まれるとしても，すなわち，防犯カメラに有用性・必要性が認められ，プライバシーを侵害しない形での使用の要件を設定することが一応可能であり，それによって人々の安全・安心感が確保されるとしても，それでもなお検討しなければならない問題があると思われるのである。それは，防犯カメラが有する社会的意味の問題である。

(2)　この問題を考える手がかりとして，いわゆる「状況的犯罪予防 situational crime prevention」に関する R. A. Duff and S. E. Marshall の指摘を見てみることにしたい。周知の如く，状況的犯罪予防は，犯罪の機会を与える状況を減少させることによって犯罪予防を図ろうとするものであるが，そこでは，犯罪はそれを可能とする機会・状況に依存するという見方，

---

30)　今野健一＝髙橋早苗「アメリカにおける犯罪のリスクと個人のセキュリティ」法政論叢31号（2004年）は，「犯罪恐怖（人々の犯罪リスクの認知）が実際の犯罪動向（犯罪リスク）とは独立の要因として作用することは，多くの研究で実証されている。犯罪恐怖は，実際の犯罪動向と疎遠だとしても，政策形成に対しては非常に大きな影響力を及ぼすものである。そうであるがゆえに，現在の犯罪対策にとって，実際の犯罪を減少させる（犯罪リスクの減少）だけでは十分とはいえず，犯罪恐怖を減らすことも重要な課題となっているのである」（53頁）とし，「犯罪恐怖の上昇は，犯罪の背景や実態を見失わせる危険性を孕んでいる」（61頁）と指摘している。

31)　一例として，前田・前掲注12) 158頁以下参照。なお，監視カメラ先進国であるイギリスでは「犯罪抑止計画 CCTV 構想 Crime reduction programme CCTV initiative」なるものが推進されており（http://www.crimereduction.gov.uk/cctv4.htm 参照）その効果に関するいくつかの研究をホームページ上で検索することができる（http://www.crimereduction.gov.uk/res_solu.htm ＊現在は閲覧不可）。

268　第3部　犯罪予防へのまなざし

逆の側面からみれば，そのような機会・状況が与えられれば誰しもが犯罪を行う可能性があるとの見方が前提とされている。Duff and Marshall は，このような状況的犯罪予防の倫理的な側面として，信頼の欠如・喪失という点を指摘する。すなわち，状況的犯罪予防の措置は，類型的に，他者に対する信頼の欠如あるいは喪失を表している（そのような措置は，他者は犯罪を行なわないということを信頼できないからこそとられるものである），とするのである。その上で，そのような姿勢の道徳的妥当性を問題とし，それは人間関係を貧困なものにするのではないか，という問題提起をしている[32]。

この問題提起は，状況的犯罪予防の典型的な一手法である防犯カメラの正当性について考える際にも重要な意味をもつと思われる。防犯カメラには，機能的に犯罪予防の対象者が特定されていないという特徴がある。その犯罪予防の眼差しは，エリア内にいる全ての人に対して向けられているのである。ここには，他者に対する信頼の低下あるいは欠如が現れており，見方によっては，全ての者が潜在的犯罪者とみなされているようにも見える。しかし，もしそうだとすれば，そのような相互不信の中で築かれる人間関係は，不適切で貧しいものではないか，という疑問が提起されることになろう。

このような疑問に対しては，防犯カメラは，他者に対する不信感の表明として理解すべきではなく，他者に対する信頼を確保するための手段として理解すべきである，という回答が与えられるかもしれない。すなわち，他者に対する信頼は，他者を信頼しても大丈夫であるという安心感によって支えられているのであり，その安心感を生み出すための措置として防犯カメラは機能する，とするのである。このような回答は，日常生活における他者への信頼のレベルがそもそも低下しているという認識，より正確に言えば，他者への信頼を確保するための条件が日常生活の中で十分には確保されていないという認識を基礎とするものといえるであろう。要するに，防犯カメラは人々に疑いの目を向けている点で道徳的に「無傷」であるとはいえないかもしれ

---

32)　R. A. Duff and S. E Marshall, "Benefits, Burdens and Responsibilities: Some Ethical Dimensions of Situational Crime Prevention," in Andrew von Hirsch, David Gerland and Alison Wakefield (eds.), Ethical and Social Perspectives on Situational Crime Privention, 2001, pp. 19-20.

ないが，犯罪が横行し人々が安心して暮らせない状態では他者への信頼も覚束ず，まず安全が確保されてはじめて他者を信頼する基盤が整うのであり，防犯カメラにまつわる道徳的怪しさは，そのような社会の安全を確保するために必要なやむを得ないコストである，というような見方である。

これはきわめて現実的な見方である。そして，そうであるが故に，比較的受け容れやすいものだといえるであろう。とりわけ，犯罪リスクに敏感である現代社会においては，「防犯カメラが数多く設置される社会は市民社会の理想像からはかけ離れているかもしれないが，人々が共存する現実的な条件を確保するためにはやむを得ないコストである」といった類の主張[33]には，簡単に切り捨てることのできない訴求力がある。筆者も，このような主張を完全に否定することは困難であると思う。しかし，その一方で，ここには，検討を要する更なる問題が含まれているように思われるのである。

（3）防犯カメラに多少の道徳的な怪しさがあるとしても，それは安全を確保するためのやむを得ないコストである，という見方は，防犯カメラの必要な社会と不要な社会とで，どちらが望ましいと考えていることになるのであろうか？それは後者である，というのが一見したところ素直な回答であるように思われる。現に，例えば，防犯カメラの設置を積極的に支持している代表的な論者である前田教授も，「もちろんカメラの必要がない社会のほうがいいに決まっている」と述べられている[34]。

しかし，この回答を額面通りに受け容れることには，少なからぬ疑問があるといわなければならない。というのも，防犯カメラの設置が「防犯カメラの必要がない社会」をもたらすかといえば，それは相当に疑わしいと思われるからである。例えば，近時，防犯カメラが急速に増加しているが，仮に，治安のレベルがかつてのように良好な状態に戻ったとしたら，それに応じて

---

33) このような見方は，例えば，「理念として，防犯カメラが問題があるとか，治安も大事だけれど人権もという議論の立て方自体が，説得性を失ってきている。生命・身体・財産の安全が保障されて，プライバシーを語る余地が出てくる……。」（佐藤英彦＝佐久間修＝前田雅英「〈新春鼎談〉治安の回復と新しい警察への期待」警察学論集57巻 1 号［2004年］14頁［前田発言］）というような発言の中に見え隠れする。

34) 佐藤＝佐久間＝前田・前掲注33) 14頁。また，香川・前掲注12) 81頁も，「私人による監視カメラ等の利用が，これほどまでに拡大してきていること自体は，決して望ましいことではあるまい」とする。

270　第3部　犯罪予防へのまなざし

カメラは撤去されていくであろうかといえば，おそらくそうはならないのではないかと思われる。むしろ，その場合，防犯カメラは，（他に機能的な代替策が現れなければ）良好な治安を確保するための手段として日常生活の中に自然に溶け込んでいくであろう[35]。そこでは，防犯カメラの道徳的正当性に関する疑念は，相当に希薄化していくものと予想される。

　そもそも，防犯カメラのようなものがなくとも安全・安心が確保され，安んじて他者を信頼することができる社会とは，どのようなものなのであろうか？当面，考えられそうなものは，特に何もしなくとも相手方の素性が明らかであるような濃密な人間関係が形成されているような社会や，人々が特定の価値観を強く共有しているような社会というようなものではないかと思われる。しかし，現代社会は，このような社会のあり方が解体したところに成立しているのではなかろうか。他者の過剰な干渉に対する私的領域の確保や多様な価値観の共存を目指したからこそ今日のような社会が具現したのであり，この時計の針を戻すことは困難であろう[36]。現代社会には，一方では，面倒なしがらみを免れ，また，利便性に富んだライフスタイルを維持したいという欲求があり，他方では，同時に相応の安全も確保したいという欲求がある。この相当にわがままな望みを程々に満足させる地点に防犯カメラは位置しているように思われる。防犯カメラには，このような現代社会の状況を前提とする新たな秩序形成の方法として，治安維持のための単なる対症療法的な役割を越えたよりポジティブな側面があることを見逃してはならないであろう。

　現在の都市化した複雑な社会において，規範の普遍的な妥当性を支える誰

---

35)　イギリスでは，CCTV カメラが多数設置されており，路上にカメラがあることはもはやありふれた光景になっている。このような状況を目の当たりにして，ゆくゆくは，カメラが水道・ガス・電気・電話に続く「5番目の公益設備」になるであろう，と論ずる者もいる（G. Graham, "Towards the fifth utility? On the extention and normalization of public CCTV," in C. Norris, J. Moran and G. Armstrong (eds.), Surveillance, Closed-Circuit Television and Social Control, 1998.）。

36)　江下雅之『監視カメラ社会』（2004年）は，個人が身の安全を守るための手段には三つの選択肢しかないとする。すなわち，第一が地域社会の住民相互による監視，第二が市場からの安全の購入，第三が警察という公共機関による安全確保である（178頁以下）。その上で，伝統的な地域社会の復活については悲観的・否定的な見方を示している（192頁以下）。

しもが納得できるような理由を見出すことはそれほど容易ではない。個々人の主観面に働きかけ，価値の内面化を通じて秩序形成を図るという規範の効力を支える基盤は，脆弱なものであるといわざるを得ない。しかし，その一方で，現代社会において秩序維持への要請が弱まっているわけではなく，むしろ，ひとつ歯車がかみ合わなくなれば全体に大きな影響が及ぶこの複雑な社会をどのようにすれば維持できるかという問題は，重要性を増してきてさえいる。ここに，価値の問題にコミットメントすることのない秩序維持の方法が模索される機縁がある。規範を経由することなく物理的・技術的に行動を制御する手法が求められるようになってきたのである。防犯カメラもそのひとつであり，防犯カメラの普及は，特定の価値観の共有を前提とすることが困難である今日の社会状況と相即的である。防犯カメラは，単に秩序維持のためのやむを得ないコストというに止まらず，それを超えて，更に，多様な価値観をもつ人々の共存を保障するための新たな方法として，より積極的な役割を担うようになりつつある[37]。私たちは，防犯カメラが有するそのような社会的意味を冷静に見据えた上で，その是非を見極めていかなければならない[38]。

---

37) この点に関しては，批評家の東浩紀氏が，近時顕著になってきた新しい秩序維持の方法を「環境管理型権力」と呼び，大きな物語の共有に基礎を措く従来の「規律訓練型権力」と対比して，「環境管理型権力は人の行動を物理的に制限する権力」であるが，「規律訓練型権力はひとりひとりの内面に規範＝規律を植えつける権力」であり，「環境管理型権力は多様な価値観の共存を認めているが，規律訓練型権力は価値観の共有を基礎原理にしている」と述べているのが示唆に富む（東浩紀＝大澤真幸『自由を考える』［2003年］32頁）。

38) 『1984年』的な世界の到来に対する警告という観点から防犯カメラ拡大への批判がなされることがあるが（例えば，村井敏邦「犯罪の発生が予測される現場に設置されたテレビカメラによる犯罪状況の撮影録画が適法とされた事例」判例評論360号［1989年］61頁以下［判例時報1294号223頁以下］），おそらくそのような角度からだけでは問題の本質を見誤ることになるであろう。『1984年』はスターリン体制下のソビエトがモチーフになっていることからも窺われるように，可視的な権力の独占・集中が前提となっており，監視は価値の一元化に奉仕するものとして描き出されている。それに対して，近時の防犯カメラに象徴される監視への傾斜は，価値観の多元性と権力の拡散及び不可視化が結びつく形で現れてきているとみることができる。伝統的なプライバシー概念には公権力による私的領域への暴力的な介入に対する砦というイメージが付着しているが，そのような図式を前提にして語られる防犯カメラ批判が今ひとつ説得力に乏しいように感じられるのは故ないことではないと思われる。

6 結語

　私たちの生きている社会は，人々が単に寄り集まっただけのものではない。それは，諸個人の有機的・継続的な関係によって成り立っているひとつのシステムである。そして，そのような関係は他者に対する信頼に依拠している。従って，社会には，そのような他者への信頼を確保するためのサブ・システムが必要である。しかも，現代社会では，普段は見知らぬ他人同士でも，相手方に対する最低限度の信頼を安定的かつ迅速に確保することが強く求められている。防犯カメラが，そのような信頼を確保するための手段として一定の役割を果たし得ることは，おそらく否定し難いであろう。

　しかし，他方で，防犯カメラによってもたらされる他者への信頼の内実とは一体どのようなものなのか，ということも考えてみなければならない。防犯カメラの目的は，言うまでもなく，犯罪予防にある。そして，その目的は，犯罪が事実上抑止されれば達成されるといってよい。そこでは，犯罪を行わない理由は問題とされない。その行為を不正なものにする価値判断を積極的に支持することは必ずしも求められず，いかなる理由によるのであれ，犯罪を行わないという選択をすることだけが求められるのである。その点で，防犯カメラが目指す犯罪予防は没価値的なものである。そして，そうであるが故に，価値観の多様化した現代社会の状況にフィットする面があることは否定できない。

　しかし，防犯カメラが目指す犯罪予防が没価値的なものであるということは，それによってもたらされる安全・安心，更には，他者への信頼といったものも事実上のものに止まるということを意味する。防犯カメラは，自分の予期通りに他者が行動するであろう（つまり，犯罪を行わないであろう）ということに対する事実上の期待を確保するというレベルでは他者への信頼を生み出すかもしれないが，犯罪を行わない理由に関する規範的な了解に基づいた他者への信頼を創出するわけではない。防犯カメラに，そのような器量はないのである。私たちは，その点をよく弁え，防犯カメラの必要性・有用性を認めながらも，同時に，一定の行為が犯罪として不正なものと評価される理由に関する共通の規範的な了解を形成する営みを継続していかなければなら

ない。そのような営みを欠いたまま，いたずらに防犯カメラが増殖することになれば，表面的には平穏が保たれているように見えても，その根底には常に相互不信の根が伏在していることになるであろう。それは，いわばホッブズ的自然状態が潜在化しているような状況であるということもできる。防犯カメラだけでは[39]，お互いを理解し，尊重し合えるような社会は生まれないということを私たちは忘れてはならないであろう[40]。

[追記]

　本論文初出時から10数年が経過したが，防犯カメラはもはやありふれたものとなっている。警察では，平成29年3月末現在，28都道府県で1,715台の街頭防犯カメラを設置している（『平成29年版警察白書』［2017年］122頁）。例えば，警視庁では，繁華街等の防犯対策の一環として，「街頭防犯カメラシステム」を導入しており，6ヵ所（新宿区歌舞伎町地区［ドームカメラ44台，固定カメラ11台］，渋谷区渋谷地区［ドームカメラ20台］，豊島区池袋地区［ドームカメラ49台］，台東区上野2丁目地区［ドームカメラ12台］，港区六本木地区［ドームカメラ44台］，墨田区錦糸町地区［ドームカメラ15台]）で運用している（2017年5月現在）。また，民間での防犯カメラの設置もめずらしいことではなく，例えば，最近の分譲マンションでは防犯カメラはほぼ標準装備といえよう。本論文の表現を借りれば，まさに防犯カメラは「日常生活の中に自然に溶け込んで」いるといえるだろう。

39）　無論，これは防犯カメラだけに限ったことではなく，広く犯罪予防策全般に通ずる問題である。例えば，刑法も，それが価値的視点を措いた事実上の犯罪予防のみを目的とするものとして運用されるならば，人々の共存を保障するのではなく，むしろ人々の対立を先鋭化させるものに容易に転化し得るのである。この問題性は，価値観の多様化が進むことによって益々深刻なものとなる（この点に関しては，未熟な問題提起ではあるが，本書第1部第2章参照）。

40）　渥美教授は，「人間は，他と融合できる実体上の価値を共有できる共同体に帰属できる可能性のない状況下では，連帯や他者への尊敬心や人間の尊厳に支えられた安心をえたり，真に社会化された存在とはなりえない。しかし，他方で，全体意識が育む実体上の価値は，けっしてその共同体を超越した普遍性や絶対性をもつものではないし不変のものでないことも十分に承知しなくてはならない」と述べられている（同『複雑社会で法をどう活かすか─相互尊敬と心の平穏の回復に向かって─』［1998年］479頁以下）。価値観の多様化した現代社会において，真に人間らしい生き方を送ることができるような環境は，どのようにすれば確保されるのか，ということを私たちは真剣に考えていかなければならない。

なお，防犯カメラの法的規制に関する包括的な研究として，星周一郎『防犯カメラと刑事手続』（2012年）がある。

第2章　自由と安全は両立するか
──リベラルなコミュニティの可能性を考える──

1　はじめに

　私はこれまで，刑罰の哲学的基礎づけや刑法と政治哲学の関係といったいわゆる基礎理論の領域に属する事柄を中心に細々と研究をしてきた。そのような問題について自分なりに勉強していく過程で，法とコミュニティの関係について考えるところがあった。具体的に言うと，法は人間が幸せに暮らしていくためにあるが，人間が幸せに暮らしていくためには他者との交流が不可欠だろう，その他者との交流を行なう場がまさにコミュニティである，だから法におけるコミュニティの問題は重要なはずであるという私にとってみれば極めて当たり前と思われる事柄が，現在の刑法学の主流においてはどうも主要な問題とされてはいないようだということである。その状況に対する違和感を一つの手がかりとして，現在大きく動いている治安対策を見ていったならば，どのような問題点が浮かび上がってくるだろうか，ということについて，「コミュニティ」という概念をキーにしながら，ところによっては本来の守備範囲をかなり逸脱しながらも，少しばかり述べてみることにしたい[1]。

(1)　コミュニティ志向型の治安対策

　現代の日本においては，治安の問題が重大な関心事の一つになっている。各種世論調査の結果からは，治安が，景気と並んで，あるいはそれ以上に人々の関心を惹いていることが窺われる。そのような治安に対する意識の高

---

1)　本章は，平成20年3月22日に開催された「市民生活の自由と安全・理論と実務の架橋」と題する警察政策フォーラムでの報告を書き言葉にし，若干の修正を施したものである。

まりとも相まって，特に平成に入って以降，治安対策の面で各種の新たな動きが生じてきた。その特徴の一つとして，犯罪に強いまちづくりに向けたさまざまな施策を挙げることができるであろう。そこには，例えば防犯カメラの設置や建造物の建築に当たって死角をなくす工夫など，客観的な防犯環境の設計に係わるハード面での施策と，地域住民が自主的に，場合によっては警察などと連携を保ちながら防犯活動に従事するなどの人的関係ないしは組織の再編，及びそれを通じての住民の意識変革というソフト面の施策とが含まれている[2]。

　こういった施策の目的は，もちろん個別犯罪の予防にもあるが，根本的には，これらの諸施策によって，より地域住民の安全・安心を確保し，人々が自由で充実した人生を送れる基盤を創出することに求められるであろう。「コミュニティの再生」といった標語で示されることの内実はそのようなものであると思われる。私は，このような施策は基本的に正しい方向を示していると思う。

(2)　二つの問題

　しかしその一方で，コミュニティ志向型の治安対策ならば何でもよい，という楽観的な考え方をすることもできない。私は，コミュニティ志向型の治安対策を正当化するためには，少なくとも二つの問いに答えなければならないと考える。

　その一つは，「コミュニティ」という概念に付着している抑圧的なイメージをいかにして払拭するか，という問いである。現代社会におけるコミュニティの衰退が，近代以降の個人主義的自由主義の考え方に大きく影響されたことはまず間違いないであろう。近代における自由主義の台頭が，共同体的な紐帯からの個人の解放という側面を有していたことは否定できない。だとすれば，現代において改めてコミュニティの重要性を強調することは，近代社会において獲得された自由を犠牲にすることになるのではないか，という疑念が生じてくるのは当然である。そのような疑念に対し，抑圧的な要素を

---

2)　小宮信夫「犯罪機会論と安全・安心まちづくり」田口守一ほか編『犯罪の多角的検討：渥美東洋先生古稀記念』(2006年) 345頁以下参照。

できるだけ取り除いたコミュニティの在り方，近代人が獲得した「個人の自由」という価値と両立し得るようなコミュニティの在り方について，少なくともその理念型ぐらいは示さなければならないであろう。

　もう一つの問いは，仮に「個人の自由」と両立し得るコミュニティの在り方を理念として示すことができたとしても，その理念と現実とのギャップをどのように考えるか，ということである。実現可能性を欠いた理想は空虚であるだけでなく，それを無理に実現しようとすれば極めて暴力的なものに転化する。

　私たちがコミュニティの再生について語るとき，そこで目指しているのはどのようなコミュニティなのか，その成立のためにはどのような条件が必要なのか。その条件が現段階で欠けている場合，どうすればそれが実現できるのかといった事柄に納得できる回答を与えなければならないであろう。これはとても一朝一夕に答えられる問題ではないが，ここではコミュニティにおける「自由」と「安全」を題材として，この問題を考えるヒントの一つでも提示できればと考えている。

2　「自由」と「安全」の概念規定

　さて，本論に入る前に，「自由」と「安全」という言葉の意味について若干付言しておくことにしたい。これから私が「自由」や「安全」という言葉を用いる際，そこで意味されていることをあらかじめ明らかにしておくことによって，今後の話をスムーズに進めることができるであろう。

⑴　「自由」の意義

　まず「自由」についてであるが，これほど多義的で融通無碍な言葉も珍しいのではないだろうか。古今東西，諸思想家が「自由」という言葉のもとに語る内容はさまざまであり，あたかも各人各様の自由概念があるかの如くである。私が与える定義にも異論があり得るとは思うが，とりあえず次のように定義しておきたい。すなわち，「自由とは，各人が，やろうと思えばやれる事柄で，その達成・実現を本人が望むならば，それを達成・実現することができることを意味するが，ただし他者が同様の行為を行なった場合，それ

278　第3部　犯罪予防へのまなざし

と両立し得るものでなければならない」というのがそれである[3]。

　この定義には三つのポイントがある。第1は，自分の欲するところを行なうことができるという点が自由概念の核心部分であるということである。ここでは，自由という概念は，本質上，利己的な性格のものであるということが含意されている。

　第2は，やろうと思えばできるという「可能性」が自由概念の不可欠な要素となるということである[4]。この点に関しては，利用可能な資源を自分だけに限定するか，他者の協力や広く社会一般の資源まで含めるかによって可能性の幅に広狭が生ずることに留意すべきであろう。

　第3は，自由は，他者の同様な自由と両立し得る限りで認められる，ということである[5]。この点は，自殺のような例外的な場合については不明確な部分を残すが，私たちの一般の社会生活を念頭に置くならば，大部分においては異論なく受け入れられるものだと思われる。

⑵　「安全」の意義

　次に，「安全」についてであるが，そもそもこの言葉は比較的最近まで，あまり理論的な分析を加えられてはこなかった。そのため見方によっては，自由概念以上にその内実は曖昧だとも言えるが，大別すると次の三つの意味合いを有しているようである[6]。

　第1は，争いや貧窮などの問題が存在しない状態を指す場合である。この意味での安全は，「平和」とほぼ同じ意味合いになる。

　第2は，心配事がなく心が安らかであることを指す場合である。この意味での安全は，「安心」という言葉で置き換えることができるであろう。ちなみによく指摘されることであるが，securityなど，安全を意味する西欧語の起源は，ラテン語の"securitas"で，"se"という「欠如」を意味する接頭

---

3)　自由の定義については，齋藤純一『自由』（2005年）「はじめに」vii頁以下など参照。

4)　この点で，自由を外部からの干渉の不在によって定義するI.バーリンのいわゆる「消極的自由」概念は不十分であると考える。

5)　この「両立可能性」テーゼが厳密な意味で維持可能なものなのかどうかは，ここではとりあえず措く。いずれにせよ，ここでは，ある者の自由が他の者の不自由の上に成り立つということは基本的に認められないということが確認されれば十分である。

6)　「安全」の意義に関しては，大庭健編集代表『現代倫理学事典』（2006年）23頁以下［市野川容孝執筆］，永井均ほか編『事典哲学の木』（2002年）40頁以下［森村進執筆］など参照。

辞と，「気遣い・心配」を意味する "cura" との合成語で，アタラクシア（心の平穏）を意味するものであったと言われている。

　第3は，一定の予想される危険への対応，あるいは一定の対応をとった結果そのような危険がなくなった状態を指す場合である。工事現場で「安全第一」といった標語が掲げられるような場合がこれに該当するであろう。

　ここで，第2と第3の用例の違いに注意する必要がある。特に第2の意味合いにおける「安全」は，主観的な意識の問題であるのに対し，第3の意味合いにおける「安全」は，危難の客観的な発生確率に関係する問題であることが重要である。この二つは多くの場合に連動するが，必ずしも常にそうだというわけではない。

　例えば，私もそうであるが，世のなかには飛行機に対して極度の不安を感ずる人がいる。たとえ事故に遭う確率は自動車などよりもはるかに低く，その意味で安全だと教えられても，個人的にはどうしても安全だと思えない。つまり「安心」できないのである。後ほど触れるが，このズレは治安の問題を考えるうえでも重要な意味を持っていると思われる。

　それでは，このような概念規定を踏まえて，本論に入っていくことにしたい。

3　リベラルなコミュニティの概念

⑴　コミュニティ概念と排除の論理

　まず，個人の自由と両立し得るコミュニティの理念について考えてみることにしたい。治安の問題に限らず，広く社会的な問題全般にわたってコミュニティの重要性を強調する見方に対しては，ある種，常套手段的な批判がある。それは「コミュニティを強調することは排除の論理につながる」というたぐいのものである。コミュニティは一定の仲間によって形成されているが，その結束を強調することは，仲間でない者を外部に排除することになる。また，その排除の圧力が，コミュニティ内部において仲間が共有する価値を支持するよう強制する圧力，いわば同化の圧力となって構成員を束縛する。こういった類の主張は，例えば gated community 批判の文脈などでよ

280　第3部　犯罪予防へのまなざし

く登場するものである。

　また近時では，このようなコミュニティにおける排除の力学を前提にしつ
つ，分業が進み匿名化が進行した現代社会では，誰が仲間であるのかが判然
としないため，最終的にはすべての者が仲間でない，つまり敵である可能性
を前提とした施策がとられることになり，その結果，実はすべての者の自由
が制約されることになるといったバリエーションもよく見られるところであ
る。このような論は，例えば地域住民が主体となって行なう防犯活動を，隣
組的な相互監視社会における主体性の喪失，あるいは権力の遍在化と結びつ
けるような論においても見ることができるであろう。

　このような批判の根底には，安定したコミュニティを創出することで生活
の安全を確保しようとする試みには看過し難い自由の制約と不寛容の促進が
伴う，という見方があるように思われる。要するに，コミュニティの名のも
とに，安全と自由や寛容さがトレードオフされると見ているのである[7]。

　確かにコミュニティというのは，概念上，排除の論理が入り込みやすい言
葉である。コミュニティは，その構成員間において特定の価値が共有されて
いることを存立基盤とする。そこには，そのような価値を共有しない者を受
け入れない不寛容さに通ずる危険性がないとは言えない。しかしながら，コ
ミュニティの要求と自由の要求は両立しないという解釈が必然的なものであ
るとは思えない。少なくとも理念的には，自由や寛容さと両立するコミュニ
ティを構想することはできる。

(2)　リベラルなコミュニティの構想

　先ほど「コミュニティは特定の価値の共有を基盤とする」と述べたが，自

---

7)　このようなイメージは，例えば，次のような叙述の中に集約的に表現されているといえるであ
ろう。「もしわたしたちが『既存のコミュニティ』の支配下にあるとすれば，そこから提供され
る，あるいは提供を約束される恩恵と引き換えに，厳格な服従を求められるであろう。安心が欲
しいか？自由を捨てよ，少なくとも自由の大半を捨てよ。信頼が欲しいか？コミュニティの外部
の者はだれも信用するな。相互の理解を欲するか？外国人に話しかけるな。外国語を使うな。こ
の家庭的な居心地のよさを欲するか？ドアに警報機をつけ，敷地内の私道にはテレビカメラをつ
けよ。安全が欲しいか？よそ者を入れるな。奇妙な行動をとったり，おかしな考えをもったりし
ないようにせよ。温かさを欲するか？窓の近くに寄るな。窓を開けるな。問題は，もしこの忠告
に従い窓を密閉したとすれば，中の空気はすぐにむっとし，最後には息が詰まってしまうという
ことである。」（ジグムント・バウマン［奥井智之訳］『コミュニティ』［2008年］11頁）

第2章 自由と安全は両立するか——リベラルなコミュニティの可能性を考える—— 281

由社会において基底的な価値とされる自由，自律，プライバシー，寛容といった諸価値を共有する者によって構成されるコミュニティも考えられるはずである。そのようなコミュニティにおいては，各人はそれぞれ自己の好むところに従って生きることを望むであろうが，「自由」という価値が共有されているのであれば，同時に，他者もまた同じように，その好むところに従って生きることを望んでいるであろうことに思い至るはずである。それによって他者の異質性を認めつつ，それに対する尊重と配慮の念が醸成されることになるであろう。そのような自由と寛容さを内包したコミュニティの構想を描くことに，さして大きな困難があるとは思われない。

　また，自由の価値を重視すればするほど，他者との協力関係の大切さに気づくはずである。先ほど自由を定義するに当たって，その行為を「行なおうとすれば行なうことができる」という可能性が前提となることに言及したが，個人が独力で実現・達成できる事柄は相当に限られている。自分一人だけで生きることになれば，生きるための基本的なニーズの充足さえ覚束なくなるのではないだろうか。他者の協力やさまざまな社会的資源を安定的に用いることができてこそ，個人は多様な選択肢に対して開かれていくことになるのである。それを可能とする場としてコミュニティを考えるのは極めて真っ当な思考だと思われる。そのように見た場合，例えば1980年代後半からアメリカを中心にして自由主義者と共同体主義者とのあいだで活発な議論が展開された，いわゆる「リベラル・コミュニタリアン論争」が，最終的にはリベラルなコミュニティを承認する方向でほぼ収斂しつつあるように見受けられることは，当然の成り行きだと言えるであろう。コミュニティの衰退と自由の拡大や寛容の増大を結びつける見方は，アトム化された個人間における相互不干渉・相互無関心の結果として生み出された，異質なものが事実上混在している状態をも自由や寛容だと理解する誤りを犯しているのではないだろうか。

　いずれにせよ，ここでは，自由を制約するのではなく，自由と両立し，むしろ自由の内実を豊かにするコミュニティ，標語的に言えば「リベラルなコミュニティ」を構想することは十分に可能であることを確認しておきたいと思う[8)]。

282　第3部　犯罪予防へのまなざし

4　リベラルなコミュニティの存立条件

　リベラルなコミュニティの可能性について述べたが，これはまだ理念型であり，現実にそのようなコミュニティが存在することを示したものではない。そこで，以下では「リベラルなコミュニティ」が実際に存立するためにはいかなる条件が必要なのか，ということについて検討してみることにしたい。

(1)　ルールの実効性

　リベラルなコミュニティにおいては構成員各人が自由を享受するが，それは他者の同等な自由と両立する限りにおいて認められるものである。自由という価値が「共有」されているのであれば，自らの自由が他者の不自由のうえに成立している状況は認められない。言い方を換えれば，ある者の自由が他者の不自由の上に成り立っていることを座視するコミュニティは，リベラルなコミュニティとはいえない。したがって，リベラルなコミュニティでは，「個人の自由は他者の同様な自由と両立する限りで認められる」というルールが必要となる。

　さて，このようなルールの実効性が十分に担保されていればよいのであるが，そこに疑問が生じ得る状況だとすればどうなるであろうか。例えば「窃盗の禁止」というルールで考えてみよう。合理的な人間ならば，皆がこのルールを守ることが構成員全員の利益になると考えるであろう。しかし，ルール破りが生じ得ることを考慮に入れなければならないとき，仮に自分だけがこのルールを守り，他者は守らないことになると，自分は著しい損害を被るであろうし，逆に他者が皆ルールを守っているときに自分だけがルール破りを犯せば，個人的に得られる利益は最大化すると，これまた合理的な人間であれば考えるであろう。

　ここに，ルールを守ることが全員に利益をもたらすこと，したがって，結局は自分にも利益となることが分かっていながら，自己利益の最大化のため

---

8)　「リベラルなコミュニティ」という概念に関しては R. A. Duff, Punishment, Communication, and Community, 2001, pp. 35-76 が示唆に富む。

第2章　自由と安全は両立するか――リベラルなコミュニティの可能性を考える――　　283

にルール破りを誘発しかねない状況が生まれる。これは一般に「社会的ジレンマ」と呼ばれている状況であるが，ここでは，「自由」という概念が有する利己的な性格が顔を覗かせるようである。

(2)　ルールは守られるという構成員の信頼

　それでは，このようなジレンマから逃れるためにはどうしたらよいであろうか。当たり前のことであるが，ルール破りが起こらない状況を確保しなければならないであろう。しかしそれ以上に，ルールが守られることをコミュニティの構成員が信頼できなければならない。ここで重要なのは，コミュニティの安定は，ルールが守られることに対する構成員の「信頼」という主観的な要因に大きく依存しているという点である。先に「安全」の概念について言及したことに照らすと，第2の用例に当たる「ルール違反を心配しなくてもよい」という安心感がコミュニティ安定の要となるのである。

　ところで，これも先に言及したことであるが，この「安心感」なるものは，必ずしも客観的な状態と連動するとは限らない。犯罪との関連で言うと，犯罪被害に遭う不安，いわゆる犯罪恐怖は，実際の犯罪動向とは独立の要因として作用することを示す実証研究が多数存在する。古くはすでにホッブズが，恐怖という情念は現実の脅威に対してより，想像上の脅威に対して抱かれるものである，ということを見抜いていた。この主観的な犯罪恐怖が客観的な犯罪動向と甚だしく乖離し，増大すると，その不安を解消するために過剰なまでのセキュリティが求められることになるであろう[9]。それは異

---

9)　近時，一般人の感ずる犯罪不安が増大しているとの声が強いが，他方で，このような犯罪不安の増大は，犯罪統計の操作やマスコミによる扇動的な犯罪報道などに起因する実際の犯罪動向に関する誤解あるいは無知に基づく不合理なものだとする見方もある。確かに，犯罪動向を理解するに当たって，正確な情報の開示とそれを踏まえた専門家による教育・啓蒙は重要であり，その点で検討を要する点は少なくないであろう。ただ，専門家的知見を欠いた一般人の判断を常に不合理だと解することもできないと思われる。犯罪被害に遭う可能性という「リスク」を可能な限り正確に算定し，その評価のために役立つと思われる様々な視点を提供するのは専門家の果たすべき役割であろうが，だからと言って，その「リスク」を引き受けるべきか否かの決定権も専門家が独占するわけではないであろう（そもそも，そのような決定をなし得る「専門家」などいるであろうか？）。そのような決定をするのは最終的には社会の側であることに鑑みると，その決定が合理的かどうかも社会的な文脈の中で検討されなければならないであろう。なお，この点に関しては，科学論の領域における「科学的合理性」と「社会的合理性」の関係に関する議論が参考になると思われる（先駆的なものとして，ウルリヒ・ベック［東廉・伊藤美登里訳］『危険社会』［1998年］39頁以下参照）。

質なものの排除，社会的分断といった「リベラルなコミュニティ」にふさわ
しくない事態を招きかねない。ここに，過剰なセキュリティの要求がリベラ
ルな社会を破壊するといった論調の議論が登場する契機がある。

このことから私たちは，安定したコミュニティを創出するためには，その
構成員の信頼を確保することが不可欠であるということを学ぶべきである。
最近流行の言葉を用いるならば，このような信頼は一種の"social capital"
であるということができるであろう。

5　social capital（社会関係資本）としての信頼

"social capital"は直訳すると「社会資本」となるが，ここでは道路のよ
うなハードな資本ではなく，グループ間での信頼，規範，ネットワークとい
ったソフトな資本を指している。この違いを示すために「社会関係資本」と
いう訳語が当てられることも多くなっている。

(1)　social capital（社会関係資本）の基礎概念

実証レベルでの学問的厳密性という点ではいまだ発展途上にあるが，近時
このソーシャル・キャピタルが治安や犯罪動向にどのような影響を及ぼすの
かという研究が盛んになってきている。例えば「平成19年版国民生活白書」
（内閣府発行）は，人々のつながりという観点から特集を組んでいるが，その
なかでソーシャル・キャピタルに言及し，ソーシャル・キャピタルの豊かさ
と犯罪率のあいだには負の相関関係がある，つまりソーシャル・キャピタル
が豊かなほど犯罪率は低下する関係があることを窺わせる，と指摘してい
る[10]。

そこで，以下ではこのソーシャル・キャピタルに関する議論を参考にしな
がら，信頼の問題が治安対策にどのように関係してくるのかについて，若干
の考察を加えてみたいと思う。

ソーシャル・キャピタルという概念は，R. Putnam の刺激的な著作『ボウ
リング・アローン（Bowling Alone）』[11]を一つの契機として，社会科学の諸領

---

10)　内閣府『平成19年版国民生活白書』（2007年）99頁以下。
11)　R. D. Putnam, Bowling Alone: The Collaps and Revival of American Community, 2000.（柴

第2章　自由と安全は両立するか──リベラルなコミュニティの可能性を考える──　　285

域に急速に普及していった。パットナムは，対面的コミュニケーションの積み重ねによって蓄積される相互の信頼や互酬関係の規範などを「ソーシャル・キャピタル」と呼び，アメリカ社会においてそれが急速に衰退している状況，そしてまた，それによってコミュニティが衰退している状況を豊富なデータを用いて実証的に分析した。

　パットナムの議論には批判的な見方もあるが，ソーシャル・キャピタルという概念がここまで急速に広がった背景事情の一つとして，個人主義の行き過ぎに対する懸念を共有する雰囲気があったことは間違いないと思われる。福祉国家の行き詰まりから小さな政府の推進へと針が大きく振れるなかで，自己責任の誇張など，個人主義のラディカルな追求が，人々の相互連帯への基盤を喪失させているのではないかという感覚を少なからぬ者が持ち，そのような現代社会の状況を理論的に分析するツールとして，この概念は多くの支持を得たと言えるであろう[12]。

　さて，治安対策について検討するという当面の目的に必要な範囲で，ソーシャル・キャピタルにまつわるいくつかの概念を整理しておくことにしたい[13]。

　まずソーシャル・キャピタルは，信頼や規範といった価値的な次元に属するものと，ネットワークという具体的な人間関係を指すものとに分けることができる。

　このうち「信頼」はさらに，特定の個人に対する信頼と社会全般に対する信頼に分けられる。特定の個人に対する信頼とは，一定の情報あるいは経験に基づく信頼であり，相手方がどのように行動するかの予測を基礎にしている点で，戦略的信頼（strategic trust）と呼ばれる。これに対し，社会全般に対する信頼は，見知らぬ人であっても自己の属するコミュニティにおける基本的な価値を共有しているという前提で信頼する，つまり基本的価値を共有

　内康文訳『孤独なボウリング─米国コミュニティの崩壊と再生』［2006年］）
12)　宮川公男・大守隆編『ソーシャル・キャピタル』（2004年）序文参照。
13)　ソーシャル・キャピタルの諸概念に関しては，稲葉陽二『ソーシャル・キャピタル』（2007年）3頁以下，35頁以下，エリック・M・アスレイナー「知識社会における信頼」宮川＝大森編・前掲注11) 123頁以下など参照。

しているという信念に基づく点から道徳的信頼（moralistic trust）と呼ばれる。

次に，ネットワークについてであるが，これは閉じたネットワークと開かれたネットワークに分けられる。前者は構成員の流動性に乏しく同質性が強い人的関係であるのに対し，後者は参加・退出の自由度が大きく，異質な人々とのあいだにも広がっていく人的関係を指す。

最後に，ソーシャル・キャピタルにはブリッジングなものとボンディングなものとがあると言われる。前者は異質な者同士を結びつける橋渡し型のものであるのに対し，後者は同質な者同士を結びつけている紐帯強化型のものを指す。

(2) 信頼構築の手法

以上の諸概念を前提にして，いくつかの信頼構築の可能性を考えてみたいが，私は当面，次の三つくらいの可能性があるのではないかと思っている。

第1は，親密な人間関係の形成を促進することによって互いの信頼を築く方法である。これは，基本的には閉じたネットワーク内でのボンディングな結びつきを強化する方向になるであろう。

第2は，人間関係を強化する方向ではなく，他者の行動に関する予測可能性を高める環境を整えることで信頼を確保する方法である。これは参加や退出の自由度が高いという点では開かれたネットワークを前提とするが，信頼の内実を行動の予測可能性に限りなく純化することを狙うため，道徳的信頼の構築にはあまり寄与しないと思われる。この予測可能性に基づく信頼構築は，価値の共有というパイプを経由しない点で，そもそもソーシャル・キャピタルの概念にはなじみにくいところがあるが，その反面，価値の問題にコミットメントしない分，多様な価値観の共存を可能にすると言えなくもない[14]。

第3は，異質な者との間でも共有できる価値を発見あるいは創造し，その

---

14) この点に関しては，批評家の東浩紀氏が，人の行動を物理的に制限する「環境管理型権力」と，ひとりひとりの内面に規範＝規律を植え付ける「規律訓練型権力」とを対比させ，「環境管理型権力は多様な価値観の共存を認めているが，規律訓練型権力は価値観の共有を基礎原理にしている」と指摘している点が興味深い（東浩紀・大澤真幸『自由を考える―9・11以降の現代思想』［2003年］32頁）。

第2章　自由と安全は両立するか——リベラルなコミュニティの可能性を考える——　287

価値を経由した人間関係に基づいて信頼を構築する方法である。これは開かれたネットワークを前提にして，ブリッジングな役割を果たす道徳的信頼の構築を目指すものと言える。

　これら三つの方法はお互いに排斥し合うと考えるべきではなく，相互補完的に作用するものと見るべきであろう。例えば家族のようなミクロレベルの関係においてはボンディングな絆の強化が重要であり，他方，コミュニティレベルではブリッジングな関係の強化が重要になると思われる。また，他者への信頼を支える最低限度の事実的な基盤として，一定程度の行動の予測可能性を確保することも必要である。

　したがって，これらの方法をバランスよく組み合わせて用いることが求められるのであるが，「リベラルなコミュニティ」を前提とする場合，最も重要な課題は3番目に挙げた，異質な者との間を橋渡しする道徳的信頼をいかに構築するか，という点であろう。どういう考え方の人であれ，他者の自由を侵害することは許されないと考えるだろうからそのような行動をとらないはずだ，という信頼が確保され，だからこそ他者と安心して協調できる状態をどうやれば創り出せるのか，ということである。そのような観点からコミュニティ志向型の治安対策を見た場合，どのようなことが言えるであろうか。

　以下ではその点について，防犯環境設計，地域住民主体の防犯活動，割れ窓理論を題材として少し考えてみることにしたい。

6　「信頼」の構築と治安対策

⑴　防犯環境設計

　まず防犯環境設計であるが，この手法は，人間の行動を物理的に管理する側面が強いことに注意を要する。これらの施策は犯罪者の接近を妨げる物理的なバリアを築くものであって，そのようなバリアを突破して犯罪を行なう者はいないであろうという事実上の期待を高めるという意味では他者への信頼を生み出すと言えるであろう。しかし，それは他者の行動の予測可能性にウェイトを置いた，いわば「戦略的信頼」であって，「道徳的信頼」ではな

い。防犯環境設計それ自体に道徳的信頼を生み出す器量はないと思われる。むしろ，これらの施策は他者に対する不信感の表われだと受けとめられる可能性もあることからすると，使い方次第では道徳的信頼の構築を妨げる要因となることも危惧される。

念のため付言しておくが，私は決して防犯環境設計の考え方を否定的に解しているわけではない。例えば「防犯カメラは自由やプライバシーを侵害するから認められない」という議論にはあまり説得力がないと思っている[15]。ただ，そのような施策の必要性・有効性を認めつつも，同時にそれだけでは実現できない部分があることもわきまえ，社会的分断のような逆機能的効果を生じない運用を心がける必要があるのではないかと考えるのである。

(2) 地域住民主体の防犯活動

次に，地域住民による自主的な防犯活動であるが，これが閉じたネットワーク内でのボンディングな結びつきを基礎にする場合，全体として見ると，あまり大きな治安改善効果は期待できないと思われる。同質の人間だけで形成された閉鎖的な集団では，かえって近隣関係で軋轢を生じてしまうかもしれない。

地域住民の自警団的活動の例として，頻発するひったくり，空き巣，痴漢に対して京王線の明大前商店街が組織した「明大前ピースメーカーズ」がかなりの成果を上げたと言われている。ここには商店街組合が母体となりつつ，組合員以外にも学生や会社員などのボランティアが参加しているとのことである[16]。このように多様な立場・階層の人々によって構成されることが望ましいと言えるであろう。ここでは立場の相違を超えたブリッジングな関係形成が期待される。

また，一地域の熱心な防犯活動の結果，そこで犯罪が減少したとしても，結局犯罪が他の地域に移転してしまうだけなら（転移［displacement］）根本的な解決にはならない。それを回避しようとするならば，広い範囲でネットワ

---

15) 本書第3部第1章参照。
16) 内閣府『平成16年版国民生活白書』30頁以下参照。

ークを形成する必要があるが，そのためにも異質な人々との関係をとり結ぶブリッジングな関係形成が不可欠になると思われる。このように住民が自主的に防犯活動を行なうに当たって，ブリッジングな関係形成を支援する役割も，今後，警察には求められるようになるのではないだろうか。

もっとも，地域住民の防犯ネットワーク強化による治安改善効果は，あまり過大視すべきではないとの指摘もある。例えば D. Halpern によると，欧米では，自警団によって一時は犯罪の減少に多少の効果が見られることもあるが，全体的には目立って大きな改善効果が示されているわけではなく，加えて自警団的活動は急速に休眠化していくことなどが指摘されている[17]。

わが国でも，杉並区で最も住民パトロールが盛んだった松ノ木地区で，最初は順調に空き巣被害が減っていったものが，その後，増加に転ずるといった事態が報告されている[18]。ここにはネットワーク強化による治安対策の限界が示されているように思われる。ネットワーク形成は，社会全般に対する信頼という基礎があって初めてその効果を発揮する，ということに留意すべきであろう。

(3)　「割れ窓理論」

３番目に，わが国でもポピュラーになってきた「割れ窓理論」に基づく犯罪予防をどのように理解すべきなのか，ということについて考えてみることにしたい。

周知のごとく，割れ窓理論においては，軽微な秩序違反行為を放置しておくと，潜在的犯罪者に対して「ここでなら犯罪を行なっても大丈夫だろう」という誤ったメッセージを伝え，それが犯罪の呼び水になってしまうから，軽微な秩序違反行為でも放置することなく適切に対応すべきである，と説かれる。

さて，その実施に当たって誰がその任に当たるか，ということであるが，

---

17)　D. Halpern. Social Capital, 2005, pp. 126-129. なお，Halpern は，同書において，ソーシャル・キャピタルと犯罪との関係について，ミクロレベル（親密な関係），メゾレベル（コミュニティ），マクロレベル（地域関係）に分けて分析を加えている（pp. 113-141）。

18)　NHK「難問解決！ご近所の底力」2005年５月26日放送分の HP 紹介による（http://www.nhk.or.jp/gokinjo/backnumber/050526.html ＊現在は閲覧不可）。

290　第3部　犯罪予防へのまなざし

仮に警察が中心となって徹底的に取り締まる方法をとったとしよう。いわゆるゼロ・トレランス・ポリーシングが，これである。これによって，少なくとも短期的に見れば犯罪は減ると思われるし，そのような犯罪の減少によって人々は安心感を抱くようになるかもしれない。しかし，その場合の安心感は「警察が徹底的に取り締まっているから大丈夫だ」という内容のものだと思われる。しかしこれは，例えば「防犯カメラがあるから大丈夫だ」という感覚に非常に近く，道徳的信頼の構築とは少し性質が違うように思われる。

　また，これは最終的に住民が相互に連帯意識を強めて犯罪防止のために協調行動をとることへの推進力にもなりにくいように思われる。人々は警察頼みになり，自分たちで治安を守ろうとする気持ちを持たなくなるかもしれない。さらに警察主導のあまりに徹底したタフな取り締まりがなされると，かえって人々に窮屈さや不自由な感覚が生ずるのではないかということも懸念される。

　この関連で，アメリカの社会学者 R. Sampson の見解には興味深いものがある。Sampson は，シカゴの諸地域における犯罪状況を丹念にデータ化し，検討を加えたうえで次のような結論に至っている[19]。すなわち，その地域の無秩序の程度，いわば割れ窓率と犯罪率とのあいだには一見すると強い相関関係が見られるが，それは疑似相関である，つまり実際は相関していない，というのである。

　それでは実際に犯罪率と相関しているのは何かというと，集合的効力感 (collective efficacy) であるとされる。この集合的効力感とは「自分は犯罪のない安全な環境を求めている。周りの者もそう思っているはずだ。だから自分が安心して生活できる環境を実現するために何か活動しようとすれば，皆も一緒になってやってくれるはずだ」という感覚のことを言う。Sampson は，このような集合的効力感を高めることなく単に割れ窓を減らすだけでは，根本的には犯罪は減らないと主張したのである。

---

19)　R. J. Sampson, S. W. Raudenbush, and F. Earls, Neigiborhoods and violent crime: a multilevel study of collective efficacy, Science, 277 (1997), pp. 918-924. また，山岸俊男「ホッブスとシカゴ　制裁の直接効果と間接効果」犯罪心理学研究第44巻特別号（2007年）170頁以下も参照。

第2章　自由と安全は両立するか——リベラルなコミュニティの可能性を考える——　　291

　このSampsonの見解には多少疑問がないではない。例えば商店街の人たちが暴力団の不法な活動に対抗しようとする場合，警察が徹底的な取り締まりをしてくれるという前提が欠ければ，「皆も一緒になってやってくれるはずだ」という安心感は削がれてしまうであろう。つまり地域住民が集合的効力感を持てるだけの最低限度の秩序維持は図られなければならず，そのためには警察主導のタフな施策が必要となる場面もあると思われる。ただ，コミュニティ安定のカギは，そのような住民の安心感・信頼感を醸成することにあるというSampsonの主張には相当の説得力があるといえるであろう。

　そのような観点から見ると，地域社会における秩序違反行為への対応は，すべて警察が中心になって徹底的に行なうよりも，警察が地域社会と連帯して事に当たるほうがベターであるということになりそうである[20]。この面でも警察には，その地域社会に属する多様な人々の橋渡しをして，人々の力を結集させやすい状況を作り出す役割が期待されることになるであろう。

7　おわりに

　以上，あまりまとまりのない話であるが，「リベラルなコミュニティ」の在り方，その存立条件としての「信頼」の重要性と治安対策との関わりについて，若干のことを述べてみた。

　私は，開かれたネットワークを前提としてブリッジングな道徳的信頼を構築することが，今後のコミュニティ志向型の治安対策において重要となると述べたが，これは「言うは易く，するは難し」の感がある。犯罪対策という限られた領域での施策だけで実現できる事柄ではなく，幅広い領域にわたる総合的な取り組みを必要とすることは間違いないが，具体的にどの領域で，どの局面で，どのような施策が求められるのかは，まだまだこれから検討していかなければならないであろう[21]。

---

20)　小宮・前掲注1）357頁は，「割れ窓理論」が「ゼロ・トレランス・ポリーシング」よりも「コミュニティ・ポリーシング」の方に親和性があるとする。なお，G. L. ケリング・C. M. コールズ（小宮信夫監訳）『割れ窓理論による犯罪予防—コミュニティの安全をどう確保するか—』（2004年）も参照。

292　第3部　犯罪予防へのまなざし

　ただ，これまでの私たちの経験から，このような道徳的信頼は市場によっ
て供給されるものでないことははっきりしているようである。その意味で，
このような「信頼」は公共財としての性格を強く持っている。

　通常，公共財の供給については政府がその任に当たるべきだと言われる
が，事この道徳的信頼のごときソーシャル・キャピタルについては，単に政
府が供給すべきであると言うだけでは済まない部分がある。それが大事だか
らということで，政府が例えば道路をつくるのと同じように道徳的信頼を与
えることができるであろうか。おそらくそれは困難である。なぜならば，道
徳的信頼は個人の主観に内面化されてこそ意味を持つものであり，内面化
は，各人がそれぞれの生活経験を通じて実現していくものだからである。そ
の生活の場こそコミュニティである。したがって，各種政策の担当者は，ソ
ーシャル・キャピタルが公共財としての性格を持つことを踏まえつつ，それ
が育まれる場は主としてコミュニティであることを十分に認識して事に当た
る必要があるであろう。

　警察と地域社会・地域住民とのパートナーシップの形成が重要だというこ
とはこれまでも繰り返し唱えられてきが，あえてここでもそのことを強調し
ておきたいと思う。

　前警察政策研究センター教授の四方光氏は，その著書の中で，国民の行動
を統制管理するのではなく，対等なパートナーたる国民とともに国民自身の
行動の変容を促すような行政のことを「心の行政」と呼び，21世紀における
内政の中心課題になる，とされている[22]。道徳的信頼が心に働きかける公
共財であることに鑑みると，これは正しい核心を突いているといえるだろ
う。そのような「心の行政」を行なうためには，例えば犯罪の摘発や予防と
いった典型的な警察活動とは一線を画した，地域住民とコミュニケーション

---

21)　渥美東洋「法の関心と法のコンセプトの変遷」比較法雑誌39巻2号（2005年）43頁以下は，
　　人間がうまくソーシャライズできないところから犯罪が生ずるという視点に立ち，相互信頼や相
　　互尊敬の文化といった人々をソーシャライズするのに役立つ資本，すなわち，ソーシャル・キャ
　　ピタルの重要性を，犯罪のガバナンスの問題と結びつけて指摘している。
22)　四方光『社会安全政策のシステム論的展開』（2007年）467頁以下。なお，同書は，「ソーシャ
　　ル・キャピタル」の概念にも言及し，その意義や作用メカニズムを研究するためには，方法論的
　　個人主義の方法には限界があり，システム科学の導入が不可欠であるとする（471頁）。

第2章　自由と安全は両立するか——リベラルなコミュニティの可能性を考える——　　293

を図り，住民間の橋渡し役及び地域住民と行政との橋渡し役を務めるような専門の担当者を警察内部で養成するようなことが必要になってくると思われる。

　今日，私たちは一方では「自由」に重要な価値を認めながら，他方でその利己的な側面が暴走しないようにどうやってたがをはめるかという，古くて新しい問題に直面しているように思われる。かつて Hobbes は，国家権力の絶対性を基礎づけることによって，この問いに答えようとした。これに対し A. Smith は，他者への同感の能力（moral sense）が各自に内面化されていると見ることで，その解を得ようとした。私は A. Smith の方向性に共感を覚える[23]。

　しかし現代の状況は，A. Smith が生きた時代とは比較にならないほど複雑である。『国富論』における利己的人間像と『道徳感情論』における利他的人間像をどのように調和させるかという「アダム・スミス問題」は，モラル・センスを内面化し，正義の感覚を持つ者が自らの利益の最大化を図るからこそ自由社会はうまくいくのだという形で一応の決着を見た。しかし現代社会では，そのモラル・センスを内面化させる環境づくりがそもそも問題となる。この現代におけるアダム・スミス問題を解くことができるかどうか，私たちの叡知が試されていると言えるのではないだろうか[24]。

---

23)　もっとも，生存のためのミニマムな条件についてもアダム・スミス的な考え方が妥当するのかどうかについては，一定の留保が必要であると考える。

24)　清水和巳「『道徳感情論』アダム・スミス」現代思想臨時増刊『ブックガイド60』（2004年）71頁は，「現代社会における，スミス問題とは『利己心に同感のたずなをどのようにつけるのか』ということになるだろう。この『たずな』をつけることができなければ，社会的ジレンマからの脱却を強権的な国家に頼るしかない。そうなると，オーウェルの『1984年』が描く超管理社会の到来があやぶまれる（東京新宿歌舞伎町の監視カメラの多さを見よ）。『安全』と『自由』をトレードオフにしないためにも，『同感』原理を再検討する必要があるのではないだろうか。」とする。オーウェル的世界と現在の監視カメラ問題とを単線的に結びつけることには疑問があるが，基本的な問題意識としては私見と共通するところがあるように思われる。なお，『道徳感情論』と『国富論』の関係については，近時，堂目卓生『アダム・スミス—「道徳感情論」と「国富論」の世界』（2008年）が興味深い考察を加えている。

第3章　安全の論理と刑事法の論理

1　はじめに

　政府は，平成15年9月から，「世界一安全な国，日本」の復活を目指して，首相が主催し，全閣僚を構成員とする犯罪対策閣僚会議を開催している。この会議では，「治安回復のための3つの視点」として，「国民が自ら安全を確保するための活動の支援」「犯罪が生じにくい社会環境の整備」「水際対策を始めとした各種犯罪対策」が示された。そして，これを前提にして平成15年12月に「犯罪に強い社会の実現のための行動計画」（旧行動計画）が策定され，それに沿った施策が講じられた。更に，平成20年12月には，15年に示された「治安回復のための3つの視点」を維持しつつ，犯罪を更に減少させ，国民の治安に対する不安感を解消し，真の治安再生を実現することを目標とする「犯罪に強い社会の実現のための行動計画2008」（新行動計画）が策定されている[1]。

　犯罪が私たちの生活の安全にとって脅威であることは，今も昔も変わらない。犯罪が蔓延すれば治安の悪化を招き，それは私たちの生活の安全を脅かす，という認識自体は，いつの時代にもあったであろう。しかし，安全という概念を中心にした犯罪対策は，従来は，決してポピュラーなものではなかったように思われる。それが，今日では，一国の犯罪対策を指導する理念になるまで「急成長」を遂げた。今日，安全は，その追求を自覚的な目標とすべきものとして認識されている。まさに，「水と安全はタダである」と嘯か

---

1)　新行動計画は，「身近な犯罪に強い社会の構築」「犯罪者を生まない社会の構築」「国際化への対応」「犯罪組織等反社会的勢力への対策」「安全なサイバー空間の構築」「テロの脅威等への対処」「治安再生のための基盤整備」を重点課題として掲げている（『平成21年版警察白書』[2008年] 43頁参照）。なお，本章末尾［追記1］参照。

れていた時代とは隔世の感がある。

　ところで，このような安全を基軸として展開されている近時の犯罪対策の中には，伝統的な刑事法のパラダイムでは捉えにくいものが少なからず含まれている。特に顕著なのは，犯罪予防の重視である。無論，伝統的な刑事法においても，犯罪予防は重要な関心事であった。しかし，その場合の予防とは，刑罰を前提とした，その一般予防効果と特別予防効果に主として期待するものであったのに対し，今日の犯罪予防策においては，そのような刑罰の効果に期待するよりもむしろ端的に犯罪の機会を減少させることを狙ったものが目立つ。例えば，防犯カメラや近隣のパトロールのような監視，鍵の改良や防犯ガラスの設置のような標的の強化，施設への出入り制限のようなアクセス・コントロールなどがそれである。

　また，伝統的な刑事法においては，予防の対象となるのは法的な意味での犯罪であることが半ば自明視されていたが，今日の犯罪予防策は，法的な意味での犯罪にまで至らない非行や迷惑行為にも関心を向け，更には，地域住民相互の結びつきを強めるような施策を交えるなどして，単なる犯罪の予防というよりは，人々が皆自らの自由な生活を安心して送れるような社会の基盤作りを目指しているようにも思われる。

　このような近時の安全を基軸とした犯罪予防策と伝統的な刑事法の姿との間のズレを，私たちは，どのように理解すべきなのであろうか？もとより，この問いに答えるためには，刑事法のみならず多方面からの包括的なアプローチを必要とするが，そのようなことは紙幅的にも能力的にも不可能である。本稿は，ただ，共通の傾向をもつと思われる諸外国の状況をも参酌しつつ，そのズレのいくつかを略述した上で，そこから読み取られる問題点について，若干の考察を加えるに止まる。

2　安全の意味論

⑴　安全の意義

　ところで，安全という概念は，前述の通り，今日の犯罪対策における一つのキーワードになっているが，この「安全」という言葉は，一体何を意味し

ているのであろうか？この一見したところほとんど自明であるようにも思われる問いに答えることは，実は意外に難しい。私の見るところ，安全の意義を明らかにすることには，少なくとも二つの困難がある。

第1に，これまで安全という概念は，厳密な学問的分析の対象とはあまりされてこなかったため，参照できるような議論が意外に少ない。これは，例えば，自由の意義について論じようとする場合に数多の論稿を参照できるのとは好対照である[2]（もっとも，先行研究が多すぎると整理が困難であるという別の問題も生じ得るが）。昨今の安全をめぐる言説においても，「安全のためには何が必要か」といったことについてはたくさんのことが語られているが，安全の概念自体の意義について語るものはそれほど多くはない。

第2に，安全の語は，極めて広い範囲で，かつ，多様な文脈で用いられており，そこに共通の意味合いを見出すことは，そう容易ではない。国家，軍事，金融，経済，環境，健康，犯罪，等々，多くの領域で安全の名の下に様々な議論が展開されている。このように安全の語が多様な問題と結びつき得るということは，安全の語義自体が多様であるか，そうでなければ，そのような多様な問題といとも簡単に結びついてしまうくらい実は実質的内容が希薄な概念なのではないかという疑念を生じさせるところがある[3]。

このようなことから，安全の意義を明らかにするのは，そう容易いことではない。しかし，概念の内容が明晰さを欠けば，その概念を合理的に分析することはできない。それはまた，その概念を用いた主張を批判的に検討することも困難にしてしまうであろう。そこで，ここでは，当面，最近の犯罪対策との関係で安全という概念が引き合いに出される場合にそれがもつ意味を分析するという観点から有益だと考えられる点に限定して，安全の意義につ

---

2) 例えば，Waldron は，「法学者が，自由について論ずる場合には，自由という言葉の意味に関する政治哲学における膨大な文献を利用することができる。しかし，政治哲学者が安全というトピックに如何にわずかの関心しか払ってこなかったのかを発見することは驚きである」と述べている（J. Waldron, "Safty and Security", Nebraska Law Review 85 [2006], p. 456.）。

3) Valverde は，「『安全』という抽象的な名詞は，非常に多様な数多くの統治の実践，予算上の実践，政治的及び法的な実践，社会的及び文化的な価値や慣習を可能にすると共に覆い隠す包括的な言葉 umbrella term である」と述べている（M. Valverde, "Governing security, governing through security," in R. Daniels, P. Maclem and K. Roach (eds.), The security of freedom: Essays on Canada's anti-terrorism bill, 2001, p. 90.）。

いて検討していくことにしたい[4]。

(2) 客観的な安全と主観的な安全

まず，安全という概念には，客観的な状態を指す意味（客観的な安全）と主観的な状態を指す意味（主観的な安全）とがあるように思われる[5]。

客観的な安全は，脅威がない，あるいは，脅威を免れている，という客観的な状態を指すものとして理解することができる。ここで，脅威というものは，何によってもたらされる何に対する脅威かによって，その内実が決定されるが，ここでの関心に照らして言えば，犯罪によってもたらされる法益に対する脅威とでもいうことができるであろう。ここで主として焦点が合わせられるのは，犯罪の被害に遭う確率である。犯罪の被害に遭う確率が低ければ安全性は高く，それが高ければ安全性は低い。また，脅威それ自体の大きさも安全性の大小に影響を及ぼす。例えば，犯罪の被害に遭う確率は低くとも，仮に被害にあった場合に被る損害が甚大なものであれば，安全性は低くなるであろう。これは，犯罪の生起確率と仮に犯罪が生じた場合の損害の大小の関数として脅威の程度を定量化するという意味で，リスクという概念の対概念のような様相を呈する。

他方で，主観的な安全は，人が脅威を心配しなくともよい心理状態にあることを指すものとして理解することができる。安全に当たる西欧語の起源はラテン語の securitas であり，これは，欠如を意味する接頭辞の se- と気遣いや心配を意味する cura から成る合成語であり，「心の平穏（アタラクシア）」を表すものであったといわれるが[6]，ここで取り上げている安全はこれに近いものであり，日本語では「安心」と表現した方がしっくりくるかもしれない。

---

4) 安全の意義一般に関しては，永井均ほか編『事典哲学の木』（2002年）40頁以下（森村進），大庭健ほか編『現代倫理学事典』（2006年）23頁以下（市野川容孝）など参照。

5) この区分に関しては，L. Zedner, Security, 2009, pp. 14-19 も参照。なお，「安全」と「安心」の区別に関しては，菅原努『「安全」のためのリスク学入門』（2005年）170頁以下，中谷内一也『リスクのモノサシ』（2006年）236頁以下が興味深い考察を加えている（両者は，リスク情報は現時点の不安を喚起することによって将来の安全を確保することに役立つ，という認識を共有している。つまり，リスク論の観点からすると，安全と安心を同時に実現することはできない，とするのである）。

6) 前掲注4）『現代倫理学事典』（2006年）23頁（市野川容孝）参照。

298　第3部　犯罪予防へのまなざし

　このように安全概念を二つに分けた場合，客観的な安全と主観的な安全との間に一定の関係があることは確かである。主観的な安全は，客観的な安全に関する認識によって影響を受ける。犯罪の被害に遭うことに対する不安は，犯罪の被害に遭う確率が高い場合の方が通常は大きくなるであろう。しかし，ここで留意しなければならないのは，客観的な安全と主観的な安全との間に必然的な連動関係はない，ということである。安全への脅威に対する主観的な認知が，客観的なリスクと関連しないことは，しばしばある。例えば，航空機事故で死ぬ確率は，自動車事故で死ぬ確率よりもはるかに低いといわれても，自動車を利用することよりも飛行機を利用することの方により大きな不安を感ずるという人は少なくないであろう[7]。

　同様のことは犯罪との関係でも生じ得る。例えば，統計的に見て犯罪の被害に遭うリスクが減少したとしても，だからといって犯罪の被害に遭うことに対する不安が自動的に解消されるとは限らない。統計がどうであれ，自分が犯罪の被害から十分に守られていると納得，実感できなければ，主観的な安全は享受されないのである。

　ここで重要なことは，そのような主観的な安全の欠如が，犯罪に対する安全への社会的要求となって表面化してきた場合，統治者の側がそれを真剣に考慮しないと，人々の主観的な不安は益々増大してしまうということであ

---

7)　例えば，1回の直行便フライトで死ぬ確率は，（9/11の惨事を考慮に入れても）1300万分の1であるのに対し，アメリカで最も安全な道路である州間高速道路を車で運転する場合に，同じリスクのレベルに達するためには，たった11.2マイル運転するだけで足りる，とする調査研究がある（J. Muller, "Simplicity and spook: Terrorism and the dynamics of threat exaggeratin", International Studies Perspectives 6 [2005], pp. 222-3. なお，菅原・前掲注5）152頁以下も参照）。しかし，このようなデータがあるからといって，自動車を利用するよりも飛行機を利用する方により大きな不安を感ずることが，直ちに不合理だということになるわけではないであろう。
　ところで，松原教授は，現代型リスクは潜在的で目に見えないため，客観的な危険性よりも主観的な不安感によって社会が動かされるという点に着目し，リスク社会は「不安社会」でもあり，そこでは，現実に危険かどうかよりも人々が危険と感じるかどうかが重要となる，とする（松原芳博「リスク社会と刑事法」日本法哲学会編『リスク社会と法』[2010年] 79頁）。その上で，「『体感治安の悪化』を根拠とする重罰化立法は，犯罪抑止といった現実の効果よりも，国民の不安感の解消を目的とする『象徴的リスクコントロール』となっている」として批判する（同90頁）。ここでは，客観的（統計的）なリスクと主観的なリスク認知とがズレることによって生ずる不安感は，基本的に不合理なものとして捉えられているように思われるが，専門家的知見を欠いた一般人の判断をそれだけで不合理だとみなすのであれば，それは専門家の臆見ではなかろうか（なお，本書283頁注9）参照）。

る。例えば，Pavarini は，イタリアの状況について，次のように述べている[8]。「犯罪に対する安全への社会的な要求の増大は，主観的な不安の感覚を反映したものであり，それは，この不安感に十分な根拠があり，安全が減少したという客観的な状態の結果であるか否かに関わらない…。この増大する安全への要求は，制度的かつ公的に提供されている社会防衛策に対する異議申し立てとなって表れている…。犯罪に対する防衛手段を提供しようとする制度的かつ公的な努力は，安全への社会的な要求に対応できないものだとみなされている。ここでもまた，これが事実かどうかは，別問題である。」

　かようにして安全の要求に応えることは，重要な政治的課題となる。今日，犯罪対策の基本に据えられている安全の追求という目標の内実を検討する際には，このような文脈にも十分留意する必要があると思われる。

(3) 実践としての安全

　ところで，このような見地から見るならば，安全の追求を「目標」として把握することは，ミスリーディングかもしれない。なぜならば，前述のように客観的な安全と主観的な安全という枠組みで安全の概念を把握した場合，それは何かを通じて達成できるもの，獲得できるものなのか，疑わしいからである。

　第1に，絶対的な安全というものは，現実にはあり得ないと思われる。まず，犯罪が生ずる確率をゼロにするということは不可能であると思われるところ，完全な客観的安全を措定することは非現実的である。また，犯罪の被害に遭うことの不安は，基本的に将来予測に関わるものであるが，将来に犯罪が行われる可能性をゼロにすることはできない以上，犯罪の被害に遭うことへの不安を完全に払拭することはできないはずである。従って，完全な主観的安全というものも想定し難い。要するに，安全は，それ自体が独立自存する実体概念としてではなく，むしろ将来の脅威との関係の中で判断される関係概念として把握されるべきものなのである。

　第2に，安全がそのような関係概念であるとすれば，将来の脅威が変われ

---

8)　M. Pavarini, "Controlling social panic: Questions and answers about security in Italy at the end of the millennium," in R. Bergalli and C. Sumner (eds.), Social control and political order: European perspectives at the end of the century, 1997, p. 79.

ば，それに応じて安全の中身も変わって来ることになる。例えば，テロに対する不安がある程度鎮静化したとしても，今度は，続発する振り込め詐欺の被害に遭うかもしれないという不安が表面化するといった如くである。このように，安全は，それぞれの時点において直面している課題，脅威に対応して，その内容が改訂されていく性質をもっており，それに応じて，その都度，新たな不安が醸成されていくことになる。

　最後に，これが最も重要なことであるが，安全は，安全を確保しようとする実践と切り離して把握できるものではない。例えば，防犯カメラの設置によって犯罪が減少し，犯罪に対する不安が緩和されたとしよう。しかし，だからといって防犯カメラを撤去するようになるかといえば，そうはならないであろう。なぜならば，そのようなことをすれば，再び犯罪に対する脆弱性が高まってしまうと考えるからである。つまり，防犯カメラの設置によって安全が達成されたのではなく，防犯カメラの設置という行為を継続し続けることの中にこそ安全が見出されるのである。安全は何か達成される<u>もの</u>，獲得される<u>もの</u>ではない。それは，将来の脅威・不確実性に備えて私たちがとる実践それ自体を表現するために用いられる概念である[9]。

　このように見るならば，安全は達成が期待される目標というよりは，むしろ，追求する実践そのものだというべきであるように思われる。そしてその実践は，最終的な達成が期待できるようなものではない以上，終わりはないことになる。このように安全を「終わりのない追求する実践」として把握する視点をもつことにより，安全を基軸とした犯罪対策の評価を犯罪率の低下等の結果だけで判断するのではなく，そこでなされる施策の意味を検討した上で，その規範的妥当性をも判断することの重要性がよりよく認識されることになるであろう。

---

9)　なお，Valverde, supra note 3, p. 85参照。

3 安全の論理と伝統的な刑事法の間のズレ

(1) 犯罪の捉え方──「通常性」と「逸脱性」──

　近年，安全を基軸とした犯罪予防論が台頭してきた背景には，犯罪の捉え方に大きな変化が生じてきたという事情があるように思われる。伝統的な刑事法学は，犯罪について，これを社会倫理規範違反と捉えるのであれ，法益侵害と捉えるのであれ，あるいは，行為者の反社会的な性格の危険性の表れと捉えるのであれ，いずれにせよ，犯罪を異常な行為，社会的逸脱行為として把握してきたといえるであろう。また，犯罪の原因については，これを貧困や不平等といった社会的・経済的要因に見出す見方も有力であった。

　これに対して，近時は，犯罪の通常性を受け容れる見解が有力化してきている。この傾向は，特に1970年代後半ころからの英米において顕著であり，例えば，犯罪を日常生活の中での出来事として捉える Felson の見解[10] や，犯罪を現代社会のノーマルで平凡な社会的側面として特徴づける Garland の見解[11] などがそれである。犯罪を道徳的な不正，社会的逸脱行為，あるいは，貧困や不平等といった社会的・経済的構造に由来するものと見るような伝統的な理解から離反し，犯罪はありきたりの行為であり，機会があれば誰しもが行う可能性のあるものだという見方がここでは示されている。このような見解が有力化した背景事情としては，社会復帰思想への信頼が失われたこと，犯罪の大部分は軽微な財産犯や秩序違反行為であり暴力犯罪や性犯罪などの重大犯罪が占める割合は非常に小さいということが認識されるようになったこと，更には，犯罪に対する経済学的なアプローチの影響力が増大したことなどが指摘されている[12]。

　このような見方によれば，犯罪は，個人の道徳的堕落や社会の構造的欠陥などに起因するものというよりは，むしろ機会構造に由来するものである。

---

10)　M. Felson, Crime and everyday life, 2002. マーカス・フェルソン著（守山正監訳）『日常生活の犯罪学』（2005年）。

11)　D. Garland, The culture of control: Crime and social order in contemporary society, 2001, p. 127-31.

12)　Zedner, supra note 5, pp. 68-9.

302 第3部 犯罪予防へのまなざし

ここでは，いわゆる合理的選択理論の影響を見逃すことはできない[13]。合理的選択理論は，犯罪に対して経済学的なアプローチをするものであり，経済学的な合理的人間像を前提としている。犯罪者は，犯罪によって生ずる利益と損失を計算し，合理的に効用を最大化する者であり，そのように合理的な決定をする者だという意味で，異常な動機によって逸脱行動をとるような存在ではなく，まさに私たちと同じ標準的な人間である，とみなされる。

この考え方によれば，犯罪はありふれた日常的な出来事だというばかりではなく，ある犯罪を行うことに関する機会費用が十分に低ければ，その犯罪は大抵の人によって行われるであろう，ということも仮定されることになる。加えて，機会構造を変えて選好を操作することも可能だとされる。機会費用を高くすれば犯罪は減少し，機会費用を低くすれば犯罪は増加する。ここでは，犯罪は，機会費用を変えることによってその発生頻度を操作することができるものだとみなされることになる。要するに，犯罪が一種のリスクとして理解されているのである。

先に安全の意義を分析した際，安全という概念は，望ましくない事象の生起確率と仮にそれが生起した場合の損害の大小の関数として把握されるリスクという概念の対概念としての側面を有するということを指摘した。この点で，犯罪の通常性を受け容れる見方は，まさに犯罪をリスクとして捉える方向に向けて議論を牽引し，安全を基軸とする犯罪対策を推進する一つの原動力となったとみることができるであろう。

もっとも，犯罪の通常性を受け容れる見方に対しては，反論も強い。犯罪への経済学的アプローチに対しては懐疑的な見方も有力であるし，殺人のような暴力犯罪を機会があれば誰しもが行う可能性のある行為だとすることには常識的に見ても抵抗感が強いであろう。しかし，それにもかかわらず，犯罪の通常性を受け容れる見解の影響力には無視し得ないものがある。特に，それは，犯罪予防の面において，伝統的な刑事法学が前提としていた犯罪概念に比べてはるかに具体的な施策・提言に結びついているという事実は看過

---

13) 合理的選択理論に関しては，瀬川晃『犯罪学』（1998年）119頁以下，藤本哲也『犯罪学原論』（2003年）295頁以下など参照。

第3章　安全の論理と刑事法の論理　　303

できないであろう。

(2)　介入の時期──「犯罪以前」と「犯罪以後」──

このように犯罪をリスクとして把握することになると，そのリスク評価の如何によっては，事後に処罰するよりも事前に予防する方が，費用対効果が高いという理由で，犯罪が発生する前に介入するべきだという要求が生じてくることもあるはずである。とりわけ，犯罪に対する事後的な対応を基本にしている伝統的な刑事司法システムの有効性について懐疑的な見方が広まっているような場合には，一層強く事前の介入が求められることになるであろう。

ここに，犯罪予防論が台頭してくる機縁があり，それがまさに安全の論理の一つの特徴をなしている。安全を追求する社会においては，伝統的な刑事司法システムが有していた犯罪以後 post-crime の論理よりも，安全が有する犯罪以前 pre-crime の論理の方が優位に立つ。Zedner が言う如く，「安全は，犯罪に反応し，取り締まり，訴追することよりは，むしろ，犯罪に先行する条件の取り扱いに関係している。安全の論理は，たとえ犯罪の遂行が明確に予測される前であっても，機会を減少し，標的を強化し，監視を増大させる早め早めの介入を要求する」のである[14]。

(3)　介入の対象──「不特定の将来の脅威」と「具体的に特定された法的な犯罪」──

ⅰ）　伝統的な刑事法は，その介入の対象を法的な犯罪に限定してきた。犯罪の多くは現実の害の発生を要件としているが，害が発生する危険性に着目して危険犯という類型を設けたり，また，未遂・予備が犯罪とされたりしている場合もあり，結果の発生を未然に防止するということにも一定の関心を示してはいる。しかし，その場合でも，危険犯，未遂・予備に該当する具体的な行為が行われなければ現実的な介入はなされない。

これに対して，安全を基軸とした犯罪予防策においては，法的な意味で犯罪には当たらない行為も介入の対象となる場合がある。例えば，「ストーカ

---

14)　L. Zedner, "Seeking security by eroding right: The side-stepping of due process," in B. Goold and L. Lazarus (eds.), Security and human rights, 2007, p. 265.

304 第3部 犯罪予防へのまなざし

ー規制法」では，それ自体は犯罪を構成しない「つきまとい等」が，警告，禁止命令などの行政措置の対象とされている[15]。また，イギリスでは，「1998年犯罪及び秩序違反法 Crime and Disorder Act 1998」において，秩序違反行為対策として，「反社会的行動禁止命令 Anti-Social Behaviour Order」（ASBO）が設けられた。これは，他者に対する嫌がらせ，恐怖，苦痛を引き起こし，または，引き起こしそうな行動をとり，そのような行動が，更に行われることから人々を保護するために必要がある，という要件が充足される場合に，裁判所が発する命令であり，最短でも2年間，対象者が人々を反社会的行動の影響に晒す可能性のある行為を行うことを禁止することができる。この「反社会的行動」は，それ自体は犯罪を構成しない行為も含むものとされている[16]。ここでは，犯罪の処罰ということよりも，生活環境の維持やそれに対する住民の意識の向上が狙われているとの指摘も見られる[17]。

ⅱ）伝統的な刑事法システムでは，法的な犯罪を対象とし，そのような行為が行われた後で，科刑を目的として反応的に対応することが基本となる。

もっとも，実際には，職務質問などの犯罪の捜査に至る前の段階での活動が犯罪予防のために一定の効果を上げている。しかし，このような活動は行政警察活動に分類され，伝統的な刑事法のパラダイムでは，どちらかといえば継子的な扱いを受けてきた。無論，職務質問のように司法警察活動である捜査に直結する可能性のある活動については，刑事法の観点からも一定の関心が示されてはいるが，そこでは職務質問などを実質的に任意捜査に包摂するような形で規律するという見方が強い[18]。ここには，犯罪以前の行為を

---

15) 「ストーカー行為等の規制等に関する法律」第4条〜第6条参照。

16) A. Ashworth and L. Zedner, "Defending the criminal law: Reflections on the changing character of crime, procedure, and sanctions", Criminal Law and Philosophy 2 (2008), p. 30参照。

17) 小木曽綾「英仏の犯罪予防策」渥美東洋編『犯罪予防の法理』（2008年）224頁参照。なお，本章末尾［追記2］参照。

18) 例えば，職務質問の際の有形力行使を「必要かつ相当な行為」であるとして適法とした最決昭53・9・22刑集32・6・1774は，任意捜査の適正基準（最決昭51・3・16刑集30・2・187）を準用したものだとされる（州見光男「職務質問と所持品検査」松尾浩也＝井上正仁編『刑事訴訟法の争点（第3版）』（2002年）52頁参照）。

（も）対象とする職務質問などの活動を，犯罪以後に初めて発動する捜査活動のアナロジーで理解しようとする傾向が看取される。

これに対して，安全を基軸とした犯罪予防策は，具体的に犯罪が特定されていることを前提としない。このことは，例えば，防犯カメラの例を考えれば明らかである。防犯カメラは，その性質上，将来の行為を対象としている。また，特定の誰かに焦点を合わせているのではなく，それが映し出すエリアにいる全ての人を対象としている。その点で，不審事由の存在を要件とする職務質問とも性質が異なる。

監視の技術は，当初は，特定の疑わしい人物，あるいは，疑わしいグループに関するデータを収集するために用いられていたが，今日ではむしろ，全ての人を対象としてデータを収集・蓄積する傾向を強めている。視覚的な監視だけでなく，例えば，高速道路での移動の記録や架電記録などを対象とする「データ監視 dataveilance」[19] といったものも視野に入れて考えるならば，その傾向は一層顕著であるといえよう。一定の機会的条件が整えば誰しも犯罪を行う可能性がある，という認識を前提とするならば，そのように捉えられた犯罪を予防しようとすれば，基本的にその対象は全ての人にならざるを得ないであろう。この傾向はまた，都市化の進行，高速移動手段の普及，携帯電話・ネットのような新たなコミュニケーションツールの登場などによって，匿名化が著しく進展したことに対処するためには，情報収集が必要であるという認識によっても後押しされている[20]。

このような監視の増大が，どの程度犯罪予防に役立っているのかを科学的に検証するのは，そう容易なことではない。実際，例えば，監視カメラが有する犯罪予防効果に関しては，賛否両論見られるところである。また，そのような実効性の問題とは別に，プライバシーの保護を強調して，監視の増大を批判的に見る見解も主張されており，中には「ディストピアと全体主義的な監視社会が到来する前触れ」であるとするようなかなり強硬な批判論も展開されている[21]。

---

19) Zedner, supra note 5, p. 75参照。
20) 田村正博「犯罪予防のための警察行政法の課題」渥美編前掲注17)『犯罪予防の法理』115頁以下参照。

306　第3部　犯罪予防へのまなざし

しかし，現在のところ，多くの人々は，このような監視の増大に対して強い拒絶反応を示してはいないようである。監視を積極的に推進すべきだと考えている者が多数だといえるかどうかは疑問であるが，少なくとも，治安維持のためにはやむを得ないと考えている者を含めるならば，このような監視の増大傾向を受け容れる者の方が多数であるように見受けられる[22]。

(4)　**手段──「多様な予防手段」と「刑罰」──**

ⅰ)　伝統的な刑事法が犯罪予防の手段として用意しているのは，刑罰，及び，科刑を目的としてなされる活動（特に捜査）である。刑罰の抑止力は理念的には犯罪以前に作用するものであるが，その効果は，現実に犯罪がどの程度処罰されるのかによって左右されるであろうから，実際には犯罪を確実に摘発し処罰することが重要だということになろう[23]。また，刑罰が有する特別予防効果は，実際に刑罰が執行されることによって生ずるものである。従って，刑罰の犯罪予防効果は，その多くが犯罪後の対応に掛かっていることになる。

また，差別，不平等，貧困，教育環境の欠如といった社会的・経済的要因に犯罪の原因を求める見方も伝統的に有力であり，そのような観点から犯罪予防における社会政策，経済政策の重要性が説かれることも多いが，そのような政策と犯罪予防との関係は間接的・付随的なものに止まるとみなされ，刑事政策の主要な検討対象からは外されることが通常であった[24]。実際，全体的な社会構造や経済構造の変革を目指す政策は壮大過ぎ機動性に欠け，犯罪予防との具体的な結び付きも必ずしも明確ではない嫌いがあった。

これに対し，近時の犯罪予防策は，伝統的な刑事司法システムの回顧的な機能に必ずしもこだわってはいない。また，社会的・経済的要因といった犯罪の深い根源的原因よりも，犯罪が発生する直接的な条件や状況的な側面により目を向けるようになっている。

---

21)　K. F. Aas, H. O. Gundhus and H. M. Lomell (eds.), Technologies of insecurity: The surveillance of everyday life, 2008, Introoduction. 参照。

22)　なお，本書第3部第1章参照。

23)　「検挙に勝る防犯なし」とのスローガンには，このような意味合いも含まれているであろう。

24)　大谷實『新版刑事政策講義』(2009年) 3頁参照。

そのような犯罪予防策の代表例が，いわゆる「状況的犯罪予防 situational crime prevention」である[25]。状況的犯罪予防は，犯罪は日常活動の機会構造に由来するものだという考え方に基づいているが，そこでは，その機会構造の内実をどのように理解するかが問題となる。この点に関し，状況的犯罪予防論は，犯罪の最小限の前提条件を，①潜在的な犯罪者，②適当な標的，③有能な監視者の不在という3点に見出し，犯罪の機会的構造をこれらの相互作用として捉える[26]。このような認識の下に，状況的犯罪予防においては，比較的小規模で，費用対効果が高く，効果的だと思われる様々な具体的施策が提案されることになる。例えば，標的の強化（ハンドルロック，防犯ガラスなど），アクセス・コントロール（施設への出入り制限など），犯罪者の移置（飲酒店の場所の限定など），監視（防犯カメラ，近隣パトロールなど），所有物の識別（名入れ，防犯登録など）といったものがそれであり，わが国でも様々な工夫がなされている。

ⅱ）　法的な施策の面では，非刑事的な手段の活用という点も注目される。

まず，行為者の将来の危険性に着目し，刑罰ではない民事的・行政的措置によって対応が図られる場合がある。特に欧米における性犯罪対策ではこの傾向が目立ち[27]，例えば，ドイツの保安監置[28]や1994年カンザス州法における「性的暴力犯罪者」に対する民事拘禁[29]などが象徴的である。また，

---

25)　状況的犯罪予防論については，瀬川・前掲注13）131頁，133頁以下参照。

26)　R. V. Clarke, "Situational crime prevention," in M. Tonry and N. Morris (eds.), Crime and justice: An annual review of research, 1995, p. 100参照。

27)　近時の諸外国における性犯罪対策の状況については，藤本哲也『性犯罪研究』（2008年）が詳しい。

28)　ドイツでは，1933年から，保安処分制度の一つとして行為者の将来の危険性に着目して自由を剥奪する「保安監置」（ドイツ刑法66条）が設けられていたが，2002年には「留保つき保安監置」（ドイツ刑法66条 a）が新設され（これによって残刑期間の執行延期が可能となる6か月前まで保安監置命令を留保できるようになった），更に，2004年には，「事後的保安監置」（ドイツ刑法66条 b）が規定される（これによると事実上無期限の収容もあり得ることになる）に至っている（小名木明宏「ドイツ刑事司法にみる最近の犯罪予防法制」渥美編前掲注17）『犯罪予防の法理』280頁以下，宮澤浩一「事後的保安監置に関する新立法動向について」現代刑事法69号［2005年］95頁以下参照）。

29)　1994年カンザス州法は，性的な暴力犯罪で有罪判決を受けたか，または，起訴された者で，掠奪的な predatory 性的暴力行為を行う可能性のある「精神異常 mental abnormality あるいは人格障害 personality disorder」をもつ者を「性的暴力犯罪者 sexually violent predator」とし，これに対して期間の定めのない強制的な民事拘禁を許容している。刑期終了後にこの民事拘禁に

性犯罪者に対して，氏名・住所などの個人情報を警察に届け出ることを要求する法制度なども，このような文脈に位置づけられるであろう[30]。

また，民事・行政手続で対象者の特定の行動を制約する命令が発せられ，その命令の違反に対して刑罰を科すという民刑のハイブリッドな手続の使用も増加している。例えば，前述したストーカー規制法では，禁止命令違反が罰則の対象とされているし[31]，イギリスの反社会的行動禁止命令に違反した場合には，上限5年の拘禁刑が科されることとなっている。ここでは，それ自体としては犯罪とならないか，あるいは，軽微な犯罪としてしか評価されないようなものであっても，反復継続して行われる迷惑行為がもつ意味・影響を考慮する必要性が重視されているように思われる。このような手法については，基本的に犯罪を構成する個別の行為自体に関心を限定する伝統的な刑事司法システムの限界を克服するというところもある反面，厳格な刑事手続を回避するための便法として用いられる危険性はないかとか，命令違反に対する制裁としては厳しすぎるのではないか，といった懸念も表明されている[32]。

(5) 犯罪予防の担い手──「多様な主体」と「国家」──

このような犯罪予防手段の多様化は，当然のことながら犯罪予防の担い手の多様化を伴っている。この点で，警察を中心とした国家が犯罪予防の担い手であることを当然の（あるいは暗黙の）前提としていたと思われる伝統的な見方とは，好対照をなしている。

まず，今日では，犯罪予防活動において地域住民の果たす役割が大きくなっている。例えば，住民による近隣パトロール，防犯ボランティアの活動，地域安全マップの作成などがそれである。また，これらの活動は警察と連携

処することについて，合衆国最高裁は，二重危険禁止条項にも事後法処罰条項にも違反しないとの判断を示している（Kansas v. Hendrics, 521 U. S. 346 [1997]. なお，藤本・前掲注27）63頁以下参照）。

[30] 諸外国における「性犯罪者前歴登録告知法」の動向については，藤本・前掲注27）219頁以下参照。

[31] 「ストーカー行為等の規制等に関する法律」第14条，第15条参照。なお，同様の手法は，「配偶者からの暴力の防止及び被害者の保護に関する法律」（第29条），「児童虐待の防止等に関する法律」（第17条）などにも見られる。

[32] Ashworth and Zedner, supra note 16, pp. 29-31参照。

して行われることも少なくない[33]。このような官民連携は，やり方を誤ると官による上意下達的な性質を帯びたり，住民の側の警察に対する依存度が強まったりして，効果的な相互協力体制の確立に結びつかない可能性もある。その点で，特に警察には，地域社会の自立的防犯能力を育むことに留意したサポートが強く求められることになるであろう[34]。

次に，民間の警備業の活動も，見逃すことはできない。警備業には，警備員・ボディーガードなどの人的サービスの他，ホームセキュリティなどの機械設備による物的サービスなども含まれるが，近年，その需要は拡大しており，国民に幅広く安全サービスを提供している[35]。もっとも，民間の警備業の拡大は，安全の市場化につながり，住民間の安全格差をもたらしかねないという懸念も示されている。

更に，犯罪予防の担い手としての各個人の立場も，改めて問い直してみる必要があろう。というのも，前述した状況的犯罪予防の考え方によれば，潜在的な被害者としての各個人の行動のあり方も犯罪の機会構造に影響を及ぼすことになると思われるからである。各個人が，もっと慎重に考え，行動することによって，また，市場から安全サービスを購入することによって，自己防衛のレベルを上げることがこれまでよりも強く求められるようになるかもしれない。しかし，これは行き過ぎると，いわば犯罪の問題における自己責任の発想にも接近し[36]，いたずらに被害者を非難し，また，住民間の安全の不平等を招きかねないであろう。

(6) 評価の視点——「効率性」と「適正性」——

刑事法のあり方を評価する視点は，大別すれば，犯罪からの個人あるいは

---

33) 『平成22年版警察白書』（2010年）87頁，95頁以下参照。

34) この点で，いわゆる「コミュニティ・ポリーシング」の重要性が説かれることになる。

35) 平成21年における警備業者数は8,998業者，警備員数は540,554人である（前掲『平成22年版警察白書』101頁参照）。近年，業者数は漸減傾向にあるものの，警備員数は着実に増加している（＊平成28年末現在，警備業者数は9,434業者，警備員数は543,244人となっている〔『平成29年版警察白書』［2017年］124頁参照〕）。なお，警察は，警備業法に基づき，このような警備業者に対して指導監督等を行うなどして，警備業の育成を図っている。なお，アメリカの状況については，藤本哲也『犯罪学の窓』（2004年）311頁以下参照。

36) この点に関連して，Garland が言う「責任化 responsibilization」という概念は興味深い（Garland, supra note 11, pp. 124-127参照）。なお，伊藤康一郎「理性と感情—リスク社会化と厳罰化の交差—」犯罪社会学研究第31号（2006年）82頁も参照。

310　第3部　犯罪予防へのまなざし

社会の保護という点と国家権力の恣意的な行使からの人権の保障という点に分けることができる。両者がそれぞれに重要であることは当然であるが，どちらかといえば，後者の人権保障の方を優位に置く考え方が，これまで支配的であったといえるであろう。単純化して言えば，犯罪予防の利益と人権の保障とが矛盾対立を生ずる場合には，後者が優先するということである[37]。要するに，刑事法を評価する最終的な要となるのは，人権保障の観点から見た，その適正さなのである。

　これに対し，昨今の犯罪予防策においては，手段の適正さよりもその効率性に重きが置かれている場合が少なくないように思われる。例えば，プライバシーとの関係で重大な問題を孕んでいることは否定できないにもかかわらず監視が増大していることには，監視技術の飛躍的な発達とそれに伴う犯罪予防における費用対効果の増大が影響しているであろう。また，前述した民事的措置や民刑のハイブリッドな手続の導入は，罪刑の均衡や刑事の厳格な「適正手続」の要請が効率的な犯罪予防を妨げているという認識を一つの梃子にしていると見ることもできる[38]。

　更に，こういったところには，リスク管理の発想も見え隠れする。個々の犯罪者ではなく，統計的な集合体としての犯罪者を対象として，リスク評定に基づく予防手段をとることにより，被害の最小化を図るという見方がそれである[39]。いわゆる「保険数理的司法 actuarial justice」という概念はその点を端的に示すものであるが，ここでは，まさに，手段の適正さよりも，費用対効果の面から見て合理的な犯罪統制かどうかが手段選択の基準となる。

4　若干の検討

　これまで近時の犯罪予防策の特徴と伝統的な刑事法の姿との間のズレを粗

---

37)　例えば，田宮裕『刑事訴訟法（新版）』（1996年）6頁など。

38)　Zedner, supra note 5, pp. 81-3 参照。

39)　伊藤・前掲注36) 78頁参照。なお，同「リスク社会―保険数理化する犯罪統制―」宮澤浩一先生古希祝賀論文集編集委員会編『宮澤浩一先生古希祝賀論文集　第1巻』（2000年）135頁以下も参照。

描してきたが，これらを踏まえて，そこから読み取られる問題点について若干の検討を加えてみることにする。

(1) 伝統的な刑事法（学）が直面している課題

まず，昨今の安全を基軸とした犯罪予防論の台頭は，伝統的な刑事法（学）にいくつかの根本的な問題を突きつけているように思われる。

第1は，犯罪予防への関心を刑事法の中にどのようにしてとり込んでいくべきかという問題である。この点，刑罰の一般予防効果に関しては，従来よりその実証性が問題視されており，また，刑罰の特別予防効果に関しては社会復帰思想の衰退が示しているように懐疑的な見方も強い。従来の刑罰を中心にした議論は，若干抽象的で，具体性・実証性に乏しい憾みがあったことは否めない。他方で，刑罰の犯罪予防効果を過大視すると過酷な厳罰主義を招来しかねない。いずれにせよ，刑罰は犯罪予防のための万能薬ではないという認識を前提とすれば，刑罰以外の犯罪予防の方策に関心が向かうのは当然である。ただ，その場合，刑罰とそれ以外の方策とを切り離して考えるのではなく，全体を犯罪予防のためのいわば一連のスペクトルとして捉えていくことが必要である。そうすることによって初めて，犯罪予防のための包括的な戦略を立てることが可能になるであろう。そしてそれは，同時に，刑罰はどのような場合に用いるべきか，また，どのようにして用いるのが効果的なのか，という刑事法の根本問題を逆照射することにもなると思われる。

第2は，民刑分離の意義を再検討するという問題である。従来は，とかく刑事法の特殊性が強調され，刑法は謙抑的で，刑事手続は厳格であるべきだとされてきた嫌いがある。しかし，この傾向は，それでは刑事でなければその規律は緩やかでよいのかという問いをもたらす。前述した民事的・行政的な予防措置や民刑のハイブリッドな手続の増加により，この問いは俄かに深刻さを増している。犯罪予防のために設けられた非刑事的な措置は単純に民事だと理解してよいのか，それとも，その内容によっては刑事に準じた取扱がなされるべきなのか，あるいは，形式上は非刑事であっても実態は刑事的なものなのだから刑事として取り扱うべきなのか。非刑事的な犯罪予防措置が台頭してきた背景には，刑事法は使い勝手が悪いという認識があるように思われることなどにも鑑みると，「民事か，刑事か」という一見したところ

312　第3部　犯罪予防へのまなざし

単純に見える問いに解答を与えることは意外に難しい。「なぜ民刑を分離するのか」「刑事的なものとは何か」ということが，改めて問われているように思われる[40]。

　第3は，犯罪予防における行政の活動，就中，警察の活動をどのように捉えるかという問題である。伝統的な行政警察と司法警察の区別は，刑事法の領域において，事後的性格の強い司法警察の活動を中心にして行政警察の活動を規律する傾向をもたらし，犯罪予防という事前的な警察活動のあり方を具体的に検討するという課題の顕現を妨げてきたように思われる[41]。他方，犯罪予防のための警察活動という問題を最も主題化し易いはずの行政法の領域においても，この点に関する議論はあまり活発ではないとされる[42]。犯罪予防における警察活動の役割という国家権力と市民との関係が最も尖鋭な形で現れてくるはずの問題が，刑事法の側からも行政法の側からも本格的に取り上げられてこなかったということは，一種の理論的なスキャンダルではないだろうか。

　第4は，インフォーマルな次元とのつながりを再検討するという問題である。法は社会統制の（重要ではあるが）一つの手段に過ぎないのであり，それが有効に機能するかどうかは，他の社会規範との関係やコミュニティのあり方などによっても大きく左右される。人々の相互尊重，相互信頼の関係がしっかりと根を張っている社会においてこそ法はそれ本来の機能を発揮する。そしてまた，法はそのような関係を健全に維持するためにあるのであって，逆に法がそのような関係を劣化させてしまうようなことがあるとすれば背理である。刑事法における議論も，刑事法がそれ本来の機能を適切に発揮し得

---

40)　民刑分離に関する簡潔なコメントとして，C. S. Steiker, "CIVIL AND CRIMINAL DIVIDE," in J. Dressler (ed.), Encyclopedia of crime and justice, 2002, pp. 160-5., 渥美東洋『複雑社会で法をどう活かすか―相互尊敬と心の平穏の回復に向かって―』(1998年) 14頁以下など参照。なお，この問題との関連では，法分野の垣根を越えてあるべき制裁制度を探求しようとする佐伯仁志『制裁論』(2009年) が有益な示唆を提供してくれる。

41)　この点に関しては，田宮裕「変容を遂げる捜査とその規制」同『変革のなかの刑事法』(2000年) 133頁以下参照。

42)　櫻井敬子「犯罪予防と行政法」渥美前掲注17)『犯罪予防の法理』89頁以下参照。なお，田村・前掲注20) 105頁は，「犯罪予防における警察行政法の果たす役割については，これまでほとんど論じられていない」と断ずる。

る社会的基盤の維持・整備と相即的な形で展開されなければならないであろう。このような認識に立てば，安全への要求が増大している現今の社会構造と社会意識を分析し，それに即した刑事法のあり方が論じられなければならないように思われる[43]。

最後に，刑事法の存在理由を再確認するという問題があるように思われる。刑事法に関する従来の議論では，その消極面，謙抑性が重視され過ぎ，その積極面，有用性や必要性があまり語られてこなかった嫌いがある。刑事法の存在を認める限り，そこには国家権力を制約するという消極的な面だけでなく，積極的に何かを実現するという面があるはずであるが，それが何であるのかを明瞭に語ることが今強く求められているように思われる。この点を明らかにしないままで増大する安全への要求に応えようとすれば，謙抑性を一方的に強調して安全への要求を置き去りにしてしまったり（これは下手をすると刑事法（学）への信頼を掘り崩してしまう危険性がある），あるいは，逆に，過剰な刑事的介入を許容してしまったり（これは自由主義社会にとって自己破壊的な結果をもたらす危険性がある）しかねない。安全の確保が国家にとって重要な役割の一つであるとの前提に立った場合[44]，そのために刑事法が果たすべき（果たし得る）役割を正確に見定める必要があると思われる。

(2) 安全の論理の危うさ

他方，急速に伸長している「安全の論理」にも看過し難い問題点がいくつかあるように思われる。

第1に，犯罪に関するリスク評価がどの程度信頼に足るものかが問題である。かつて行為者の性格の危険性を根拠にして社会防衛手段を講ずることの是非をめぐって激烈な議論が展開されたことを想起するならば，特に英米で顕著な近時のリスク評価に基づく犯罪予防策に対する寛容さはある意味で驚きである。しかし，将来に害が発生する可能性の予測には不可避的に不確実

---

43) この関連では，井田良「社会の変化と刑法」同『変革の時代における理論刑法学』（2007年）11頁以下が示唆に富む。

44) 例えば，「最小限国家 minimal state」論を唱える Nozick ですら，人々の安全を守ることを国家の正当な機能として認めていることに留意すべきである（ロバート・ノージック〔島津格訳〕『アナーキー・国家・ユートピア』[2008年]）。

314 第3部 犯罪予防へのまなざし

性が伴うのであるから，その点を考慮してもなお，介入を正当化するに足る
ほどリスク評価が信頼できる水準に達しているのかどうかは厳しく吟味され
なければならない[45]。

第2に，実際に講じられた犯罪予防策の効果が問題である。無論，ある施
策の犯罪予防効果を科学的に正確に測定するということは困難であろうが，
犯罪予防効果があると人々が合理的に納得することができるだけの根拠は示
さなければならないであろう。また，その場合，単に効果があるというだけ
でなく，他のより制限的でない方法がないかどうかも十分に検討しなければ
ならない。

第3に，これらのことに関する説明責任の問題がある。この点，リスク評
価の根拠・信頼性や犯罪予防効果に関する説明責任は，究極的には国家にあ
るといえよう。ただ，安全の要求が語られる政治的文脈には十分に留意しな
ければならない。そのためには評価の基礎となる情報が幅広く公開され，公
的な議論が十分にできる状況を確保する必要があろう。安易なポピュリズム
的政策を回避するためにも，この点は重要であろう[46]。

---

45) 例えば，「三振アウト法」(three strike and you're out) における「重罪3回」という基準
は，あまりに粗雑である（伊藤・前掲注39）「リスク社会」141頁参照）。保険数理のツールが，
例えば，これまで精神医学の専門家が下していた判断などよりも信頼できるとする根拠があるか
は必ずしも明らかではない。また，リスクの定義や算定基準それ自体が，政治的・社会的文脈に
依存する側面があることも否定できないように思われる（なお，P. O'Malley, "Risk, power, and
crime prevention", Economy and Society 21 (1992), pp. 252-75参照）。

46) この点は，いわゆる「リスクコミュニケーション」の問題として盛んに論じられている。特
に，一般人と専門家との間に知識面でのギャップがある場合に，マスメディアによる扇動的な報
道によってもたらされる不安と，それに対する手っ取り早い対応を優先する政策が結びつくと
き，専門家の役割が周辺部に追いやられる危険性があるとの指摘には注意を要する（Ian Loader,
"Fall of The 'Platonic Guardians': Liberalism, Criminology and Political Responses to Crime in
England and Wales", British journal of Criminology 46 (4) (2006), pp. 578-81など参照）。専門家
が一般人を啓蒙するという一方通行的なモデルは今日最早妥当し難いと思われるが，そのような
状況の中で専門家はいかなる役割を果たすべきかは重要な問題である（なお，井田・前掲注43）
20頁以下も参照）。なお，一般人と専門家のコミュニケーションという観点からは，科学技術論
における「コンセンサス会議」の試みが興味深い（コンセンサス会議については，小林傳司『誰
が科学技術について考えるのか──コンセンサス会議という実験』[2004年] 参照）。例えば，各種
の刑事立法や犯罪対策をテーマにした同種の会議を開催してみることも面白いのではなかろう
か。また，そのような試みは，熟議民主主義の視点からも有意義なものとなる可能性があろう
（熟議民主主義に関しては，桂木隆夫『公共哲学とはなんだろう（増補版）』[2016年] 185頁以下
参照）。

第4に，過剰な介入を制約する原理が問題である。この点に関しては，罪刑の均衡や警察比例の原則といった伝統的な法原則が参考になると思われる。すなわち，刑罰の重さと犯罪の重大性とは均衡がとれていなければならないのと同様に，予防拘禁のような安全のために講じられる措置は将来の犯罪のリスクと均衡がとれているべきであろう。また，警察権の行使は社会公共の秩序維持に必要な最低限度のものに止まるべきで，その条件と態様は，秩序違反行為によって生じた障害の程度と比例すべきであるとすれば，犯罪予防活動も将来の犯罪のリスクに備えて必要な最低限度のものに止まるべきで，その条件と態様は，犯罪のリスクの程度と比例する限度で許されるとすべきであるように思われる。

もっとも，仮に，犯罪のリスクが犯罪の生起確率と犯罪が行われた場合に生ずる害の大きさの関数として把握されるとした場合，不可避的に生ずる不確実性を対象者の不利益に扱ってよいかは問題である。保険数理的思考では，個々の犯罪者ではなく，統計的な集合体としての犯罪者に焦点が合わせられるが，ある者が特定のリスクの高いカテゴリーに属するということだけで介入を正当化することには異論も強いであろう[47]。

更に将来予測の不確実性という点は，リスク計算をも度外視した介入を正当化する可能性があることに注意しなければならない。この関連で注目されるのが，いわゆる予防原則 precautionary principle である[48]。この原則によれば，予想される害が重大で不可逆的なものである場合，その生起確率が不明であっても，事前に予防措置を講ずることが許容される。ここでは均衡性や比例性といった考え方が批判の視座を形成しにくく[49]，「もし起きたら

---

47) Zedner は，無罪推定 presumption of innocence になぞらえて，「脅威不存在の推定 presumption against threat」を主張している。これによれば，対象者が，あるカテゴリーや分類に属するということだけでは十分でなく，実際にその者が脅威であるということが示されなければならない，とされる（Zedner, supra note 5, p. 171.）。

48) 予防原則一般に関しては，大竹千代子＝東賢一『予防原則』（2005年）参照。また，この原則は環境法の領域で特に注目されているが，そこでの議論に関しては，大塚直「リスク社会と環境法─環境法における予防原則について」前掲注7）『リスク社会と法』54頁以下参照。なお，予防原則の批判的再構築の試みとして，キャス・サンスティーン（角松生史・内野美穂監訳）『恐怖の法則─予防原則を超えて』（2015年）参照。

49) もっとも，今日では，予防原則は比例原則等の衡量原則の適用を前提とするものと解されているようである（大塚・前掲注48）57頁，59頁以下参照）。

316　第3部　犯罪予防へのまなざし

取り返しのつかないことになる」という理由で，あらゆる措置が正当化されてしまいかねない。近年のテロ対策には，このような方向に向かう可能性がなくはないことに注意を要する[50]。

　最後に，安全の「公共財 public goods」[51]としての性格が見失われかねないという問題がある。前述のように，今日では，私人が市場から幅広く安全サービスを購入することが可能になっているが，資力の大小によって安全に格差が生ずるのは平等の観点から見て問題があろう。

　また，安全というものは個人が排他的に所有・消費できる財というよりは，集団的に消費される財としての性格が強い[52]。このような財の供給を私的な領域に委ねると，その財を供給するために応分の負担をし得る者たちだけしか利用できないという傾向を生みがちである。その典型例は，いわゆる「ゲーティッド・コミュニティ」であろう。これは，仲間であれば安全を享受できるが，利用者は限定されている（排除性）という点で，安全を一種の「クラブ財」とするものだと考えることができる[53]。

　しかし，このように排除性を強める方向で安全を確保しようとする方策

---

50)　この点の危うさは，テロ対策と一般の犯罪対策とが同一の「犯罪予防」という次元で論じられるような場合には，より一層増大するであろう（犯罪予防の効果という観点からすると，テロ対策と一般の犯罪対策とを明確に区別することは必ずしも容易ではない。典型的なのは，「監視」である）。「犯罪は日常的な出来事である」との見方は，大半の犯罪は軽微な犯罪であるということを一つの理由としているが，そのような犯罪の通常性の意識が犯罪予防のネットを拡大する一方で，対象となる犯罪の重大性が区別されなければ，テロの如き最も脅威となる犯罪を標的としたタフな犯罪予防策が日常化しかねない。

51)　ここでは，一般的な理解に従い，公共財を，その利用者（受益者）を特定の者に限定できないという特徴（非排除性）とある利用者による消費が他の利用者の消費量に影響を及ぼさないという特徴（非競合性）によって把握している。この両者を備えている財は「純粋公共財」と呼ばれる。他方，利用者はある程度限定されているが競合性はほとんどないというような財（排除性は高いが競合性は小さい財。例えば，有料道路など）は「クラブ財」，競合性はあるけれども，利用者の制限が極めて困難である財（競合性はあるけれども排除性が小さい財。例えば，漁場や地下水など）は「共有地」あるいは「共同プール財」と呼ばれる（井堀利宏『ゼミナール公共経済学入門』［2005年］270頁以下など参照）。

52)　完全に個人の所有に属し所有者によって排他的に消費・使用される財のことを個人財（食糧，衣料など），個人が排他的に使用することはできず集団的に消費・使用される財のことを集団財（道路，公園など），両者の性格を様々にあわせ持った財のことを準集団財（有料道路，高等教育など）と呼ぶ（宮川公男『政策科学入門〔第2版〕』［2002年］93頁以下参照）。

53)　A. Crawford, "Policing and security as 'club goods': the new enclosures?", in J. Wood and B. Dupont (eds.), Democracy and the governance of security, 2006, pp. 111-38. 参照。

は，排除された者との間で軋轢を生じさせ，相互不信を助長しやすく，むしろ不安を固定化あるいは増大させかねない。主観的な安全は他者に対する信頼感によって支えられているということに留意するならば，そのような相互信頼の基盤を確保することに努めるべきであろう[54]。自分自身の安全は，他者の安全と相互依存の関係にあるということを理解すべきである。

5　結語

今日，安全への要求によって提起されている全ての問題に，伝統的な刑事法において中核をなしている価値や原理の観点から答えることはおそらく無理である。端的に言って，安全への関心は，刑事法が関心を寄せる領域を超えている。その意味で，安全の問題を論ずる際に，あまりに刑事法の諸観念に引きずられすぎることは問題である。

しかしその一方で，安全の論理が刑事法の論理を無化するわけではない。刑事法の論理には，安全の論理によって汲みつくされない独自の意義があると考えるべきである。その点で，安全の論理の一面的な強調が，下手をすると刑事法の核心的部分を侵蝕しかねない昨今の状況には危ういものがある[55]。

このような状況に鑑みれば，私たちは，刑事法の核心的な部分を維持しながら，増大する安全の要求に応える術を開発していかなければならないであ

---

54)　本書第3部第2章では，「社会資本 social capital としての信頼」という観点から，「信頼」という公共財の供給が治安対策においては重要であり，特に，リベラルなコミュニティを前提とした場合には，「異質な者との間を橋渡しする bridging 道徳的信頼」をいかにして構築するかが重要な課題になると論じた。この点に関しては，Crawford も，クラブ財としての安全は，供給される安全にアクセスできるメンバー間の結び付きを強める「ボンディングな資本 bonding capital」は供給できるかもしれないが，異なる社会的グループに属する人々の相互性を促進し連帯を広めていくような「ブリッジングな資本 bridging capital」を供給するとは限らない，と述べている（ボンディングな資本は「内部志向的 inward-looking」であるのに対し，ブリッジングな資本は「外部志向的 outward-looking」であるとする。Crawford, supra note 51, pp. 136-7参照）。

55)　例えば，Ashworth は，無罪推定の原則が安全の追求によって脅威にさらされているとする（A. Ashworth, "Four threats to the presumption of innocence", South African Law Journal 123 (2006), pp. 62-96.）。

318　第3部　犯罪予防へのまなざし

ろう。しかも，安全が「終わりのない追求する実践」であるとすれば，安全への要求には際限がない。この安全の獲得へと駆り立てる無制約の衝動に手綱をかけるための適切な規範的枠組みを構築することが喫緊の課題となるであろう[56]。安全を飼いならすことができるか？私たちに突きつけられた問いは重い。

［追記1］

　犯罪対策閣僚会議は，「犯罪に強い社会の実現のための行動計画2008」に続けて，平成25年12月に「『世界一安全な日本』創造戦略」を策定した。そこでは，刑法犯認知件数等の指標が改善する一方で，サイバー犯罪・サイバー攻撃，国際テロ，組織犯罪といった新たな脅威が出現・増大しているとの認識に加え，平成24年7月に行われた内閣府の世論調査では，回答者の約4割が「現在の日本は治安がよく，安全で安心して暮らせる国だと思わない」と回答し，約8割が「ここ10年間で日本の治安は悪くなったと思う」と回答しているといった点に言及しながら，2020年オリンピック・パラリンピック東京大会を控えた今後7年間を視野に，犯罪を更に減少させ，国民の治安に対する信頼感を醸成し，「世界一安全な国，日本」の実現を目標とする旨が謳われている。その戦略は，「世界最高水準の安全なサイバー空間の構築」「G8サミット，オリンピック等を見据えたテロ対策・カウンターインテリジェンス等」「犯罪の繰り返しを食い止める再犯防止策の推進」「社会を脅かす組織犯罪への対処」「活力ある社会を支える安全・安心の確保」「安心して外国人と共生できる社会の実現に向けた不法滞在対策」「『世界一安全な日本』創造のための治安基盤の強化」によって構成されている。

　ここには，ある対策によって一定の治安改善効果が認められても別の新たな脅威が出現していることを指摘して更なる安全対策の必要性が説かれてい

---

56)　Farmerは，警察権力の正当化と制限という観点から，「安全の法理学」の必要性を唱えている（L. Farmer, "The jurisprudence of security: The police power and the criminal law," in M. D. Dubber and M. Valverde (eds.), The new police sience: The police power in domestic and international perspective, 2006）。また，渥美東洋「犯罪・非行の予防と減少―現実を踏まえた包括的な戦略とそれを支える基本原理―」同編前掲注17)『犯罪予防の法理』3頁以下も参照。

第 3 章　安全の論理と刑事法の論理　　319

ること（安全の内容の改訂），一定の治安改善効果が認められるにもかかわら
ず国民の不安感は必ずしも払拭されないこと（客観的な安全と主観的な安全の乖
離，安全追求の際限のなさ），オリンピックの開催を引き合いに出したり分かり
やすいスローガンを提示したりしていること（安全の政治的イシュー化）等の点
で，本文で言及した「安全」概念にまつわる特徴がはっきりと現れている。

［追記 2 ］

　本文で言及しているイギリスの「反社会的行動禁止命令（ASBO）」は，
「2014年反社会的行動，犯罪及び警察法 Anti-social Behaviour, Crime and
Policing Act 2014（以下2014年法という）」により，「民事禁止命令 Civil
injunction」と「犯罪行動禁止命令 Criminal behaviour order（CBO）」に置
き換えられた。

　2014年法は，反社会的行動を，「他者に対する嫌がらせ harassment，恐怖
alarm，苦痛 distress を惹き起こす行為，又は，その可能性のある行為」
「居住用の建物を占有している者との関連において，その者に対する生活妨
害 nuisance あるいは迷惑 annoyance を惹き起こす可能性のある行為」ある
いは「他者に対する住宅関連の housing-related 生活妨害あるいは迷惑を惹
き起こす可能性のある行為」と定義している（「住宅関連」とは，住宅供給公社等
の住宅管理機能に直接又は間接に関連している，ということを意味する）。裁判所が，
地方自治体，住宅供給業者，警察署長等の申立に基づき，禁止命令を発する
ためには，①被申立人 respondent が反社会的行動を行った，又は，行うお
それがある，ということを証拠の優越の程度に on the balance of
probabilities 裁判所が確信したこと，②被申立人が反社会的行動を行うのを
予防するために禁止命令を発することが正当かつ便宜である just and
convenient と裁判所が考えたこと，という二つの条件が満たされなければ
ならない（なお，伝聞証拠も許容される）。禁止命令は10歳以上の者に対して発
することができ，18歳以上の者に関する申立は県裁判所又は高等法院になさ
れ，18歳未満の者に関する申立は少年法廷になされる。禁止命令には，指定
された行為の禁止（例えば，酩酊の禁止）だけでなく，指定された行為の要求
（例えば，アルコールや薬物の乱用に関する講習への参加）も含まれる。禁止命令の

期間は，成人の場合には定期の場合もあれば不定期の場合もあるのに対し，18才未満の場合には期間は限定されていて最長で12ヶ月である。反社会的行動が暴力の行使を伴うおそれがあったり，他者に危害を加える重大なリスクがある場合には，禁止命令の中に逮捕権限が付加され，禁止命令に違反した者を（無令状で）逮捕することができる。禁止命令の違反は刑事上の犯罪ではないが，課される制裁が重いものであることから，「合理的な疑いを超える」という刑事の立証基準が手続では用いられる。成人の場合，禁止命令違反は民事的裁判所侮辱に当たり，上限2年の拘禁及び／又は上限のない罰金が課される。18才未満の者に関しては，違反に関する手続は少年法廷で行われ，監督付き保護観察命令，外出禁止令等が課されるほか，重大なケースでは，拘置命令を課すこともあり得る（但し，拘置は14歳以上の者にしか課すことはできず，期間は3ヶ月を超えることができない）。ASBOと比べると，①利用可能な者の範囲が広い，②民事の立証基準による，③「必要性」を立証する必要がない，④命令違反は刑事犯罪ではない，⑤長期的な解決に焦点を合わせるために積極的な行為の要求も認めている，といった違いがある。

　これに対し，犯罪行動禁止命令は，刑事犯罪に関して有罪判決を受けた者に対して，通常は検察の申立に基づいて，裁判所が発する命令である。犯罪行動禁止命令が発せられるためには，①裁判所は，当該犯罪者が他者に対する嫌がらせ，恐怖，又は苦痛を惹き起こす行為，あるいはその可能性のある行為を行ったことを，合理的な疑いを超えて確信すること，②裁判所は，その命令をすることが，その犯罪者がそのような行動に取り掛かることを予防するのに役立つであろうと考えること，という二つの条件が満たされなければならない。有罪判決の対象となった犯罪行為と，犯罪行動禁止命令が発せられる理由となった反社会的行動との間に関連性があることは必要ではない。犯罪行動禁止命令の期間は，成人に関しては最短で2年で上限はなく，18歳未満の者に関しては1年から3年の間でなければならない。民事的禁止命令と同様，犯罪行動禁止命令には，指定された行為の禁止だけでなく，指定された行為の要求も含まれる。攻撃に弱いvulnerable証人等に関しては，特別な措置が設けられている。犯罪行動禁止命令の違反は，刑事犯罪となる。治安判事裁判所における陪審によらない有罪判決の場合には，上限6

月の拘禁刑あるいは罰金，若しくは併科，刑事法院における陪審による有罪判決の場合には，上限5年の拘禁刑あるいは罰金，若しくは併科，18才未満の者に関する審理は少年法廷で行われ，量刑の上限は，2年の拘置と訓練命令である。ASBOと比べると，①18才未満の者に関しては地方参事会 local council の少年非行対策チーム youth offending teams（YOTs）と相談することが必要である，②「必要性」を立証する必要がない，③長期的な解決に焦点を合わせるために積極的な行為の要求も認めている，といった違いがある。

　2014年法は，この他にも，それまで警察などによりとられていた様々な対策を整理統合し，以前にも増して被害者保護に重点を置いた以下のような施策を盛り込んでいる。

・解散権限 Dispersal power

　警察官等が，反社会的行動を行う，又は行う可能性の高い者に対して，48時間を上限として指定した場所から退去させる権限。反社会的行動を行うために用いられる可能性のある物品を押収する権限もある。違反は刑事犯罪であり，3月の拘禁刑及び／又は罰金刑が科される（但し18才未満の者に拘禁刑を科すことはできない）。押収に応じない場合は，罰金刑が科される。

・コミュニティ防護通知 Community protection notice

　警察官等が，16歳以上の個人あるいは団体に対して，コミュニティの生活の質を低下させる反社会的行動をやめさせる通知。指定された行動の制限の他に，一定の行動が要求されることもある。違反は刑事犯罪であり，罰金刑が科されるほか，問題行動に用いられる物品が没収される。

・公的領域防護命令 Public space protection order

　地方自治体等が，個人あるいは集団に対して，公的領域において生活の質を損なう反社会的行動をやめさせる命令。違反は刑事犯罪であり，罰金刑が科される。

・閉鎖権限 Closure power

　警察官等が，迷惑や騒動を起こすために使われている，又は使われるおそれのある施設を速やかに閉鎖する権限。閉鎖時間は24時間（警視又は地方自治体の長が命令を発した場合には48時間）。違反は刑事犯罪であり，上限6月の拘禁

刑又は上限のない罰金刑が科される。

　このような立法の背景には，特に若年層の反社会的行動が市民の体感治安を悪化させているという認識がメディアの報道なども相まって広がり，この問題への対処が政治問題化しているという事情が見てとれる。近年，イギリスは，犯罪の発生率がかなり減少してきたのであるが，他方で犯罪予防への関心はむしろ高まってきているようにも見受けられる。犯罪対策における政府のスローガンが，かつては「犯罪の減少 crime reduction」であったのに対し，現在は「犯罪の予防 crime prevention」になっているのは象徴的である。

著者紹介

髙橋 直哉（たかはし なおや）
1966年　岩手県に生まれる
1989年　中央大学法学部卒業
1995年　中央大学大学院法学研究科博士後期課程満期退学
1995年　中央大学法学部兼任講師
1999年　東海大学文明研究所専任講師
2007年　駿河台大学大学院法務研究科准教授
2013年　中央大学大学院法務研究科教授（現在に至る）

刑法基礎理論の可能性

2018年5月10日　初版第1刷発行

著　者	髙 橋 直 哉	
発 行 者	阿 部 成 一	

〒162-0041 東京都新宿区早稲田鶴巻町514番地
発 行 所　　株式会社　成 文 堂

電話 03(3203)9201　Fax 03(3203)9206
http://www.seibundoh.co.jp

製版・印刷　藤原印刷　　　　　　　　製本　弘伸製本
ⓒ 2018 N. Takahashi　　　　Printed in Japan
☆乱丁・落丁本はおとりかえいたします☆　**検印省略**
ISBN978-4-7923-5242-4　C3032

定価（本体6,500円＋税）